2022年度
企业合规师考试指定辅导教材

QIYE HEGUISHI KAOSHI FUDAO JIAOCAI

企业合规师
考试辅导教材

（中级）

刘红霞／主　编
李近宇／副主编

法律出版社 LAW PRESS · CHINA
北京

图书在版编目(CIP)数据

企业合规师考试辅导教材：中级／刘红霞主编；李近宇副主编. --北京：法律出版社，2022
ISBN 978－7－5197－6727－3

Ⅰ.①企… Ⅱ.①刘… ②李… Ⅲ.①企业法－中国－资格考试－自学参考资料 Ⅳ.①D922.291.91

中国版本图书馆CIP数据核字(2022)第074091号

企业合规师考试辅导教材(中级)
QIYE HEGUISHI KAOSHI FUDAO JIAOCAI (ZHONGJI)

刘红霞 主 编
李近宇 副主编

策划编辑 蒋 橙
责任编辑 蒋 橙 李 军
装帧设计 汪奇峰

出版发行 法律出版社
编辑统筹 法律应用出版分社
责任校对 朱海波
责任印制 刘晓伟
经 销 新华书店

开本 710毫米×1000毫米 1/16
印张 27 **字数** 460千
版本 2022年7月第1版
印次 2022年7月第1次印刷
印刷 永清县金鑫印刷有限公司

地址：北京市丰台区莲花池西里7号(100073)
网址：www.lawpress.com.cn
投稿邮箱：info@lawpress.com.cn
举报盗版邮箱：jbwq@lawpress.com.cn
销售电话：010－83938349
客服电话：010－83938350
咨询电话：010－63939796

书号：ISBN 978－7－5197－6727－3
定价：86.00元
凡购买本社图书，如有印装错误，我社负责退换。电话：010－83938349

本书编委会

主　编　刘红霞

副主编　李近宇

编委指导委员会　郭　楠　刘　剑　张利宾　张　毅

编委会成员　吴锦源　周　辉　田　乾　周治成　刘　坤　赵运恒　李铁男

本书编著成员信息

（排名不分先后）

刘红霞　中国投资协会品牌投资促进中心主任

李近宇　中国投资协会品牌投资促进中心副会长，微软前大中华区合规总监

刘　剑　戴姆勒大中华区投资有限公司副总裁/首席合规官

吴锦源　西门子能源有限公司大中华区合规总监

张利宾　北京京都律师事务所涉外业务主管合伙人、新奥集团原总法律顾问

张　毅　中国北京同仁堂集团有限责任公司总法律顾问兼首席合规官

龚繁荣　GE金融前大中华区首席合规官，北京润佳（上海）律师事务所主任

赵江珍　联合利华前中国区合规官、律师

张　慧　维萨（VISA）大中华区合规总监

彭　乔　阿斯利康前全球合规调查资深总监、R&P China Lawyers(上海方旭律师事务所）高级合伙人

周　辉　北京三元食品股份有限公司总法律顾问兼首席合规官

周治成　北京易华录信息技术股份有限公司法务管理部总经理

芦建华　摩托罗拉前大中华区道德与合规部总监

张云平　平安保险集团合规部前总经理

刘　坤　中国同辐股份有限公司法律事务部经理

田　乾　北京奕斯伟计算技术股份有限公司风控与合规中心中心长

黄超焕　皇冠脉链集团法务总经理

芦广林　立信会计师事务所合伙人

李铁男　中标合信（北京）认证有限公司总经理

赵运恒　北京市星来律师事务所　合伙人

张佳玮　北京长亭科技有限公司事业发展总监

巨建国　中关村巨加值科技评价研究院首席专家

新奥集团：张利宾　王晓迪　刘福生　钟　瑞

大成律师事务所：韩　光　邹晓东

北京市星来律师事务所：王唯宁　史倩君　姜若云　韩若冰　韩希慧　周传青　李可瑄　杜佳虹　付雪航

天津金诺律师事务所：申进忠　赵琪文　卢慧琦

中标合信（北京）认证有限公司：李铁男　王　紫　翟雅男

本书写作分工

章 节		作 者
第一章 概论	第一节 合规管理的起源与发展	刘红霞
	第二节 合规管理在国内的发展	本书编委会
第二章 合规管理体系的构成	第一节 合规管理体系概述	刘红霞
	第二节 合规管理话题分类及内容	本书编委会
	第三节 合规文化	黄超焕
第三章 企业合规师的岗位职责	第一节 企业合规师的职业操守	本书编委会
	第二节 合规职能的定位和架构	龚繁荣　赵江珍　张　慧
	第三节 合规风险管理	张云平
	第四节 举报与调查	龚繁荣　赵江珍　张　慧　芦建华
	第五节 合规培训与沟通	吴锦源　彭　乔
	第六节 内外部审计	芦广林　王　紫　翟雅男
	第七节 合规管理的有效性评估	龚繁荣　赵江珍　张　慧
	第八节 合规价值观	龚繁荣　赵江珍　张　慧

章　节		作　者
第四章 专项合规	第一节 反腐败合规	韩希慧　周传青　李可瑄
	第二节 反垄断合规	本书编委会
	第三节 数据合规	史倩君　姜若云　韩若冰
	第四节 安全合规	申进忠　赵琪文　卢慧琦 张利宾　王晓迪
	第五节 环境合规	申进忠　赵琪文　卢慧琦 张利宾　王晓迪
	第六节 采购合规	杜佳虹　付雪航　史倩君
	第七节 知识产权合规	张佳玮
第五章 合规案例与实务	第一节 合规案例分析的基本方法	张利宾　韩　光
	第二节 案例实务与分析	张利宾　王晓迪　刘福生 钟　瑞　韩　光　邹晓东
附录	附录 1　数字化与合规管理工具	
	附录 2　企业合规师职业技能评价标准	

序　言

"师",掌握专门知识或精通某种技艺的人。"企业合规师",是2021年3月由人力资源和社会保障部会同国家市场监督管理总局、统计局联合发布的新职业之一,其定义为"从事企业合规建设、管理和监督工作,使企业及企业内部成员行为符合法律法规、监管要求、行业规定和道德规范的人员"。

作为具备一定规模的新职业的从业人员,需要具有相对独立成熟的职业技能或能力水平。国际上,美国于1991年成立道德与合规官协会(Ethics and Compliance Officer Association),协会成立的时刻被称为"美国工业界一种新职业"的开端。协会创始人坚信,合规官职能定位与人才模型对合规管理建设及公司的健康发展至关重要。虽然国际上并没有专门的官方机构将企业合规师宣布为一类新职业,但基于合规管理实践中提升合规管理能力需要,合规专业人才的培养、各类型合规专业知识与能力测试、考核也不乏其例、推陈出新。

国内企业合规管理还处在整体探索阶段,业界对企业合规师岗位职责充满困惑与好奇,不同社会组织也陆续推出等级不一的合规师能力水平培训与考试。本书编委指导委员会成员皆为国内第一批专职研究或从事企业合规管理实务的人员,在各类专业活动中经常遇到"什么是合规""合规管理工作主要管什么""如何成为一名企业合规师"等话题,"为寻求这些答案的人员提供一份可供传阅的文字参考",本书应运而生。

本书基本内容包括概论、合规管理体系的构成、企业合规师的岗位职责、专项合规及合规案例实务,共五章二十二节。我们还收录了数字化与合规管理工具、企业合规师职业技能评价标准作为本书附录。

概论部分,论述合规管理的起源与发展、合规管理在国内的发展。包含合规理论的提出、企业合规管理的初期形态及转型、现代企业合规管理制度的确立及合规管理体系的有效性。

企业合规管理体系的构成，分为合规管理体系概述、合规管理话题分类及内容、合规文化三部分进行论述。这与我们通常表述的合规管理的“组织架构”、“制度构成”、“运行机制”及“资源与保障”论述角度不同，是因为后者解构内容实质上从企业合规师的岗位职责角度进行了论述，即本书第三章，包含企业合规师的职业操守、合规职能的定位和架构、合规风险管理、举报与调查、合规培训与沟通、内外部审计、合规管理的有效性评估、合规价值观。

关于专项合规，是业界困惑问题之一。美国福汉姆大学（Fordham University）法学院企业合规专业方向有200多门专项合规选修课程，英国伦敦大学企业合规方向可选修的专项合规课程达500多门。合规管理适用于包含但不限于企业的任何组织，即便在企业合规管理范畴内，由于企业行业种类、划型分类、生命周期等规模及复杂程度，也适用于不同的合规管理专项及合规管理体系。基于此，本书编委会讨论决定将各行各业共同关注的、常见的专项领域和专项环节作为本书专项合规内容，初步选定为反腐败合规、反垄断合规、数据合规、安全合规、环境合规、采购合规及知识产权合规。除此之外，人事合规也是常见的专项合规内容，基于本次出版规模限制，暂未收录。

第五章，合规案例与实务，分为合规案例分析的基本方法、案例实务与分析两部分。企业合规师并不限定特定的专业背景、职业履历，法律、财务、人事、经济、管理甚至工科背景的专业人员均有可能胜任企业合规管理岗位。合规实务问题的解决、合规案例分析的基本方法，也必定有基于特定专业知识背景情况下通用的、基于合规管理视角的方法论。如果您因自己的专业背景对从事企业合规管理还有困惑，建议您可以重点阅读本章节内容。

作为附录，我们还收录了数字化与合规管理工具（仅附于中级、高级读本）和企业合规师职业技能评价标准（附于初级、中级、高级三册读本），供读者参考。

希望本书内容对于新职业下寻求企业合规管理学习的人员、推进企业合规管理的建设者、从事或有志于从事企业合规管理工作的人员有所帮助，从而推进中国企业及其适用于合规管理体系的其他组织强化合规管理。

参与编写本书人员共有40余名，来自不同行业不同专业背景的作者均具有丰富的合规管理经验。参与编写专项合规部分的作者均为该专业领域的佼佼者。非常感谢各位作者积极的参与和支持。但也由于参与人员众多，加上每位作者对企业合规管理理解与认识不同，为本书体例及统稿带来挑战。在此感谢编委指导委员会委员们的慷慨付出、热烈研讨并提供指导意见。感谢统稿团队有序而及时地校对稿件、提出问题并分享修订意见。还要感谢其他未署名朋友的友情支持。是你们的辛苦劳动和勤奋,使本书出版得以实现。但由于时间紧迫,本书依然存在不少疏漏和缺憾,期待读者能给我们提出宝贵意见和建议,以便我们在再版或者新书编写过程中进行修订。

本书编委会

2022 年 7 月

目　录 / Contents

第五章 合规案例实务

附 录

第一章

概　论

第一节 合规管理的起源与发展*

刘红霞**

企业合规管理,从不同的管理目标出发有不同的管理要素,构成不同的管理方案。自20世纪60年代以来,企业合规管理由公共监管逐渐演变为复杂的公司内部制度体系及相应的合规文化,以适应商业经营环境的各种变化。目前,企业按照国际规则、法律法规规定、政府监管要求,基于自己的企业文化建立或强化合规管理体系,已经成为全球普遍通行的做法。

一、概念界定

在阐述企业合规管理体系之前,理解什么是合规及合规管理是很重要的。"合规"一词是由英文"compliance"翻译而来。在英文释意中,韦氏词典(Merriam-Webster)对compliance的解释是:(1)行为或过程合乎愿望、要求、建议、规则、强制性规定或行政要求;(2)压力下的弹性能力。而法律领域权威的专业词典《布莱克法律词典》(Black's Law Dictionary)并未收录compliance或comply关于法律意义的解释。

理论上,学者从不同角度对合规管理有不同定义。有学者认为,合规管理是企业组织为使其行为符合公共制度的要求而建立的自我治理体系,是公司将其道德价值观转化为更具体的道德行为的手段①。也有学者认为,合规管理是指企业使其行为适应法

* 注:本节内容发表在《中国企业法务观察》2021年第6辑,经授权转载。

** 刘红霞,中国投资协会品牌投资促进中心主任、《合规管理体系指南》中国标准(GB/T 35770)起草人、《企业合规师职业技能评价标准》团体标准起草人、联合国全球契约组织中国网络副秘书长。

① Carole Basri, *Corporate Compliance*, Carolina Academic Press, 2017, p. 3.

律、监管和社会规范的手段①、是按照法律法规、道德、文化规范进行的整体业务行为②。

实践中，“合规”有狭义和广义两种含义：狭义的“合规”主要指强化合规经营，反对商业腐败。广义的“合规”泛指组织机构及个人在行为上要遵守：(1)法规，即遵守公司总部所在国和经营所在国的法律法规及监管规定；(2)规制，即遵守企业内部规章包括企业价值观、商业行为准则及行业性规定、职业操守等；(3)规范，即遵守社会公序良俗、道德规范等。

合规管理适用于企业、政府、个人等不同组织，本书阐述的合规管理特指适用于企业的合规管理。

二、理论提出

据笔者探索，正式用“合规理论”(compliance theory)一词描述组织管理形态的是美国社会经济学家阿米特·埃奇奥尼(Amitai Etzioni)③。20 世纪五六十年代，美国的经济发展促进了现代管理文化和组织结构的发展，当时，阿米特·埃奇奥尼等社会经济学家开始研究和确定组织合规管控的管理结构和权力来源。阿米特·埃奇奥尼基于权变理论的基本假设，界定了影响组织及员工的三种权力类型：强制型(coercive)、酬劳型(remunerative)和规范型(normative)，认为一个组织如果使用不同的权力类型，会影响其组织要素相应的参与程度，员工在组织关系中的表现也相应分为三种类型：疏远型(alienative)、功利型(calculative)和道德型(moral)。权变理论的基本假设表明，组织要么改变使用的权力类型，要么改变涉及组织关系的要素，以实现组织的权力和参与要素之间的一致性。20 世纪 70 年代中期，阿米特·埃奇奥尼将这种组织管理的结构方法命名为“合规理论”。

为了不与传统的法律理论相混淆，阿米特·埃奇奥尼的合规理论关注的是组织内的行动者之间的关系，包含了组织的代表(责任人)和与该组织有关的较低层次的参与者。更具体地说，该理论旨在帮助研究组织中掌握权力的人与遵守该权力的人之间的

---

① 肖恩·J. 格里菲斯(Sean J. Griffith)，福特翰姆大学(Fordham University)法学院教授、欧洲公司治理研究院(European Corporate Governance Institute)研究员。

② Sean J. Griffith, Corporate Governance In An Ear of Compliance, William & Mary Law Review(6), 2016.

③ Amitai Etzioni, *A Comparative Analysis of Complex Organizations: On Power, Involvement, and Their Correlates*, Free Press of Glenco, 1961.

关系动态。同时,阿米特·埃奇奥尼还认为,评价任何组织类型下的合规管理的有效性,很大程度上取决于组织中较低层次的参与者的参与度,因为在合规理论框架内,较低层次的参与者所处的层级差异最大,管理与控制较低层次参与者所产生的风险就更加困难。

随着合规管理的实践发展,合规监管及对不合规事件的处理方式有不同偏重,合规理论衍生出"新公司治理说""行为规范说""违规责任说"等。"新公司治理说"通常被描述为一种监管理论,认为合规管理并不符合传统的公司治理模式,因为合规管理要素并不直接来自公司董事会、公司法或相关专项领域的法律,相反,这些在公司内部运行的公司治理结构,直接或很大程度上源于外部监管机构对企业提出的监管要求,其特征是监管机构和被监管实体之间的信息共享、协作,对预期结果和实施过程的持续评估和修订以及机构间的合作。"行为规范说"认为,合规管理最终管理的是人的行为。基于心理学的"行为计划论"(theory of planned behavior),从一个人的态度、主观规范和对感知的控制三个方面测评管理者的决策及员工的行为是否合乎道德"违规责任说"认为,让组织对其员工的错误行为负责,这些组织就会采取必要的措施以预防不合规行为发生。随着对个人追责的执法实践发展,"违规责任说"从积极与消极、绝对与相对的角度丰富了其内涵,认为合规管理不应仅仅从消极方面对"违规"行为进行处罚、要求违规者承担责任,更重要的是,应从积极方面鼓励行为人承担积极义务,避免不作为,减少不合规事件的发生。

三、合规管理的初期形态及转型

现代企业合规管理是由公共机构对企业集中监管转变为企业自身的合规管理,并在专业组织推动下发展形成国际统一标准体系的过程。

(一)合规管理的初级形态

现代合规管理可以追溯到 19 世纪末 20 世纪初,当时,美国由农业社会向工业社会转变,处于由传统社会进入现代社会的大转折时期。这种深刻而全面的变动带来了诸多严重的社会问题,社会各阶层都不满现状,寻求变革。民间团体和公共机构如全国劳工立法委员会、全国消费者联盟及联邦各级政府针对不同社会问题展开大规模调查,进而开始通过大规模的立法来推进改革的进行。1887 年,国会通过《州际商务法》

（the Interstate Commerce Act），设立州际商务委员会以管理铁路运价、禁止在铁路运输中支付回扣，开启了联邦政府干预私人经济事务的先河。

在对纽约市政厅的一项调查中发现了大量的政治腐败，为限制竞选支出与对竞选的捐款，防止金钱对政治的操纵，1890 年，纽约州率先通过了美国第一部关于反腐败行为的《腐败行为法案》（Corrupt-practices Act）。随后的几年内，马萨诸塞州、科罗拉多州、密歇根州、加利福尼亚州等 15 个州都先后通过了反腐败行为的系列法案①。1892 年，伊利诺伊州推动了童工法、公司法、劳工仲裁法、城市政府法、新税收法以及集体谈判法、城市文官法、女工法等系列法律的制定。随着调查反映出来的问题越来越多，腐败问题严重，各种安全事故也不断增加，政府开始设立专门机构进行集中统一监管。

1906 年，美国农业部对肉类加工企业进行调查，发现了许多不卫生、不安全的生产环境、生产环节和加工过程，引起舆论哗然。针对企业诚信缺失、食品安全问题严重、无视消费者权利的状况，美国众议院以 240 票对 17 票通过了一项里程碑式的法律——《纯净食品与药品法》（Pure Food and Drug Act），该法首次全面规定了联邦政府在美国食品医药规制中所应承担的责任，以阻止“生产、销售或运输掺假或假冒、有毒有害的食品、药品或烈酒”，既保护了生产者权利，又前所未有地维护了消费者利益，并直接促成了联邦食品和药物管理局（U. S. Food and Drug Administration，FDA）的成立，以加强对食品医药行业的持续监管。此后，在反垄断等多个领域，都颁布了监管立法，成立了相应的联邦监管执法机构。1914 年，《联邦贸易委员会法》（Federal Trade Commission Act）生效，美国政府正式对企业开始实行全面的监督与管理。之后，随着社会生产、流通、消费等各个环节增多并复杂化，为适应发展需要，美国逐步增加专业性、引入监管标准、认证体系，采用现代化的监测手段等推动监管体系逐步成型。

这种以公共利益为中心，对公共安全的倡议和关注，就是早期的合规管理形态。与现代企业合规管理相比，早期合规管理形态的特点是：管理主体上，是政府基于权力基础施行的外部监管；管理对象上，是政府对个人或企业商业行为的监管；管理内容上，是以社会公共利益为中心，对公共安全、生命健康安全的倡议和关注；管理模式上，是以政府集中监管的方式进行；管理机制上，采用了一定的监管标准和认证体系；管理工具上，采用了现代化的监测手段等。但初级形态的合规管理受到政府资源、商业形态、社会结构的影响和限制，同时，这种基于公共安全目标而进行的执法机构对私人企

---

① 参见美国参议院文件资料第 37 卷，华盛顿政府印刷办公室，1912 年（Senate Documents, Vol. 37, Washington: Government Printing Office, 1912）。

业的监管模式具有一定对抗性,在一定程度上加剧了二者之间的摩擦,并没有催生企业自觉的合规管理行为。尽管在后继发展中有组织的劳工的增长削弱了集中监督的作用,但直到20世纪70年代,由政府集中进行合规监管执法的公共模式一直占据主导地位。合规管理机制、合规管理工具的运用,也因当时的商业形态、社会结构影响而并未充分发挥其作用。

(二)合规管理的争议及转型

20世纪五六十年代,现代资本进一步增长,此时,现代管理和组织文化开始出现。也正是这个时候,出现了关于是否应该在企业内部建立合规管理制度的争议。

该争议的一个典型案例是发生在1963年美国特拉华州最高法院(Delaware Supreme Court)审理的格雷厄姆诉艾莉森－查尔默斯制造公司(Graham v. Allis-Chalmers Manufacturing Company)一案。案件原告约翰·P. 格雷厄姆(John P. Graham)和伊冯·M. 格雷厄姆(Yvonne M. Graham)代表他们自己和在此纠纷中具备法律主体资格的被告公司的其他股东。被告查尔默斯公司是一家年销售额超过5亿美元的设备制造商,该公司的一贯做法是将商业决定权下放给尽可能低的管理层,避免因层层决策及领导层缺乏专业技术背景而影响生产效率。董事会每月开会决定公司主要政策,但不解决公司下属部门的具体问题;董事们每年也都开年会审查公司预算,但不介入下属管理层对产品进行价格设定。原告起诉称,从1956年开始,公司部门员工与其他制造商一起操纵产品价格、参与价格垄断,违反了《反垄断法》,应就因此造成的损失对股东进行补偿。

当时,美国法院系统在司法实践中一直沿袭1829年由路易斯安那州最高法院首次确立的关于董事注意义务及忠实义务的判例法规则——《商业判断规则》(business judgment rule)。该规则给定一种假设,即公司董事在作出商业决策时,是基于知情、诚信和诚实的信念,认为所采取的行动最符合公司的利益。对此有异议者,按照"谁主张,谁举证"的原则,由异议方承担举证责任,提供证据进行证明。

依据《商业判断规则》,特拉华州最高法院发现原告并无证据显示任何董事对公司有关的反垄断活动有任何实际认识,或有任何实际认识足以令董事们注意到公司的部分员工正在进行反垄断活动。就此,原告在抗辩中将案件的理论转移到此形成这样一种观点,即尽管事件发生时董事们缺乏《反垄断法》的实际知识,但联邦贸易委员会(Federal Trade Commission)已经于1937年发布两项法令,对公司潜在的反垄断活动发出过警告，董事们及公司高管都知道这些法令，但他们却一味相信公司下属管理层及员工不会违反这些法令。据此，原告提出，董事们没有采取行动来了解并阻止公司任何员工的价格操纵活动及反垄断行为，违反了对股东或公司的责任。原告主张，董事们应该承担监督法律合规的积极责任，在公司内设置一种管理架构，以确保公司拥有有效的合规程序、始终遵守法律。这一抗辩将案件争议焦点转变为公司董事责任的认定标准问题。这是一个法律问题，但不再仅仅是一个法律问题。

特拉华州最高法院最终驳回了原告格雷厄姆的诉求，认为被告公司董事们对员工的价格操纵、反垄断活动并没有实际的了解，而且联邦贸易委员会之前的两项关于违反《反垄断法》的警告法令也并没有告知董事们未来可能的价格变动。公司董事有理由依赖其下属的诚实和正直，直到有事情发生才使他们怀疑出了问题。从当时的法律来看，除非董事忽略了明显的不当行为，否则他们对公司的违规行为造成的损失不承担责任。这一判决在当时与《商业判断规则》所表达的董事对公司内部事务不干涉的总体态度是一致的。因此，在当时的情况下，尽管案件充满了争议，但董事们与高级管理人员在此判决结果下也不再担心为了确保公司遵守法律而必须设置和运行一个企业内部监控系统。

公司是投资者所有权与经营权二权分离的典型经济组织形态，两种权力的纠葛反映了公司股东和董事之间既有共同的经济利益又有利益均衡的诉求，这种客观的诉求不会因为法律的一次裁决而就此消弭。33 年后，关于对公司是否应该设立内部监管系统及董事的责任等问题的审理标准发生了大转变，这在本章后面内容会有叙述。

1972 年，轰动整个美国的“水门事件”爆发，虽然这是一件政治丑闻，却给美国甚至整个世界在监督模式、监督范围以及权力运行系统方面带来了深远的影响。在“水门事件”的听证会上，公众了解到有些企业为获得业务而向外国政府官员行贿。事件发生后，美国社会要求加强对政府官员和企业行为的监督。传媒界借机掀起揭开黑幕运动，各种官方调查也随之展开。美国证券交易委员会（SEC）在一份报告中披露，400 多家公司在海外存在非法的或有问题的交易。这些公司承认，自己曾经向外国政府官员、政客和政治团体支付了高达 30 亿美元的巨款。在这种背景下，美国国会于 1977 年以绝对优势通过了合规管理发展历史上一部重要的法律——《反海外腐败法》（Foreign Corrupt Practices Act）①，该法案的核心目标是遏止对外国官员行贿及公司腐败问题，重建公众

---

① 期间经 1988 年、1994 年和 1998 年三次修改。截至 2020 年 3 月，根据《反海外腐败法》已通过的 40 项最大的反海外腐败法案，涉案企业总计已被处以超过 171 亿美元的罚款。

对于美国商业系统的信心。法案除了对贿赂外国官员以换取业务的个人实施刑事处罚外,还要求上市公司设计一套账簿和记录系统,记录其员工对公司资产的处置。

上述事件的发生,让很多企业认识到需要对自己的销售实践、制造过程和行业的整体业务行为有更多的了解,企业的合规责任有必要从对公共利益的关注转移到企业自身。同时,以阿米特·埃奇奥尼等经济社会学家为代表提出的"合规理论"已经开始研究社会结构中组织的合规性,带给企业一定启发。与初期形态相比,此时合规环境已经发生了相当大的变化。人们开始意识到在组织内部建立合规管理的必要性。

在此阶段,管理主体由初期阶段的政府监管逐渐转为政府的外部监管和企业内部自主管理相结合;管理对象上,在政府对个人或企业商业行为监管的基础上,开始更多关注企业自身治理,探讨董事会的职能职责;管理内容上,在以社会公共利益为中心,对公共安全的倡议和关注基础上开始关注导致违背社会公共利益的背后的原因,即企业管理的合规性问题。在此阶段,组织的合规义务也逐渐发生转移,由于初期阶段以政府公共执法为主,初期阶段个人及企业的商业行为主要是履行外部合规要求,而在此阶段,由于要求公司内部设立一定程序以保障公司遵守法律,以合规要求为主的合规义务也逐渐增加了组织的内部合规承诺。另外,由于此阶段很多企业认识到需要对自己的销售实践、制造过程和行业的整体业务行为有更系统的了解,也进一步丰富了合规管理理论,合规管理不仅是政府的外部监管、企业的内部治理,更是一个系统性工程,奠定了合规管理体系诞生的基础。

四、现代企业合规管理制度的确立

20 世纪 80 年代,经济增长速度的下滑、惊人的通货膨胀率、迅速增长的税赋等引发了社会民众的强烈不满和集体关注,社会大众开始对一些问题进行聚焦和讨论,这些问题主要集中在环保、税收、政府开支、政府管制等方面。

1986 年,美国国会和公众愤怒地发现,国防部(Department of Defense)为五角大楼的"零部件"支付了荒谬的付款,包括一台价值 7622 美元的咖啡机、一把价值 435 美元的锤子和一个价值 600 美元的马桶座圈,这些以极高的价格购买的零部件支出总额高达 370 亿美元。更重要的是,人们无法定义这是一个违规问题,没有人因此被判有罪①。

① 由于这一丑闻,国会史无前例地对国防部的预算进行了一年的冻结。

然而，无论是卖方的哄抬价格，还是国防部不负责任的荒谬支付，都被公众广泛认为是不道德的。这桩采购丑闻促成了美国总统的国防管理蓝带委员会（Blue Ribbon Commission on Defense Management）①成立。蓝带委员会重申并扩大了 1977 年《反海外腐败法》的规定，呼吁进行内部控制，以防止非法和不道德的行为。他们还认为，国防承包商应制定并实施道德行为准则，通过加强自我管理自愿改善其采购流程。作为回应，在蓝带委员会成立后的几个月，通用电气（General Electric）的杰克·韦尔奇（Jack Welch）与国防部其他 17 家承包商的高级管理人员共同自愿创建了"国防工业关于商业道德和行为的倡议"组织（Defense Industry Initiative on Business Ethics and Conduct）并起草了五项核心准则（以下简称 DII 准则）②。到 1986 年 7 月，32 家主要国防承包商已承诺采用 DII 准则。

1988 年，美国司法部非正式规定，当检察官决定是否在刑事调查中对国防承包商提起诉讼时，应考虑他们是否制定且实施道德合规政策。

受经济大萧条影响，投资者对美国证券市场的信心当时正处于历史低点。到 1989 年，超过一半的储蓄和贷款已经失效，内幕交易行为让一部分人一夜暴富，让更多的人流落街头。自 1934 年发布《证券交易法》以来，美国证券交易委员会处理内幕交易违法行为时使用的救济措施一直仅限于向受监管个人或机构发出责令其遵守禁止性规定的强制令和行政命令。随着一系列内幕交易丑闻在社会上造成的恶劣影响，国会认为传统的强制令和行政命令已无法对企业及操纵内幕交易的个人起到威慑作用。因此，国会通过《内幕交易制裁法》（Insider Trading Sanctions Act）并由里根总统于 1984 年 8 月签署通过。1988 年 9 月，里根总统再次签署通过了《内幕交易与证券欺诈执法法案》（Insider Trading and Securities Fraud Enforcement Act），强化了对内部交易行为的制裁力度，并要求公司制定旨在防止和发现内幕交易的书面合规政策和流程。这两个法案通过后，由 SEC 官方网站资料可知，在 1990 年和 1991 年两个会计年度里，SEC 分

---

① 也被称为"帕卡德委员会"（Packard Commission），以其曾任主席戴维·帕卡德（David Packard）名字命名。

② 五项准则是：（1）在与美国政府的所有业务往来中，我们都应诚实守信，保护纳税人的资源，为美国军人提供高质量的产品和服务。（2）我们应推广商业行为的书面准则所表达的最高道德价值观，通过沟通、培训和其他方式培育道德文化，遵守和尊重所有相关的法律法规。（3）我们应当建立和维持有效的商业道德与合规计划，以反映我们对公司治理的承诺，鼓励员工报告可疑的不当行为，禁止对报告人打击报复，并确保有流程能够对违法违规行为进行强制和自愿披露。（4）我们将分享商业道德和合规方面的最佳实践，并参与年度 DII 最佳实践论坛。（5）我们将通过公共论坛，包括 DII 官方网站（www. dii. org）定期分享和报告我们的活动、对公众负责。我们的报告会描述 DII 成员为建立和维持强大的商业道德和合规文化所做的努力。

别处理了 38 起和 36 起内幕交易案件。

在此影响下,美国联邦量刑委员会于 1991 年向国会提交了《联邦量刑指南》修正案,要求公司具备“合理设计、实施和执行的良好的合规计划,以使该项目在预防和侦查犯罪行为方面普遍有效”。同时规定,这样的合规计划应具备以下七个要素:(1)建立预防和侦查犯罪行为的标准和流程。(2)主管部门应当了解合规管理的内容和运作,并对合规管理的实施和有效性进行合理监督;指派责任人全面负责合规管理;指派合规经理负责合规管理的运营且该业务负责人应定期向上级报告合规管理运营的有效性;企业应向这些个人提供足够的资源、适当的权力,并使他们能够接触相关部门或最高管理层。(3)管理层与有效道德和合规计划一致。(4)组织全员教育与培训。(5)审查、监控与定期评价。(6)具备激励与纪律处分机制。(7)具备违规应对、预防及合规管理的改进机制。

《联邦量刑指南》修正案体现出政府不仅为企业的合规制度提供法律效力保障,还概述了合规项目应包含的基本内容,构建了未来评价有效的合规管理体系的一般标准。为了满足设计、管理和监督合规管理体系的需要,首席合规师的职位就此诞生了。

同年,来自德雷福德集团(Dreiford Group)的克雷格·德雷林格(Craig Dreilinger)和迈克(Mike)一起为一些公司提供咨询服务。两人都很快意识到,如果能号召当地不同的大公司的道德合规师就各自在公司里所做的工作一起进行交流,必将信息互补、彼此受益。他们集合了 15 名道德合规师在当地的雷神(Raytheon)公司举行了第一次会议交流。这是一次非常成功的会议,合规师们非常感谢彼此的了解和交流,克雷格和迈克决定继续这些讨论,就此,道德与合规师协会(Ethics and Compliance Officer Association, EOA①)成立了。也是在这次会议上,雷神公司名誉董事长汤姆·菲利普斯(Tom Phillips)将这一时刻称为“美国工业界一种新职业”的开端,他坚信,道德合规师的职位对公司的道德健康及合规管理建设至关重要。

而扭转合规管理的被动局面,在企业内部开始设置合规管理制度的,是再次发生在特拉华州的一起纠纷案件,该纠纷被称为合规界的开创性案例和合规发展的重要节点,使合规管理以法律判决的形式开始走进企业内部制度建设。

案件被告为凯马克公司(Caremark International, Inc.),是美国领先的医疗保健产品和服务提供商。该公司的主要产品是输液治疗,患者通过导管接受药物或液体治

① 原名“道德官协会”(the Ethics Officer Association)。

疗，通过全国93家输液治疗机构治疗癌症、血友病和其他血液疾病，同时有器械设施提供物理治疗和康复。凯马克公司也是美国最大的私营艾滋病护理服务提供商，运营着一个由12个门诊护理中心组成的网络，为患者提供治疗。其分支护理中心还为妇女提供各种专门的保健服务，尤其是那些高危妊娠妇女。它也是第一家在患者家中为其提供治疗的公司。基于这些主营业务特点，凯马克公司非常依赖客户推荐，并对使用其产品的客户医生进行补偿。当医生将病人转到凯马克公司进行家庭护理时，凯马克公司会向医生支付12美元至150美元不等的费用，用于监察病人的家庭治疗。如果病人有医疗保险，那么医疗保险会补偿凯马克公司的这笔费用。凯马克公司自成立以来，与医院、医生和医疗服务提供商签订了各种咨询和服务协议，并与药品制造商签订了分销协议。1989年，凯马克公司曾发布了一份内部的《合同关系指南》（Guide to Contract Relationships），以指导其员工如何与医生和医院签订合同。纠纷发生之前，凯马克公司的大部分收入来自第三方支付、保险公司、医疗保险和医疗补助计划。这种盈利模式引起了政府的注意，1991年，美国卫生与公众服务部（Department of Health and Human Services）开始对凯马克公司的医疗保险费用进行调查。调查关注的是，该笔费用是一种合法的服务费用支出，还是对医生将病人转介给凯马克公司的一种鼓励或"回扣"，是否违反了联邦关于对医生《反转诊付款法》（Anti-Referral Payments Law）禁止卫生保健提供者支付任何形式的报酬，以诱导医疗保险或医疗补助病人转诊的规定。1992年，美国司法部及另外几个联邦和州机构也分别对此展开了调查。

在政府调查期间，凯马克公司制订了公司内部审计计划，以确保遵守国际及美国商业和道德准则。此外，还聘请外部审计机构对其公司内部控制系统进行审计。1993年，尽管审计报告称其内部控制没有重大缺陷，凯马克公司依然制定了一项新的内部审计章程，要求对公司政策进行全面审查，并编写关于这些政策的员工行为手册。

1994年，明尼苏达州、俄亥俄州等州联邦大陪审团先后对凯马克公司提出诉讼，指出凯马克公司多笔付款都跟其《咨询协议》服务内容不相吻合，且这类付款自1986年开始一直持续到1993年。随后，凯马克公司5名股东也提出诉讼，称其公司董事们没有建立足够的内部控制系统，也没有尽到充分的注意义务及时阻止公司员工违法行为的发生，导致公司面临巨额罚款。上述诉讼在特拉华州法院（Delaware Chancery Court）合并审理。

1995年，凯马克公司开始与联邦和各州政府进行和解谈判，并于1996年就提议的公平性举行了听证会。根据特拉华州法律的要求，双方向审理此案的大法官威廉·T.

艾伦(William T. Allen)提交议案,以“公平合理”的方式批准和解协议。凯马克公司股东的“底线要求”是“董事会必须作出善意的努力——试着建立合理的董事会层面的监督和报告制度”。大法官威廉·T. 艾伦在审查凯马克公司股东与董事之间拟议达成的和解协议时指出,与特拉华州最高法院1963年格雷厄姆诉艾莉森-查尔默斯制造公司一案相比,社会经济法律环境已经发生了很大变化。联邦政府利用刑法和程序来规范公司合规行为,这让公司董事处于不同于以往的地位。董事们谨慎起见最好能确保他们自己的公司至少建立一套合规制度以规范员工行为、确保公司守法合规,否则,他们的公司及个人都将面临严重的风险。艾伦法官裁定:董事们有义务采纳并监督公司合规计划,即使在没有接到任何实际违规通知的情况下也是如此。最终,凯马克公司支付罚金2.5亿美元,制定合规制度进一步审查公司政策及流程,以确保重要信息从管理层及时、充分地报告董事会,包括公司面临的主要风险的监测和监督状况。1996年,和解协议得到了批准。

凯马克案在合规管理上代表了一个实质性的进步,见证了公司董事职能、责任的演进。它将公司如何遵守外部法律的问题转变为公司的内部治理问题。对企业合规管理的认识,在之后的几年里也深入人心。

尽管有上述努力和变化,但很多企业对量刑委员会关于良好合规计划的定义的理解仍然不尽相同、含混不清。企业内每个链条都可能存在的不法行为也不会仅仅由于“书面上良好的合规计划”和一份法律判决而自然消失,如果公司仅仅为了使其政策符合法律监管、商业规范而制定合规制度,并不能保障其实际做法上真正合规;公司合规管理负责人(包括合规师、律师、审计师和其他监督公司的专业人员)是否在企业文化、价值方面取得了与合规成本相称的进步,也都还是一个悬而未决的问题。企业还停留在表面化应对阶段,对违规后果的认识也不足,没有谁真正愿意拿出一大笔合规管理预算,在风险没有发生之前就一一满足《联邦量刑指南》规定的七个要素要求。

19世纪90年代末至20世纪初,施乐(Xerox)、安然(Enron)、世通(WorldCom)、阿德菲亚(Adelphia)、美林(Merrill Lynch)、摩根斯坦利(Morgan Stanley)、高盛(Goldman Sachs)等公司重大违规事件的发生更加表明道德与合规规范对企业文化的渗透还不够充分。这些案件从政治风暴到财务造假,再到上市公司联合欺诈,极大地撼动了美国资本市场监管体系,也成为美国加强对上市公司监管的“分水岭”,导致美国国会于2002年加速通过了《萨班斯-奥克斯利法案》(Sarbanes-Oxley Act)(又称《上市公司会计改革与投资者保护法案》)。该法案对企业的内部控制提出了非常严格的要求,以应对企业合规管理的漏洞。该法案对公司治理、会计职业监管、证券市场监管等多个方面作出了许多新的规定，被视为自1930年以来美国证券法最重要的修改。2004年，《联邦量刑指南》再次修订，对一个有效的合规管理体系的定义比1991年的七个要素更加详细和严格。这些修订包括风险评估、明确董事会和高级管理层对合规管理体系的期望、培育合规文化、强化合规机制、培训与沟通。

在上述背景下，历经跌宕的金融领域率先架构合规管理体系。2005年4月，巴塞尔银行监管委员会发布了《合规与银行内部合规部门》高级文件。文件中提出“合规”和“合规风险”的定义，成为指导各国银行乃至金融机构合规风险管理的代表性文件，标志着银行业合规风险管理现代管理框架的基本形成。至此，在企业内部建立合规管理体系，成为全球范围不予争辩的趋势和事实。

从初期阶段的合规管理到当前企业合规管理体系的建立，导致最初对公共利益的损害的直接原因是个人或企业商业行为中的逐利行为，政府涉足对商业行为的监管后，由于公司的一般特质是投资者所有权与经营权二权分离，这种经济组织形态是两种权力的纠葛，公司股东和董事之间既有共同的经济利益又有利益均衡的诉求，必然要求公司从治理、职能管理及业务行为层面规制利益的流动与分配。这种个人及企业商业行为中的逐利及不可克服的商业组织形态，反映到政府对企业的监管也就首要体现在对财务及金融的监管。这也是业界大多认为现代概念下的企业合规管理是从金融行业开始的原因。此时，企业是其内部合规管理体系的主体，政府监管成为企业遵守的外部合规要求之一；管理对象上，不再局限于对法律条文或制度文件的遵守，而是更加注重商业活动中人的行为；管理内容上，由维护公共利益、遵守法律制度，转化为搭建企业组织架构体系、制度构成体系、强化运营流程管理及更加灵活多变的合规管理工具的应用。由于合规义务的转换，企业及个人的商业行为不仅要符合外部合规要求，还要重视实现自己的合规承诺，由组织或个人分别承担相应的合规责任。

五、企业合规管理体系的有效性

从合规管理的初级形态到确立现代企业合规管理制度，贯穿始终的是围绕商业形态、社会结构变化而产生的合规管理有效性问题。本质上，一个真正有效的合规管理体系必须将合规文化理念嵌入组织，而不是表面的遵从。合规管理的发展历程显示，政府集中监管的初期阶段，为避免刑事和准刑事调查和起诉，公司尽力遵循和模仿法律要求的合规程序,利用立法、实施法律、执法和裁决的原则来推进其合规目标,这种合规目标的结果也有目共睹——它未能有效地减轻企业的不当行为。政府外部监管及企业内部合规制度的并行,使立法机构可以对不合规行为积极跟进,但这种立竿见影式的合规监管只是实现了法律监管层面的目标,却未能结合企业自身的文化,仍然爆发了政企丑闻并导致市场失灵。总而言之,合规管理功能的设计目的应超越历史上狭隘法律义务的行为规范,通过改善企业文化来完善公司治理;反过来,文化上合规的治理将促进更多的行为合规、降低不合规事件的产生。合规管理的有效运行,重点在于合规文化的培育。

1999 年,为了进一步规范对企业的有效监管,美国司法部发布了第一部公司刑事诉讼"最佳实践"的内部指南——《司法部关于起诉和量刑的政策指南》[Department Policy on Charging and Sentencing,又称《霍尔德备忘录》(Holder Memorandum)]。该指南最初是为基层检察官和他们的地方监管人员准备的,要求检察官权衡其他因素推迟对公司的起诉,从而使公司能够避免潜在的毁灭性的刑事处罚。如权衡"公司合规计划的存在和充分性":公司已经采取了适当的措施、在特定的不当行为之前通过制订合规计划来防止该不当行为的发生,且现在正采取措施,自愿披露、配合政府的调查与合作,加强其合规管理的薄弱环节,纠正其不当行为。这种通过保留检察官自由裁量权以决定一个合规项目是否设计良好和有效的方式虽然并没有明确合规管理有效性的要素,但为后来的政策奠定了基础,这些政策允许在追究公司责任时有更大的回旋余地。

2003 年,时任美国司法部副部长的拉里·汤普森(Larry Thompson)发布了一份题为《联邦起诉商业组织原则》(Principles of Federal Prosecution of Business Organizations)的备忘录(the Thompson Memorandum,又称《汤普森备忘录》),与之前的《霍尔德备忘录》不同,这份备忘录明确要求所有检察官考虑对那些因员工违法行为而成为调查对象的公司,提供公司相关资料,严格追究其实体范围内的刑事责任。2006 年,时任美国司法部副部长的保罗·麦克纳迪(Paul McNulty)先生在毕马威(KMPG)一案中修订了汤普森起草的《联邦起诉商业组织原则》(McNulty Memorandum,又称《麦克纳迪备忘录》),修订后保留了《霍尔德备忘录》主张的公司的合规义务,并宣布《麦克纳迪备忘录》原则将取代汤普森起草的原《联邦起诉商业组织原则》。2008 年,时任美国司法部副部长的马克·菲利普(Mark Filip)对麦克纳迪《联邦起诉商业组织原则》进行了再次更新,要求检察官根据政府调查过程中公司提供的相关事实(真正的事实)而不仅仅是表象资料来判断公司的合作度。根据美国司法部官方资料，联邦检察官①对暂缓起诉协议（Deferred Prosecution Agreement，DPA）和不起诉协议（Non-Prosecution Agreement，NPA）的使用频率急剧增加，从1999年至2001年的11起，到2002年至2005年的23起，再增加到2006年至2008年的66起。

2011年和2014年，《联邦量刑指南》进一步修订，对合规师的独立性作出更多阐述。

世界银行集团（the World Bank Group）长期以来颁布了一系列与其提供贷款的国际投资项目相关的采购指南以及对企业不合规行为的制裁制度。受到制裁的企业将被列入世界银行"黑名单"（每3小时更新一次，包括企业名单及个人名单），在一定期限内被禁止参与由其提供资金的项目，并在一定条件下（如被制裁时限达12个月之上），根据世界银行集团、亚洲发展银行、非洲发展银行集团、欧洲复兴开发银行、美洲开发银行集团共同签订的《共同实施制裁决议的协议》规定，由上述五大机构进行联合或交叉制裁。

2010年，世界银行集团颁布《诚信合规指南》（Integrity Compliance Guidelines），发布企业良好治理和反欺诈与腐败的良好实践。并在此良好实践的标准、原则和内容的基础上梳理出一个有效的合规管理体系需具备的11项要素，包括明令禁止不当行为、明确合规职责、进行风险评估、制定合规政策、业务伙伴的合规管理、内控制度、培训制度、奖惩激励机制、举报制度、补救措施、企业联合行动。

2015年，美国蓝铃乳品公司（Blue Bell Creameries USA，Inc.）一案使对企业合规管理有效性的确认体现在法院判例中。美国蓝铃乳品公司于2015年爆发的李斯特菌疫情导致3人死亡，并导致该公司召回所有产品，关闭所有工厂，并解雇了1/3的员工。一名公司股东对两名关键高管和公司董事提起诉讼，诉称公司高管和董事在知情的情况下忽视了污染风险，未能监督公司食品制造的安全，违反了他们的谨慎和忠诚义务。特拉华州衡平法院对原告诉求予以认定，认为原告真正试图挑战的不是公司存在的监测和报告控制系统，而是在特定情况下这套监测和报告系统的有效性。

2017年，美国司法部发布第一版《企业合规管理体系评估指南》[Evaluation of Corporate Compliance Programs（the Guidance）]，该指南着重针对三个主要领域：公司合规文化、合规管理体系的结构和资源，以及公司合规政策和程序的有效性。2019年

---

① 这种由检察官自由裁量权进行的监管限于州级检察官，如纽约州总检察长办公室。其他DPA中的外部监察员约有一半是特别指定的。

及2020年，美国司法部又先后对该指南进行了更新。2019年版指南定义了建设公司合规管理体系应经过“能够在预防和发现不当行为中发挥最大效力”的充分设计。2020年版指南对2019年版指南进一步作了澄清和补充，更强调对企业合规管理的持续性、有效性和实时性的关注，更重视该合规管理是否能在企业日常运营中真正发挥作用。

合规管理有效性的提出，以及对合规管理体系完整性的关注，体现了现代企业合规管理的实践要求。企业合规管理是动态的，企业合规管理体系的组织架构及制度构成是静态的，现代企业合规管理体系的有效性、完整性是在静态和动态的融合推动中发展的。在越来越多的中国企业“走出去”，国有重点企业对标世界一流管理，提升合规经营能力、落实国有企业改革三年行动方案，切实增强国有经济竞争力、创新力、控制力、影响力、抗风险能力的背景要求下，认识现代企业合规管理的来源及发展过程，才能更好地审视当前商业形态及社会结构下中国企业面对的合规要求及作出的合规承诺，进而有效地识别合规风险、更加理性地理解合规管理主体职责、合规管理内容的复杂性及合规管理机制、工具的运用，通过有效的合规管理实践支持企业合规管理目标的实现，净化商业环境，维护社会商业秩序的良性运行。

第二节　合规管理在国内的发展

一、合规是中国本土文化的固有组成部分[①]

作为一个有着悠久历史的文明古国，中国自古就强调合规的理念。

中国传说中的人文始祖女娲与伏羲，左手持规、右手持矩，即女娲持规，伏羲执矩，“规”和“矩”是中国合规文化的渊源。规就是规则、秩序，用来约束。矩，衡量的是尺度。外有约束，内有尺度。

国学经典《礼记·礼运》篇中，作者借孔子之口阐述了“礼”是正义的本源，是诚信的准绳，是判断过失的依据，鼓励仁爱，表彰善行，让人们相信行为有确定的后果[原文：以着其义，以考其信，着有过，刑仁讲让，示民有常]。这里的“礼”是指人们内心的秩序观念。在大同世界里，天下为公，人们都没有私欲，也就不需要任何规范去约束人们的行为。随着私有制产生，大同世界一去不复返了，人们更关心自己的利益和自己家庭的利益，甚至不惜损害他人的利益、集体的利益和国家的利益，这个时候就需要用规则来约束人们的行为，保持社会秩序，让社会能够有效地运行。

《礼记·礼运》篇还讨论了严刑峻法的效果，认为仅靠严刑峻法，并不能达到约束人们行为的效果，如果法律与实践相违背，更会导致事与愿违[原文：刑肃而俗敝，则法无常；法无常，而礼无列；礼无列，则士不事也。刑肃而俗敝，则民弗归也，是谓疵国]。这种意识比当前在跨国公司中讨论的合规观念更高一个层次，即合规不仅仅靠制定规则来约束人的行为，更重要的是引导人们发自内心地维护良好的社会秩序，包括企业内部的秩序。本书第五章将着重论述企业制度，提出“少就是多”，“合重于规”，甚至“没有规，也可以合”。

---

① 经授权根据胡国辉所著《企业合规概论》内容改编（中国工信出版集团、电子工业出版社 2017 年版）。

二、《商业银行合规风险管理指引》

2006年原中国银行业监督管理委员会发布的《商业银行合规风险管理指引》共五章31条，分为总则，董事会、监事会和高级管理层的合规管理职责，合规管理部门职责，合规风险监管和附则五个部分，对中资商业银行、外资独资银行、中外合资银行和外国银行分行的合规风险管理强制性适用，并要求其他银行业金融机构参照执行。《商业银行合规风险管理指引》明确规定：

第8条　商业银行应建立与其经营范围、组织结构和业务规模相适应的合规风险管理体系。合规风险管理体系应包括以下基本要素：

(一)合规政策；

(二)合规管理部门的组织结构和资源；

(三)合规风险管理计划；

(四)合规风险识别和管理流程；

(五)合规培训与教育制度。

第10条　董事会应对商业银行经营活动的合规性负最终责任……

第13条　高级管理层应有效管理商业银行的合规风险……

第9条第2项　合规管理部门的权限，包括享有与银行任何员工进行沟通并获取履行职责所需的任何记录或档案材料的权利等。

第22条第1款　商业银行合规管理职能应与内部审计职能分离，合规管理职能的履行情况应受到内部审计部门定期的独立评价。

《商业银行合规风险管理指引》偏重风险管理。其中第3条第3款阐明："本指引所称合规风险，是指商业银行因没有遵循法律、规则和准则可能遭受法律制裁、监管处罚、重大财务损失和声誉损失的风险。"第4条进一步规定："合规管理是商业银行一项核心的风险管理活动。商业银行应综合考虑合规风险与信用风险、市场风险、操作风险和其他风险的关联性，确保各项风险管理政策和程序的一致性。"这里把合规风险与信用风险、市场风险、操作风险等风险并列。

本书认为，对企业而言，合规不仅有风险的一面，还有能力建设和价值创造的一面，与其他风险并非并列关系。如果其他风险的管理具象为企业制度和流程，则这些制度和流程也是合规义务的渊源，一旦失去合规的保障，其他风险管理都无从实现，变成一纸空文。

三、合规观念的普及

大量国内企业在与跨国公司的业务往来中接触到合规的概念，从最初的不理解，到逐渐接受，并且现在也开始熟练地运用到本企业的经营管理中。

2012 年 4 月 9 日，商务部、中央外宣办、外交部、国家发改委、国资委、国家预防腐败局（已撤销）、全国工商联以商政发〔2012〕104 号印发《中国境外企业文化建设若干意见》。其中第 5 条提出：

“（五）坚持合法合规。严格遵守驻在国和地区的法律法规，是境外企业文化建设的重要内容。境外企业要认真研究和熟悉当地法律法规，做到依法求生存，依法求发展。严格履行合同规定，主动依法纳税，自觉保护劳工合法权利，认真执行环境法规，确保国际化经营合法、合规。坚持公平竞争，坚决抵制商业贿赂，严格禁止向当地公职人员、国际组织官员和关联企业相关人员行贿，不得借助围标、串标等违法手段谋取商业利益。”

2015 年 12 月，国资委发布了《关于全面推进法治央企建设的意见》，其中提到的总体目标是：

“（三）总体目标。到 2020 年，中央企业依法治理能力进一步增强，依法合规经营水平显著提升，依法规范管理能力不断强化，全员法治素质明显提高，企业法治文化更加浓厚，依法治企能力达到国际同行业先进水平，努力成为治理完善、经营合规、管理规范、守法诚信的法治央企。”

2016 年，国资委确定了中国石油、中国移动、中国中铁、招商局、东方电气 5 家企业作为试点单位，为中央企业合规管理工作探索经验。

2017 年，原国家质量监督检验检疫总局和国家标准化管理委员会联合发布《合规管理体系指南》中国国家标准（GB/T 35770）。

2018 年，国务院国资委出台了《中央企业合规管理指引（试行）》，要求中央企业按照全面覆盖、强化责任、协同联动、客观独立的原则，以企业和员工经营管理行为为对象，开展包括制度制定、风险识别、合规审查、风险应对、责任追究、考核评价、合规培训等有组织、有计划的管理活动，有效管控合规风险。

2018 年，国家发改委等七部委联合发布实施了《企业境外经营合规管理指引》，进一步明确了对于海外合规的管理要求。对开展对外贸易、境外投资、对外承包工程等相关业务的中国企业加强合规管理明确了原则、方向和要求。

2020 年，国务院反垄断委员会印发《经营者反垄断合规指南》。

2021 年，最高人民检察院、司法部、财政部、生态环境部、国资委、国家税务总局、国家市场监管总局、全国工商联、中国贸促会九部门联合印发《关于建立涉案企业合规第三方监督评估机制的指导意见（试行）》，在总结前期试点工作经验，研判不同模式利弊得失的基础上，探索建立“检察主导、各方参与、客观中立、强化监督”的第三方监督评估机制。

四、合规走向管理科学

在过去的十几年里，合规大多数情况下被认为是企业中的管理实践。经过十几年的发展，合规实践者获取了大量的案例、数据和管理经验，并开始与其他管理实践相结合。这些管理实践包括：

（1）企业全面风险管理；

（2）企业内部控制；

（3）企业法律风险管理；

（4）企业人力资源管理。

合规实践与上述其他管理实践有着密切的联系，但又存在显著的区别。以企业法律风险管理为例，其侧重的是对法律的解释和应用，即哪些行为是法律允许的、哪些行为是法律禁止的、违法行为的构成要件及法律后果等。对于合规管理而言，回答这些问题对企业合规管理体系的建立有重要的意义，因为“知规”是合规的前提，但仅仅回答这些问题是不够的，企业还需要把法律的规定转化成企业的行为并被企业成员理解、接受和执行。

目前很多管理实践试图从自己的领域来诠释合规，并主动寻求与合规的衔接，这是一种积极的现象。但是，应当在充分理解的基础上进行诠释，以免出现“盲人摸象”的局面。

有人认为合规属于企业社会责任的范畴。的确，合规是企业社会责任的应有之义，但是当企业社会责任最终落实为企业具体的行动和要合乎的标准时，合规也成为企业合规义务的渊源，其实现也要以有效的合规管理体系为保障。

第二章

合规管理体系的构成

第一节　合规管理体系概述

根据《合规管理体系指南》国际标准、国家标准（ISO 37301、GB/T 35770），一个完整的合规管理体系应该包含以下内容：高层领导的承诺、合规方针、组织的角色、职责和权限、合规风险的应对措施、合规目标和实施策划、支持合规管理的资源、确认员工有合规能力的方案及实施记录、培训、员工对合规及不合规后果的认识、沟通、文件化信息、合规管理体系运行的策划和控制、内控流程、外包过程、绩效评价、管理评审、不合规事件发生的纠正措施、持续改进。在这样相对完整的体系结构下，学者及合规管理实践中有不同的解构方式，比如："一个引擎说"，即整个体系都围绕合规目标进行，以此为引擎，建设合规管理体系；"双轮驱动说"，即合规价值观与合规制度同步运行，建设或优化合规管理体系；"三个关键说"，即认为构建合规管理体系的关键是人、财、物；"四根柱子说"，即把合规管理体系解构成组织架构、制度体系、运行机制、保障机制；"五要素说"，即认为合规管理体系包含领导力、组织环境、风险评估、举报与调查、培训与交流；"六个步骤说"，即把建设合规管理体系分为风险识别、组建团队、建立制度、运行流程、评审改进、培育文化六个步骤；等等。对体系的解读可以是多角度的多种解构方式，在实践中，多被打散拆分为不同的合规话题进行落地。

根据上述不同视角分类，合规管理体系的方法论在实践中体现在企业合规师的具体岗位职责中，不同级别的合规岗位对合规管理体系方法论知识结构的认识程度、岗位技术能力的需求区间不同。本书第三章，即企业合规师的岗位职责部分对此有分类描述，本章对第三章中阐述的内容不再展开。

第二节　合规管理话题分类及内容*

一、合规话题分类框架

合规话题即合规义务所在的领域。目前，学者和合规从业人员在很多合规话题上已经进行了一定的研究。这些研究之间存在关联性，而且在研究中使用的方法可以互相借鉴。本书建议对合规话题进行分类，以利于就每个话题进行深入的探讨。

本书提出如下 A ~ Z 合规话题分类框架：

A. 资格资质合规。企业开展业务可能需要取得一定资格和资质，如营业执照或者与所经营业务相关的许可证等。合规地获取这些资格和资质是企业开始运营的前提。根据业务的不同，所需要的资格和资质不同，获取这些资格和资质的前提条件也不同，需要根据具体情况确定。

B. 企业治理合规。企业治理涉及企业治理机构的搭建及职能的发挥。企业治理机构对企业合规目标的实现有显著的影响。

C. 财务合规。财务合规涉及企业账目、确认收入和利润、发票管理、资产管理、财务报告等方面。大部分与反舞弊相关的合规要求可以列入此类。

D. 税务合规。美国政治家本杰明 · 富兰克林有一句名言："人的一生无法逃避两件事——死亡和纳税。"税务合规主要是遵守相关法律的强制性要求。

E. 内部审计合规。内部审计是对企业中各类业务和控制进行独立评价，以确定是否遵循公认的方针和程序，是否符合规定和标准，是否有效和经济地使用了资源，是否在实现组织目标。

---

* 合规话题分类框架，经授权采用胡国辉在《企业合规概论》中界定的分类（中国工信出版集团、电子工业出版社 2017 年版）。

F. 外部审计合规。外部审计是由独立的外部第三方对企业运营状况进行的审计，审计的目的是发现欺诈、造假等不当行为。企业应当支持外部审计机构按照适用的程序和标准进行审计，以保证其审计的独立性和审计结果的可靠性。外部审计机构自身的合规适用 A ~ Z 的相关话题。

G. 劳动用工合规。企业需要利用人力资源开展经营活动。人力资源的获取和使用有多种形式，主要受劳动法和相关法律调整。

H. 安全生产合规。安全生产合规主要指生产场所和办公场所符合物理性安全需要，防止发生人身伤害事故和有形财产损失。防止未经授权的进入也可以列入本类。

I. 产品质量合规。本类合规有广泛的内涵，包括产品质量符合强制性标准。食品安全合规可以列入本类。

J. 仓储物流合规。仓储物流主要涉及法律强制性要求和在仓储物流活动中防止发生丢失、侵占、盗窃等事件。

K. 采购合规。采购行为在企业运营中大量发生。与采购招标、反受贿、反侵占、反利益输送的合规要求可以列入此类。采购可以分为产品采购和服务采购，也可以为生产性采购和非生产性采购，还可以分为标准性采购和定制性采购。

L. 直接销售合规。企业的运营成果一般体现为销售活动。与反贿赂、销售企业反洗钱的合规要求可以列入此类。各种市场活动和以市场推广为目的的赞助活动可以视为销售的一部分，与之相关的合规要求可以列入此类。

M. 渠道销售合规。渠道销售中涉及企业通过经销商与最终用户之间发生的关系，有多种形式，也受到很多法律规定的规制。

N. 消费者权益保护合规。消费者权益保护涉及消费安全、消费者的选择权、知情权等内容。本类主要涉及企业遵守法律强制性规定和企业主动承担的义务。

O. 进出口合规。进出口领域有大量的强制性合规要求。

P. 贸易禁运合规。某些国家和国际组织发布的贸易禁运规定关系企业的运营，其中甚至包括一些可能适用于企业的国外法律要求。

Q. 慈善活动合规。慈善活动受到相关法律的约束，而且也有大量的腐败、贿赂、洗钱等行为通过慈善活动的途径实现。

R. 基础设施建设合规。企业的经营活动一般需要在一定的空间内展开或者在一定的基础设施的支持下进行，如办公室、生产车间等。与基础设施相关的存在土地获取和使用、基础设施建设和使用等合规话题。这里的基础设施建设合规是从业主方的角度考虑合规问题，建筑企业运营中的合规适用 A ~ Z 的相关话题。

S. 信息安全合规。信息是企业重要的无形资产，有着广泛的含义和应用范围。信息包括客户信息、客户的个人信息、员工的信息、企业的商业秘密等内容。信息安全合规涉及信息的采集、存储、使用、转移和处置等诸多环节。互联网信息安全也可以列入本类。

T. 知识产权合规。本类合规的主要内容是防止在知识产权的使用中侵犯第三方的权利。也可以选择把企业自身知识产权的产生、获取、使用和保护列入本类。

U. 竞争法合规。竞争法主要约束市场主体在市场竞争中的行为，当前很热门的反垄断合规属于本类。

V. 环境和资源保护合规。本类合规的主要内容是企业在经营活动中符合环境保护和资源保护的法律规定和企业主动承担的义务。

W. 反腐败合规。反腐败合规可能与上述各类合规话题发生交叉，此处单独列出是因为长期以来这是合规研究和事件的一个重点话题。

X. 反欺诈合规。与 W 类一样，反欺诈合规可能与其他各类合规话题发生交叉。

Y. 内部控制合规。大部分企业都对自身提出了内部控制的要求，有些企业还要面对外来的、强制性的内部控制要求，这些内部控制要求表现为制度和流程。内部控制的设计和实施也应当合规。

Z. 特别强化的合规要求和其他合规要求。如金融行业的合规，上市公司信息披露合规等，以及企业运营中遇到的大量其他合规要求。

以上分类中，A ~ G 类是所有企业必然面对的合规话题，可以称为“基础合规模块”；H ~ R 类是企业价值链形成过程中的各个环节可能遇到的合规问题，可以称为“价值链合规模块”；S ~ Z 类是企业需要特别投入注意力和资源以应对的合规问题，可以称为“高级合规模块”。

在每个合规话题之下，又可以分出一些子话题，例如，采购可以分为产品采购和服务采购，也可以分为生产性采购和非生产性采购，还可以分为标准性采购和定制性采购。这些采购活动中遇到的合规问题可能是不同的，值得深入研究。合规话题和合规子话题共同构成合规领域的全景图。

当然 A ~ Z 合规话题框架不可能涵盖企业运营的所有方面，也不可能包揽企业可能面对的所有合规义务。这个框架只是供研究者参考。合规话题涉及企业运营的方方面面，可以从不同的角度，用不同的标准进行分类（见图2－1）。

合规管理体系与合规话题是相辅相成的关系。离开了具体的合规话题，合规管理体系是空洞无物的；离开了合规管理体系，合规话题只是零散的制度和做法的集合。

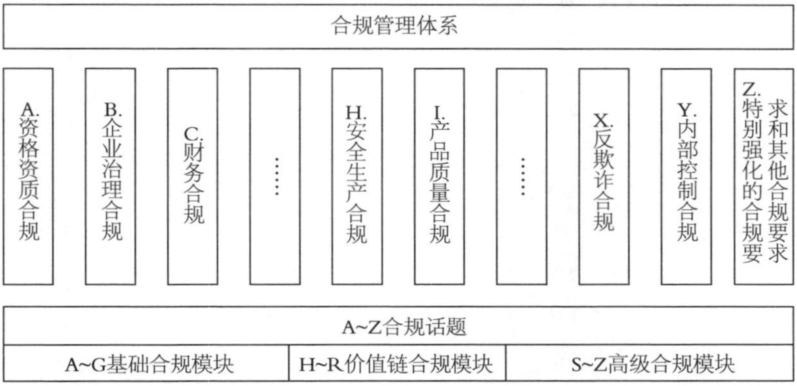

图2－1　A～Z合规话题

二、合规话题内容

第一部分　强制性合规义务。即法律强制性要求企业必须履行的合规义务，包括企业应当采取的行为、达成的结果或者遵守的标准。在这一部分内容应当包括：

（1）适用法律的强制性规定；

（2）对强制性规定的解释和理解；

（3）强制性规定产生的社会和立法背景；

（4）执法机关和执法流程；

（5）违规后果；

（6）案例；

（7）强制性规定发展的历程和未来方向。

第二部分　弹性合规义务。即企业可以自愿履行的合规义务。弹性合规义务应当比强制性合规义务更严格，其内容的依据是企业主动承担的社会责任、企业对良好声誉的追求和企业伦理。本部分应当收集行业内的一般做法，并分析其在实践中的效果。

第三部分　制度设计。企业在实践中的做法，目的在于将合规义务内部化，变成企业的内部制度。在这一部分包括不同的制度方案，使用 SWOT 分析法可以帮助企业在不同制度之间进行选择。

第四部分 通用合规实践。即具体的制度设计下的范例，如制度样本、内部控制要点、流程模型、报告模板、培训资料等。

第三节　合规文化

一、合规文化在合规管理体系中的地位和作用

合规文化在合规管理体系中具有重要地位和作用：

首先，培育合规文化、强化合规管理是企业稳健经营的必然要求。

合规是组织可持续发展的基石。近年来，国际社会和各国政府都致力于建立和维护公平、开放、透明的市场秩序。与此同时，中国正在大力推进全面依法治国战略的落地实施，对企业合规管理提出了更高的要求。在这种大背景下，企业越来越多地关注其面临的合规风险以及如何实现合规。合规意味着企业遵守了适用的法律法规、监管规定，也遵守了相关标准、合同、有效治理原则或道德准则。若不合规，企业可能遭受法律制裁、监管处罚、重大财产损失或声誉损失，由此造成合规风险。

企业发展中，随着各国法律法规和监管规则的不断推陈出新，企业面临的监管环境的不断规范和强化，尤其对出海企业，还要受到所属国家或地区的法律法规双重约束和监管，对合规经营、合规管理的要求也越来越高，特别是2018年后发生的中兴事件后，吉利集团董事长李书福曾说过："在经济全球化的今天，任何的不合规行为，都有可能变成严重的问题，产生严重的后果。做好一个企业很难，毁掉一个企业可能因为某一件小事。所以，做企业必须天天如履薄冰，时刻牢记合规的重要性、法律的严肃性。"因此，合规文化正越来越成为企业的普遍共识。

从另外一个角度看，如果企业一旦因不合规或者违规发生问题，就很可能造成恶劣的社会影响，产生巨大的经济损失，严重情况下，还可能使企业遭受灭顶之灾，导致企业难以生存和发展。因此，合规势在必行，成为企业发展行稳致远的内在要求。

其次，培育合规文化、强化合规管理是企业高质量发展的有力保证。

当前，面对日新月异的国内外新形势，尤其在新型冠状病毒疫情影响的当下，对企业的发展必须是科学的发展、健康的发展、高质量的发展，说到底就是必须依法合规的

发展，否则今天的“发展”，可能就会成为明天的“包袱”或“隐患”，甚至“案件”和“刑罚”。因此，强化合规文化理念，完善企业规章制度，熟悉法律法规规范，让每个人都自觉养成依法办事、合规经营的良好习惯，在所辖范围内营造规范、谨慎、诚信的良好氛围，尽最大可能避免盲目经营、违规操作等问题的发生，对于企业又好又快发展，必将起到积极的促进作用和有力的保障作用。同时，培育合规文化、强化合规管理，也有利于在社会上和公众中树立良好的品牌和形象，进而进一步促进企业的又好又快发展。

第三，培育合规文化、强化合规管理是防范风险的根本手段。

企业风险往往源于不合规行为。近些年爆发出来的一些处罚案件及违规事件，归根到底，还是由于合规理念缺失、合规意识不强、合规管理薄弱造成的，有法不依、有章不循，这是最根本的原因。要积极开展合规文化建设活动，就是要紧密配合案件和风险防范长效机制建设，变堵为疏，变被动为主动，将检查处理与正向引导相结合，着眼源头，综合治理，从根本上预防案件和经营风险，真正让企业走上安全、稳健、快速、可持续的发展轨道。

合规文化是预防不当行为的关键。在日趋激烈的竞争环境和变化多端的市场形势中，对风险的管控和处置能力正日益成为企业的核心竞争力之一。强化合规不仅是为了防范和化解合规风险，更有助于企业管理体系的再造以及企业文化的重构，最终是为了企业软实力即综合竞争力的增强。合规管理是对违规行为进行早期预警、防范、化解、控制风险的一整套管理活动和机制。不仅要求严格遵守国家法律法规规定，还要严格遵守组织内部的各项规章制度，包括核心价值观、行为准则、职业操守等。只有主动合规，加强合规文化教育，把风险点的查找和防范措施的制定贯穿于权力运行的过程中，才能有效控制风险，将风险消除于无形之中。

第四，培育合规文化、强化合规管理是职业伦理的核心所在。

合规文化是职业伦理的需要，心系大局、明德为公、勤勉敬业、廉洁奉公、务实创新、团结协作、品行端正等企业或部门职业伦理基本规范，是任何一名企业或部门工作者最基本的职业操守。人人感受合规文化、人人谈论合规文化、人人崇尚合规文化的浓厚氛围可以使合规文化建设从一种外在要求转化为一种内在需要，转化为自发、自觉、自愿的行为，转化为精神力量。

最后，培育合规文化、强化合规管理是履行社会责任的需要。

企业的合规经营，就是对出资人、债权人和消费者权益保护等利益相关方做出的承诺，就是对国家、社会的长期稳定和发展负责的最直接体现。为此，企业应制定多层次的社会责任战略，要以诚信的态度和专业的技能，依法合规开展业务，切实保障股东、客户及其他利益相关者的利益，真正赢得市场的认可和信赖；要平等对待每一位客户，切实为广大社会公众服务；要“以人为本”，尊重员工，维护员工的合法权益，培育积极的合规文化。对走出国门的企业，要严格遵守东道国的法律法规，保护当地环境和劳动权益，参与当地社区服务项目；尊重员工文化的多样性，支持当地慈善事业，不断提高企业声誉和改善自身形象，实现与当地社会的和谐共赢。

二、合规文化的内涵

既然培育合规文化这么重要，那什么叫合规文化呢？对此目前尚无统一的定义。

文化是人类社会相对于经济、政治而言的精神活动及其产物，它是指一个组织在一定时期内形成的思想、理念、行为，以及由这个群体整体意识所辐射出来的一切活动。因此，结合对合规的定义，可将合规文化定义为：合规文化是组织成员在长期发展过程中形成、传承、积淀的依法合规、遵章守纪的思想观念、价值标准、道德规范和行为方式的集合。其本质是规章制度与人的意识的结合。它是合规的“灵魂”。

合规文化可从狭义和广义上去理解。狭义上的合规文化是指合规管理、合规风险、合规理念、合规价值、合规机制等方面的整个合规工作规范的统称。广义上的合规文化可理解为“合规的文化建设”，它是企业文化的一部分，它是为了保证一个企业、团队里的所有成员都能自觉做到依法合规，而在本企业、团队里确立合规的理念，培养合规的意识，倡导合规的风气，营造合规的氛围而形成的一种良好的人文软环境。

三、合规文化的特点

1. 合规文化的核心是法律意识。法律意识是人们关于法律现象的思想、观念、知识、心理的总称，它是公民主动守法遵规的心理基础。根据意识主体的不同，法律意识可分为个人法律意识、群体法律意识和社会法律意识。企业倡导合规文化，首先要求企业作为社会组织、企业公民，必须具有群体法律意识，在市场经济活动中严格依法办事、守法经营。同时，企业从业人员必须具备良好的个人法律意识，自觉按规章制度进行业务操作。此外，包括企业客户在内的广大市场参与者的社会法律意识，也将对企业合规文化的形成产生重要影响。因此，培育良好的合规文化，关键就是要在企业内外形成普遍的法律意识，营造守法光荣、违法可耻的氛围。

2. 合规文化是企业的内在需求。国内外企业的经营实践与监管经验均表明：合规风险是产生企业其他风险的重要诱因，特别是导致企业操作风险的主要和直接的诱因。因此，合规风险管理应被视为企业风险战略中的重要内容，合规文化应作为企业文化的重要组成部分，不应将合规文化仅仅看做是应付监管部门的外在要求，而应作为企业贯彻科学发展，实现稳健运营的内在需求。

3. 合规文化体现了价值取向。合规文化是企业在业务发展和经营管理中形成的遵规守法的价值取向。企业对于违规行为的“零容忍”，时刻传递着合规的价值理念，使人们从心理上默认并重视法律与规章制度的存在，并形成对自我行为的后果预期。这种价值判断取向一旦形成，便会在日常的经营活动中通过各种形式，“无孔不入”地渗透到员工的思想中，潜移默化地影响着员工的行为模式，从而使合规意识和合规制度有机结合起来，达到制度约束和自我约束的统一。

4. 合规文化必须通过制度传达。合规文化理念应通过一系列制度设计体现并传达给每一位员工，也就是说企业进行制度设计时，就应包含对合规文化的理解、所倡导和鼓励的价值取向。要提高合规文化建设的有效性，就必须通过设计合理的规章制度、流程机制、激励机制、约束机制，利用员工的自尊心、上进心等更高层次的需求，以人为本地进行内部管理，真诚尊重和公平对待员工，从机制上保证合规文化被全体员工自觉遵循。

5. 合规文化包含了边界意识。如孟德斯鸠所言“一切有权力的人都容易滥用权力，这是一条万古不易的经验。有权力的人们使用权力一直遇到界限的地方才休止。”企业的经营管理也是如此。要不断提高经营管理水平，就应制定严格的操作规章制度和操作程序，同时从文化层面上向每一位员工灌输行为的边界意识，使其从内心真正认识到业务权限分散和制约的必要性，防止因超越权限、滥用权限给企业造成伤害。合规是一种底线思维，这是一个边界，是一条底线、一切追求利益最大化的行为一旦越过此线，就是不能容忍的，这也是合规文化的基础。

6. 合规文化有一定的脆弱性。管理层对违规行为的无原则宽容，或者随意解释、破坏或者变相规避法规制度，都会使合规边界变得模糊，其结果必然导致整个公平环境的损毁，人们对制度的公信力和信任感的丧失，合规文化的基础被破坏，长此以往将形成与合规文化对立的不良文化氛围。

四、合规文化的构成

合规文化由知识、制度、精神和物质四个层面组成：

1. 知识层：是指有关合规管理的基础知识，如合规风险管理概念、原则、技术、基本规则等。

2. 制度层：是指企业对经营管理活动中出现的各种风险进行预防和控制的一整套制度安排，即企业用于规范合规风险管理的各类规章制度。企业合规文化就蕴涵在其制度、标准作业程序（SOP）之中。法律、法规和规章制度是企业正常工作和日常管理的基本准则。企业应对各项业务工作和内部管理制定全面、系统、协调、有力的合规制度和程序体系，建立统一的业务标准、操作要求和管理标准，并保证其连续性、稳定性和有效性。

3. 精神层：是指企业的管理者和员工在企业经营管理中长期发展过程中形成的共同信守的思想观念、价值标准、道德规范、行为方式等精神因素。合规文化包括诚实、守信、正直等职业道德与行为操守，"合规人人有责""合规创造价值""合规促进发展""违规就是风险""主动合规"等理念和行为准则，以及企业对社会负责、企业对员工负责、员工对企业负责、员工对其他员工负责等价值观念取向。

4. 物质层：是指企业内外部传播信息中体现合规文化的名称、标志、产品、宣传等物质载体，主要包括合规管理组织体系、合规管理系统、各类合规宣传培训资料、合规风险提示、法律法规信息、合规风险报告等内容，通过这些载体实现风险管理内容和信息文化的传递。

在这四个层面中，知识层是基础，制度层是保障，精神层是核心，物质层是载体。企业合规文化是一个从精神层到物质层，逐步具象化的过程。

五、合规文化的建立

（一）合规文化建设的阶段

合规文化建设一般由三个阶段组成：

第一阶段：服从，即在合规文化培育初期，通过制度流程的管理使部门或人员被动接受企业的合规要求。

第二阶段：认同，即部门或人员认可企业的合规价值观，但尚未完全理解和接受。

第三阶段：内化且作为行动指导，即企业部门或人员不仅能够理解合规文化的正确性，而且按照这一价值观念自觉地约束自己的思想和行为，并且予以扩散和传播。

（二）如何建设合规文化

1. 树立全员合规的经营理念

人是合规文化培育的关键。要让全体员工意识到合规是一件大事，不是监管者要我做，而是我要做，从“要我合规”到“我要合规”，即从被动合规转变到主动合规，而且要自觉做。因为合规与成本控制、风险管控、资本回报、品牌形象等企业核心经营管理要素是正相关关系，合规可以创造价值，有效的合规文化能够消除合规风险，遏制和杜绝违规违纪行为和案件发生，是全面防范风险、提升经营管理水平的需要，是完善制度流程管理体系、从源头预防风险的需要。必须让合规的观念和意识渗透到全体员工的血液中，渗透到每个岗位、每个业务操作环节中，促使所有员工在开展日常经营管理时能够遵循法律、规范和标准，努力培养员工的合规意识，在企业上下推行“合规人人有责”“主动合规”“合规创造价值”等合规理念，倡导诚实、守信、正直、良善的道德价值标准或行为操作准则和企业文化，让合规成为一种习惯、一种信念，做到人人合规、事事合规、时时合规、处处合规。

2. 健全合规组织体系

一定要充分认识设立合规部门的重要性，努力克服人少、任务重和时间紧等困难，设立独立的、强有力的合规部门，并高度重视合规部门的建设。合规人员既要具有较强的专业素质，又要具有较强的个人素质，要选派那些具有高度的敬业精神、有责任、有担当的且具有相应技术资格和业务能力的人员充实到合规管理队伍中，培养和造就一支高素质的合规专业队伍。

建立健全合规管理组织体系，明确合规管理负责人和牵头部门，专兼职合规人员结合，实现“纵向到底，横向到边”覆盖，渗透到组织每个角落。合规管理组织机制必须实行“一把手”负责制，层层落实责任制，明确合规部门在本企业的枢纽地位，界定好合规部门和业务部门及其他职能部门的关系。

建立健全合规管理“三道防线”：一线岗位和直接经办业务部门，通过建立事前防范的自我监督约束机制实施有效自我合规控制，形成第一道防线；法律、合规、内控与风险管理等部门，通过建立事中的监督检查机制实施专业化合规管理，形成第二道防线；内部审计、稽查监察、安全保卫等部门，通过建立事后监督及责任追究机制发挥再检查、再监督的作用，形成第三道防线。合规部门作为企业内部管理和外部监管规则连接的主要渠道，将监管规则、风险提示和监管意见等分解到各业务部门或其他后台支持部门，各个业务部门主动寻求合规部门的支持和帮助，主动提供合规风险信息和风险点，并配合合规部门做好日常风险监测和评估；合规部门要通过提供建设性意见，帮助业务部门管理好合规风险，为企业业务和产品创新提供合规支持，最大程度地减少风险。

3. 完善合规制度流程体系

合规文化培育，好的制度是前提。目前，很多企业内部都缺乏统一、完整、全面、科学的合规风险管理法规制度及操作规则，不少企业规章制度存在粗略化、大致化、模糊化问题，缺乏可操作性，制度执行时存在“权力大于制度”“情面大于制度”“以信任代替管理”“以习惯代替制度”“以情面代替纪律”“制度管下不管上”等不良现象和习惯。

现代合规管理呼唤科学合理的、完善的、高效的规章制度和操作流程，需要强化规章制度的执行力，以从根本上扭转长期职责不清、责任落实难的状况。在合规风险识别、量化、评估、化解等方面，都要对过去的规章制度和操作流程进行及时、必要和科学、合理的改进，规章制度不应该多年一成不变，流于形式。规章制度制定，最重要的是有效，并不是越多越好、越严苛越好，一定要有针对性，要具体化，操作性强，要能解决实际问题，避免相互矛盾和含糊其辞。业务规章和操作规程制定，一定要明确内部制度梳理、整合和修订的规范要求，新制度要有必要的合规预估，在源头上解决合规风险管理的制度基础。提高制度的覆盖面，要制定可供各个岗位人员使用的业务政策、行为手册和操作程序，规章制度覆盖到所有客户、产品和服务、利益相关方，涵盖所有从业人员的行为操守和道德规范，做到凡事有章可循，凡事有据可查，凡事有人负责，凡事有人监督。通过制度的不断修订与完善，形成事事都有明确合规守法的工作标准、处处都有严格的合规经营纪律约束，使依法合规经营成为全体员工的自觉行为。同时积极维护制度的权威，通过加大惩戒力度，特别是对违规的惩戒，及时有效制止违规操作，营造制度执行的“热炉效应”，提高制度的执行力，并在实践中形成一种文化予以渗透。

4. 强化员工日常合规培训

高层管理者、合规管理人员和其他人员是合规文化建设中的三个层次。作为基层经营单位，应通过组织开发持续有效的合规风险培训和教育项目，将业务开展和发展中所适用的法律、规则和准则、合规政策、合规意识和合规职责等字面要求及其精神实质，贯穿和内化在业务政策、行为手册和操作程序中。按照全员合规原则，开展针对合规管理人员和其他人员的教育和培训，培训要注重系统性、针对性、专业性、实用性和多样性。对合规管理人员加强新法律法规的培训和坚持“实事求是、客观公正、廉洁奉公”的职业情操的培养，确保从业人员具备应有的专业素养；对其他员工负责提供关于操作执行中相关法律、监管规定、行业准则的学习培训；针对适用法律、规则和准则的变化，与时俱进地开展相应的培训和教育；加强正反两方面教育，大力宣传遵纪守法、恪尽职守、勤政廉政的先进典型，弘扬正气，也要剖析典型案例、公开处理、违规违纪违法责任人，对员工进行案例警示教育。通过多层次、立体式、常态化的合规培训，逐步形成合规文化氛围，确保相关合规要求得以贯彻落实。

5. 加强合规经营的检查监督

从持续发展角度看，合规经营必须实现内部控制和外部监管的有效结合。一方面，加强信息披露，提供透明度，利用社会力量来监督经营管理行为；另一方面，加强现场检查和非现场监督，进一步推进自律建设。在履行检查和自律监管职能时，各部门职责分工要明确，要密切配合，形成合力。由审计监察部门负责牵头组织对违纪违规问题和案件线索的核查、处理；业务部门负责对经营人员操作风险核查和专项治理，本部门负责的各项业务整改措施的落实，强调制度梳理和完善；人事部门负责检查重要岗位人员交流、访谈等。要有针对性对关键业务、关键环节和关键部门进行重点整治和治理。

6. 构建科学的激励约束机制

首先，建立科学的激励约束机制：一是企业的管理层需要处理好长期激励和短期激励的关系，既实现短期可观、长期可望，又做到保持可持续发展的动力。二是改变目前普遍使用的片面强调业绩的考核制度，加大风险管理特别是合规风险管理的考核权重。三是建立适用风险调整后收益或资本回报率的考核制度，改变以经营利润为考核核心所带来的，追求短期利益而放松企业的风险等弊端。四是建立风险管理人员的考核制度，引导和保障合规风险管理人员处理好风险管理的宽严关系、松紧尺度，发挥其积极性。

其次，推行严格的奖罚激励机制。奖罚标准力争全面、客观，既要考虑业绩指标，又要突出合规执行情况，积极倡导依法合规前提下的稳健发展。绩效考核关键指标包含内控合规管理的内容，考核机制体现内控合规优先。对合规指标完成好的给予加分，合规管理做的不好的给予减分，对报告重大合规风险有功者、防范重大合规风险或挽回重大损失者给予集体或个人表彰和奖励，对落实合规管理工作不力或因重大合规风险造成损失要有效地落实问责制，确保奖罚分明，有规必行。安全是企业发展的生命线，很多企业对合规风险管理的重视不足，激励约束机制欠缺，褒奖力度较小，惩罚措施较轻。一般情况下，只要没有损失或案件，对违规人员往往只采取教育和限期整改等措施，很少进行严厉处分。对造成损失或酿成案件的人员，处罚也不够严厉，惩戒作用有限。合规文化要求，企业内部必须具有清晰的责任制和问责制，以及相应的激励约束机制，形成所有员工理所当然为其从事的职业和所在岗位的工作负责的氛围，充分体现企业倡导合规和惩处违规的价值观念和立场。

再次，在操作上，一是要建立和落实合规经营的定期评估机制和重大违规行为的报告制度，对重大、突发合规事件应报未报或迟报、谎报、瞒报、漏报的，根据有关情节、不良影响程度等，按国家和企业有关规定严肃处理。对于责任人主动报告违规行为或减少风险隐患的，可酌情减轻或免除处罚。二是要建立合规问责制，落实合规责任，保持敬畏心。对合规工作做的好或对举报、抵制违规有贡献者要给予保护、表扬和褒奖；加大违规处罚力度、提高违规成本，对存在或隐瞒违规问题，造成资金损失和经济案件的，严格追究各级管理者的责任。三是要建立检查人员的再监督制度，对各级管理人员、合规部门人员、监管人员在日常的合规风险管理工作中该发现的问题未发现，该处罚的未处罚，该提出整改意见的未提出的，要追究连带责任，一并给予严格处罚。

最后，通过激励约束机制，树立企业整体合规经营理念，提高全体人员合规思想意识，在企业内部形成一种自我约束机制。在企业内部自我约束和外部监管规范共同作用下，企业更容易形成一种群体道德规范与行为准则，发挥出重要的预防、警示和监督作用，这样企业能在各个层面有效规避合规风险，也会大大降低由于企业违规行为而付出的成本。

六、合规文化的维护

企业的合规文化不是一成不变的，随着企业内外部环境的变化，其合规文化也会有所改变。企业应及时了解内外部环境变化所导致的合规义务的改变,及时调整合规应当采取的策略和方案,确保持续合规。

需要值得注意的是,合规文化需要在企业发展期间得到不断执行与维护,只有保持高水平的合规文化,才能不断协调企业整体与员工个体在价值观、目标及行为等方面存在的差异,不断聚焦和校正,保证企业的长期发展。即使处于成熟期的企业,虽然其经营风险相对较低,但由于存在不可避免的各类风险,若放松对合规文化的建设,企业内部控制最终失效,企业将面临生死存亡的风险。

合规文化的培育需要一个良好的内部环境基础,它需要通过改革旧有的制度范式、变革落后的管理理念方法才能实现,而这触及企业管理的灰色地带,压缩了潜在违规的空间,这势必损害部分人原有的利益关系,也意味着合规文化培育可能面临巨大障碍,因此,合规文化的培育需要一个长期的过程去维护。

合规文化的培育是一个循序渐进的漫长过程。合规文化建设也是一个系统工程,不仅仅是合规部门及合规人员的职责,既需要各级部门结合自身实际,细化各项部署,又需要各专业条线结合自身特点,强化履职监督,只有企业每一个员工都认识到自身的合规责任,并通过跨地域、业务领域的通力合作,才能确保这项工作成功。

七、合规文化的推广

首先,企业应将合规作为企业经营理念和社会责任的重要内容,并将合规文化传递至利益相关方。其次,企业应树立积极正面的合规形象,推动行业合规文化发展,营造和谐健康的境外经营环境。再次,越来越多的企业在构建自身合规文化的同时,也逐渐开始重视对商业合作伙伴之间的合规文化的审视以及与其合规文化的共享。

现代商业的竞争已从“企业与企业之间的竞争”过渡到“商业网络之间的竞争”,任何一个商业主体的核心竞争力不再仅仅是其生产的产品或提供的服务,而是通过其产品和服务建立起来的稳定而庞大的商业网络。在这些通过商业往来串联起来的商业主体利益共同化的过程中,风险也在相互传导。在这样的商业网络中,没有任何一家企业能够独善其身。很多企业正在逐步地,在以其为核心的商业网络中,将其企业内部的合规文化推行拓展至商业网络中的其他企业,他们希望通过企业合规文化的同化,达到整个商业网络内部风险防范的一体化,以降低自身合规风险。尤其在高风险的商业领域,这种合规文化拓展外延的机制已经成为一种趋势。而这种拓展机制的具体措施包括以认同本企业合规文化作为交易的前提,将本企业合规文化内涵转化为交易合同条款以及与多个具备一定条件的商业合作伙伴共建商业文化联盟等较为新颖的措施等。

八、合规文化的评估

合规文化的建设,除了高层重视、人本管理、机制建设外,还需要建立合规文化建设效果的评估机制,客观检验合规文化在实践中是否得到有效贯彻执行,并有针对性地促进持续提升。

合规文化的评估,是通过判断合规风险管理各项要素在实践中是否实际支持合规风险管理目标的实现,衡量合规文化建设的效果。

(一)合规文化评估的目标

通过全面评估企业合规文化建设的健全性、适当性以及成效性,督促其进一步建立、健全有效的合规文化建设机制,培育优良的合规文化,提升合规风险管理水平和审慎经营能力,最终支持企业可持续发展目标的实现。

(二)合规文化评估的范围

应当覆盖公司所有业务、各个分支机构、全体工作人员,贯穿决策、执行、监督、反馈等各个环节。

(三)合规文化评估的内容

根据通常的评估指标,合规文化建设评估主要分为五个评估:

①目标评估:指企业的员工是否知道以及在多大程度上知道本企业合规风险管理目标。

②尽职评估:指为达到合规风险管理目标,企业的员工如何履行职责。

③能力评估:指企业是否有必要的管理资源和合适的合规人员去实现合规风险管理目标。

④监测评估:指企业是否监测了合规风险管理的效果。

⑤学习评估:指企业是否从违规行为、风险事件中得到经验教训。

（四）合规文化评估的方式

可通过开展合规文化建设的自我评估、成立专门的合规文化评估小组、合规文档收集和审查、现场检查与评估，问卷调查等进行。

企业合规文化及其核心价值观体现了企业的精神境界和文化品格，全体员工通过认知、认同、信奉企业合规文化，进而转变为自觉意识和实际行动，所形成的企业合规文化力量深深熔铸在企业的生命力、凝聚力和创造力之中，直接影响到企业的核心竞争力。但文化是不可复制的，需要慢慢培养形成。文化所具有的无形，同时又无处不在的特殊性，决定了对企业的合规文化氛围、合规文化建设成效的判断，必须经过长期观测，需要更为综合的信息。因此，对合规文化建设情况的评估只能是阶段性、概述性的评价，而非长期性、定论性的评价。

第三章

企业合规师的岗位职责

第一节 企业合规师的职业操守*

一、从个体需求角度看企业价值观

企业员工所追求的价值感满足，逐渐从低层次的物质需要层次向更高层次的自尊、被尊重和自我实现需要层次升级。从激励的角度来看，如果企业在诚信与短期利益之间进行权衡和取舍而在诚信问题上妥协，即使因此给企业带来直接的利益并为员工增加收入，也会导致知情的员工失去荣誉感，最终造成企业对员工吸引力的下降，员工工作积极性的丧失，优秀员工的流失，从而在实质上损害企业的竞争力和持续经营的基础。如果员工认为企业或者企业决策者一方面宣扬诚信，另一方面又做着不诚信的事，则员工会对企业的整体价值观产生怀疑，对企业决策者的道德产生怀疑，进而怀疑企业和企业决策者所主张和推崇的其他信念。

信任是所有关系的基础，是激励的源泉。真正的成绩感、自豪感源于积极、负责任地参与企业的经营和管理，没有参与感就没有成就感。当信任缺失，猜忌和自我保护会大行其道，对员工的激励手段变得非常有限，而物质奖励可能成为最直接和可行的选择，但我们知道，薪水、奖金、福利的位置越显著，就越会扼杀创造性，降低员工的表现水平。

更进一步来看，当员工对企业失去信任的时候，企业的决策者也会对员工失去信任，因此要采取大量的防范员工舞弊的措施，这加剧了企业资源的消耗，也给企业带来巨大的合规风险。

企业价值观以诚信为基础、有效提炼企业中所有个体的价值观诉求，就成为企业有效合规管理和长期可持续经营的必要条件。

---

* 本节在华东师范大学法学院企业合规研究中心负责人周万里老师供稿及胡国辉《企业合规概论》内容启发基础上，经爱立信东北亚合规总监郭楠先生修订而成。

二、企业合规师的职业操守

合规管理本质上属于诚实信用管理。一般来说,合规管理是价值观管理。合规中的“规”不仅包括成文的要求,也包括不成文的道德规范,对企业而言主要是商业道德规范的要求。正是道德规范使企业合规管理具有很强的文化和价值的色彩,使人人愿意主动合规的良性合规文化成为可能。企业合规师的工作就是管理企业的合规文化和诚实信用的落实,影响管理者和员工的行为。为此,企业合规师本人必须具备良好的道德操守、职业操守,在工作中清正廉洁,担当尽责,时时刻刻以合规义务为标准,做好表率。

对企业合规师而言,最重要的道德操守是遵守规则、诚实信用和公平。企业合规师首先是从事规则管理工作,应该成为遵守规则的模范。违反法律法规,利用规则的漏洞成为机会主义者,会严重破坏企业合规师的职业操守。企业合规师也应该成为践行诚实信用的模范,成为企业员工的可靠的沟通伙伴,成为公司管理者值得托付的合规管理工作者,成为企业的商业伙伴和公众可以信赖的对接人。相反,欺诈、舞弊、诈骗、诋毁和弄虚作假等行为,会严重损害企业合规师的职业操守。

廉洁:诚实信用的具体表现。不廉洁的行为,即腐败,是企业合规师的禁忌,会对企业合规师的声誉造成致命的打击。

公平:要求企业合规师在从事合规管理工作中,能够公平地适用合规规范,无歧视地监督和处理管理者和员工的不合规的行为。偏袒、歧视和恣意等行为,会严重损害企业合规师的职业操守。

勇气:企业合规师的另一项重要必备素质。在看到不当行为或潜在风险的时候,需要挺身而出、据理力争,保护公司和个体的权益不受损害。

尊重:企业的日常运营是由个体来完成的。每个个体在日常工作中都会碰到各种各样的合规挑战、面对各种不确定性。作为企业合规师,应当充分了解业务流程,深入理解日常业务挑战和业务风险,尊重每个个体在企业运营中所付出的努力,才能够同业务部门共同有效地管控合规风险。

企业合规师通常会被视为以价值观为基础的合规管理体系的代言人,应该持续践行职业操守,维护合规师的职业声誉。

第二节　合规职能的定位和架构

健全的合规组织管理体系是推进企业全面合规体系建设的重要保障,也是后期合规计划得以切实执行的重要前提。合规组织管理体系建设工作中的一个重要内容就是搭建科学、完善的合规组织架构,其中包括明确各个部门主体在合规管理上的角色定位和职责,合理配置资源,明确各层级部门的审批、汇报路径,协调各职能部门之间的相互协作,从而使企业无论是在纵向上还是在横向上都发挥各层级、各职能部门的优势,实现管理合力,将合规管理的各项工作落实到位。

一、合规管理职能的定位和架构

实际上,企业的每个员工和部门都或多或少地承担着一定的合规职责,明确相关的职责才能更好地确保合规体系的高效运行。

(一)董事会

董事会在合规管理中的责任源于英美法系董事对公司的受信义务理论,即董事会对全体股东和公司负有受信义务。受信义务可以分为忠实义务和注意义务两个方面,前者是指董事要以股东利益最大化为行动的出发点,努力避免利益冲突;后者主要是指董事要审慎经营并进行良好的商业判断。落实到合规方面,董事的受信义务意味着其应当尽最大努力确保公司以合法、合规的方式运营。

国际标准化组织(International Organization for Standardization,ISO)于2021年4月13日发布实施的ISO 37301:2021《合规管理体系　要求及使用指南》(Compliance Management Systems — Requirements with Guidance for Use)对组织的治理机构、最高管理者等如何发挥领导作用作出了规定:一是治理机构和最高管理者要展现对合规管理体系的领导作用和积极承诺;二是遵守合规治理原则;三是培育、制定并在组织各个层面宣传合规文化；四是制定合规方针；五是确定治理机构和最高管理者、合规团队、管理层及员工相应的职责和权限。

国资委印发的《中央企业合规管理指引(试行)》(以下简称《国资委合规指引》)第2章第5条对董事会的合规管理职能也作出相关规定：

董事会的合规管理职责主要包括：

(一)批准企业合规管理战略规划、基本制度和年度报告；

(二)推动完善合规管理体系；

(三)决定合规管理负责人的任免；

(四)决定合规管理牵头部门的设置和职能；

(五)研究决定合规管理有关重大事项；

(六)按照权限决定有关违规人员的处理事项。

在国际实践中，有的公司会在董事会下设立合规委员会，一般由董事会指派具备法律、财务、人事管理背景的董事组成。合规委员会的职责可以包括：

(1)确保公司的内部制度和合规体系能够准确、有效地反映公司经营相关法律、法规的要求，并能够对相关的合规风险形成有效管控。

(2)监督公司合规管理部门的组织架构、工作计划、财务预算、人员配置和权责履行情况，以及其独立性、权威性、汇报路径。

(3)审查公司合规师的任命、解雇。

(4)审查公司重大合规政策、合规工作内容、合规流程以及管理层的反馈。

(5)监督针对公司、公司董事、高管、雇员或公司聘请外部机构开展的重大内外部合规调查。

(6)审查针对已识别的重大合规风险漏洞、违规行为的纠正和改进方案，并监督、确保方案的执行完毕。

考虑到我国中央企业的现有管理架构，《国资委合规指引》明确了中央企业合规管理委员会可以与企业法治建设领导小组或风险控制委员会等，承担合规管理的组织领导和统筹协调工作，定期召开会议，研究决定合规管理重大事项或提出意见、建议，指导、监督和评价合规管理工作。

（二）企业管理层

企业管理层受董事会的委托在日常基础上负责企业的经营和管理。管理层也称为领导层,其人员范围由企业自行确定,一般由企业日常经营活动的最高管理者带领,包括其他核心人员。

ISO 37301:2021《合规管理体系　要求及使用指南》规定,管理者应通过以下方式对其职责内的合规工作负责:

(1)配合和支持合规职能,并鼓励员工共同参与;

(2)确保其管理范围内的所有人员都遵守组织的合规义务、方针、过程和程序;

(3)识别其运行中的合规风险并进行沟通;

(4)在其职责范围内将合规义务融入现有的商业惯例和程序;

(5)参加并协助合规培训活动;

(6)培养人员的合规意识,指导他们满足培训和能力的要求;

(7)鼓励并支持人员提出合规疑虑,并防止任何形式的报复;

(8)根据要求积极参与合规相关事件和问题的管理及解决;

(9)确保一经确定需要采取纠正措施时,适当的纠正措施能够得到推荐并实施。

《国资委合规指引》第7条对经理层合规职责作出规定:

(一)根据董事会决定,建立健全合规管理组织架构;

(二)批准合规管理具体制度规定;

(三)批准合规管理计划,采取措施确保合规制度得到有效执行;

(四)明确合规管理流程,确保合规要求融入业务领域;

(五)及时制止并纠正不合规的经营行为,按照权限对违规人员进行责任追究或提出处理建议;

(六)经董事会授权的其他事项。

(三)企业合规部门

企业对合规部门职责的设置可能会根据企业的性质、规模的不同而有所不同。一般情况下,合规部门的职能主要包括以下几个方面:

(1)领导和组织企业内部和外部资源,对企业的合规义务进行全面的识别、评估和监控;

(2)领导和组织企业内部和外部资源,确定企业的合规目标,识别和评估企业的合规风险;

(3)拟定企业合规管理体系整体方案,按企业治理机构报经最高管理层或者董事会批准；

(4)领导和组织企业内部和外部资源，实施合规措施并针对实施中发现的问题不断改进；

(5)组织合规沟通、教育和培训，提高全体员工和外部相关方的合规意识和合规管理能力；

(6)建立健全企业的违规举报、调查和补救机制；

(7)就企业合规管理体系运行有效性向最高管理层和董事会等治理机构提交定期报告和特别报告。

企业也可以参照ISO 37301：2021《合规管理体系　要求及使用指南》和/或《国资委合规指引》的相关规定，结合企业自身的情况设置企业合规部门的具体职责。

合规部门一般设置合规负责人（首席合规师）作为合规部门的负责人，对企业的合规管理工作负具体管理责任。一般情况下，合规负责人的主要职责除了对以上所述合规部门的职能承担直接责任以外，还包括以下几个方面：第一，贯彻执行公司董事会、监事会和管理层对合规管理工作的各项要求，全面开展并实施合规管理的各项工作。第二，协调合规业务与公司各项业务之间的关系，监督各个业务部门、企业所属各个机构执行公司合规管理要求的情况，及时解决合规管理中出现的重大问题。第三，领导合规管理部门，完善组织队伍建设，做好人员选聘、培养，监督各级合规部门认真有效地完成工作任务。

为了履行上述职责，企业合规团队的成员应当具备相应的资质、经验、专业素质和技能，包括但不限于以下几个方面：

(1)诚信精神、公平感和正义感。这是对合规从业人员最基本的要求。合规工作内容不限于制定制度并监督制度的执行，还涉及大量的基于诚信、公平和正义作出的主观判断。合规从业人员个人在坚持诚信、公平和正义方面应当是其他人的表率，对诚信、公平和正义应当有深刻的理解和全面的思考，且有能力全面地看待问题并进行权衡。

(2)有较强的逻辑分析能力，善于迅速地从纷乱复杂的现象中抓住主要矛盾，并能在信息不充分的情况下作出判断且不严重偏离事实。

(3)有学习的意识和能力，了解业务知识。合规从业人员应对企业的主要业务内容、业务术语和业务流程有基本的了解，甚至包括企业主要产品和服务的知识。当然，合规从业人员在工作过程中会接触到这些信息并逐渐掌握，但主动的学习意识是非常重要的。

(4)高效的沟通技巧。

(5)抗压能力。

(四)企业员工

企业实现合规目标,需要全体员工参与并作出贡献,因此合规是每个企业员工应履行的责任。每个员工应当做到以下几个方面:

(1)了解、遵守、执行企业的合规义务、方针、过程与程序。

(2)报告合规问题、疑虑和漏洞。

(3)根据要求参加培训。

二、合规部门与其他职能部门的关系

(一)法律部门

目前,有实践把企业的合规职能架设至法律部门内,即法律部门的"一套班子"既履行法律的职能又履行合规的职能,总法律顾问同时兼任合规负责人。实践中也有在企业或集团的总法律顾问下设置两条平行的法务和合规条线,法务负责人和合规负责人向总法律顾问汇报。在合规专业人才匮乏的情况下,前一种做法不失为一种务实的选择,因为内部法律顾问一般经历过法律教育或培训,熟悉法律制度体系,在分析问题、评估风险、书写文件方面具有较强的专业能力。但其实法务工作和合规工作的依据、侧重点有所不同,所以对员工知识、经验和技能的要求也不尽相同,而且工作方式有较大差异。

1. 工作依据不同。法务工作的依据是法律法规,而合规工作的依据包括:(1)法律法规,遵守法律法规(法律合规)是合规工作的底线;(2)企业的规章制度;(3)职业操守和道德规范等。

2. 防范的风险不同。法务工作防范的法律风险一般是指企业因不遵守法律规定、监管规则或者因和他方发生纠纷,而导致财务损失、被处罚或是产生诉讼纠纷的风险。合规工作需要防范的合规风险,在法律合规风险方面存在重合,但两者不能彼此覆盖,各自具有其独立性。合规风险还包括违反诚实守信和道德准则而遭受的名誉损害甚至财务损失的风险。比如,企业计划上线一个新产品,从适用法律来看,新产品本身并未违反任何禁止性的法律规定，但是违反了某种公众认知的道德规范，从而损害企业的产品形象甚至是企业的良好声誉。这个事情从法律角度来看，没有法律风险，但从合规管理的角度来看，会存在合规风险。

3. 工作方式不同。法务的工作更多是被动的，比如，根据业务需要或其他部门的征询提供法律意见、建议等；而合规工作除了被动的咨询外，还有很多主动的内控、监督、评估等工作。

尽管法务工作和合规工作存在不同，但是企业的法律部门和合规部门一直都是合作紧密的伙伴。在确保企业法律合规方面，合规部门需要与法律部门协作，借助法律部门的特长优势，在法律、法规的更新、发展、执行层面，就法律、法规的适用、解释、执法情况向合规部门提供意见，支持合规部门的培训，就合规管理方面发现的问题及改正措施提出法律意见，对相关的违规惩处措施提供法律意见等。

（二）风险管理部门

企业的风险管理部门一般是运用全面风险控制管理的理念，以审慎为原则，对公司战略发展及业务开展进行动态风险监控的部门。

2004 年美国反虚假财务报告委员会发起组织（The Committee of Sponsoring Organizations of the Treadway Commission，COSO）将企业风险管理定义为："企业风险管理是一个过程，受企业董事会、管理当局和其他员工的影响，包括内部控制及其在战略和整个公司的应用，旨在为实现经营的效率和效果、财务报告的可靠性以及现行法规的遵循提供合理保证。"实际经营中，企业风险涉及的面特别广，包括市场宏观政策风险、客户偏好风险、合规风险、技术风险、质量风险、履约能力风险等。合规也作为风险之一。合规管理和风险管理各有侧重，但都是企业治理中不可缺少的部分，两者相互配合，实现企业的良性、健康、合规发展。例如，合规部门针对合规管理中识别到的风险，将其提示给风险管理部门以帮助其对企业风险管理计划、战略作出安排和调整（如需要）；风险管理部门可以就其工作中发现的合规问题或信息分享给合规部门，支持合规部门对风险的监控；双方可就新产品开发、市场拓展中的风险，向管理层提出建议。

（三）内控部门

内部控制是实现合规的手段之一，但内部控制并不等同于合规。企业的内部控制团队一般关注两个方面——财务内部控制和业务流程内部控制。在部分企业里，根据

COSO 模型建立的内部控制团队实际上承担着合规的部分职责,因此这些企业把合规作为内部控制的一个主题。这种做法固然可以在一定程度上实现对合规风险的防控,但是单纯的防控无法保证合规管理体系的有效性。流程控制是合规管理体系中合规措施项下的工作方法之一,但完整的合规管理体系还包括其他要素和工作方法。合规与内部控制的主要区别在于——合规既是合规工作的内容,也是合规工作的目标。内部控制的目标是基于运营目标设定的,如果运营目标是错误的,有效的内部控制只会强化这种错误,让企业偏离运营的轨道。

合规专业团队和内部控制团队在工作中有重叠的部分,两个团队在这些部分应当协调工作,提升效率,尤其是在流程控制方面,合规专业团队可以借助内部控制团队的专长,优化与合规相关的内部控制机制。内部控制团队的工作内容既包括与实现合规目标相关的流程,也包括与实现业务目标相关的流程,内部控制团队如果发现两者之间存在冲突,应当反馈给合规专业团队。这是合规专业团队发现合规管理体系中缺陷的重要机制。有效运行的合规管理体系也能降低内部控制团队的工作难度。

(四)内部审计部门

这里所说的内部审计部门是相对于隶属咨询机构的外部审计团队而言的,是企业设立的负责经营管理合规审计对合规管理体系的运行状况进行监督的部门。其主要的职能是对公司合规管理的执行情况单独或结合常规审计项目进行检查,评价合规体系的健全性、有效性,并在与有关部门、人员进行商讨后确定整改方案。内部审计部门应当保持高度的独立性。这种独立性一方面表现为内部审计团队应当直接汇报给最高管理层或者董事会,在工作中不受内部任何其他团队的影响和干扰;另一方面表现为内部审计团队不介入任何前端的业务建议和业务决策,只在事后基于收集到的客观证据进行审计,避免出现审计自己作出业务建议或业务决策的尴尬局面。

合规部门和内部审计部门的关系可以概况为以下几个方面:

(1)合规部门和内部审计部门相互独立,合规部门和企业的合规管理体系是审计的对象。

(2)内部审计部门负责公司各项经营活动的合规性审查。

(3)合规部门为内部审计部门的审计提供方向和重点。合规部门应当参与内部审计部门拟定年度审计计划的过程,可以根据过去发现的合规风险和可能存在合规缺陷的领域,建议内部审计部门纳入审计计划进行检验。

(4)内部审计部门的审计结果是合规部门发现、识别合规风险的重要来源和依据。

(5)审计工作体现的是事后控制,而合规管理包括事前预防、事中风险侦测以及事后应对。

三、合规风险管理的三道防线

合规风险管理责任的“三道防线论”(three defense lines)源于金融机构的风险管理理念,后来逐渐为其他行业的企业所接受和应用。

(一)第一道防线

第一道防线是核心业务部门,是风险管理的第一责任机构。业务部门作为一线部门,是日常执行公司政策、程序、流程的主要群体,他们直接面对客户和市场,并可能最先接触到风险源,因此第一道防线的有效性是事前风险控制的关键。

结合实践并参考《国资委合规指引》第11条的规定,业务部门的合规职能主要有以下几个方面:

(1)业务部门对本领域的日常合规工作负责,按照合规的要求、建议完善业务管理制度和流程。

(2)主动开展合规风险识别和隐患排查,发布合规预警,组织合规审查,及时向合规部门通报风险事项,妥善应对合规风险事件。

(3)对在业务过程中了解到的法律、法规变化及监管动态,及时向合规部门分享。

(4)做好本领域合规培训和参加合规部门组织的合规培训。

(5)做好商业伙伴合规调查等工作。

(6)组织或配合对违规问题的调查,积极参与整改措施的讨论并对整改措施的可操作性提出建议,及时完成整改。

(二)第二道防线

第二道防线是支持职能部门,包括风险、法务、合规、财务、人力、质量、安全等所有可以协助一线核心业务部门进行风险管控职能的部门。第二道防线确保第一道防线执行的控制和风险管理流程的设计是合理的,能够按照预期有效地执行,并对第一道防线的执行提供专业化协助、技术支持和培训服务,持续地进行风险监控,督促各部门履行操作风险管理的各项职责，提高各部门提供风险管控能力等。

（三）第三道防线

第三道防线是保证职能部门，主要是指内部或外部审计部门。审计是指对公司治理、风险管理和内部控制的效率和效果进行审计。内部审计的工作范围涵盖企业各个方面的运营和活动。

（四）三道防线之间的关系

第一道防线和第二道防线更多体现的是事前防控，第三道防线主要是事后防控。三道防线是一个相互制约、相互补充的立体式系统，只有各司其职，加强沟通联系，形成合力，实现信息共享，联动互动，才能建立起切实有效的风险防控体系，为企业提供安全屏障。

作为第二道防线的合规部门与第一道防线的业务部门并不是对立的关系，在实现企业发展的目标上两者是一致的。合规部门的职能不仅包括监督业务部门执行第一道防线，还包括支持业务部门在合规的前提下，以合规的方式发展业务。

四、中级合规师在合规职能定位和架构知识层面需具备的知识和技能

中级合规师应当具备的知识和技能包括：

（1）熟悉合规岗位的职能范围；

（2）熟悉其他相关职能部门的职责范围、工作方法，包括审计、内控、风险管理和法务，并能够说明合规职能部门的工作特点。

第三节　合规风险管理

较早对金融机构提出合规管理要求的国际金融监管机构——巴塞尔银行监管委员会——认为,“合规应被视为银行内部的一项核心风险管理活动”,这个结论同样可以适用于其他组织。合规管理是一项核心风险管理活动,可以从两方面去理解:一方面,组织建立规章制度,规范成员的行为,借以实现其目标,这成为现代管理最通行的模式和最核心的手段。合规既是立规的初衷,也是管控风险的核心手段。另一方面,规章制度越完善,组织成败风险就越是集中体现为合规风险。合规风险成为组织的核心风险,并成为其他风险发生的重要诱因。

本节主要讲述合规管理人员如何利用风险管理技术和手段,对组织面临的合规风险进行系统化和持续性的识别、分析评价和管控。

第一部分　风险管理概述与合规风险评估

一、风险管理概述

(一)风险管理的基本概念

1. 风险。是指不确定性对目标的影响。不确定性事件或因素产生的作用,可能导致实际结果与预期目标相比出现偏差,这种偏差可能是负面的,也可能是正面的。所谓不确定性,是指发生什么事件、产生什么后果,以及事件和后果的发生有多大可能性,存在信息方面的缺失或信息不完全。风险的大小可以通过“潜在事件和风险源”“后果”“可能性”三个参数的组合来判断。

2. 固有风险。是指在不考虑风险管控措施或假设管控措施失效的情况下,内部因素和客观环境影响目标达成出现偏差的可能性。识别和评估固有风险可以掌握组织各领域及各部门在风险管理方面的重要程度,便于合理配置风险管理资源。

3. 剩余风险(或称残余风险)。是指组织采取相应的风险控制和管理技术以后,仍未达到组织可接受标准的风险。识别和评估剩余风险可以评价风险管理绩效,据以确定下一轮风险管理的改进方案,并配置相应的风险管理资源。

4. 风险管理。是指导和控制组织风险的协调活动,即组织通过风险识别、风险分析、风险评估、风险应对管理等方式对风险实施有效控制和妥善处理损失的过程。风险管理的目的是创造和保护价值并支持组织目标的实现。

(二)风险管理国际标准

2009 年 11 月,国际标准化组织推出了 ISO 31000:2009《风险管理——原则与指南》,开启了人类标准化风险管理的新起点。

2018 年 2 月,国际标准化组织发布了 ISO 31000:2018《风险管理指南》,更新其框架,使标准内容的描述更简洁、更易理解、更加注重和企业管理活动的融入和整合。

ISO 31000:2018《风险管理指南》突出传达了国际标准化组织在风险管理方面的以下核心主张:

(1)“聚焦”价值。风险管理工作的定位就是更好地帮助企业创造和保护价值,体现为 8 项原则:整合的、结构化和全面性、定制化、包容性、动态的、有效信息利用、人员与文化因素、持续改进。

(2)支持决策。《风险管理指南》数次在不同的章节中强调了风险管理对决策支持的重要性,指出任何组织和个人无时无刻不在面临作出决策的情况,国标标准化组织是通过作出一系列的决策而达到价值实现的。

(3)整合为重。《风险管理指南》中,“原则轮”和“框架轮”都将“整合”作为第一个要素,孤立的风险管理工作并无实际意义,按照 ISO 的建议,风险管理工作应该与组织的所有管理活动整合,成为任何管理经营活动的一部分,包括但不限于战略和规划、公司治理、人力资源、合规、质量、健康与安全、业务连续性、危机管理与安全管理、组织抗风险能力、IT 等。

(4)领导担当。在“框架轮”中,最核心的内容为“领导力与承诺”,强化了对领导层在风险管理工作中的角色和职责。

此外,与风险管理紧密相关的国际标准还有:

（1）ISO 导则 73《风险管理术语》对有关风险管理的术语进行定义并作出相关性分类。

（2）ISO 31010《风险评估技术》提供了非常多的风险评估技术方法和工具。

（3）ISO/TR 31004《风险管理标准实施指导》为如何实施风险管理国际标准提供具体的方法和建议。

（三）风险管理的核心流程

在 ISO 31000：2018《风险管理指南》“三轮圆”体系示意图中，“流程圆”将风险管理流程梳理为紧密关联的 6 个子流程，即风险管理范围、背景和风险标准的确定；风险评估；风险应对；风险管理记录与报告；沟通与咨询；监控与评审。其中风险评估和风险应对是风险管理的核心流程和核心专业技术。

1. 风险评估。风险评估是风险识别、风险分析和风险评价的整个过程。

（1）风险识别。是指对现实或潜在的风险进行系统的辨别和认识的过程。风险识别的目的是发现和完整描述可能影响组织实现目标的风险，避免产生重要的遗漏，为风险分析和评估提供信息。风险识别的成果是形成风险清单列表。风险识别的内容一般包括以下方面：①所影响的一个或多个目标；②影响和损失表现；③潜在事件及其表现；④分布区域；⑤风险来源；⑥时间相关因素。

（2）风险分析。是指理解风险性质、确定风险等级的过程，即对风险发生的可能性及影响程度进行估测、量化和确认。风险分析的目的是确认包括风险水平在内的风险性质和特征。风险分析涉及对不确定性、风险源、后果、可能性、事件、情景、控制及其有效性的详细考虑。事件可能有多种原因和后果，并可能影响多个目标。根据分析目的、信息的可用性和可靠性以及资源的可用性，风险分析可以进行粗细程度、复杂程度不等的分析。分析技术可以是定性或定量的，也可以是定性和定量相结合的方式，这取决于环境和预期用途。

风险分析应考虑以下因素：事件和后果的可能性；后果的特征和强度；复杂性和关联性；时间因素和波动性；现有控制的有效性；敏感性和置信水平等。

（3）风险评估。是指在风险识别和风险分析的基础上，对风险发生的概率、损失程度及影响，结合其他因素进行全面考虑，评估发生风险的可能性及危害程度，与组织的风险标准相比较，以衡量风险的程度，并决定是否需要采取相应的管控措施的过程。风险评价的目的是支持决策，涉及将风险分析的结果与既定的风险标准进行比较，以确定需要采取何种应对措施。

2. 风险应对。是指根据风险性质和风险标准而制定的风险应对方案和计划。风险应对的目的是选择和实施应对风险的方式,风险应对体现为以下反复优化的过程:(1)制定和选择风险应对方案;(2)计划和实施风险应对方案;(3)评估应对的有效性;(4)确定剩余风险是否可接受;(5)如果不能接受,采取进一步应对措施。

二、合规风险识别与评估

ISO 37301:2021《合规管理体系　要求及使用指南》对合规风险评估的要求可以概括为"三个步骤""四个方面",具体见图3-1。

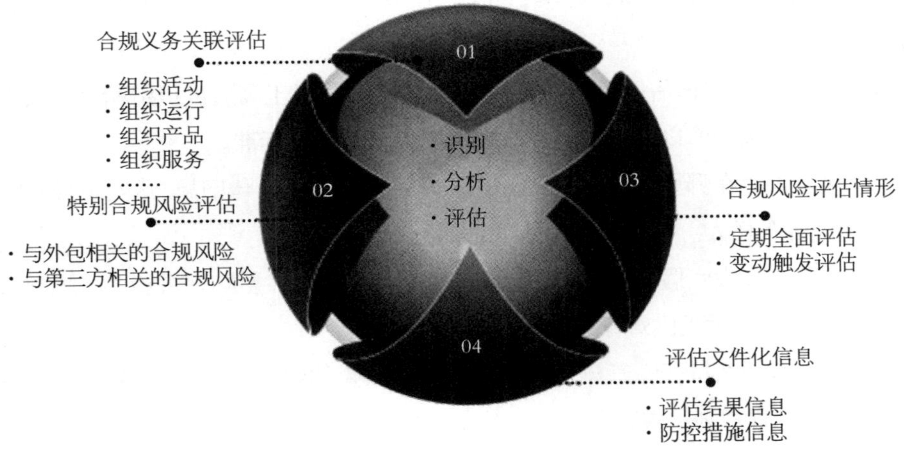

图3-1　"三个步骤""四个方向"示意

"三个步骤"是指合规风险的识别、分析和评估。

"四个方面"是指:第一,合规风险识别与评估应将合规义务紧密关联组织的运营系统、产品和服务流程以及管理活动等方面,因合规义务融入组织日常运营管理体系之中,才能得以持续落实,这也正是组织日常运营管理中可能发生的不合规行为带来的严重后果。第二,合规风险识别与评估应特别关注与外包相关的合规风险,以及与第三方相关的合规风险,这两个方面可能因为超出组织范围、管控力衰减而产生额外的合规风险。第三,合规风险评估启动情形。合规风险因素是不断变化的,组织内外部环境及经营管理活动也是不断变化的,合规风险识别与评估是需要持续进行的,可分为两种情形,一是定期进行全面评估(一般是1年1次);二是变动触发评估,当环境或组织背景发生重大变化时重新识别和评估。第四，合规风险识别和评估记录应形成文件化信息予以保留，包括评估结果信息和防控措施信息。

（一）合规风险识别与评估的目标与主要内容

风险的识别直接工作目标是确定是否属于不可接受风险并列入风险清单，同时，风险识别也是对风险所进行的全面的调研和深入的认识。风险有3个基本要素：风险因素（产生、诱发风险的条件或潜在原因）、风险事件（事故）和风险后果（偏差或损失），风险识别的工作目标还在于完整反映风险的3个基本要素：（1）识别风险后果（频率、影响的范围和程度）以确定哪些列入风险管控清单，并进行必要的排序；（2）识别风险事件发生的规律、表现特征及性质分类，以确定风险管理策略、管控方式及预警方案；（3）识别风险发生的原因、条件以确定风险管控的针对性措施。

组织可以将识别评估目标转化为一系列问题，引导员工高质量识别和评估风险：

（1）是不是风险？以是否给目标实现造成偏差为判定标准。

（2）风险发生在哪里？归谁负责？可以识别管控责任具体归属，落实主导（牵头）责任人和配合责任人。

（3）风险有多大？假设风险发生，会造成多大的损失和影响？可能多长时间发生一次？以累积风险后果比对标准判定风险等级。

（4）风险有什么特征？怎样预警？梳理总结风险的特征，可以引起哪些先兆指标的变化，判断怎样规划设置预警指标及触发方式。

（5）风险属于哪一类？可以判定采取防范和化解的策略和形式。

（6）风险发生的原因和条件有哪些？可以判定可采取的针对性防控措施，消除风险发生的原因，或控制风险发生的条件。

（二）合规风险识别和评估的主要方法

合规风险识别和评估的方法可以分为3类：一是基于证据的方法，例如，检查表法以及对历史数据的审查。二是系统性的团队方法，比如，一个专家团队可以借助一套结构化的提示或问题来系统地识别风险。三是归纳推理技术，例如，风险与可操作性分析等。组织可利用各种支持性的技术来提高风险识别工作的准确性和完整性。组织可以建议各业务条线和各部门，除采用一种适合本单位情况的风险识别和评估方法

外,另外选取辅助的方法对识别和评估结果进行校验,识别和评估风险的具体方法主要有以下几种:

1. 风险清单筛选法。由专业人员设计好标准表格和问卷,全面罗列单位可能面临的风险,由主管或资深员工逐项筛选的风险识别方法。常用的风险清单有“风险分析调查表”、“保单检视表”和“资产—曝险分析表”等。

2. 流程分析法。根据业务处理流程或管理流程找出各环节潜在风险并分析风险可能造成后果的方法。这种方法是在业务处理流程或管理流程标准图的基础上,进行静态和动态分析。所谓静态分析针对某环节的环境、条件、配置,评价这些因素对完成本环节工作目标的保证程度和特别因素的突出影响;动态分析是评估各环节之间的关系。可能导致流程中断或直接影响流程最终结果的风险因素,是特别重要的识别对象。

3. 因果分析法(鱼骨图法)。运用此方法,可将工作目标进行6个纬度的一级分解,这6个维度是人员、设备、原料、方法、环境、测量,英文简称为“4M1P1E”,此工具揭示了影响工作目标实现的最主要的6个方面,可以在每个方面进入二级分解过程、三级分解过程。

4. 情景分析法。是指通过分析未来可能发生的各种情景,以及各种情景可能产生的影响来分析风险的一类方法,换言之,情景分析是类似“如果—怎样”的分析方法。未来总是不确定性的,而情景分析使我们能够预见未来,对未来的不确定性有一个直观的认识。用情景分析法来进行预测,不仅能得出具体的预测结果,而且能分析达到未来不同发展前景的可行性,以及提出需要采取的技术、经济和政策措施,为管理者决策提供依据。

(三)固有合规风险识别与评估的具体应用形式

1. 新法规和监管政策收集、研判、解读与合规策略规划。合规管理部门可以指定专人与各监管机构对接沟通,积极参与相关法规和行业规则的制定,协调不同监管机构相互矛盾、冲突的要求,与相关方面沟通,达成共识或妥协,明确本组织的执行依据和执行方式,维护与各方的良好互动关系。

有条件的合规管理部门可设置专人组织收集法律、法规及各监管机构政策的规定,关注行业规则及行业最佳实践,定期发布新法规解读及合规策略建议。通过日常工作,持续收集、梳理法律法规、行业标准、公认道德规范及其不断变动的情况,避免出现严重疏漏。对收集的合规义务进行分析、整理，其中，给予相同或类似的合规义务更重要的处理排序。对收集的合规义务进行评估，与本组织的经营管理活动进行关联匹配，确定各项要求对本企业的影响范围及层次，向所涉及的相关职能部门发出合规风险提示及合规建议。

在上述工作基础上形成动态更新的分类合规义务清单或合规管理手册，各业务条线和管理部门将合规义务清单相关的内容加入所管理流程各环节风险清单中，与对应的风险防控方案及制度建立索引关联，即可形成分类合规报表，便于合规举证。

2.“四新一重”合规评审。“四新一重”是指新制度、新流程、新产品、新业务和重大决策事项。这些方面容易发生系统性合规风险，是合规管理的重要领域，必须慎重把关，将合规评审强制纳入组织决策的审批流程，识别、评估和严控“增量合规风险”。其主要程序如下：

（1）立项发起与初评。立项发起单位除提交立项基本要求和常规文件外，还要提交立项风险清单、合规风险自我评估结论。风险级别达到3级（风险描述为“一般”）及以上的，同时提交防控预案。风险级别在2级（风险描述为“较低”）及以下的，可自行制定经济性风险控制措施。

合规部门一般应事先提示此类事项在策划阶段即知会合规管理专业人员提前介入，或提示安排立项前合规评审预沟通，以免影响项目时效或出现令人尴尬的合规疏漏。

（2）专业合规评审。合规管理专职部门应组织专业人员进行评审，形式主要有专人书面评审或合议会议评审，出具合规评审专业意见。

（3）审批决策支持，发布实施。对于各方面意见不完全一致，或方案进行了较大修改的审批项目，决策层应要求重新进行合规专业评审，或再次专门听取合规专业人员更详细的意见。重大的决策事项，决策层一般应要求合规部门提交专项合规评估报告。

（4）跟踪评估。无类似先例的全新业务、产品、流程、制度，一般应先试行3～6个月，试行期间需密切关注试行情况，对出现紧急情况的处置，及时提供合规支持。试行期满，发起单位根据收集的试行反馈情况和问题，对原方案进行修订调整，可再次要求合规管理部门进行合规评审。

（四）剩余合规风险识别与评估

合规管理体系建立以后,剩余合规风险的识别与评估,是更为贴近日常管理实际的经常性合规管理工作。要使合规管理工作易于被组织成员接受并融于日常管理,合规管理人员要善于寻找切入点和合适的职责履行方式。在合规管理实务中,剩余合规风险识别与评估应从何处入手?合规风险信息如何收集?合规管理与组织日常管理如何无缝对接?组织日常管理成果如何利用?如何将组织日常管理形式与合规管理形式整合升级?以下是几种经实践验证的成功应用形式。

1. 监管检查信息整理与行政处罚跟踪。监管行政处罚是重要的合规风险识别信息,反映组织在贯彻落实法规政策方面不到位,应深入分析处罚原因,若因"外规内化"不到位,则属于系统性合规风险,应尽快修改制度和流程,消除不合规再次发生的原因。若因组织制度执行不到位而被处罚,则应追究相关责任人责任。凡涉及流程和制度缺陷的,相关部门必须启动对所涉及流程、合规风险清单、风险控制方案和对应制度的合规评审维护。合规管理部门负责全过程的督促和专业支持。

2. 内审监察信息与损失数据统计分析。内审监察信息与损失数据,包括司法案件信息、内审监察案件信息、信访举报及其他风险事件损失数据,深入分析其发生的原因,消除系统性风险,是重要的"亡羊补牢"式工作。有条件的可组织建立内审信息子系统、监察信息子系统、合同管理信息子系统和法务信息子系统并相互关联,建立相关信息上报、沟通和处理协调制度,辅之以信访举报管理制度,保证相关信息的完整、真实和及时、有效。每个子系统信息的录入上传,可以由填报人根据系统提示对事件和风险(损失)情况进行客观、细致的描述,并根据统一的风险评估标准初步判定风险等级,填报负责人复核后上传系统,系统根据所涉及流程和管理归属推送至业务或管理流程负责人及对应的合规管理部门,业务或管理流程负责人应在对应合规管理部门专业支持下,对该风险事件发生的原因深入调查分析,属于流程和控制缺陷的,启动对所涉及流程、风险清单、风险防控方案和对应制度的合规评审维护。合规管理部门负责全过程的督促和专业支持。改进完成后,内审监察部门应再次审核确认并关闭该事项。若后续内审发现同样的问题,应加重处罚。

3. 紧急风险事项的报告信息处理。对紧急风险事件,组织应建立紧急事项紧急上报管理制度以及应急授权、应急处置预案。按照统一风险评估标准划分紧急风险事项的具体等级和处理流程,规定合规专业管理部门的角色和需要提供的合规支持。紧急风险事件发生原因涉及流程和制度缺陷的，相关系列或部门必须启动对所涉及流程、风险清单、风险防控方案和对应制度的合规评审维护。合规管理部门负责全过程的督促和专业支持。改进完成后，内审监察部门应再次确认并关闭该事项。若后续内审发现同样的问题，应加重处罚。

4. 网络事件、组织舆情监测与客户投诉、抱怨信息分析。声誉影响是组织合规风险识别的一个重要维度。合规风险识别应要求收集网络及其他媒介关于组织的热点新闻，关注客户满意度数据，特别是客户诉讼、投诉和抱怨的热点，要消除重复发生的原因，严控系统性风险。识别这些方面的风险，也是识别改进的机会。合规监测人员将相关信息发送给相关系列或部门合规联络员，合规联络员报告主管审核后，启动对所涉及流程、风险清单、风险防控方案和对应制度的合规评审维护。

5. 日常经营异常情况分析。组织一般会定期召开经营例会，点评经营业绩，检讨经营战略实施中的问题，识别和评估市场和行业出现的新情况，部署下一步经营策略。对于日常经营出现异常或经营例会的其他决议影响某系统或部门业务流程和管理规则的，主管应指令合规联络员启动对所涉及流程、风险清单、风险防控方案和对应制度的合规评审维护。

6. 合规风险提示。合规专业人员在合规评审、合规调查、合规咨询或日常合规支持、监管沟通及法规解读等过程中，如果发现合规风险，比较重要的合规风险一般通过“合规风险提示书”的方式提出，这也是各条线、各部门识别合规风险的一个重要参考。“合规风险提示书”经主管审核同意后，合规联络员启动对所涉及流程、风险清单、风险防控方案和对应制度的合规评审维护。

此外，组织还可以要求合规管理人员关注各业务系统数据修改申请、各业务系统运营问题或故障记录等可能蕴藏风险的信息和数据来源。

第二部分　合规风险控制与制度管理升级

合规风险控制的目的是选择和实施应对合规风险的方式，即根据合规风险分析与评价结果，确定风险应对措施和解决方案并落实执行，而制度体系完善是合规风险控制的系统性手段，是最高效率的可持续风险控制方式，因此，制度管理也是合规管理人员的核心阵地。

一、合规风险控制

合规风险产生的原因，既有舞弊或贪图便利的因素，也有疏忽或对规则不够了解的因素，还有管控成本过高，以及管控能力不足或管控资源不足的因素。因此，根绝合规风险的激进想法是有害无益的。现实的做法是将剩余合规风险控制在可接受的范围内。

（一）合规风险控制的基本手段

1. “外规内化，内规优化”。此种手段是将来自外部和内部的组织合规义务整合体现在组织运营管理的流程、制度和管理系统中，通过内部规章制度的严格执行即可达到全面、持续合规的目的。

2. 培训、宣导及合规文化建设。通过培训、宣导提高组织成员的“知规”水平和“守规”能力，通过合规文化建设营造“知规”“守规”氛围，提高自觉合规意识。

3. 违规处罚。威慑故意违规，提高舞弊成本。

4. 建立违规投诉、举报处理制度。提高违规发现、处理的概率，降低违规牟利的侥幸心理。

5. 合规风险动态监测、预警，为合规风险化解和控制提供时间和机会。

6. 审计监督。通过内外部审计，主动发现合规风险防控的薄弱环节，纠错除弊，持续完善合规管理体系。

（二）合规风险控制的一般过程和措施

合规风险控制循行以下反复优化的过程：

（1）已发生违规事项的，严格问责，对违规行为进行调查和处置；

（2）制定和选择风险应对方案、整改或防控目标和计划，这通常需要与存在重大合规风险的部门管理层商谈，明确合规风险具体应对措施和职责，纳入绩效考核指标；

（3）计划和实施风险应对方案，包括制定、修改和完善组织内部的合规规范，对相关业务模式、业务流程进行整改和完善，根据必要性开展专项合规培训与合规活动等；

（4）评估管控的有效性，对重大合规风险，须对管控措施的启动、执行及效果进行持续跟踪与监督，直至合规风险消除或降低至可接受范围；

(5)确定剩余风险是否可接受；

(6)如果不能接受，进入新的管控流程。

（三）合规管理中的风险控制活动

风险控制活动是那些帮助管理层确保其指令得以贯彻执行的政策和程序。风险控制活动的目的在于采取必要的行动来处置风险，以便实现预期的目标。风险控制活动一般可以根据特定的控制目标分为预防性控制、发现性控制、人工控制、计算机控制和管理控制等。风险控制活动发生于整个组织的所有层级和所有职能之中，它包括一系列不同的活动，如批准、授权、验证、调节、经营、业绩评价、资产保管以及职责分离等。

1. 授权审批控制。组织制定常规授权和特别授权的制度，明确各岗位办理业务和事项的权限范围、审批程序和相应责任，要求各级管理人员在授权范围内行使职权和承担责任。组织一般通过编制授权指引，规范特别授权的范围、权限、程序和责任，严格控制特别授权。

常规授权是指组织在日常经营活动中，按照既定的职责和程序进行的授权。特别授权是指组织在特殊情况、特定条件下进行的授权。组织对重大的业务和事项，一般实施集体决策审批或者联签制度，任何个人不得单独进行决策或者擅自改变集体决策。

2. 不相容职务分离控制。组织通过全面系统的分析，梳理业务流程中所涉及的不相容职务，并实施相应的分离措施，形成各司其职、各负其责、互相制约的工作机制。

3. 会计系统控制。组织通过严格执行国家统一的会计准则、制度，加强会计基础工作，明确会计凭证、会计账簿和财务会计报告的处理程序，保证会计资料真实、完整，充分发挥会计系统对组织经济活动反映、记录和监督的作用。

4. 财产保护控制。组织通过建立财产日常管理制度和定期清查制度，采取财产记录、实物保管、定期盘点、账实核对等措施，确保财产安全。组织严格限制未经授权的人员接触和处置财产。

5. 预算控制。组织通过实施全面预算管理制度，明确各责任单位在预算管理中的职责权限，规范预算的编制、审定、下达和执行程序，强化预算约束。

6. 运营分析控制。组织通过建立运营情况分析制度，要求经理层综合运用生产、购销、投资、筹资、财务等方面的信息，通过因素分析、对比分析、趋势分析等方法，定期开展运营情况分析，发现存在的问题，及时查明原因并加以改进。

7. 绩效考评控制。组织通过建立和实施绩效考评制度，科学设置考核指标体系，对内部各责任单位和全体员工的业绩进行定期考核和客观评价，将考评结果作为确定员工绩效以及职务晋升、评优、降级、调岗、辞退等方面的依据。

8. 重大风险预警和突发事件应急处理机制。组织通过建立重大风险预警机制和突发事件应急处理机制，明确风险预警标准，对可能发生的重大风险或突发事件，制定应急预案、明确责任人员、规范处置程序，确保突发事件得到及时妥善处理。

二、制度管理与流程优化的督促与指导

制度管理是合规管理的根本所在。制度管理为什么重要，集中体现在以下 3 个方面：第一，制度是现代组织管理的核心途径和手段，现代社会中，能由一个人独立完成的工作越来越少，必须由很多人分工合作完成，制度是分工说明、操作指南、合作协调的依据。第二，内部制度是内外合规需求的汇集与集中体现，内外部的合规需求都需要整合在组织业务流程、管理流程和作业规则之上。流程完成后，其结果可以符合所有的合规要求。第三，合规需求只有固化为组织制度，才可以保证自动重复执行，实现持续合规。合规不能停留于观念和依靠员工的自主判断和自觉行为。

1. 制度完整性(健全性)管理。合规管理人员应督促、指导各单位定期对制度进行梳理、规划、改善，确保制度达成以下完整性目标：

(1)业务经营活动全过程、全方位覆盖，不遗漏重要风险点；

(2)系统性强，各项制度相互衔接、互为补充，形成一个有机整体，控制目标一致，控制手段协调配合；

(3)收集变化、反馈信息，定期评审制度体系，及时根据变化的内外经营环境和业务流程补充和修订制度。

2. 制度有效性管理。合规管理人员应督促、指导各单位定期对制度进行梳理、规划，确保制度达成以下有效性目标：

(1)符合法律法规、监管规定、行业自律规则的要求；

(2)有效防止错误与舞弊的发生；

(3)集成统一目标、规范行为、指导作业、培训技能、积累技术、记录备忘、沟通基础、考核评估等核心功能,为组织经营目标的实现提供合理保证;

(4)形成发现问题、解决问题、持续改进的良性运作机制。

3. 制度合理性(适当性)管理。合规管理人员应督促、指导各单位定期对制度进行梳理、规划,确保制度达成以下合理性目标:

(1)保持制度设计和实施的适用性、可执行性;

(2)保持制度设计和实施的经济性(预计风险损失与控制成本之比);

(3)控制适度,兼顾风险、效率与效益,组织整体利益最大化;

(4)控制目标具体,控制手段简捷,控制责任明确,控制效果落实反馈;

(5)根据业务的规模、活动的性质、存在风险的大小、流程复杂程度和员工的基本素质等因素设计详略不同的制度。

4. 制度管理的主要方法。主要包括以下几种方法:

(1)清单管理法。将各单位制度汇集归档并编制制度文件清单,且动态更新。这样可以对各单位的制度建设情况一目了然。

(2)管控功能规划法。按照管控目标的要求,指导各单位建立和完善功能不同的各类制度。具体如下:

①组织结构图(包含管理层次和幅度、汇报线等);

②职务说明书(包含职责和任职条件等);

③核准权限表(描述某事的运作由哪一级申请、立案、拟案、咨询、核准、决定及报备等);

④操作流程图(以事为核心,描述事情按什么次序做);

⑤作业指导书(以事为核心,描述事情如何做);

⑥问责与考核奖惩制度(以事为核心,描述事情评价标准)。

(3)制度分类归档法(制度聚焦)。不同人员需要掌握的制度不同,要求也不宜“一刀切”。为便于制度的宣导、执行、遵循或检索,指导各单位、各岗位对法规制度按照重要性、相关度、使用频率、来源、功能性质等因素进行分类存档,规定高低不同的掌握要求。如对重要性强、相关度高、使用频率高的制度,要求熟练掌握;对重要性、相关度和使用频率为中等的制度要求基本掌握,使用时可以随时查阅;对重要性、相关度和使用频率均较低的制度,只要求知道其存在并了解在何处可以查阅就可以了。

第四节 举报与调查

第一部分 举 报 机 制

一、举报在合规管理体系中的作用和重要性

合规举报是指企业员工从维护诚信、主动合规的角度出发，对各项经营管理活动中存在的违法、违规行为或风险隐患的事实，通过指定途径进行报告的行为。合规举报是合规管理运营机制的重要环节，也是保障合规有效运行的重要环节。合规举报的作用和重要性主要体现在以下几点。

①合规举报机制有利于发现企业潜在或隐藏的合规风险。对员工的违规行为，有可能法务、合规和内审的审查与监督并没有发现，但身边的同事有可能会察觉，或是需要其他人配合，或是给同事留下蛛丝马迹，很难做到真正的密不透风。注册舞弊审查师协会（Association of Certified Fraud Examiners，ACFE）的数据显示，在一个设置了内部举报机制的企业中，超过一半的不合规行为是通过内部举报发现的，而其中，绝大部分来自内部员工的举报。

②合规举报机制有助于降低对公司负面声誉的影响。当员工计划向企业反映其所发现的问题，但又没有一个让人信任的内部举报机制，举报人只能选择向外部权威举报（如媒体或政府）。向外部举报，有可能导致企业无法控制的局面。

③合规举报机制是衡量企业合规管理体系是否完善的有效指标之一。畅通的企业内部举报机制标志着企业是否有正确的价值观，是否宣扬并且鼓励正确的商业价值行为，是否能让每个员工无顾忌、无顾虑地信任和信赖企业。让“人人合规”“全员合规”的理念深入人心、落到实处。

二、举报制度及流程

畅通有效的举报制度及流程包含以下内容：

（一）举报相关方

举报相关方包括企业、合规管理团队、举报人和被举报人。

1. 企业是举报机制的设立者，对举报机制的运行和运行后果承担全部责任；

2. 合规管理团队负责接收和处理举报信息；

3. 举报人是违规事件的知情者，可能是个人，也可能是组织，具体包括企业员工、业务伙伴（如供应商、经销商等）及其员工、客户等；

4. 被举报人是举报信息指向的违规事件参与者，可能是个人，也可能是组织，在很多情况下甚至包括设立举报机制的企业本身。

（二）举报范围

本节所述的举报，不包括知情人或者企业向执法机关、司法机关和监管机构等举报、检举、报告等情形。一般而言，对于所有涉嫌违规行为，企业应接受举报。常见违规行为的类型如下：

（1）发生在企业内部或者针对企业的欺诈行为；

（2）企业人员参与的行贿、受贿、索贿行为；

（3）财务作假行为；

（4）滥用职权或者严重失职给企业造成一定损失的行为；

（5）严重的歧视和性骚扰行为；

（6）严重的危害人身健康和安全行为；

（7）针对举报人的打击报复行为；

（8）管理层人员参与的任何违规行为等。

如果是国有企业，举报范围还包括领导干部滥用职权、铺张浪费、腐化堕落、伤风败俗、违背企业文化等，给企业造成不良影响的行为。

常见的不属于举报范围的事项如下：

（1）消费者对产品或服务不满意进行的投诉。该类问题应由企业的售后服务部门处理。

(2)员工对薪资、晋升、业绩考核结果、培训机会分配等问题的争议。这些问题应由企业的人力资源部门与经理或者上一级经理听取员工的意见后处理。

(三)举报渠道

企业提供的举报渠道主要为举报邮箱、线上平台、举报电话等。企业应当提供三种以上举报途径,以方便举报人选择使用。

1. 举报邮箱

大部分企业设立专门接受举报的电子邮箱。邮箱的名称应直观表明本邮箱的用途。设立举报邮箱时,应注意以下几点:

(1)注意电子邮箱系统的安全,防止木马软件、钓鱼软件等工具。

(2)举报邮箱至少应保证两人以上有登录权限。

(3)举报邮箱应当有防删除的设置,以保留未来用于审计的证据,且防止任何人徇私删除举报信息。

2. 线上举报平台

线上举报平台界面一般含有企业举报制度摘要,举报区域,反馈查询区域,联系方式等。大型企业的平台界面可提供多国语言的服务。

举报人进入举报平台后可以看到一份结构化的举报信息问卷,举报人可以按照问卷的结构填写信息并提交。举报人提交报告后,举报平台会生成一个案件编号,方便举报人日后跟进案件处理进程和提供进一步的信息。

3. 举报热线

这是最重要的举报渠道之一。举报热线可以由内部或外部第三方负责。具体根据企业的规模和环境而定。大型企业的举报热线提供一周 7 天,24 小时服务,同时提供多种语言的选择。在举报热线的设置上,应注意以下几点:

(1)负责接听举报电话的必须是受过专业训练的人员。能够在有限的机会里获取举报人的信任,尽可能获得最全面的信息和完整的记录信息,并安抚举报人。

(2)无论是企业内部还是外包第三方接听举报热线,均必须注意保密性,不应将举报信息泄露。

(3)许多企业为每个接受举报的电话分配专属编号,以便来电者可以通过回拨电话提供分配的专属编号检查投诉进展情况。如果投诉已处理,由谁处理的,何时处理的等内容都应记录在文件中。

4. 其他举报渠道

其他举报渠道包括信箱举报、当面举报、邮寄举报等。所有用于传递信息的工具都可以用于举报，但是企业向员工进行举报渠道的宣介时，应引导员工采用企业推荐的举报渠道。

我国国有企业一般由纪检监察部门统一受理违规举报。通常设置了违规举报热线，明确了接收违规举报的部门、人员、电话、电子邮件。有些国有企业还设置了举报信箱，方便员工等投递举报信件。

（四）举报信息的收集和处理

1. 举报信息的收集

在举报信息的收集工作中，只关注信息本身，不考虑举报人的动机，在处理信息中应排除其他因素干扰，只就信息所涉及的问题和线索进行核实和调查。

2. 举报信息的处理

（1）对举报信息的辨别和分析评估。收到举报信息后，企业合规管理团队应根据信息的具体情况，开展初步评估。

①举报范围：根据规定，判断举报信息是否属于合规管理团队负责的举报范围，如果不属于，则移交给其他相关部门处理。

②举报信息完整性：举报内容是否含有举报事项发生的时间、地点、主要证据、涉及人员等。

③关联性：被举报对象与违规事件之间是否有明确的关联关系，以及现有的掌握证据的程度。

合规管理团队应评估该举报信息可能隐藏的风险，如举报人缺乏事实依据，捏造事实，诬陷他人，造成同事之间关系紧张，带来不良影响等。

（2）初步反馈

对所有收到的举报信息，合规管理团队应根据初步评估的结果，及时向举报人进行初步反馈。一般而言，72 小时内进行反馈被认为是最理想的时间点。反馈的内容可以根据对举报信息的初步评估结果作出：

①若举报信息完整，足以启动调查：举报信息已收到，将按照企业内部调查制度和流程，启动调查。

②若举报关键信息缺失,过于笼统,不足以启动调查机制:合规管理团队应向举报人说明情况,给举报人留出足够的时间补充提供信息或者证据材料。如果举报人没有放弃举报但也不能再提供更充分的信息,合规管理团队可以在最后一次有效沟通后按照现有信息和证据决定启动调查、关闭案件或作出其他处理。

(3) 反馈调查处理结果

调查处理的结果一般不需要反馈给举报人,因为调查过程和处理结果都是企业内部的流程。企业可以在调查结束后,概括地通知举报人,举报信息已查实并处理;或者举报信息部分查实已处理;或者举报信息未查实。

3. 举报信息的登记

收到举报信息后,应及时登记归档。

一些大型企业有独立的案件管理系统。所有的举报事项都统一记录在案件管理系统中,包括负责部门、所花时间、进度、处理结果等,以方便审计和质量控制。

对没有案件管理系统的企业,应建立举报登记台账,详细记录举报人、举报时间、举报事项等内容。举报登记台账的内容应当保密,不得随意泄露。

三、严禁打击报复举报人

担心打击报复是员工不愿举报或者不愿实名举报的主要原因。因此,企业应严格保护举报人的安全,严禁任何人对举报人进行任何形式的打击报复,无论是明显或隐性的、公开或秘密的、减薪或降职、转岗或辞退以及其他任何经济方面或声誉方面的报复行为。保护举报人、反打击报复的基本措施包括:

(1)对举报人严格保密。企业应提供匿名举报的平台或渠道,控制进入该平台的权限。举报人和证人的信息,不可出现在对外公开的文件资料上。在调查过程中,基于“必须知晓”原则处理调查过程中获得的信息。

(2)对实施打击报复的被举报人给予严厉惩处。

(3)将反打击报复作为企业违规管理制度的重要组成部分加以规定,使之制度化。

(4)在合规宣传与培训中鼓励违规举报,并阐明公司保护举报人、严惩打击报复行为的政策和决心。

四、鼓励举报

1. 鼓励员工举报。企业应倡导和鼓励员工进行积极举报。所有员工均负有“诚信举报”义务,员工认为有任何实际或潜在违规行为,应立即汇报。无论该行为是否与自己、同事或其他利益相关人有关,亦无论该等行为是无意还是有意为之。

2. 鼓励客户或第三方投诉。在与客户或第三方进行商业活动过程中,应向其明示企业禁止商业贿赂及其他违规行为,并告知,一旦发现其违规行为,将根据情况给予惩罚,包括终止合同取消交易机会;企业应向客户或第三方等商业合作伙伴提供举报渠道。

五、举报机制的维护

1. 定期对举报制度和流程进行审核,对有漏洞或不完整的地方及时更新。

2. 定期对举报热线、邮箱进行测试。

3. 通过各种培训场合,向员工宣传举报渠道,鼓励员工积极举报。

合规管理团队可以利用各种方式进行举报渠道的宣传,比如,致所有员工的电子邮件、公司内部通信中的文章、公司内联网网页、员工会议或各部门会议上的简短介绍,定期举办的合规活动。

六、中级合规师在合规举报机制层面需了解的知识点

中级合规师在合规举报机制层面需了解的知识点包含但不限于:(1)深入了解举报在合规管理体系中的作用和重要性;(2)深入了解公司举报制度及机制流程;(3)深入了解保护举报人的原则和做法;(4)深入了解如何辨别、处理举报信息;(5)深入了解如何使用举报信息;(6)评估指控的风险及重要性;(7)执行、维护举报机制,包括举报信、邮箱等各类举报方式、制度、流程;(8)通过宣贯、调查、培训、沟通、惩罚等各种方式确保举报人不被打击报复;(9)指定专人负责举报信息的接收、登记、分析、跟进并对处理过程进行工作留痕、归档;(10)与举报人及时沟通,及时反馈举报结果。

第二部分　调 查 机 制

一、调查在合规管理体系中的作用和重要性

企业内部调查，是指一个公司或商业组织，对其内部事务进行查明的过程。其目的在于查明相关事实，以判断是否存在违反公司政策或法律法规的情形。

内部调查是合规管理体系中重要的"应对机制"之一。通过内部调查，企业可以发现违规行为，识别违规责任人，并针对企业内控机制的漏洞和缺陷，及时补救，完善合规管理体系。

二、调查的制度及机制流程

调查对象一般为企业员工，也可以是违规事件涉及的外部组织或外部组织的成员。

（一）调查的基本原则

1. 独立性原则。内部调查应保持独立。无论是由内部合规团队进行调查还是委托第三方进行调查，调查团队的组成人员都不应包括那些与调查事项存在利益关系的员工或高管。

2. 保守秘密原则。企业进行内部调查过程中，应保守所了解的国家秘密、个人隐私、商业秘密等，避免因泄露这些秘密可能导致新的法律风险。

3. 合法性原则。内部调查收集证据要合法。如取证主体、取证手段、取证程序、证据形式等要符合法律法规的要求。

（二）可能触发内部调查的情形

1. 企业合规、法律或审计部门，在日常工作中发现的违法线索：通过合理的询问，发现有可能违反企业制度或违法情节，导致进一步的调查。

2. 举报：公司内部或外部人员通过举报渠道，进行匿名的或实名的举报。

3.管理层的疑虑或询问：企业管理层在日常工作中发现特定领域存在异常现象，出于审慎原则，在没有确凿证据的情况下将疑虑交由举报机制处理。例如，企业的竞争对手被国家处罚，并认定其某种营销手段实际是变相的行贿。那么企业管理层就有理由担心本企业否也存在同样的问题。

4.执法机构的询问和调查要求：执法机构对企业某一事项发出询问或调查要求，企业应积极主动查明事实，积极沟通，配合政府执法。

（三）调查流程

内部调查流程一般包括四个环节：初步评估，制订调查计划，实施调查，形成调查报告。

1.初步评估，决定是否开展调查

（1）针对举报内容，可以从以下方面进行初步评估：

①是否属于合规调查的范围。

②初步判断举报信息的可信度：并非所有的举报都是真实的。一般而言，结合举报的来源、举报人的身份以及举报内容本身的翔实程度来判断举报是否有可信度。一般来说，举报越具体，细节越充分，真实的可能性越高，也就更值得进一步调查。实名举报真实性也更强。

③是否有明确的举报对象。

④是否有明确的违规事件。

⑤举报对象与违规事件之间是否有明确的关联关系。

⑥是否已经有证据或者有可能收集到证据。

初步评估的结论有以下三种情形：

①举报内容具体，举报对象明确，初步证据充分，启动调查；

②不属于合规调查范围，转交相关部门处理；

③举报信息不完整、存疑，进一步收集信息后再作出决定。

（2）确定案件优先等级

确定案件优先等级是为了决定企业是否要对案件在多大程度上投入调查资源，例如，是由内部调查还是委托外部调查，是否开始启动前置保护程序等。合规管理团队要对潜在违规行为的严重程度进行评估，以确定案件处理的优先等级。评估可以从以下方面进行考量：

①是否反映了企业管理中存在的严重漏洞或是某一项合规制度上存在系统性的合规风险；

②是否会导致企业遭到执法机构处罚；

③是否会导致企业向第三方承担责任（包括客户、经销商、供应商等）；

④是否有某一管理层级（如总监级别）以上的员工直接或者间接卷入案件；

⑤对企业是否造成直接经济损失及其大致的范围；

⑥违规行为调查对象是否会被追究刑事责任；

⑦是否会对企业造成负面的媒体影响及影响的严重程度。

2. 制订调查计划

调查计划根据举报中提到问题的不同性质、复杂程度、牵涉面等来制订。调查计划的制订需要考虑以下内容：

（1）确定调查范围；

（2）需要查证哪些关键事实；

（3）需要收集哪些证据材料，例如，文件、物理证据、电子邮件等；

（4）需要跟线索提供人、知情人、专家、调查对象中的哪些人进行面谈；

（5）需要用到的调查方法；

（6）整体调查活动的时间顺序；

（7）拟组建的调查团队成员名单。

调查计划可以根据调查过程中出现的新情况进行补充和更新。

（1）确定调查范围

内部调查的首要目的是查明可能的违法事实，并且发现、收集相关证据。调查范围应围绕这一目的开展。同时从是否存在制度瑕疵及系统性风险的角度来决定是否扩大调查范围。

对调查范围的确定，合规管理团队应和相关职能部门进行密切沟通，尽可能确保调查范围合理、全面、明确、可操作。同时也避免将调查范围盲目扩大。

（2）确定调查团队

根据案件内容的性质、涉及范围和复杂程度等组建案件调查团队。

①内部调查团队：内部调查团队一般是兼职团队，包括法律事务部、内部审计部、人力资源部、内部控制部和安全保卫部等。内部调查人员的选择应综合考虑调查人员的个人能力、调查人员的专业知识背景和时间分配等。同时应避免团队成员与案件有

利益冲突。

②外部调查团队:根据案件的复杂程度、敏感性,企业可以选择外部调查机构进行调查。对外部调查机构,应选择有合法资质,有合法最新的调查工具,有丰富调查经验的机构。避免因调查机构的违规行为包括在调查过程中使用非法的调查手段、侵害调查对象的合法权益、对调查对象进行恐吓和威胁等,给企业造成声誉影响。

3. 实施调查

一般而言,内部调查主要通过以下手段进行证据的收集:

(1)文件审阅。对与案件有关的书证、资料、电子数据等证据材料进行收集和审阅。通过文件审阅能够更好地帮助调查人全面了解和判断相关事项的总体情况,为后续各个调查步骤提供大量基础信息,帮助发现、挖掘问题。文件审阅过程中注意随时分析被查事项的严重程度、相关人员存在舞弊行为的可能性、被调查事项的性质等,预判审阅哪些文件可能收集到所需的证据,并据此调整调查方向,确定进一步调取的文件范围,避免无效的工作。为了保护证据的有效性,要进行评估,以确认证据提取的程序、证据的保存、参与取证的人员等问题,避免污染证据。

(2)账目审阅。对公司相关财务数据收集背后的实质性问题进行全面审查。例如,财务收支的审批流程是否完善、财物的用途是否存在可疑、对应的合同是否实际履行、报销的发票内容是否合理等。

(3)背景信息调查和关系梳理。通过实地走访、工商信息查询、公开信息检索、人员背景调查等工作,获取对违规行为的全面了解。

(4)第三方调查。通过对外部供应商、客户、经销商、分销商等第三方的贪腐、舞弊等不合规行为的调查,为公司内部调查提供信息、证据的突破口。

(5)访谈。通过对被调查人的询问,了解相关事实,获取有关违规行为的信息,在取得被调查人员签字确认后,形成访谈或询问笔录。

通常情况下,对被调查人员的访谈应放在最后的阶段。一个有效的访谈,应做好以下几个步骤:

(1)准备阶段:在访谈之前,安排访谈对象的顺序并准备访谈提纲。访谈的顺序一般来说可以遵循从次要到主要,从低级别到高级别,从外围到核心这样几个原则。在被调查人员人数众多的情况下,应该尽量保证多个调查团队在同一时间内平行访谈,这样能够有效避免具有利益关系的多名被调查人串通信息。

(2)访谈方式的安排:访谈应以面谈为主,不建议通过电话的方式进行访谈。访谈时应当安排至少两个访谈人进行访谈。访谈中需要一个人主问，另一个人辅助并帮助记录访谈内容，这样有利于访谈的流畅与记录的完整。

（3）访谈问话技巧：访谈的目的是获取更多的信息，因此应尽量让被访谈人多说话，避免提问答案可能是简单的“是”或“不是”的问题。当了解已经发生的具体事件的时候，调查人员提问时应采用“五个 W”原则，即什么时间、什么地点、谁参与了、发生了什么情况、发生的原因。

（4）访谈笔录的制作：访谈笔录要清晰准确，避免歧义，并要求被访谈对象签字确认。我国法律规定，访谈笔录需要被访谈人签字确认后才具有证明力。

4. 形成调查报告

在调查结束后，合规管理团队人员根据所掌握的事实和证据，撰写调查报告。调查报告主要包含以下内容：

（1）案件的基础信息。如案件的背景、线索来源、主要调查对象及其相互关系等。

（2）调查过程。按照时间顺序简要描述调查过程和调查手段。

（3）主要发现。针对案件线索中提及的潜在违规行为，在调查中发现有哪些主要事实支持结论或者否定结论。主要发现还包括虽然在案件线索中没有提及，但在调查中发现的其他违规行为和事实。

（4）调查结论。查明属实或部分属实；查明不属实；无法查明事实。

（5）证据。支持事实和结论的关键证据。

三、纠正和改进

对查明属实的违规行为，合规管理团队协调相关部门，进行纠正和改进。纠正措施包含两个方面：一是对违规员工制定纪律处分措施；二是对调查中发现的管理缺陷和漏洞，应当责成相关部门采取措施加以弥补。

1. 对违规员工的纪律处分

对违规员工的纪律处分包括训诫、口头或书面警告、降级、降职、调职、解雇等。调查结束后，合规管理团队协同相关部门，如人事部门、法律部门，根据公司的纪律处分政策，拟定对违规员工的纪律处分。一般而言，合规管理团队提交管理层审批，负责监督纪律处分的执行。

2. 管理缺陷和漏洞

当确定某一员工违反内部政策时，合规管理团队应和相关部门一起查明导致违规行为的根源，制定补救措施，并跟进执行。

四、外部调查

企业外部调查一般为政府执法部门根据投诉或举报的线索，针对企业展开的特定目的的检查或者调查行为。例如，执法部门有权针对怀疑危害市场秩序或不法商业行为进行调查。

企业有义务配合政府执法部门的每次检查和调查，提供合法有效的应对，减少经济损失和负面社会影响。合规管理部门应时刻关注政府执法的法律法规及趋势，及时为企业管理层、相关员工提供培训。

五、中级合规师在合规调查机制层面需了解的知识点

中级合规师在合规调查机制层面需了解的知识点包含但不限于：(1)深入了解调查在合规管理体系中的地位、作用和重要性；(2)深入了解公司调查制度及机制流程；(3)深入了解如何与管理层和相关职能部门协作推进调查处理结果及改进意见；(4)了解企业外部调查常规做法和发展趋势；(5)按照规定主持或支持调查；(6)如主持调查，制订调查计划、范围、手段，组建团队并予以实施；(7)决定以何种方式收集哪些信息；(8)对所收集的信息进行分析、判断；(9)找出相关事实，形成证据链、得出调查结论、形成调查报告；(10)找出控制漏洞，提出系统改进建议或人员惩处建议；(11)向管理层上报报告并进行必要跟进。

第五节　合规培训与沟通*

一、什么是合规培训

合规培训是一个企业合规管理体系中重要的组成部分，也是一个企业合规文化建设内容中不可缺少的部分，是指提供给员工、高管，甚至第三方商业伙伴的，针对相关合规风险，传授相关合规知识和法律责任，提高相关人员合规意识，减少相关合规风险，帮助企业进行合规管理的一种有效方式。

二、合规培训的重要意义和实操价值

第一，企业合规培训是合规体系建设中的重要环节。通过合规培训，可以明确、清晰地把一家企业对员工或者商业合作伙伴合规相关的要求、企业相关的政策进行传递与阐释。通过合规培训，员工可以更好地掌握合规知识、提高合规意识，对法律和企业禁止的违规违法行为有更加清晰的认识。这是合规培训最直接的目的与价值体现。

第二，更为重要的是，合规培训也是一个鲜明的信号，把企业及最高管理层对合规的重视与严肃态度展示给全体员工和相关主体。这对营造良好的企业合规文化氛围和建设合规文化有重要意义。

第三，企业合规培训也可以成为企业进行合规管理的有效手段。比如，对合规培训中关于相关违规行为的严重法律后果的强调，将有效帮助企业及合规部门推行某项制度或者政策的通过或者实践落地。再如，外部律师对员工的合规培训中，当没有内部人事部门、合规部门或者直线经理在场时，如果外部律师能够充分运用问答环节，积极调动参与培训人员主动提问，极有可能通过大家提出的具体问题，对参与培训人员的整体合规意识水平有初步的评估，也可以就此发现某些人员对某个合规点的注重，

---

* 本节内容根据采访西门子能源合规总监吴锦源女士及作者本人工作经验梳理而成。

事后可以就合规培训中观察到的具体情况与管理层沟通分享。通过合规培训收集的信息，将帮助管理层或合规部门在未来的合规管理中基于风险点更能有的放矢，并加强相关措施的落实。

第四，合规培训是一个企业整个合规体系的重要组成部分，当外部执法机构挑战企业员工的违规行为，并考虑是否追究企业相关责任的时候，是否具有充分的、有效的、记录在案的合规培训，也将成为重要的被考虑因素。国家相关司法部门也予以明确，合规培训是企业合规体系不可缺少的组成部分。

另外，在更大的一个层面上，合规培训促进企业诚信文化的培养。因为在任何企业，企业文化既是企业长远发展的灵魂，也是它可持续发展的不竭动力。所以如果能够将企业的合规培训上升到培育诚信的企业文化上，让每一个员工能够真正地理解、相信合规，并且能够真正地融入他们的日常，无论是决策还是行为当中，或者是深入每一个员工的 DNA 当中，那么才可以说它达到了一个合规培训的最高境界。所以，要达到这样的目的，需要进行持续的、全面的宣传，尤其是要发挥管理层的榜样作用，使管理层以身作则地践行，确保在他们的业务决策上，或者是行动上，完全符合公司的价值观。在潜移默化当中，把合规思维、合规意识传递给所在的团队，从而带动整个企业文化的提升。

第五，合规培训能帮助促进整个价值链的合规。我们不仅要站在企业的层面去做合规培训，还要与企业客户、供应商或者是其他的业务伙伴在企业生态体系中共同打造合规文化。这样就可以使合规培训在价值链当中延伸和拓展，对供应商、业务伙伴等第三方进行相关的合规培训之后，让大家形成类似的价值观，更好地促进整个商业环境的“大合规”。

三、合规培训的基本要素

根据不同的目的和针对的人群，合规培训可以设计不同的内容、频率和方法。概括地讲，合规培训主要由以下几个方面构成：

（1）合规培训的目的与对象。

（2）合规培训的方式和形式。

（3）合规培训的频率。

（一）合规培训的目的与对象

企业在设计合规培训之前一定要明确自己此次培训的目的与对象。不同的合规培训，目的差别很大。下面就常见的几种合规培训分别讲解。

1. 普及性质的、针对全员的合规培训

这种培训的目的就是达到合规内容的普及，让员工明白规定有“国法”和“家法”之别，而所谓的“家法”就是这个“规”中的重要部分。企业具体有哪些规定，这点对新员工来讲尤其重要。同时，需要强调的是，虽然涉及企业员工的合规内容大部分是一样的，但是每个企业，由于组织结构、商业模式的不同，所处阶段不同和面临背景不同的情况，合规培训的内容很不一样。

在培训中，最好列出一些常见的不合规的行为场景，要明确且强调可能导致的合规处罚甚至法律责任的后果。最好能够结合一些实践案例，引导员工在工作中遇到类似的问题时思考如何处理。场景设计时，最好结合企业发生过的案例、近期同行业里发生的案例，充分考虑被培训人员的文化水平程度，尽量用通俗易懂的语言去有效沟通。

要明确地告知员工应当怎样去寻求帮助，比如，本企业员工的投诉渠道有哪些，员工可以直接找法务、合规师或者哪位领导寻求帮助等。

2. 针对中高级管理层的合规培训

类似针对全体员工的普及合规内容的培训，就企业涉及的合规方面的政策、法律要求内容都应当全面囊括。但是，鉴于被培训者的认知水平与层级，在培训过程中，可以简要讲解一些基础性内容，把时间和重点放在如何引导管理层重视合规，把合规问题、企业的整体责任问题纳入企业战略层面考量。更为重要的是，必须强调与管理层的个人领导职务相关的合规责任，以及企业高管法定的法律责任。

一般认为，一名员工的合规意识不佳及不合规行为的发生，与其上级管理层的合规管理水平直接相关。所以，应当在制度设计上强调管理职位的合规责任。

3. 专项合规培训

专项合规培训的目的是达到合规专项风险控制，即有一些特殊的“规”，其实它的针对性很强，比如，反垄断、出口管制等，这些领域需要有专业深入的讲解和分析，针对相关的部门，或者是特定的人群，就需要进行深入的专项培训，从而达到有效预防相关合规风险的目的。比如，对于销售、战略或者市场人员，应当有针对性地做一些反垄断的培训。再如，《个人信息保护法》颁布之后，视企业业务的关联度，可能需要就个人信息数据保护方面做专业的培训。

另外,针对企业主要的风险点,针对高风险的岗位(例如,采购、市场、营销等),或者针对具有控制或监督职能的重要岗位(例如,财务、人事等),开展专项培训效果很好。比如,对销售主导型企业的一线销售人员进行中国人情文化商业社会中营销合规的专项培训,讲解实操中如何防范与应对商业贿赂问题。再如,对实操经验不足的人事部门,可以开展从劳动合同签署到解除的全流程合规实操培训,或者开展如何处理员工虚假报销的专项培训。

最后,围绕企业的需求,或者为了提高企业相关团队的专业能力水平,也可以开展专项培训。比如,企业可以请外部资深律师对内部合规团队就如何开展企业内部合规事件调查及后续处理进行专题培训等。

4. 对外部第三方的合规培训

第三方可以是供应商、经销商、代理商、分销商、长期合作伙伴等。严格意义上说,企业在对第三方合规管理的内容里包含了对第三方的合规培训。这些对第三方的合规培训一方面是将企业对商业合作伙伴商业行为的合规要求明确传达;另一方面也是企业针对自身风险点,对自己的完整合规体系建设的一个有力证明。如果将来被外部执法机构调查追究合规责任,第三方的合同以及培训上的合规要求等是一个辩护点。

（二）合规培训的方式与形式

1. 面授培训或网络培训

合规培训一般可分为面授培训与网络培训。面授培训是大家可以在一起做案例讨论,因为有面对面的参与和互动,所以更适合做成像研讨性质的形式,引导大家思考。另外,面授培训一般都是定制培训。而网络培训多为标准化培训,后者的好处在于可以打破时间、地域的局限性,也可以综合地运用图片、动画、视频等方式。最好的一点是可以在全球各分公司进行标准化的培训。但有效互动会受限制,且能互动的一般都是标准内容,被培训者没有特别的参与感。

网络培训适合标准的或者是基本内容的传播。如果需要对散布在不同市场且难以统一时间的人员,就一些清晰易懂的基本内容进行培训,网络培训从效果和效率上会更好。如果想要通过案例分析引导大家做一些专业的思考,甚至能够有大量的互动,或者如前文提到的想通过培训来评估大家的合规意识水平或者观察被培训者的合规风险点,则只能通过面授的方式开展培训。实践经验表明,即便是以视频会议的方式进行培训,效果都远不如在一个空间下的面授沟通。

2. 合规师培训或管理层培训

一般的合规培训都是由专门的合规师开展实施。合规师有丰富的专业知识储备,能够促使培训对象深入、透彻地了解合规风险及具体的防范措施。但是合规师的缺点在于其习惯使用"法言法语",而且容易忽略听众的法律与合规知识的基础,把一些知识点当成大家理所当然了解的。同时由于合规师平时离业务比较远,无法引起员工的共鸣,给人以距离感。实践经验表明,企业内部合规师如果连续几年持续做合规培训,培训效果会逐渐不佳。

在这种情况下,最好的方式是尝试让一些管理人员担任合规培训讲师。首先,管理层在部门的威望能够确保员工积极参与合规培训;其次,管理人员可以结合本部门的业务特点,讨论身边的真实案例,更容易引起员工的共鸣和关注。让管理层去做培训,内容不会特别深,一般会有一个实际的案例,通过案例讨论引发大家的思考,并鼓励管理层把他们实际过程中遇到的一些案子抛砖引玉,引起员工们的共鸣,这样员工们就会更多地参与进来,他们也愿意把实际工作中遇到的问题拿出来分享。

实践中,越来越多的大型外企会采用这种方式,这样也可以让业务人员成为合规团队的有效延伸,壮大合规队伍。管理层作为合规的代言人,更好地去宣传合规。当然,对合规培训的内容,合规师还是要严格把关,对专业方面的内容,积极地作补充,为管理层量身定制好的培训素材,确保培训内容的准确性和专业性。这样能够将管理层的权威性和激发员工对合规知识的兴趣很好地结合。

在形式上,从员工的心理角度出发,让他觉得他是被动地参加培训,还是引导他主动学习,也是需要思考的。因为被动培训肯定是合规不可或缺的一部分,但是如果能够让员工养成主动学习的习惯,或者在合规培训当中,能够让员工主动参与,效果会更好。当然,这对合规师来说,也是一个挑战。

3. 内部人员培训或外请专家培训

正如前文提到的,如果每年的合规培训都是由企业内部人员讲解,员工的新鲜感会降低,效果会下降。另外,针对中高层管理团队,如果由资深外请专家来做培训,互动环节足够充分,通过培训过程可以观察到某个员工对某个合规点的重点关注,可以凭借此关注点找到接下来合规管理风控工作的要点。实践发现,在没有业务领导或者内部法务或合规同事在的场合下,特别是在培训讲师有意识启发、鼓励大家提问的情况下，参与培训的人如果特别关心某个话题，往往会积极发问。

举个例子帮助大家理解，培训前，CEO告诉外请资深律师他听说有传闻，某某经理在外面另起炉灶与本企业同业竞争，并告知某某经理在培训时候坐的具体位置。培训当中，果然，该某某经理反复问询关于利益冲突相关的话题，还确认了哪些个人商业活动可能与企业发生利益冲突的场景，并表示培训很有帮助。事后，培训老师把相关情况分享给了CEO，帮助企业管理层进一步跟进。再如，就同一个团队，去年外请律师做合规培训的时候，没有发现大家有任何特别关心的话题，而今年好几个人都对商业秘密的保护提出了很多假设性问题，事后，外请律师提请管理层要加强商业秘密的保护。

4.培训内容形式的多样化

传统培训手段通常以幻灯片和讲师讲解为主，优点是培训组织难度低、准备成本低，缺点也很明显，如培训容易枯燥，培训讲师的现场培训能力会直接影响培训效果。所以，在组织合规培训时，不妨尝试更多的内容形式。

（1）培训内容游戏化：将合规培训内容制作成简单的小游戏，通过游戏行为的奖励机制，提高培训对象的学习兴趣。

（2）培训内容故事化：将合规培训内容编排成剧本形式，拍摄成微剧，或让培训对象参与演绎，加深培训对象对合规的印象，提高其学习积极性。

（3）培训内容动画化：将传统的PPT形式变成通过故事、动画的形式去展示，特别针对网络培训的方式。

在制作上，合规视频和其他视频有所不同，有其独到的专业性。既要考虑更好地贴近实际案例，又要考虑不能影射公司、竞争对手及社会，还要合情合理地植入合规知识点，如果能结合当下的一些热点或网络流行的“梗”，应该能更好地吸引员工，对此话题引起共鸣。比如，在脸书数据泄露事件的当下，播放隐私数据保护的视频，大家的接受度一下就提高了。在视频准备阶段，也可以鼓励更多的员工参与进来，直接做成系列宣传活动，鼓励员工参与投稿、拍摄等，甚至还可以组织合规大使参选等活动。

在培训的内容上，多用案例的方式。比如，身边的案例脱敏后可以成为很好的素材。特别是用企业内部合规事件调查中发现的案例，匿名化后可以成为内部合规培训的典型案例。

合规主题活动在一个固定时间内，通过各种宣传方式（比如，合规口号征集、合规知识竞答、合规游戏参与、合规电影观摩、合规专题讲座等）提高大家对合规的认知度。线上、线下可以结合使用，以达到最佳的培训和传播目的。这种寓教于乐的方式可以鼓励员工积极主动地参与进来，兼具专业性和趣味化，有利于塑造和强化诚信的企业文化。

我们注意到，很多企业都在开展各种形式的合规主题活动。通过游戏的方式让大家积极参与进来，在娱乐的同时获取知识，增强意识。还有通过系列漫画的形式，巧妙地将合规知识点融入故事情节，每期漫画围绕一个合规话题，通过熟悉的场景还原实际工作中遇到的合规风险，给出建议，并对应到公司的相关规定；同时又以项目推进为暗线，吸引员工持续地关注。甚至还可以把漫画做成笔记本的插页，分发给每位员工，让员工在潜移默化中接受合规培训。

5. 被动培训与主动学习

被动学习是合规培训的必要方法和手段，是合规培训不可或缺的一部分。但良好的培训效果离不开培训对象的主动学习，建议如下：

可以采取有趣的形式，比如，上文介绍的动画、游戏等，消除学习的阻力，提高员工的学习积极性。比如，调研发现通过电影的形式，会激发员工的好奇心。企业将特别专业、严肃的话题转化成有故事性的内容且有一定娱乐性、参与度强的培训方式，可以激发员工主动学习的意愿。再如，现在很多企业都会让员工参与录制一些小视频，放在微信公众号上供员工观看，这也是相当不错的形式。

通过持续性的教育正面引导让员工理解，合规培训不是一项工作任务，而是企业为员工提供的提升自己的机会；让员工知晓，学会保护自己的权利和控制风险是一个关乎自己切身利益的事情。让员工体会并理解，合规培训不是“限制”，而是“帮助”。

（三）合规培训的频率

对合规培训的频率，有一次性的，像新员工的入职培训中的合规内容；还有前面提及的专项合规培训。但大多数培训，特别是针对老员工，其实都是可持续的，需要将相关内容多次且重复地强调，不断强化培训人员对各种合规知识点的理解和运用，从而促进合规理念的深化。

对于一般性的全员合规培训，可以 1 年 1 次。除了计划内的培训外，遇到下述情况时，需要有针对性地开展培训工作：

（1）员工职务、职能发生重大变化时，需要针对新的职务、职能开展有针对性的合规培训。

（2）企业外部的法规、政策、市场环境等因素发生重大变化，或者企业内部战略、政策方针发生重大变化时，由于这些内外部因素对合规风险造成了重大影响，因此需要对企业全体员工或者与该合规风险相关的内外部人员开展有针对性的培训，同时对培训体系进行必要的更新。

四、如何构建有效的合规培训

（一）制订合理的培训计划

如何针对企业特定的合规风险制订一套有效的，并且可以被执行到位的合规培训计划，是对合规师的考验。首先，一定要识别出企业的主要合规风险点，要和企业的最高管理层良好地沟通，得到管理层包括时间、资源等的充分支持，根据企业年度大概的时间表，拟定可行的培训计划。

建议在业务的年度会议、区域会议等人员集中的时候进行面授培训。另外，最好提前把可以预见的培训主题和时间告知各业务部门领导，使其能最大限度地支持合规培训计划。

（二）设计有效的培训内容

一定要记住，好的培训不在于讲者讲了什么，不在于现场热闹与否，而在于培训对象记住了什么，能带走什么知识点。正如前面举例介绍的，采用形式多样，多举例，多利用视频、漫画、故事等形式去演绎。

（三）开展有序的培训活动

合规培训一般需要专人负责，包括安排培训场所和讲师，准备培训资料，现场音频视频设备的调试，邀请员工，跟踪员工培训完成情况，提醒员工按时参加培训并完成测验等。

（四）保持完整的培训记录

保持完整的合规培训记录对企业来讲是一个自我保护的重要手段。当发生违规事件时，企业可以用这些记录来证明本企业已对涉事员工进行了充分的合规沟通和培训。合规培训是企业完整的合规体系的一个重要组成部分。当然，监管部门还需要结合合规培训和其他合规管理控制活动的内容及实施细节来判断其实质性的效果。

（五）进行必要的培训评估

必要的培训评估可以从以下几个方面进行。

1. 合规知识的考核

这种方式在网络培训中比较常用。课程结束后，通过考试的方式检查员工对培训内容的掌握情况。

2. 问卷调查

问卷调查主要是收集培训对象对培训内容和形式、对培训讲师的反馈。应尽量避免打分题，而是采用具体的选项。同时，可以利用小礼品等激励机制，比如，一些与合规相关的案例选编、书籍等，鼓励培训对象提供更详细的调查反馈。

3. 数据分析

通过下一年或者一段时间内合规事件数量的增减与否、不合规事件举报次数的增减与否等来评估培训是否有效果。对培训效果进行评估，可以参照做得好的企业的经验，甚至可以参考美国《反海外腐败法》（FCPA）里关于合规体系是否有效应当进行检验并相应改进的相关原则和要求。

（六）持续改进培训计划和内容

根据合规培训的评估情况，可以对现有的培训计划和内容进行持续改进，并结合外部合规环境和企业业务发展，不断完善培训的重点，保持合规培训的有效性，更好地发挥其合规管理工具的作用。

五、合规沟通技巧

好的合规师必须具备以下三种能力。第一种能力是充分了解本行业的情况以及本企业的战略、产品、模式、架构、各部门职能定位等，熟悉企业的规章制度和流程；第二种能力是对合规专业要有充分完整的认知、深刻的见解和丰富的实际经验；第三种能力就是怎么把合规方面的专业知识能力运用到某一个具体的业务项目上。一名合规师能力高低，本质上就是上述三种能力不同程度的体现。

合规沟通是合规师工作中最考验水平的一项内容。有时候，合规培训或沟通未达到预期目的,并不是某合规师知识方面有欠缺,可能是他讲的内容太高深了,或者讲的角度让对方不愿意去接受。所以合规沟通这个软技能,非常重要。就此,有以下几点建议和启发:

第一,注意沟通的态度,只有让对方感觉到有诚意的时候,甚至能产生共情的时候,才能有好的沟通。比如,当合规访谈一名销售人员时,如果合规师不是一来就站在道德的制高点,认为销售人员的套现商业贿赂行为是屡教不改的错误行为,而是首先关注被访谈对象最近的经济压力、业务上的管理层有没有给予不适当的压力等,尝试询问了解关心对方真实的工作生活的情况和困难,换位思考一下,被访谈对象是不是更容易放下心理戒备,开始跟合规师倾诉各种我们平时根本听不到的一线真实情况?是不是有助于合规师分析合规事件背后的根本原因?

第二,中级合规师不能仅停留在可以利用现有的合规知识,回答业务部门的问题,而是要结合公司的产品、业务模式等现状,能给业务部门以分析和建议。从合规方面来讲,就是能够为公司带来价值,能够帮助业务部门在规避风险的情况下作业务。所以中级合规师也需要深入了解公司的业务,甚至公司的战略。

第三,鼓励合规师深入业务过程当中。只有当合规师对业务,无论是产品维度,还是某个项目战略价值观,或者业务模式有了深入的了解,才能够帮助业务识别出潜在的风险。比如,他们开业务会的时候,你发现某一个点有风险,在他们刚刚形成这种战略或者想法的时候,你就提出你的一些主意,业务部门的领导会非常尊重你,因为你可能帮他们规避了一个潜在的风险。同时,深入了解业务,如果能帮助到业务,那么业务部门对合规师的专业度方面的敬佩和逐渐形成的依赖,就会形成正向的循环。那么,业务部门以后可能就会让合规师更多、更早地参加他们的各种业务探讨,特别是对于一些新的战略制定事宜,因为他们觉得合规部门能帮到他们。这对整个公司的风险防范也是有帮助的。

另外,站在业务的角度,与业务人员一起商讨既能促成业务又不违背原则的解决方案,成为业务值得信赖的伙伴,也利于今后进一步的沟通。当下次业务部门遇到问题的时候,很可能还会寻求帮助,而不是故意绕开合规的人行事。这样就会形成一个正向的、良性的循环。

总之,沟通的目的与效果是逐渐在企业内部以及员工之间形成一种观念,即合规不是业务部门的“敌人”,合规是业务部门的生意伙伴,是站在业务部门立场为业务部门守住底线、出谋划策一起努力实现业务目标的利益共同体。

第六节 内外部审计

一、三道防线

合规管理体系的实施、监督与改进是通过三道防线来实现的。

合规管理的第一道防线主要由基层业务部门承担，通过严格执行企业合规管理的逐项制度及操作要求，规避底层执行合规风险，确保企业主营业务合法、合规。合规管理第一道防线主要承接第二、第三道防线分解形成的合规子目标，通过严格执行第二、第三道防线制订的目标执行计划，在执行过程中实时统计并向上反馈执行情况、效果及问题，以协助推进整体合规绩效分析及合规目标持续改进。第一道防线的主要工作可包括签订合规承诺或协议书，履行合规培训及宣传机制，在业务过程中履行法律法规、内部规章等合规义务的要求，实时进行合规自查并实时报告，存在利益冲突时主动提出回避等。

合规管理的第二道防线主要由合规管理职能部门承担，通过制定企业内部合规管理诸项制度并监督其实施情况，防范企业内部各流程环节合规风险，确保企业内部日常运营合法、合规。合规管理的第二道防线主要是协助制定并分解企业合规目标，细化各级合规目标执行计划并监督计划实施情况，通过汇总第一道防线合规子目标达成结果，分析企业总体合规目标实现情况及未达成原因，从而形成总体合规绩效分析并组织实施改进措施。第二道防线的主要工作包括分解工作事项，建立目标化管理，明确合规责任主体，实施工作方法、内容、结果标准化管理，实施业务专业管理把关，实施独立审批决策制，进行非相容职责事项分离及信息化管理等。

合规管理的第三道防线主要由内外部审计部门、调查部门或工作小组承担，其中内部审计即指合规管理体系内部审核工作，外部审计即指合规管理体系外部第三方机构认证工作或外部监管机构的监管。通过对合规管理实施全面内外部审计，评估企业合规管理从设计到实施的全过程合规风险，提出合规管理的优化改进建议并监督实施，从而确保企业合规管理的持续改进。合规管理第三道防线主要针对合规管理的设计、实施、检查及改进的管理全过程进行审计，并针对企业合规目标的达成情况、合规绩效统计情况以及改进措施的有效性等进行全面评审，从而助力企业全面提升合规管理绩效水平及管理成效。第三道防线的主要工作可包括举报调查与设定处罚标准，定期强制轮岗，设定合规风险预警阈值，定期的控制目标考评，流程嵌入式监督，离岗责任审计，不定期飞行检查与定期专项监督，不定期突击审计与定期审计，旁站监督与跟踪审计等。第三道防线也包括案件调查部门，通过调查发现违规行为和业务流程中的风险管理缺陷，形成调查报告，提交给第一道和第二道防线，进行纪律处分和整改。

二、审计的目的

审计的目的在于检查被审计单位是否按照规定的时间、区域、行业、业务等单个或综合的层面和维度遵守国家及企业内外部相关法规、制度、规定和要求；评价被审计单位是否存在合规风险、是否存在合规缺陷；揭露和查处被审计单位的违法、违规行为，促使其经济活动符合国家法律、法规、方针政策及内部控制制度等要求。

合规审计可以由管理层发起，也可以由法律或法规要求进行。

在合规审计中，审计人员应确定公司是否遵循了现行法律和法规以及专业和行业标准或合同责任的要求，即被审计单位是否遵循了特定的程序、规则或条例。例如，确定销售人员是否遵循了销售流程规定的手续，引入渠道商时是否进行了尽职调查，是否对渠道商进行合规管控等，以确信被审计单位是否遵守了法定要求。

对审计人员来说，首先进行合规审计的第一步是确定管理层是否有一个识别现行政策、程序、标准、法律以及法规的制度；其次，审计人员应评估控制是否得到了恰当的应用或遵循；最后，得到公司是否合规的审计结论。

合规审计的结果通常报送被审计单位管理层或外部特定使用者。

三、合规审计的重要性

合规管理的内部审计即合规管理体系监督及改进的内部审核过程，是一种独立、客观的管理活动，其目的是提升企业管理价值及运营效率。该过程采取一种系统化、规范化的方法来对合规管理的建立、实施及监督改进过程进行评价，从而提高过程的运作效率,助力企业实现合规目标。

1. 合规管理内部审计是企业合规管理体系落实执行的内在要求

全面合规是企业向市场提供产品、服务以及可持续发展的长期性、战略性措施,是通过合规管理策划、合规控制、合规保障及持续改进而实施的全面管理活动。合规管理内部审计要求企业内部审计人员充分利用审计资源,以高质量的审计工作对企业内部合规管理的充分性及有效性进行评价,揭示风险因素,提出改进建议,跟踪纠正措施的落实,从而使企业获得最大利润,实现企业合规目标。

2. 合规管理内部审计是发挥监督作用最关键的因素

内部审计具有独立性和客观性,在企业中处于超脱地位,其独立性是指内部审计活动本身独立于其所审查的活动之外,审计活动过程中可以接触企业内部所有相关信息,可独立作出相关审计判断并向决策层进行汇报;其客观性是指公正的、不偏不倚的态度,要求内部审计人员在工作中不与任何一方达成重大妥协,不能把对其他事务的判断凌驾于审计事务的判断之上。独立性与客观性作为内部审计的必要条件与有力保障,也是发挥监督作用并实现合规目标的有力保障。

3. 合规管理内部审计是外部监管的必然要求

内部审计和其他活动一样,受行业标准、国家标准、国际标准的约束。内部审计人员应熟练掌握相关专业知识和技术,制定并执行相应工作要求或标准,确保内部审计工作的标准化、规范化、统一化、科学化。因其具备一定的监督保障作用,故而当企业内部实施合规管理体系监督及改进时,宜建立并遵照内部审计要求执行,以满足市场及外部监管机构的管理要求,从而彰显企业合规管理的有效性。

4. 合规管理外部审计的重要性

合规管理的外部审计是基于合规管理体系标准,遵循管理体系风险思维及持续改进等原则实施的一项外部审查工作,即审查公司或组织是否设计和有效运行了合规管理体系,真正达到了建立良性合规文化和管理合规风险的目的。

5. 主动防范合规风险,提升合规管理水平

引入合规管理体系标准要求,作为企业合规管理的系统化、国际化工具和理论基础,通过实施合规管理体系认证,为企业全方位、系统化运行合规管理提供有效依据;引导企业主动防范合规风险,将合规管理融入现有管理体系之中,实现常态化管控,通过建立重大风险防控长效机制,避免或减少损失。

6. 为相关方传递信息,为企业形象加分

将审计工作纳入企业合规管理过程中,可以使企业在应对风险时少走弯路。同

时，可以向股东、管理层、客户和员工等相关方证明企业对待合规的态度和管理绩效水平，尤其在一些国际和国内招标采购中获得加分。

7. 在风险发生时，达到尽职免责的目的

在各种法律、法规层出不穷，执法越来越严格的今天，企业有可能因为各种问题或原因被执法机构立案调查。建立并实施有效的合规管理体系，当面临政府调查时，可以向政府提供企业已经采取合理措施防止违规行为的证据；当面临政府处罚时，可以作为减轻，甚至豁免行政、刑事或者民事责任的抗辩。

四、审计工作的原则

1. 诚实正直：职业的基础

这项原则是对一名合格的审核人员、审核方案管理人员的基本要求。诚实、正直、勤勉、严谨，以不偏不倚的态度从事工作，是每一位参与审核人员和审核方案管理人员应具备的道德品质，是确保审核人员正确实施审核工作的最基本的职业道德和素质要求。

诚信是为人之本。诚信就是言行一致不作假。守信用就是能够履行与别人约定的事情而取得信任。

2. 公正表达：真实、准确地报告的义务

这项原则是每个合格参与审核人员应尽的责任。客观准确地报告审核工作是审核人员的责任和义务。作为一名审核人员，无论是收集审核证据，还是形成审核发现，都要以客观事实为依据，以审核准则为尺度，不受任何外界因素的干扰。审核人员应将审核发现、审核结论以书面或口头的方式，真实准确地向被审核主体报告；对审核过程中遇到的重大障碍以及审核人员与被审核主体之间存在的没有解决的分歧意见，审核人员应如实向上级及有关方报告。沟通必须真实、准确、客观、及时、清楚和完整。

3. 职业素养：在审核中勤奋并具有判断力

这项原则要求审核人员要充分认识自己执行审核任务的重要性，珍视相关方对自己的信任。在审核工作中应熟知相关专业知识，勤勉熟练地开展审核工作并准确作出判断，这是一名合格审核人员应具备的职业素养。在审核工作中熟练运用审核技术与技巧，认真做好审核工作，是每一名参与审核人员应具备的能力，也是确保职业素养的重要因素。具有职业素养的一个重要因素是能够在所有审核情况下作出合理的判断。

4. 保密性：信息安全

这项原则要求审核人员应谨慎使用和保护在审核过程中获得的信息。审核人员应正确处理敏感的、保密的信息，而不应为个人利益不适当地或以损害被审核主体合法利益的方式使用审核信息。需保密的信息包括被审核主体的技术、商业秘密，以及所获得的与被审核主体有关的其他审核信息。

5. 独立性：审核的公正性和审核结论客观性的基础

这项原则是审核的公正性和审核结果客观性的基础。审核人员应独立于被审核的活动（只要可行时），并且在任何情况下都应不带偏见，没有利益上的冲突。对于内部审核，审核人员应独立于被审核职能的运行管理人员。审核人员在整个审核过程中应保持独立性与客观性，确保得出的审核发现和审核结论建立在审核证据的基础上。

6. 基于证据的方法

这是在一个系统的过程中，得出可信的和可重现的审核结论的合理方法。证据是能够证明某事物的真实性的有关事实和材料。审核证据是“与审核准则有关的并且能够证实的记录、事实陈述或其他信息”。

基于证据的方法就是以证据为基础的一种方式，遵循这种合理的方式也是一项审核原则。在审核过程中，审核人员绝不能凭主观臆想和推测下结论，必须获得证据，从而得出审核结论。

五、合规审计流程

1. 审计准备

（1）审计方案策划

在此阶段，需要确立合规审计目标，合规审计范围和审计工作时间。

（2）组成审计组

审计组成员应该熟悉目标业务领域，了解合规管理的基本知识，有一定学历、职称和工作经验，有交流表达能力和判断能力，要有一定的人数足以完成审计任务。审计组成员应该被授予进行审计的权力。

(3)制订审计具体计划与告知

审计计划应该包括以下内容：

①审计目标对象、审计范围、审计工作时间、审计组人员构成等。

②审计计划应该告知审计对象的领导层,以及被审计的各部门负责人。

③领导层应该为审计工作提供必要的工作条件和协助。

④审计组成员应该能够不受限制地接触任何与审计相关的记录、文件和所需要的其他信息。

2. 实施审计工作

审计工作包括现场审计和远程文件获取两种方式。一般按照自上而下的方法实施审计工作。在实施审计工作时,可以将企业层面控制和业务层面控制的测试结合进行。审计工作中,应当把握重要性原则,至少应当关注以下几个方面。

(1)与内部环境相关的控制。

(2)针对董事会、经理层凌驾于控制之上的风险而设计的控制。

(3)企业的风险评估过程。

(4)对内部信息传递和财务报告流程的控制。

(5)对合规管理有效性的内部监督和自我评价。

(6)对企业合规文化的审计与评价。

获取审计证据是审计工作的重要基础。获取审计证据的目的是支持审计结论和审计意见,有的审计资料查阅审核并记录即可,有的审计资料不仅需要审核,还需要进一步核实以及审计人员的专业判断。

审计证据通常包括以下内容:内部控制制度(含财务会计制度)、合规管理制度、其他管理制度、会计报表、总账、明细账、会计凭证、原始凭证、合同协议、审批单、销售及采购发票、对账记录、文件、会议纪要等。

3. 审计报告

审计报告内容应该包括以下内容:对被审计内容的总体评价,对所发现问题的逐项详细说明以及针对发现问题进行风险或影响程度的分级,例如,分为高级、中级和低级风险。报告内容还应该包括针对发现问题的整改措施、责任人及措施完成时间。

审计报告草稿完成以后,应该与被审计对象的领导层和各相关方进行分享,听取意见并最后完稿。

审计组应该持续关注和督促整改措施的后续完成情况。

六、合规审计内容

合规审计内容取决于企业的经营特点,企业的合规审计工作通常可能审计以下各项内容是否达到要求。

1. 合规管理体系审计

(1)合规行为准则

合规行为准则是最重要、最基本的合规制度,也是其他合规制度的基础和依据,适用于所有部门和员工,以及代表企业从事业务活动的第三方。合规行为准则应规定经营活动中必须遵守的基本原则和标准,包括但不限于企业核心价值观、合规目标、合规的内涵、行为准则的适用范围和地位、企业及员工适用的合规行事标准、违规的应对方式和后果等。

(2)合规管理办法

企业应在合规行为准则的基础上,针对特定主题或特定风险领域制定具体的合规管理办法,包括但不限于礼品及招待、赞助及捐赠、利益冲突管理、举报管理和内部调查、人力资源管理、税务管理、商业伙伴合规管理等内容。企业还应针对特定行业或地区的合规要求,结合企业自身的特点和发展需要,制定相应的合规风险管理办法。例如,金融业及有关行业的反洗钱及反恐怖融资政策,银行、通信、医疗等行业的数据和隐私保护政策等。

(3)合规操作流程

企业应结合经营实际,就合规行为准则和管理办法制定相应的合规操作流程,进一步细化标准和要求,从而将具体的标准和要求融入现有的业务流程,便于员工理解和落实,确保各项经营行为合规。

2. 业务活动合规审计关注重点

(1)对外贸易中的合规要求

企业开展对外货物和服务贸易,应确保经营活动全流程、全方位合规,全面掌握关于贸易管制、质量安全与技术标准、知识产权保护等方面的具体要求,关注业务所涉国家(地区)开展的贸易救济调查,包括反倾销、反补贴、保障措施调查等。

(2)投资中的合规要求

企业开展投资,应确保经营活动全流程、全方位合规,全面掌握关于市场准入、贸易管制、国家安全审查、行业监管、外汇管理、反垄断、反洗钱、反恐怖融资等方面的具体要求。

(3)承包工程中的合规要求

企业开展承包工程,应确保经营活动全流程、全方位合规,全面掌握关于投标管理、合同管理、项目履约、劳工权利保护、环境保护、连带风险管理、债务管理、捐赠与赞助、反腐败、反贿赂等方面的具体要求。

(4)境外日常经营中的合规要求

企业开展境外日常经营,应确保经营活动全流程、全方位合规,全面掌握关于劳工权利保护、环境保护、数据和隐私保护、知识产权保护、反腐败、反贿赂、反垄断、反洗钱、反恐怖融资、贸易管制、财务税收等方面的具体要求。

七、中级合规师基本技能

1. 基本法规

中级合规师应熟悉同本公司业务密切相关的、适用的有关法律、法规的主要内容,还应熟悉国家有关企业内部控制基本规范、企业风险管理基本条例、企业合规管理体系等部门规章和条例。

2. 公司业务

中级合规师要熟悉公司各项业务模式、技术核心、资金管理、资产管理、员工管理、企业文化、内部控制制度等各项岗位职责、流程、制度的基本知识。

3. 与审计部门合作,为审计计划准备提供合规风险重点信息

中级合规师应当能够通过了解审计人员执行的合规审计,识别各类合规风险,分析存在的薄弱环节,同相关部门共同完善相关制度和办法,不断改进和提升合规管理水平。

4. 配合内外部审计,回答相关问题并提供支持

在合规审计过程中,做好集体讨论、专家咨询、情景分析、政策分析、行业标杆比较、管理层访谈、由专人主持的工作访谈和调查研究等。

5. 提出审计相关意见

针对审计部门作出的审计报告初稿,提出有针对性的意见。

6. 落实具体的改进措施

认真阅读合规审计报告，清晰了解审计人员对企业合规审计的评价，明确审计报告所指出的合规风险、合规问题、合规缺陷；配合管理层，就合规审计报告中指出的合规性问题，拟订详细的解决方案，根据企业业务和管理安排，提出改进措施，作出改进计划，落实合规风险防范，弥补合规缺陷。

第七节　合规管理的有效性评估

一、有效性在合规管理中的重要性

近年来，在经济全球化持续发展及外部市场监管环境日益严格的背景下，强化合规管理、防范合规风险已经成为全球企业发展的新趋势。我国越来越多的企业也认识到合规管理的重要性，开始从被动的“要我合规”向主动的“我要合规”转变，逐步建立了企业自己的合规管理体系。但合规管理体系并非一套标准模板，企业面临的风险根据行业、产品、经营地、经营模式等的不同也会有所不同，外部监管环境的变化、企业经营战略或方向的调整可能也需要企业的合规管理策略作出相应的调整以应对风险的变化。我们强调合规管理的有效性，它的意义和作用主要体现在以下几个方面。

（一）有效提升企业的合规风险防控能力，避免财务的损失

有效的合规管理可以帮助企业最大限度地预防风险事件的发生，在风险发生时能及时地侦测到，在风险发生后能迅速地反应，比如，采取相应的措施防止或最大限度地降低损害的发生。

合规管理本身并不能为企业直接增加利润，但是有效的合规管理能为企业避免经济上的损失提供保障和支持。

（二）帮助企业或高管免除或减轻刑事责任

在美国《反海外腐败法》的适用中，如果一个企业发现问题，而不做“合规与调查”，在美国法下会被从重处罚，且相关责任人会受到严惩，甚至承担刑事责任。美国《联邦量刑指南》对违反联邦法律的犯罪企业面临的刑事处罚有明确规定。它首先强调犯罪

的企业将面临高额的罚款。同时规定，对采取了发现和预防犯罪行为措施的公司，可以减轻处罚。

在我国司法审判实践中，也出现了将企业采取的合规管理措施纳入追责量刑的考量因素的案例。比如，2017 年雀巢公司 6 名员工侵犯公民个人信息案，甘肃省兰州市中级人民法院只判罚雀巢公司员工，没有认定雀巢公司存在单位犯罪行为，理由是雀巢公司手册、员工行为规范等证据证实，雀巢公司禁止员工从事侵犯公民个人信息的违法犯罪行为。

（三）提高企业的品牌价值，增强企业的竞争力

有效的合规管理可以帮助企业树立良好的市场形象，增强客户、投资者对企业的信任感，提升品牌价值。越来越多的客户、投资者更愿意选择诚信经营、合规内控与风险能力强的公司建立合作和业务关系，这也为企业增加经济效益产生了积极功效。良好的合规管理也有助于培育企业的合规文化，培养员工的合规意识，增加员工的道德感、责任感和归属感，并激发员工的工作热情和进取心，从而助力企业的发展。

二、有效性在合规文化建设中的重要性

ISO 37301：2021《合规管理体系　要求及使用指南》指出，合规文化通常由贯穿于整个组织的价值观、道德规范、信仰和行为构成，与组织的结构和控制系统相互作用，产生有利于实现组织的使命、愿景和合规目标的一系列行为准则。合规文化反映了组织的治理机构、各级管理层、员工和其他相关方应对合规风险的态度和意识。合规文化是组织合规管理体系的重要组成部分。组织的合规管理是否成功，很大程度上取决于组织的合规文化能否渗透到组织的各个层级和领域并持续发挥作用。合规管理是否有效，也取决于组织内外部相关方能否自觉遵守规定。良好的合规文化能正面影响人的行为，提升遵守规定的自觉性，从而增强合规管理的有效性。组织首先依赖于领导层和管理层运用价值观、道德规范和信仰塑造合规文化，并以身作则积极推行；其次形成鼓励合规、不容忍不合规的团队气氛，以及对不合规行为进行一视同仁的处理；最后鼓励和推动同事之间正能量的传递和影响。

三、合规管理的有效性评估

为了适应变化的合规环境以及企业自身业务发展，企业的合规管理体系需要不断完善，需要定期或根据需要对其有效性进行评估，以发现和纠正合规管理中可能存在的问题或缺陷，不断改进和优化。同时，管理层也应根据企业面临的合规义务和风险的变化，不断调整企业的合规管理的目标和策略，以保障企业能够满足内外部合规管理的要求。有效性评估不是一个一次性的工作，是一个不断重复的动态过程，从而实现企业合规管理体系的不断更新和适应性。

（一）有效性评估的要素

美国的立法和实践倾向于从“设计、执行、效果”3 个维度进行评估，主要包括对不合规行为的预防、监测、回应和处置；对公司治理机构、高管人员、实权人员合规领导力和执行力的考察；合理设计、有效执行的合规方案及持续提升；周期性的合规风险评估等内容。

国内企业的合规管理起步较晚。对合规管理体系的有效性评估的要求见《国资委合规指引》第 22 条。该项规定中，合规管理体系主要包含四方面内容：合规管理职责、合规管理重点、合规管理运行、合规管理保障。因此，大多数中央企业也是参照这四方面内容进行合规管理体系建设，并参照此结构开展合规管理有效性评估。

企业可以借鉴国内、国外的实践，根据企业的实际情况评估企业合规管理有效性的要素和问题。以下是有效性评估的要素示例：

（1）合规风险评估；

（2）合规制度及流程；

（3）合规培训及宣传；

（4）违规匿名举报及违规调查；

（5）第三方合规管理；

（6）并购合规；

（7）企业高层及中层管理人员的合规承诺及践行；

（8）自主权的赋予及资源的配置；

（9）对合规的奖励即对违规的惩处；

(10)合规体系的持续性改善、阶段性测试及回顾；

(11)违规调查；

(12)对违规行为的分析及补救。

围绕以上要素，企业可以进一步就每个要素项下设计相应的问题，以帮助评估人检查、评估、分析和确认合规管理体系的有效性。以“违规匿名举报及违规调查”中的举报为例，表3－1对此进行分析。

表3－1 “违规匿名举报及违规调查”中的举报

A. 举报制度 a. 是否有正式的书面制度； b. 制度是否合乎法律规定，是否由管理层授权制定； c. 制度的制定是否由合规部、法律事务部、人力资源部、内部控制部参与，并由相关的部门或机构审核批准； d. 制度是否通过适当妥善的方式公布给全体员工并为其知悉； e. 员工是否可以随时找到制度的最新文本； f. 新入职的员工是否被告知企业有相关制度； g. 制度是否定期重新审阅和修改； h. 经过修改重新发布的制度及经过修改的内容是否通过适当妥善的方式公布给全体员工
B. 制度内容 a. 是否明确举报的定义； b. 是否明确举报和不属于举报的范围； c. 是否明确鼓励员工举报违规行为； d. 是否要求经理支持员工举报违规行为； e. 是否明确对举报人的保护，包括但不限于允许匿名举报，对举报人的身份保密，禁止对举报人打击报复等； f. 是否明确对举报信息保密； g. 是否明确保护和公平对待被举报人； h. 是否对举报处理的流程作出规定，包括处理的主体、受理、调查、处理等
C. 举报电话 a. 企业是否设置举报电话； b. 举报电话是否由人工接听； c. 工作时间之外是否接听举报电话； d. 举报电话是否提供当地语言支持； e. 是否告知举报人可以匿名； f. 举报电话是否录音，如是，是否告知举报人举报电话会被录音； g. 是否形成举报电话的通话内容记录

续表

D. 举报邮箱 a. 企业是否设置专门的举报邮箱； b. 对举报邮箱是否采取特殊的信息安全措施； c. 举报邮箱的反垃圾邮件设置是否避免将举报邮件误认为垃圾邮件； d. 举报邮箱是否有两个以上的人有访问权限； e. 查收举报邮件的频率是否能确保举报邮件被及时地发现和处理
E. 网络举报平台 a. 企业是否设置网络举报平台； b. 网络举报平台是否提供互联网入口； c. 对网络举报平台是否采取特殊的信息安全措施
F. 公布举报渠道 企业是否以合适的方式将举报渠道信息告知全体员工
G. 处理举报 是否按照公司的制度要求对举报进行处理

（二）有效性评估的形式

ISO 37301：2021《合规管理体系　要求及使用指南》中合规管理体系的有效性评估包括以下 3 种形式：

（1）合规监控；

（2）审计；

（3）管理层评审。

以上 3 种形式不可相互替代，各自发挥作用并相辅相成。

（三）合规监控

1. 监控和测试

广义上来讲，合规监控一般包括两方面内容：监控和测试（monitoring & testing）。一方面，两者独立进行并各自发挥作用；另一方面，两者相互配合、相互补充。

监控是一个日常持续进行的风险监测、识别、审查和分析的过程。根据企业针对自身行业、产品、所在法域的监管环境等可能存在的风险点设定的风险指标、参数等来侦测、识别潜在的合规风险。由于监控要求的时效性，以及企业对合规人员数量的配置安排可能无法实现及时的人工监控和反应，目前很多企业力求将“自动化”运用到监控程序中，以提高监控的效率和质量。

测试是一个动态的、基于风险的、独立的、定期的检查过程。测试的程序包括选取样本、对样本按照设定的标准和方法进行评估检查。一般而言，一个有效的测试要结合风险评估的结果，因为重大的违规事件容易发生在高风险业务领域或流程里。所以，对这些业务活动和流程进行测试，比较能够判断出现有的管控措施是否可以有效地防控风险或是否需要改进。另外，测试样本的选取也要遵循相关性、充分性、代表性原则。

2. 信息收集

信息收集是监控工作开展的基础环节。信息收集的制度和流程、信息自身的质量对后续的执行和操作意义重大。信息来源可以是多种途径的，一般包括以下几点：

(1) 员工，比如，通过举报机制、意见反馈、问卷调查等；

(2) 客户，比如，投诉处理机制；

(3) 第三方；

(4) 供应商；

(5) 承包商；

(6) 监管机构；

(7) 过程控制日志和活动记录；

(8) 企业管理或监控系统里的数据信息。

信息可以包括以下几点：

(1) 发现或识别出不合规的特别报告；

(2) 通过热线、投诉和其他反馈渠道获得的信息；

(3) 抽样和诚信实验；

(4) 感知调查的结果；

(5) 直接观察、正式访谈、工厂巡视和检查；

(6) 审核和评审；

(7) 利益相关方质询、培训需要和培训期间的反馈。

数据的收集应确保完整性和准确性。完成数据采集后，合规部门将对数据进行检查和分析。ISO 37301：2021《合规管理体系　要求及使用指南》建议建立信息的分类、储存和检索系统，同时收集问题和投诉，并对与合规相关的问题和投诉进行分类和分析。分析宜考虑系统性和重复性的问题，因为这些可能会给企业带来更难识别且重大的合规风险。

3. 指标管理

(1)指标制定

合规部门可以会同其他有关部门根据风险特征、风险等级情况设立企业合规风险指标以及相应的预警阈值。

(2)数据分析

在自动化监控程序中,监控需要的数据、信息进入信息管理系统或风险管理系统,通过在系统中设定的逻辑和运算模型,对数据信息进行分析,自动形成指标值。在人工监控程序中,则由相关员工将收集的数据、信息,比对合规指标进行分析判断。

(3)指标监测

信息管理系统或风险管理系统根据前述风险指标值及设置的预警阈值对指标状况进行判断,如果超出预警阈值,系统会自动发出预警信息。预警信息将触发下一步的合规管理行动。

4. 报告与记录

企业负责从事监控和测试的人员应将监控和检查过程与结果形成报告进行总结和汇报。

合规监控的整个过程中收集、产生的信息、资料应当被妥善保存。

(四)审计

审计的知识和内容请参见第三章第六节,这里不再赘述。

(五)管理层评审

1. 管理层评审概述

管理层评审是指治理机构和最高管理者定期为评价合规管理体系的适宜性、充分性和有效性所进行的活动。

管理层评审的范围应该是以风险为导向的,结合企业的业务性质、所受监管水平等实际情况来确定。

2. 评审流程

借鉴行业先进的评审经验,实施管理层评审的过程应当包括以下步骤。

(1)启动会和项目规划研讨会

会议内容应包括:①讨论确定管理层评审涉及的范围;②权衡整体评审工作的现

有人员、流程和技术能力。

(2)文档、信息的收集和审查

与审计工作类似,评审工作也需要获取和审阅合规管理体系设计、执行、效果的相关文件、信息。

收集的方式可以是现场收集,也可以通过电子邮件或指定的企业网盘等安全传输方式。形式可以是电子文档,也可以是纸质文档。

(3)开展访谈

被访谈人员一般是评审范围内涉及的管理人员,例如,合规负责人,总法律顾问,内部审计主管负责设计、实施和维护公司项目的相关领导和专业人员等。

访谈旨在帮助评审人员更加深入地了解企业在法律、合规、监管、道德层面的风险状况,正在从事的业务事项以及各项目重要性排序的情况。访谈的内容将结合文件审阅获取的信息进行综合、全面的分析、验证,确认制度流程的设计是否有效,是否有效执行。

访谈的形式可以是面对面的,也可以是电话或视频会议,由评审人员根据实际情况确定。如果条件允许,建议采用面对面的方式。访谈的时长、次数可以根据访谈预期的内容、被访谈人的实践安排等来确定。访谈建议至少有两名评审人员参加,并制作访谈笔录。访谈笔录的内容至少包括访谈人和被访谈人的姓名、职务、部门,访谈时间,访谈方式,访谈的内容等。

(4)执行分析

评审人员在对收集的信息进行审阅、检查和分析后,对目前企业的合规管理体系进行评估。企业可以借鉴专业领域的先进经验,利用矩阵反映企业当前合规管理体系的设计、执行状态和效果,并对应目前行业领先合规管理评审采用的框架,将各个要素进行对标评分。例如,"领先"、"同步"或"滞后"。

①"领先":与其他企业相比,企业的实践和管控更谨慎、有效;

②"同步":企业的实践和管控与其他企业相似;

③"滞后":与其他企业相比,企业的实践和管控不太成熟,有改善的机会。

(5)报告结果

评审的最终结果应以书面报告的形式呈现。在报告最终完成前,评审人员应与评审涉及的部门或人员沟通确认,在获得反馈后,综合评审各方意见最终完成审计报告。

同监控检查记录一样,评审记录也是对企业合规管理活动的记载,应该被妥善保存。

（六）改进

企业通过监控和测试、审计、评审等主动或被动方式，对企业经营管理的合规性，员工对法律、法规、规则、准则、政策、制度的遵循情况进行检验，对不完善的地方提出改进建议，并推动落实执行。改进的措施应该是具有可操作性并有针对性的，不能浮于表面、流于形式。对不合规发现，应该深入了解深层次的原因，从违规行为延伸至管理模式和流程制度上，并施以切实有效的改进措施，比如，如果是产品或服务的原因，可以考虑重新评估产品或服务的性能，改进或重新设计产品或服务；如果是制度流程没有反映监管法规变化的原因，则可以考虑制度流程的所有者会同相关部门（法律部等）对制度流程进行审查并更新；如果是员工对政策流程不熟悉的原因，则可以考虑对员工进行培训；等等。

改进建议除改进措施外，还应该包括完成的时间、实施部门以及落实责任。

企业需要指派人员关注、跟踪、记录改进措施的执行和完成情况，并向企业有关管理机构或负责人报告。这些记录应该被妥善保存。

第八节　合规价值观

一、价值观与合规价值观的概念

（一）价值观

价值观是基于人的一定的思维感官之上而作出的认知、理解、判断或抉择，也就是人认定事物、判定是非的一种思维或取向，从而体现出人、事、物一定的价值或作用。

价值观具有稳定性、持久性、历史性、选择性和主观性的特点。价值观对动机有导向的作用，同时反映人们的认知和需求状况。

（二）合规价值观

延伸到企业维度，企业的合规价值观，则可以解读为基于企业经营管理层就合规事务作出的认知、理解、判断或选择，即企业在经营活动中对合规的战略、制度、方法与实践的取向。它是企业经营管理层主动选择的结果，同样地，企业合规价值观一经形成，一般具有相对稳定性与持久性，它对于企业员工在生产经营活动中的行为具有引导作用。

合规价值观没有统一标准，但通常认为，建立以诚信为基础的合规制度，让合规成为工作的精神内核，做正确的事，并且正确地做事，这是一种在欧美国家企业界被普遍接受的合规价值观。

这种合规价值观以通用电气（GE）、微软、IBM 等公司激励员工参与并主导以诚信为基础的合规文化为代表。在这种合规实践中，员工被赋予对既有或潜在合规问题“说出你的心声”（raise your voice）的权利，并倡导“诚信始终如一”（always with unyielding integrity）的合规文化，使合规问题可以自下而上被发现，由此让合规成为工作内涵之一。随着近年来中资企业频繁面临域外合规监管挑战以及跨国企业在华经营活动中对合规文化的倡导，这种合规价值观逐渐进入大众视野并日益被国人所认可。

二、合规价值观的一般内容

典型的合规价值观至少应包括以下内容。

（一）既遵守法律法规，又符合道德标准（ethics）

在任何情况下，企业员工都必须遵守适用的国际、国家、地方法律以及适用于其所从事业务的行业规则。

更积极的合规价值观甚至认为，在法律法规没有规范的情况下，道德可被定义为发生在某一特定局面下的、得到道义许可或符合价值观的行为。合规则意味着实践应符合道德准则。

（二）建立诚信（integrity）文化：合规文本与合规精神

诚信旨在避免在个人利益与公司利益之间的任何冲突。它是一种对价值观的绝对服从和信仰。因此，员工不仅要遵守合规政策条文，更重要的是践行其精神。诚信有助于帮助企业打造一种信任的氛围，构建起抵制舞弊行为的屏障。

（三）流程公正透明，也注重保护隐私和数据安全

员工需履行承诺、严格遵守规章。合规要求应当对所有人公平公正，合规流程公开透明。员工应以真诚和积极的心态进行对内和对外沟通，并对沟通信息的真实性、准确性和完整性负责。

但是，保护隐私和数据安全同样重要，在不侵犯个人隐私和数据安全的前提下，公正透明对待所有员工，是对组织的重要合规管理要求。

（四）合规从领导做起，人人有责

无论是在哪里开展业务，也无论是在什么阶段开展业务，组织内的每位员工都有可能影响组织的声誉。因此，通过践行诸如 GE 的“处处、时时、人人”等合规原则，可以使得一些企业在历经经济周期和市场风险之后，仍然能够恪守诚信原则地开展业务。

(五)强调规则,也尊重差异化

这条原则尤其指对个人权利、员工尊严和个性的尊重以及对不同文化的尊重。这也包括对他人有形财产和无形财产的尊重。

(六)倡导提出诚信疑虑(compliance concern)并严禁报复

应鼓励员工就公司、同事存在的诚信问题提出疑虑,并提供合适的渠道及时回复反馈。违反公司合规制度的,无论是普通员工还是公司领导层,都应受到相应处分。公司应严禁打击报复,对他人汇报违规行为后打击报复的,公司应采取零容忍政策。

三、合规价值观的重要内容之一:道德标准

价值观、道德准则和信仰在整个组织中存在着,并与组织的结构和控制系统相互作用,从而产生导致合规结果的行为规范。一个组织的合规管理方式最好由领导层打造,管理层应用组织核心价值观、普遍接受的企业治理、道德和社区标准进行合规管理。

通常,明显违法或违规的行为不合规,以此作为合规与否较容易判断。但是,在有些法律法规付诸阙如的情况下,以较高的诚信或道德标准为基础进行合规判断,是一个企业可以历久弥新的核心生存法则。

该等标准的技术处理是,员工对拟进行的行为有诚信疑虑时,可以通过以下诚信标准来检视该等行为是否合规,从而帮助员工作出正确的决策。

(1)我的行为不道德吗?

(2)我是否公正及诚实?

(3)我是否不愿或不好意思告诉我的家人、朋友或同事?

(4)如果我的行为在媒体上曝光,会否损害企业的声誉?

(5)我是否对该行为感到不安?

(6)我的行为会否危及他人的生命、健康、安全或声誉?

(7)我的行为会否令第三者觉得不当?

在详细考虑上述问题后,如果员工仍然不能确定应该如何做,那么员工可以向职能部门负责人或通过公司内部设置的其他办法咨询及寻求额外指导。

相对于商业利益，合规价值观的诚信标准可以推导出，维系公众信任、承诺择善而行及维护良好声誉的责任对一个已建立诚信标准的公司而言更为重要。

没有人可以将道德法律化、规则化，但是企业能够在合规实践中引导员工去做正确的事，并且正确地做事。

四、合规价值观的重要内容之二：合规文本与合规精神

通常，我们将公司的合规制度、诚信守则或合规流程定义为合规文本，而将提炼过的合规价值观内容定位为合规精神，例如，合规人人有责、从高层做起；为诚信发声；做正确的事、正确地做事等。

（一）合规文本

例如，在GE的合规手册 *The Spirit & The Letter* 中，合规文本范围为：

★ 与客户和供应商交往：

1. 不当支付；
2. 与供应商的关系；
3. 国际贸易管制；
4. 防范洗钱；
5. 隐私权；

★ 政府事务：

6. 与政府部门交往；

★ 全球性竞争：

7. 遵守竞争法律；

★ 在GE社区：

8. 公平雇用机会；
9. 环保、健康与安全；
10. 安全与危机管理；

★ 保护GE资产：

11. 知识产权；
12. 财务控制；

13. 利益冲突；

14. 内幕交易与泄露股票内幕信息。

（二）合规精神

合规精神应着重在以下领域展开：

★ 谁对合规有责任？公司任何董事、管理人员、员工或为公司服务的人都是公司合规事务的负责人。

★ 员工必须做什么？员工必须理解、更新公司合规政策，并且应当意识到应“时时、处处、人人”合规，有诚信疑虑时，有权提出，且不应被报复。不遵守合规政策的后果是处分甚至终止劳动合同。

★ 领导必须做什么？领导必须建立合规文化，在这种文化中，员工能理解他们的合规责任并且没有顾虑地提出自己的疑虑而不用担心会被报复；员工绩效与遵守诚信守则相挂钩；确保员工理解道德行为和遵守公司合规政策永远比商业业绩重要。

★ 诚信疑虑。公司鼓励提出对诚信的疑虑，公司尊重保密性要求，且禁止报复行为。公司建立诚信疑虑受理渠道，直接经理、合规师、法律顾问、兼职诚信疑虑受理人以及公司董事会都是受理诚信疑虑的渠道。

虽然许多公司印制了非常精致的合规制度或合规手册，但仍在经营活动中因不合规行为遭受了巨额罚款。可见，合规文本固然重要，但我们更要明白，在日常经营中植入合规信念、不断地强调合规精神、就违规行为作出严厉的合规处罚决定，并且在公司内部从领导层做起建立合规价值观，才是引导和建立一种健康有效合规文化的基础。

任何制度建立的初衷，都是避免公司在发展过程中产生严重风险以及刻意的违规行为，因此制度建设应循序渐进，不可能一经面世即完美无缺。合规制度建设同样如此，没有面面俱到的完美合规制度，任何合规制度或多或少存在瑕疵。当一套合规制度文件被组织建立起来时，文字本身所能覆盖的场域和情形有限，不能穷尽所有合规细节，但是，如果我们建立的合规价值观认为，合规本身就是一种行为选择，要做正确的事，那么，从这种合规精神出发对行为进行选择，而不是机械地援引合规文本，这种行为导向的成效是：从理解“文字的法律”到落实“行动的法律”；从掌握“文本的制度”到贯彻“执行的制度”；从开展“说教的道德”到率先“垂范的道德”。

五、合规制度与合规价值观

现代企业管理中,我们之所以需要合规,最朴素的答案是,一套被有效执行的合规制度以及正确做事的合规文化可以帮助企业成长,减少业务发展过程中的各种风险,包括罚款、声誉损失等。一定意义上说,合规是一个企业的真正优势,因此,形成企业的核心竞争力,合规制度的建立和实践不可或缺。

那么,企业领导人如何更好地创造条件建立合规制度,不仅让企业行为符合法律规范,并且能持续大规模地做正确的事情?我们又如何使合规成为企业战略和运营的核心呢?答案是建立以价值观为导向的合规制度。

概言之,合规制度的种类可归纳为以下3种:

(1)以管控为基础建立的原则、政策及细则;

(2)以规则为基础、以流程为导向的规章制度;

(3)以价值观为依归,建立在一套核心原则基础上的运营规则。

然而,问题往往发生在采取自上而下管控的情形中,原因在于员工只是机械地遵循命令,并不能说出对诚信的疑虑,从而让合规简化为迎合上意。同样,建立在规则基础上的合规制度本身也不能灵活地处理灰色领域的敏感问题,因为灰色领域往往在规章制度中无章可循。如果没有强有力的合规文化为内核,员工不能全面理解、刻意曲解或者规避合规精神,在此情形下往往会导致更大的合规问题。

如上所述,以价值观为依归的合规制度,不仅限于合规制度的文义(the letter),更注重合规文化的精神内核(the spirit)。合规价值观是合规管理体系的基石。

有研究表明,相较于以命令或管控为基础和以规则为基础的合规制度,以价值或诚信为基础的公司治理与合规制度,无论是在员工忠诚度、商业回报,还是在公司声誉、客户满意度等维度,均具有最高的投入产出比(ROI)。

六、合规价值观建设中的中级合规师角色

首先,中级合规师应当熟悉掌握本公司合规管理体系的基本框架,包括但不限于合规管理制度、各专项合规政策、日常运营过程中的合规管理工具与流程等,并且对各项合规框架内容之间的逻辑关系能够了然于胸。

其次，中级合规师还应当熟悉合规价值观在合规管理体系中的基石作用。面对员工提出的日常合规咨询、诚信疑虑，即便公司合规管理体系中没有完全相符的合规政策、流程可以与之匹配，也能够清晰地向员工解读公司合规价值观，以帮助员工作出正确的选择。

再次，中级合规师应当有能力引导业务部门结合业务实践进行价值观讨论。在日常经营活动中，业务部门在业务开拓过程中面对的经营环境与挑战日益增多。中级合规师应作为业务部门的合作伙伴，组织业务部门展开合规价值观与业务发展的讨论，帮助业务部门厘清方向，作出取舍。

最后，中级合规师还有义务引导公司各部门践行公司既定的合规价值观，将公司合规价值观落实在工作中的每一处、每一刻。①

① 参见丁继华：《论合规精神》，载搜狐网 2018 年 11 月 8 日，https://www.sohu.com/a/274037556_100225846。

第四章

专项合规

专项合规是合规管理体系方法论在具体场景下的应用。根据企业情况，一般可分为专项合规的风险领域和重点业务环节两个维度。风险领域的专项合规通常包含但不限于反腐败合规、反垄断合规、安全环保合规、出口管制合规、数据合规等。重点业务环节的专项合规通常包括但不限于人力资源合规、采购合规、销售合规等。

本章将针对部分专项合规进行专门的梳理和总结，包括反腐败合规、反垄断合规、数据合规和采购合规，供企业参考。企业应根据实际情况建立合理、有针对性、全面的合规管理制度，确保企业安全、稳定、可持续经营。

第一节　反腐败合规*

反腐败合规是较早产生的合规管理内容，属于合规体系的基础合规风险领域，相对企业的全面大合规系统，被誉为常规“小合规”，一直是企业合规的重要内容之一。通过企业反腐败合规，将国家的外部监管转向企业的内部控制，使企业形成自我预防的合规风险内控机制。同时，借助企业的内部监督、举报、调查，既节约了国家的监督执法成本，又避免了企业被追究行政责任或者刑事责任，或遭受重大声誉影响，致使企业遭受致命性打击。反腐败合规有利于企业树立良好的社会公众形象，增强商业信誉，从而在市场中保持优势地位。

ISO 37001:2016《反贿赂管理体系要求及使用指南》对“贿赂”的定义为“在任何地点，违反适用法律直接或间接地提供、承诺、给予、接受或索取任何价值的不当好处，以引诱或奖励个人利用职务之便的作为或不作为”。我国 2017 年修订的《反不正当竞争法》也明确了“商业贿赂”的概念，指为了谋取交易机会或者竞争优势等，给予交易相对方的员工、受交易相对方委托办理相关事务的单位或个人以及可能利用影响力影响交易的单位或个人以财物或者其他经济利益的行为。

第一部分　反贿赂规范体系

一、我国反商业贿赂法律规范体系

我国《合规管理体系指南》引言中提出，“合规意味着组织遵守了适用的法律法规

* 企业反腐败合规主要包括反商业贿赂和反舞弊行为两大部分内容，因反舞弊合规系本单位员工侵害单位利益的范畴，故本书涉及的反腐败合规的范围仅限于反商业贿赂的部分。

及监管规定，也遵守了相关标准、合同、有效治理原则或道德标准”，因此合规规范包括了所有适用于企业的法律、法规、标准、行业准则和道德规范等，现对反腐败政策规范、经济法律规范、行政法律规范、刑事法律规范以及国际条约规范进行归纳总结。

（一）政策规范

政策规范主要是指国务院、中国共产党中央纪律检查委员会（以下简称中纪委）、中华人民共和国监察委员会（以下简称监察委）召开反腐倡廉工作会议、发布的反腐政策等内容，同时，执法部门、司法部门根据国家政策进行相关的反腐败专项行动。此类政策规范通常表现为会议决定、讲话等形式。

党的十九大明确提出，要坚持无禁区、全覆盖、零容忍，坚持重遏制、强高压、长震慑，坚持受贿行贿一起查。十九届中纪委历次全会都对坚持受贿行贿一起查作出部署，各级纪检监察机关在严肃查办受贿案件的同时，加大对行贿的查处力度。为深化反腐败斗争，中央纪委国家监委与中央组织部、中央统战部、中央政法委、最高人民法院、最高人民检察院联合印发《关于进一步推进受贿行贿一起查的意见》，对进一步净化政治生态、优化营商环境，实现腐败问题标本兼治，充分发挥全面从严治党的引领保障作用具有重要意义。

（二）经济法律规范

在经济法律规范方面，2019 年 4 月 23 日修正的《反不正当竞争法》对商业贿赂行为的内涵和外延进行了明确规定。其中第 7 条规定：“经营者不得采用财物或者其他手段贿赂下列单位或者个人，以谋取交易机会或者竞争优势：（一）交易相对方的工作人员；（二）受交易相对方委托办理相关事务的单位或者个人；（三）利用职权或者影响力影响交易的单位或者个人。经营者在交易活动中，可以以明示方式向交易相对方支付折扣，或者向中间人支付佣金。经营者向交易相对方支付折扣、向中间人支付佣金的，应当如实入账。接受折扣、佣金的经营者也应当如实入账。经营者的工作人员进行贿赂的，应当认定为经营者的行为；但是，经营者有证据证明该工作人员的行为与为经营者谋取交易机会或者竞争优势无关的除外。”

除《反不正当竞争法》外，在经济法律层面还有《资产评估法》《药品管理法》《价格法》《政府采购法》《税收征收管理法》等对商业贿赂作出了界定与规制。

（三）行政法规规章

行政法律规范主要包括原国家工商行政管理总局（现国家市场监督管理总局）1996 年 11 月 15 日发布的《关于禁止商业贿赂行为的暂行规定》以及一些规范性文件、《关于在柜台联营中收取对方商业赞助金宣传费广告费行为能否按商业贿赂定性问题的答复》等。此外，规制商业贿赂的非刑事法律规范还包括一些其他规范性文件，主要是相关部委发布的一些通知、决定等。

（四）刑事法律规范

我国《刑法》中并无“商业贿赂罪”这一罪名，它并非刑法上具有独立意义的具体犯罪概念，仅用来表述发生在商业交往领域的贿赂犯罪。

2008 年，最高人民法院与最高人民检察院联合发布的《关于办理商业贿赂刑事案件适用法律若干问题的意见》明确了商业贿赂犯罪涉及刑法规定的 8 种罪名：（1）非国家工作人员受贿罪；（2）对非国家工作人员行贿罪；（3）受贿罪；（4）单位受贿罪；（5）行贿罪；（6）对单位行贿罪；（7）介绍贿赂罪；（8）单位行贿罪。而对于涉商业贿赂犯罪较为高发的行业，我国相关法律法规也作出专门规定，如《关于办理商业贿赂刑事案件适用法律若干问题的意见》中规定，医疗机构中的国家工作人员，在药品、医疗器械、医用卫生材料等医药产品采购活动中，利用职务上的便利，索取销售方财物，或者非法收受销售方财物，为销售方谋取利益，构成犯罪的，依照《刑法》第 385 条的规定，以受贿罪定罪处罚；医疗机构中的医务人员，利用开处方的职务便利，以各种名义非法收受药品、医疗器械、医用卫生材料等医药产品销售方财物，为医药产品销售方谋取利益，数额较大的，依照《刑法》第 163 条的规定，以非国家工作人员受贿罪定罪处罚。

相关司法解释主要有最高人民法院、最高人民检察院于 2016 年 4 月 18 日发布的《关于办理贪污贿赂刑事案件适用法律若干问题的解释》、2008 年 11 月 20 日发布的《关于办理商业贿赂刑事案件适用法律若干问题的意见》以及 1999 年 6 月 25 日发布的《关于审理单位犯罪案件具体应用法律有关问题的解释》等，上述司法解释主要针对适用法律过程中对具体应用法律问题的解释。

（五）国际条约规范

我国参与签署规制商业贿赂的国际条约主要有 2005 年批准加入的《联合国反腐

败公约》。《联合国反腐败公约》对贿赂犯罪进行了全面规定，对禁止贿赂本国公职人员、禁止贿赂外国公职人员或者国际公共组织官员、禁止私营部门内的贿赂以及禁止影响力交易均予以规制。

我国企业发生违规行为的行业目前集中在石油、天然气、制药、化工、工程机械、基础设施等行业，应该特别注意强化合规经营。在企业内部，采购、销售、财务是违规经营的高风险环节，请客送礼接待方面是我国企业合规经营面临的难点问题。我国跨国企业必须建立健全境外投资风险防控机制，完善风险预警体系，以积极应对目前国内外的合规审查政策。

二、国外反商业贿赂法律规范体系

（一）美国《反海外腐败法》

美国《反海外腐败法》仅有短短的 5 个条款，包括 1 个会计条款，3 个反贿赂条款，1 个法律责任条款。这 5 个条款被编入《美国法典》第 15 编"商业与贸易"第 2B 章"证券交易"中，可以说，FCPA 是美国单行法《证券交易法》的一部分。

FCPA 基本内容可归结为两个主要条款：一是反贿赂条款，二是会计条款。反贿赂条款禁止向外国官员、政党官员等公职人员支付任何有价值物品，以获取或维持商业机会，或者获得不当利益。会计条款则要求在美国上市的公司或者有义务向证券交易委员会提交报告的公司保证会计账目管理正确，严禁做假账掩护对外行贿的行为。

（二）英国《反贿赂法案》

2010 年，英国颁布了《反贿赂法案》（Bribery Act），被称为"世界上最为严厉的反腐败立法"。该法案由 6 个部分组成，共计 20 条，分别为：(1) 一般贿赂犯罪；(2) 贿赂海外公职人员；(3) 商业组织未能防止贿赂；(4) 起诉与处罚；(5) 关于犯罪的其他规定；(6) 补充说明。

值得注意的是，该法案规定了"商业组织防止贿赂失职罪"，指商业组织的关联方（包括但不限于公司的员工、代理人、子公司等），为了使企业在经营活动中取得竞争优势或者提高交易机会，如果商业组织未有效防止贿赂发生的，该商业组织构成商业组织防止贿赂失职罪。但是如果企业能够证明已经制定了"充分程序"来防止关联方发生贿赂，则可以豁免刑事责任。

（三）法国《萨宾第二法案》

2016 年 12 月，法国通过了《萨宾第二法案》（Loi Sapin Ⅱ），共有 9 编，169 个条款，既有对法国《刑法》《刑事诉讼法》《金融法》等法律的修订条款，又有专门的新设条款，同时增设了“反贪局”（Argence Francaise Anti－corruption，AFA）这一专门机构，加大打击腐败、贿赂行为的执法力度。

2019 年 2 月 4 日，AFA 根据《萨宾第二法案》的要求，发布了《反腐败合规指南》，旨在指导公司、企业或其他法人实体的高管构建综合有效的合规制度。该指南指出，反腐败合规模式不是单一的，而是多元化的，每家公司应当量身定制其内部反腐败合规制度；公司应当任命内部合规师，为合规师的工作提供全力支持，且合规师应当具有独立性；如果未能建立和实施反腐败制度，首席执行官和公司都将承担行政或刑事责任；如合规师有能力阻止腐败行为的发生而没有阻止，其可能受到严肃的纪律处分等。

（四）世界银行

世界银行（The World Bank）是当今世界上最大的多边开发银行组织。世界银行要求所有参与世界银行资助项目的主体，包括借款人、子借款人、供应商、投标人、承包商、分包商、咨询顾问、分包咨询顾问和任何代理，都要在合同的采购和执行期间遵守最高道德标准，并规定了 5 类禁止行为：腐败行为、欺诈行为、胁迫行为、共谋行为和妨碍行为。同时针对上述禁止行为，规定了 5 种制裁措施：谴责、附条件的不予除名、除名、附解除条件的除名和赔偿。

第二部分　商业贿赂行为类型与法律风险

一、商业贿赂的具体表现形式

除常见的以现金、佣金、借款等为主的、易于辨识的商业贿赂表现形式外，现实生活中还存在其他大量以看似合法、合理的名义掩盖贿赂实质的情况。在判断所给付之利益是否合法、合理，是否具有商业贿赂性质时，主要考虑下述 3 项原则：

（1）是否会影响企业获得交易机会或竞争优势；

(2)是否符合相关法律、法规规定和程序；

(3)相关费用是否合理并如实入账。

实践中以合理形式掩盖商业贿赂目的的常见类型如下。

（一）回扣、手续费

我国《反不正当竞争法》第7条规定，“经营者在交易活动中，可以以明示方式向交易相对方支付折扣，或者向中间人支付佣金。经营者向交易相对方支付折扣、向中间人支付佣金的，应当如实入账。接受折扣、佣金的经营者也应当如实入账”。可见，如实入账的折扣、佣金，法律并未予以禁止。而回扣则是指经营者销售商品时在账外暗中以现金、实物或者其他方式退给对方单位或者个人一定比例的商品价款。但是，“如实入账”的也并非都不属于商业贿赂，比如，借助会计的“其他应收款”及“其他应付款”科目，以各种名义将款项使用权转移，同时移转该笔款项孳息的所有权，该等孳息便存在被认定为商业贿赂的可能。

风险场景示例

A公司拟通过经销商B公司开展销售业务以销售其终端产品。为提升B公司的销售积极性和销售业绩，A公司与B公司在合同中约定，在特定有效期内若B公司销售A公司特定机型产品达到既定的销售业绩的，给予其20%的返利（返利的比例远高于公司规定的标准）。其后，B公司达成了既定的销售目标，并要求A公司通过采购费用的形式现金支付20%的返利给第三方公司。

分析：

该场景中潜在的合规风险主要有：(1)A公司给B公司提供的返利比例远高于公司内部规定的合理区间，且无法说明必要性；(2)经销商公司要求A公司通过采购或其他费用的形式向第三方现金支付经销商返利，支付方式存在异常。根据相关的反贿赂法律、法规，公司在明知该种情形的存在而未能进行预防、制止或者默许该行为发生的，需承担相应责任。因此，一旦发现该违法行为，应及时向合规部门报告，在相关领导指示下及时采取适当措施，包括但不限于暂停或终止合作、暂停付款、重新审查和开展合规审计等。

(二)礼品

商业活动中馈赠礼品的行为,如超过正常商业礼仪的必要限度,则可能被认定为商业贿赂。原国家工商行政管理局发布的《关于禁止商业贿赂行为的暂行规定》第8条规定,"经营者在商品交易中不得向对方单位或者其个人附赠现金或者物品。但按照商业惯例赠送小额广告礼品的除外。违反前款规定的,视为商业贿赂行为"。

就"必要限度"而言,应凭借前述3项原则进行判断。例如,INNOSPEC公司在其反腐败政策中规定,礼品在当时情形下必须是适当合理的,不得过分奢华或奢侈,应公开透明,且是适用法律允许的;支出应用于推广、说明或展示INNOSPEC公司的产品或服务,即便是造成不适当表象的行为也可能违反本政策。但为了便于员工遵守,实践中可能存在更具体的处理方式。中兴公司在其《反贿赂合规手册》中便以列举的方式将何谓"必要限度"予以明确,即禁止提供价值过高或过于奢侈的礼品(如房产、汽车、名贵珠宝首饰、奢侈品牌服饰或手提包、高价艺术品等)。列举的方式让"必要限度"更加直观,实际应用中亦可以此对未加以明确的礼品名目进行"必要限度"的类推判断。

风险场景示例

供应商A公司与经销商B公司的合同即将到期,经销商B公司员工为了能够获取与A公司的续约机会,与A公司的某高管联系,后A公司某高管要求B公司员工赠送其一部手机、一辆轿车。

分析:

为获得不正当的竞争优势而向对方提供奢侈的礼品和现金,影响对方正当的职责和行为,显示出明显的贿赂意图,不仅会违反企业反贿赂管理措施,甚至构成犯罪。员工在面对索贿行为时,应当保持清醒的头脑和理智的判断,果断拒绝该项提议并将相关情况向公司反商业贿赂合规部报告或通过举报渠道进行报告。

(三)招待

招待活动是企业经营必不可少的组成部分。招待活动一般包括接送、交通、餐饮、娱乐、住宿等内容。若招待活动涉及以下情形,那么就有可能被判定为商业贿赂:

(1)招待是以谋求特殊待遇、企图获取不当利益回报为目的；

(2)为被招待方配偶、子女、伴侣、其他家庭成员或与当次业务无关的其他同行宾客支付费用；

(3)在招待过程中直接或间接地向被招待方直接支付现金或现金等价物，以作为招待费用；

(4)提供超过本企业员工同等待遇的交通补助、住宿、餐饮。

风险场景示例

A公司在与某运营商的项目合同中约定，由A公司在北京向该运营商的员工提供本次项目的产品知识培训，并承担差旅费用，所有培训相关费用均包含在合同报价之中。按照合同约定的时间、地点，该运营商的几名员工前来北京参加培训。由A公司承担机票、住宿和当地必要的交通费用，其间安排两次价格合理的宴请和日常商务简餐。

分析：

培训属于合同执行和履约的一部分，为对方承担相关差旅费用在合同中已约定，并且在报价中已经包含相关成本，具有合法正当的商业目的，不属于违规行为。但如果另外提供私人旅游等和产品推广以及合同的执行和履约没有关系，并没有正当合理的商业目的，则违反了反贿赂合规管理措施。

（四）商业赞助和公益捐赠

商业赞助是指企业赞助第三方主办、组织、协调或支持的事件或活动。若商业赞助涉及以下情形，则存在商业贿赂的可能性：

(1)接受赞助的主体非合法设立或无相应资质，或存在违规制裁记录或公开渠道的负面媒体信息，且经核实仍无完整有效的合规体系管控相关风险；

(2)缺乏正当理由的情况下，将个人作为接受赞助的主体；

(3)缺乏正当理由的情况下，将政府部门作为接受赞助的主体；

(4)缺乏正当理由的情况下，向处在业务敏感期的商业合作伙伴提供商业赞助；

(5)不签署具有法律效力的赞助协议。

实践中，因慈善捐赠不存在相应对价，更易沦为受商业贿赂侵蚀的“重灾区”。如

果捐赠目的、用途、受赠方与受益人选择不当,则可能违反相关法律、法规。涉及以下情形的慈善捐赠存在商业贿赂的可能性:

(1)除法律法规要求秘密进行外,未向公众披露;

(2)受赠方中存在政治明星或其亲属、朋友、商业伙伴等;

(3)受赠方非合法设立或无相应资质,或者受赠方存在违规制裁记录或公开渠道的负面媒体信息;

(4)向政府、政治团体、营利性组织进行捐赠;

(5)不签署具有法律效力的捐赠协议。

风险场景示例

A 公司欲赞助某展会活动,业务经办人在收集相关材料后发现,主办方 B 公司是 A 公司的客户,并且 B 公司业务人员暗示 A 公司经办人,如果 A 公司对该展会提供大额的赞助,则其可获得参与 B 公司某大型项目的投标机会。

分析:

禁止将商业利益不恰当地与商业赞助活动捆绑,如将商业赞助活动作为某商业决议的回报。因此,该业务人员应该将该情况向企业反商业贿赂合规部进行报告,并及时采取合法的途径暂停或中止订立该赞助合同的活动。

(五)人事聘用

为获取、维持业务或商业行为中的不当利益,向利益相关方[①]如官员、客户或其近亲属或关系密切的人提供职位、兼职、返聘和实习职位等类似工作机会以及晋升、培训、补贴等福利待遇作为利益交换的筹码,均存在被认定为商业贿赂的可能。这样做不仅可能招致惩罚,还可能破坏企业内部人力资源管理秩序,不利于给其他员工营造企业公平竞争的氛围,最终不利于培育员工的士气及建立公开平等的业绩考核机制,也将给公司带来潜在的法律合规风险,使公司声誉损失,甚至导致业务的损失。但是,对前述人员若知晓其背景后“一刀切”地一律不予录取,则属于矫枉过正,是另一个方向的不平等就业,也可能造成不公。

---

① 利益相关方指能影响决策或活动、受决策或活动影响或认为自己受决策或活动影响的个体或组织。

为避免人事聘用成为商业贿赂的手段，主要从以下两个方面进行预防：

（1）尽量杜绝因人设岗。设立岗位要从企业的实际需求出发，并按照内部人力资源管理流程进行管理，避免为某个候选人增设一些企业并不需要的员工岗位。

（2）人力资源或相关需求部门应根据成文的企业制度对候选人的能力及其他各方面条件予以客观评价，并在其通过正式的聘用流程、符合条件的情况下再进行录取；同样地，若在评价的过程中知悉候选人属于上述利益相关方人员，也应遵循客观情况作出是否对其予以录取的决定。

风险场景示例

A 公司拟投标某国有公司的业务。该国有公司的高管张某向 A 公司的员工暗示如果能够安排其子在 A 公司任职，那么他将帮助 A 公司获得该投标业务。A 公司员工并未答应张某的要求，但是告知了 A 公司的招聘政策及相关岗位需求；张某之子通过投递简历、参加面试等，最终通过 A 公司既定的招聘审核流程入职 A 公司。

分析：

上述行为并未违反反贿赂管理措施。在招聘过程中，A 公司仅提供信息并未影响和干预招聘流程，而且张某之子的最终录用也不是因为 A 公司员工的推荐，而是其资质能力符合相关的岗位需求。

（六）商业伙伴

商业伙伴系企业在进行商业活动时发生的各种往来的对象，包括供应商、分包商、顾问、代理、经销商、渠道商、分销商、联合体、中介机构、学术科研机构、品牌合作方、技术合作方、市场合作方等。实践中，前述业务伙伴亦可能成为企业的外包服务商。

在企业自身不存在行贿行为的情况下，商业伙伴的商业贿赂行为也可能导致企业承担相应责任。此外，也有企业试图通过商业伙伴，将部分需要以商业贿赂手段进行的业务分包给他们，并直接或间接地对其表达向第三方行贿的需求。这样的外包行为实际上是企业以业务伙伴作为行贿手段，根本上无法避免企业自身的法律风险。在穿透认定企业责任时，仍然可能被识别、判定为行贿的当然主体并承担相应法律后果。

（七）其他

除上述列举的6项高发商业贿赂名目之外，还存在诸如培训、债务免除、预付费借记卡、会员卡、电话卡、加油卡等其他形式。商业贿赂的手段列举很难穷尽，在针对某项名目进行识别时，还须结合前述3项原则具体判断。

二、商业贿赂风险识别与评估

（一）商业贿赂风险识别

合规义务指企业强制性遵守的需求，以及企业自愿选择遵守的需求。[①] 不符合企业合规义务而发生不合规的可能性及其后果，被称为合规风险。而一旦企业确定反商业贿赂为其目标，商业贿赂风险就是任何对反商业贿赂目标产生影响[②]的不确定性状态，[③]商业贿赂风险识别即发现、认识、描述并记录商业贿赂风险的过程，包括风险源、[④]事件、[⑤]它们的起因及潜在后果的确定。

通过一定方式对企业面临的商业贿赂合规义务、商业贿赂风险加以识别，将有助于企业明确自身合规义务边界，并可以通过管控商业贿赂风险，最终避免合规风险的发生。

1.识别出的商业贿赂风险应包含的要素

识别出的商业贿赂风险应包含哪些内容，以及通过怎样的形式进行展现？一般认为，识别出的商业贿赂风险应至少包括以下5个要素，才能称为对其进行了有效识别：某项特定商业贿赂行为涉及的人员、诱因、时间、地点及一般场景。

2.识别商业贿赂风险的方法

商业贿赂风险的识别宜根据企业部门职责、岗位职责和不同类型的企业活动，对各部门、职能和不同类型的企业活动中的合规风险源进行识别。企业应定期识别合规风

---

① 需求指规定的、不言而喻的或有义务履行的需要或期望。“不言而喻”的需要或期望是指对企业和利益相关方不言自明的惯例或一般做法。规定的需要或期望是指明示的需要或期望。

② 影响指对预期的偏离，包括正面或负面的。

③ 不确定性是一种状态，是指对某一事件，其后果或其发生的可能性缺乏信息、理解或知识。

④ 风险源指单独地或以结合的形式具有产生风险的内在可能性的因素。一个风险源可以是有形的或者无形的。

⑤ 事件指特殊系列环境的产生或变化。一个事件可以是一个或多个事变，会有多种原因。事件可以由一些不发生的事情构成。事件有时也被称作“事故”。

险源，并界定每个合规风险源对应的合规风险情况，形成合规风险源清单和合规风险情况清单。企业在识别业务活动中的商业贿赂风险时，一般可以从下述方面予以检查。

（1）理解企业及其环境

企业自身状况及其内部和外部因素是判断企业商业贿赂合规义务及其所面临之商业贿赂风险的重要依据。在不了解企业及其环境具体情况的前提下进行合规风险的识别，无异于无源之水、无本之木。因此，商业贿赂风险识别应包括对企业必要的尽职调查，以获取充分信息评估商业贿赂风险。尽职调查可以通过书面调查及访谈的形式进行。

书面调查是在了解企业基础信息后，向企业发送尽职调查清单以收集必要的材料。清单所收集材料的范围包括但不限于企业业务模式、组织架构、部门设置及岗位职责、公司治理、合同管理、财务情况、下属企业情况、已有合规措施及合规制度等方面的内容。

访谈是在书面调查的同时或书面调查的基础之上，针对企业所处行业、主营业务、地域、经营活动及业务获得的方式、客户维系方式等内容访谈企业各部门相关人员。在访谈之前，宜根据受访人员的部门、岗位等信息准备访谈提纲。

（2）合规义务的归纳

识别商业贿赂风险，还需要与合规义务的归纳进行结合。识别和确定企业要遵守的合规义务是对企业进行合规风险评价的基础。企业可以将其合规义务与其行为、产品、服务和运营相关各方面进行比对，以识别出不合规行为可能发生的情况，从而识别出相应的合规风险。

合规义务包括合规要求及合规承诺。合规要求指对企业具有强制约束力的规定，合规承诺则指企业自愿遵守的规定。强制约束力的规定主要包括法律、法规，监管机构发布的命令、条例或指南，许可、执照或其他形式的授权，他国法律、法规、条约、惯例或协议，法院判决或行政决定，强制性技术规范等。自愿遵守的规定主要包括与社会团体或非政府组织签订的协议；与公共权力机构和客户签订的协议；企业要求，如方针和程序；自愿原则或规程；自愿性标志或环境承诺；与组织签署合同产生的义务；相关组织的和产业的标准等。

（3）风险实证

风险实证指通过案例辨析、场景模拟等方法对商业贿赂风险和风险源进行直观和客观的说明和验证，同时也是确定合规管理措施对合规风险是否有效的过程。当企业进行风险识别时，其赖以识别风险的最直观方式是商业贿赂案例学习。分析案例，抽象概括出含有五大要素的商业贿赂风险，再演绎推理至企业经营的具体场景当中，便可以判断。

(4)新增项目、交易、活动

企业在新增项目、交易、活动时，宜对其进行合规性调查。就新增项目、交易、活动的合规性，可以审查其来源、立项情况、价格确定机制等信息。对于无法通过合规性调查的新增项目、交易、活动，企业宜谨慎选择。

(5)行业或商业惯例等

一些“行业惯例”“商业安排”“市场潜规则”都涉嫌甚至明确属于商业贿赂风险行为，但由于企业或其员工缺乏合规意识，导致前述行为在企业日常经营中时有发生。企业宜梳理本行业惯例、商业安排、市场潜规则或类似情形，结合合规义务、风险实证等对其合法、合理性进行判断。

(6)利益相关方

鉴于企业及其员工向利益相关方如官员、客户或其近亲属或关系密切的人进行不当利益输送的可能性较高，企业有必要对与前述人员合作的事宜进行合规性审查以谨慎判断其中是否包含任何商业贿赂的风险。

(7)业务伙伴

为识别商业贿赂风险，企业宜对业务伙伴进行必要的尽职调查，且至少涵盖业务伙伴的制度构建、廉洁性、保密程度、行业资质等内容。

3. 定期风险评估

当企业内外部环境发生变化或出现了不合规事件①时，企业宜对合规风险进行周期性再评估。

（二）商业贿赂合规风险评价

1. 合规风险评价

商业贿赂合规风险评价是指对已经识别出的商业贿赂风险进行评价以确认它的风险值。商业贿赂风险评价既是对风险值定量的过程，也是风险管理分配资源的过程，其能够以不遵守企业的合规方针与义务产生的后果和不合规发生的可能性来

① 即使是一个单一的不合规事件也可能构成针对情势和未遂事件的实质变化。

表征。

2. 如何评价商业贿赂风险

一般可以对已经识别出的商业贿赂风险从风险发生的严重程度、风险源频率以及风险发生的可能性等维度进行评价。

企业宜为每种经识别、评价的商业贿赂风险制定适用的风险管控措施，并评估此类风险现有管控措施的有效性。企业应根据企业环境、法律法规的变化，对风险管控措施进行定期评审和修改。

三、商业贿赂法律风险

（一）民事责任风险

商业贿赂行为所引发的民事责任主要包括经营者的利益因其他经营者的不正当竞争行为而受损，经营者因此提起的侵权之诉。例如，在厦门脉视数字技术有限公司（以下简称脉视公司）与厦门允升吉电子有限公司（以下简称允升吉公司）商业贿赂不正当竞争案①中，允升吉公司工作人员通过个人账户向交易相对方的工作人员行贿，法院判处允升吉公司向脉视公司承担26,000元的损害赔偿。另外，还存在合同无效的民事法律风险。例如，在王老吉商标争夺案中，法院最终认定以贿赂手段签订的合同无效。

（二）行政责任风险

我国现行法律体系下对“商业贿赂”的行政责任并无统一的规定，在部门法中也仅对行贿行为进行了规定。根据《反不正当竞争法》的相关规定，②单位不仅要对自身的商业贿赂行为承担行政责任，而且对本单位员工的行贿行为也要承担行政责任。

（三）刑事责任风险

根据《刑法》及最高人民法院、最高人民检察院2008年联合发布的《关于办理商业贿赂刑事案件适用法律若干问题的意见》，商业贿赂犯罪涉及的主要罪名分别为非国

① 福建省厦门市湖里区人民法院民事判决书，（2019）闽0206民初9783号。

② 《反不正当竞争法》第7条第3款规定：经营者的工作人员进行贿赂的，应当认定为经营者的行为；但是，经营者有证据证明该工作人员的行为与为经营者谋取交易机会或者竞争优势无关的除外。

家工作人员受贿罪，对非国家工作人员行贿罪，对外国公职人员、国际公共组织官员行贿罪，受贿罪，行贿罪，单位受贿罪，对单位行贿罪，单位行贿罪等。

为推进企业展开合规治理，我国刑事司法领域正在探索建立合规不起诉的激励机制，2021 年 4 月，最高人民检察院下发《关于开展企业合规改革试点工作方案》，2021 年 9 月，中央纪委国家监委与最高人民法院、最高人民检察院等单位联合印发《关于进一步推进受贿行贿一起查的意见》，提出重点打击行贿行为，探索推行行贿人“黑名单”制度。企业涉嫌商业贿赂行为必然会面临更严厉的执法环境，行贿人“黑名单”也将导致企业面临商誉受损、市场准入限制、资质限制等风险。

第三部分 反腐败合规体系的制定与执行

一、反腐败合规制度的制定

（一）反腐败合规体系要素

一套完整、有效的反贿赂管理体系，应当结合企业自身经营情况进行设计。为了保障合规计划能够具体应用，应当建立独立、权威的合规组织体系并给予必要充分的资源；为了合规体系有效运转，当发生违规行为时，能够有效识别违规行为，并能够及时采取纠正和自我报告措施。

基于上述目标，结合美国《联邦量刑指南》《FCPA 资源指南》以及世界银行集团发布的《诚信合规指南》等文件，简要概括出有效合规计划的基本要素。

1. 企业管理层的反腐败承诺

企业高层应当有预防贿赂的认知、决心和承诺，并且了解自身企业合规体系的内容与运作。高层的反腐败决心，应当通过中层传达到普通员工，从而在企业内部发展并形成对贿赂零容忍的企业反腐败文化。

2. 合规政策与行为守则

企业的行为守则是合规体系之基础，行为守则应当清晰、准确并且可及于全体员工和相关第三方。除此之外，企业还应当制定各项合规政策和程序，写明公司内部合规职责、财务合同及决策等内控制度、审计操作、文档记录政策以及纪律程序。

3. 合规风险评估

一个有效的合规体系，应当对自身企业的风险事先进行评估，并在此基础上建立与企业经营活动的复杂性及其所面临的贿赂风险相称的、清晰的及务实的制度与程序，使企业能够将反腐注意力和资源主要分配给显著性风险。

4. 合规人员与资源

企业内部对合规体系的实施应当职责明确、具体到人。企业应当指派一名或多名高级管理层人员作为合规负责人，承担贯彻并监管合规体系之施行的职责。企业应当赋予合规负责人实权和独立于管理层的自治权，并为其配备充足的资源（包括人力和财力），使其可以有效施行合规体系。一般而言，合规负责人的自治权通常包括可以直接参与董事会并直接向董事会报告合规体系实施中遇到的问题。

5. 合规培训

企业应当建立培训与教育机制，将其合规体系内容向全体员工传达，确保其所制定的预防贿赂的政策和程序，通过培训与沟通，能够在企业内部植根，并被企业全体员工所熟悉和理解。

6. 奖惩激励机制

企业应当制定明晰且可靠的纪律程序，且合规政策在企业内的施行应一视同仁，无人可得例外。遇到违规行为时，应当对当事人采取惩罚措施，并且在企业内部以适当的方式沟通企业所采取的纪律措施，以起到警示作用，同时明确阻止有不良行为记录的人员进入企业管理层。对于良好的合规行为，企业也应考虑予以奖励，形式多种多样，既可以是精神奖励也可以是物质奖励。通过奖励合规行为、惩罚违规行为，达到持续一致地弘扬与执行合规标准的目的。

7. 将第三方纳入合规体系

企业的第三方包括代理商、顾问以及分销商。在跨境交易中企业通常会利用第三方支付贿款。因此，企业对于为其提供服务或者代表其行事的第三方，应当适用相称的、以风险为导向的尽职调查程序，在与其进行合作前，对其行为记录进行尽职调查，以降低被确认的贿赂风险。与第三方合作后，应当第一时间将企业合规政策明确告知第三方，要求第三方学习并承诺遵守，且持续监督。

8. 举报与内部调查

有效的合规体系应当给员工提供通畅的举报途径，例如，匿名举报热线、邮箱或 OA 系统举报。合规部门收到举报后，应当展开内部调查并且如实记录调查过程及结果，通过对内部调查发现的问题查漏补缺，及时更新合规制度，并在后续的培训中关注此类问题。

9. 持续改进

企业应当采取合理的监控及审计措施，并通过定期测试，持续提升合规体系的有效性。

（二）示例：中兴通讯反贿赂管理体系①

中兴通讯对标反贿赂管理体系标准 ISO 37001 建立了一套完整的反贿赂合规体系，主要由八要素组成（见图 4－1）。

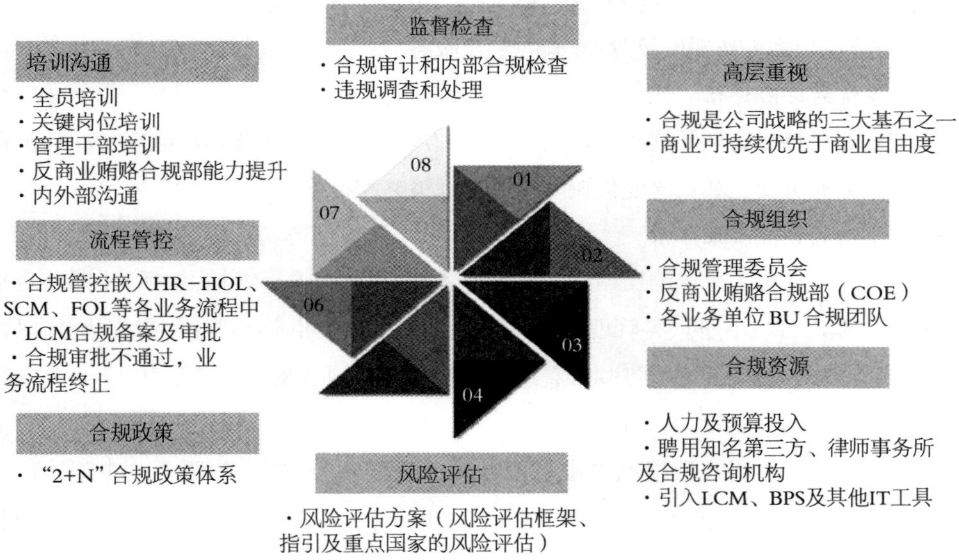

图 4－1　中兴通讯反贿赂合规体系②

1. 高层的高度重视

中兴通讯高层根据《合规管理委员会章程》的议事规则和流程参与合规规划、重要规范文件和重大合规事项的决策及建议，并直接对其所管辖业务的合规性负责。在合规意识提升和文化培养方面，公司高层直接参与下属单位的合规培训和沟通。同时，建立了畅通的沟通渠道，合规管理组织有任何合规事项能够直接向公司高层汇报。

---

① 《中兴通讯反贿赂管理体系——八要素》，载中兴网 2021 年 12 月 4 日，https://www.zte.com.cn/china/about/trust－center/Legal－and－Compliance/201910081604/201910081012。

② 来源：中兴通讯官方网站。

2. 健全的合规组织

针对贿赂的预防、监测和应对，中兴通讯的各业务部门是预防、监测和应对贿赂的第一道防线，专门的合规组织是第二道防线，而合规稽查部是独立的第三道防线。

3. 充分的资源投入

中兴通讯反商业贿赂合规部引入了多名在风险评估、尽职调查、反贿赂体系建设、持续监督等方面有着丰富经验的资深专家；在 BU 合规团队层面，公司大量吸收有丰富业务经验的人员加入，同时将法务团队一并纳入一体化合规组织。

此外，中兴通讯还长期与知名的律师事务所、会计师事务所和其他咨询机构保持合作，为公司合规工作提供及时、准确的专业服务。

4. 系统的风险评估

中兴通讯每年定期开展相关地区或领域的风险评估，更新公司风险库，及时、准确地根据实际业务变化和风险变化调整合规管理策略和措施。

5. 全面的合规政策体系

中兴通讯发布了全面的反贿赂合规政策体系，并定期进行维护，包括《反贿赂合规政策》《反贿赂合规手册》、各管理规范（如礼品及款待、提供外部差旅、商业伙伴、采购交易、商业赞助、公益捐赠、客户培训、并购及合资、雇用等）及其工作指引。

6. 有效的流程管控

中兴通讯在合规管理规范中设置了相应的管理流程、措施和要求。在落地过程中，通过设立合规审批流程，同时将合规审批流程嵌入公司的销售、采购、财务、雇用和投资等业务及 IT 流程，确保合规管控实际贯穿于业务活动全过程的主要节点之中。

7. 全方位的培训与沟通

培训沟通是中兴通讯构建反贿赂管理体系的重要一环。为提升全员反贿赂合规意识和能力，中兴通讯定期向全员开展现场的反贿赂合规培训，并向新员工、管理层、合规团队、营销、财务、采购、HR 等重要岗位人员以及外部商业伙伴提供专项培训。同时，中兴通讯也在内外部环境变化、合规政策更新、业务或地区的重要业务活动开展等重要环节上向员工开展专题宣传。

8. 持续的监督与改进

由反商业贿赂合规部和 BU 合规团队对体系设计和执行的有效性开展持续监督，对缺陷和不足项进行自我整改。同时，合规稽查部将根据年度计划定期开展合规审计，以发现体系缺陷和不足，并督促完成整改。对通过举报线索或审计发现识别到的潜在违规行为，合规稽查部将按照相关流程和要求进行调查，并根据调查结果，作出是否采取纪律处分措施的建议。

二、反腐败合规制度的执行

1. 企业高层承诺、参与和支持

如果企业内部高层对合规体系不重视，甚至为了追求利益而无视合规，那么合规体系将是无效的。因此，为确保合规计划的有效执行，企业高层必须作出合规承诺，并积极参与和支持合规计划的执行。

2. 合规培训

反腐败合规风险具有专业性和隐蔽性，员工及商业伙伴往往难以识别业务工作中的潜在风险。因此，企业建立与其规模相适应的合规培训制度，常态化开展反贿赂合规培训，以确保企业员工与商业伙伴理解、遵循反贿赂合规目标与要求。

根据 ISO 37001 的要求，合规培训内容应包括国家法律法规、行业准则、公司反贿赂政策及程序、员工遵从合规的职责、员工或企业可能面临的贿赂风险及该风险潜在的损害、风险发生的业务场景及场景识别、违规后果及汇报或举报渠道等。针对企业核心管理人员及风险较大的业务部门员工的培训，还应结合其岗位职责、常见业务风险点、实践案例等进行重点培训。需要注意的是，当开展合规培训时，应当做到培训全流程留痕，对相关文件留档保存，包括合规培训机制设计、培训内容拟定、合规培训开展过程、员工参与、承诺、考核等流程。

(1)针对员工的培训

员工的合规培训需要注意与其具体工作环节与内容相结合。企业不同部门、业务环节面对的合规风险必然会有所差异。因此，在制定培训方案时，企业需要考虑各环节、部门高发的“风险点”，区别制定合规培训内容。培训时也应当向员工表明公司反腐败的意志以及违规行为的内部惩处后果，从而防范员工职务行为给企业带来的合规风险。

(2)针对管理层的培训

管理人员在企业合规管理体系中，既是制度的推动者，也是制度的执行者。因此，针对管理层开展合规培训时，应重点关注对管理者责任范围的划分、履职实体要求与程序要求，以及危机处理的合规技术等培训，为管理层人员提供全方位的合规指引。

(3)针对商业伙伴的培训

对商业合作伙伴进行合规培训管理的主要目的在于防止其合规风险向本企业蔓延或者避免本企业承担不必要的责任。企业需要向商业伙伴拓展自身的合规文化，并针对业务往来中存在的风险点予以提示，在诸如合作协议、合规承诺书中，要特别注重反腐败合规内容，确保合规体系在风险防范和危机处理中的实际功能。

3. 宣传

对企业反腐败合规体系及实施进行常态化的宣传，包括对管理层、员工及商业伙伴宣传，有利于企业发腐败合规文化的建设，逐步加强企业全体人员的合规意识。通过制定发放合规手册、签订合规承诺书等方式，强化全员廉洁意识，树立依法合规、守法诚信的价值观，筑牢合规经营的思想基础。

为了全方位输出合规文化和合规价值观，企业应综合利用多个渠道开展宣传，如编制反腐败合规相关标语，在企业办公和营业场所悬挂反腐败合规横幅并张贴宣传海报，营造浓烈的合规文化氛围；制定内容简洁、明确的合规行为守则，要求全体员工熟悉相关内容；等等。

三、反腐败合规管理体系的有效性评估

就一套完整的全面合规体系建设项目而言，在合规管理体系和其他基础设施搭建完毕之后，只有开展合规管理体系有效性评估，才能对相关工作成果进行验收，检测合规目标是否达成，从而形成项目闭环。与此同时，只有经过有效性评估，才能够对标先进，找到差距，明确下一步努力方向。因此，企业应定期开展内部评估，①以证实反贿赂管理体系：

(1)是否符合企业自身对反贿赂管理体系的要求及相关法律法规、标准(例如，ISO 37001)；

(2)反贿赂管理体系是否得到有效的实施和维护。

1. 评估的重点

评估应当以考虑风险为原则，选择合理、适当的方法，以检查程序、管控措施和体系是否出现以下问题：

---

① 内部审核的范围和规模可依据企业的规模、结构、成熟度和所在区域等因素决定。

(1)贿赂或涉嫌贿赂；

(2)违反反贿赂方针或反贿赂管理体系的要求；

(3)商业伙伴未能遵守适用组织的反贿赂要求；

(4)反贿赂管理体系的不足或改进空间。

2. 评估的方式

合规管理有效性基本调查方法主要有文档审阅、现场审查、问卷调查(评估指标设计)、合规审计、调研访谈以及穿透测试与试运行等，企业宜根据自身规模、业务模式等选择。

其中，合规审计是对业务流程中合规管理体系执行情况的审计，具体包括对合规机制的设计和执行情况的审计、对合规要素设计和执行情况的审计以及对合规项目进行的专项审计。企业应定期开展合规审计，在合规审计中如果发现异常情况，可以深入查找其背后的根源，并完善改进合规管理体系。

3. 有效性评估的开展

(1)评估主体：可组成跨部门的评估工作组，或委托外部专业机构进行。企业内部组建评估工作组的，应当注意评估人员的资格，如评估人员应当具备专业性、廉洁性、与评估内容无利益关系等基本要素。

(2)评估周期：至少应每年开展一次，如出现遭受主管部门重大行政处罚或刑事处罚、发生重大违规行为、被主管部门要求开展评估的，应当及时开展专项评估。

(3)评估流程：组建评估工作组——制定评估方案(设计评估指标)——开展评估工作——出具评估报告——提出改进措施。

(4)评估工作方法：收集并分析违规行为相关信息(投诉、举报、违规行为调查报告等)、收集员工反馈信息(如对培训和文化建设的反馈信息)、文档审阅、供应商走访、内部及外部问卷调查、相关工作人员访谈、举办座谈会或非正式讨论会、进行抽样和诚信试验等。

4. 持续改进

合规管理体系的有效性建立在不断改进完善的基础上。实践中，企业自身的业务、商业伙伴以及整体经营环境、相关法律法规与政策处于不断的变化中，既有的合规计划在执行过程中也会暴露其缺陷和不足。因此，通过评估发现反腐败管理措施的既有问题并制订改进计划，有利于提高反腐败合规体系的适宜性、充分性和有效性。

此外，也应当对违规行为的调查结果进行审视，发现合规管理措施的不足之处，宜更新内部控制和合规计划，并作为之后的合规培训重点。

四、风险管理工具的设计与开发

合规风险管理工具泛指各种支持合规风险识别、报告及管控的工具，形式多样化、个性化，较为基础的风险管理工具有合规风险等级评估表、岗位职责清单、根据数据分析制作的可视化风险地图，以及其他系统工具，如第三方合作伙伴的尽职调查系统、合规风险评估系统等。合规师需要根据企业的具体情况和要求设计和开发相应的工具。

第二节 反垄断合规

一、国际反垄断监管制度框架与合规要求

随着经济全球化背景下跨国公司的发展,反垄断监管愈加被各主流经济体重视。各国反垄断法规制的垄断行为类别也愈加趋同,集中于垄断协议、滥用市场支配地位与经营者集中的行为。其中,对垄断协议的规制又具体分为对竞争经营者之间达成的横向垄断协议的规制,以及对交易相对方之间达成的纵向垄断协议的规制。趋同的同时,各国反垄断立法又均有其特色与规制的侧重点,以美国与欧盟的反垄断制度为例加以分析。

(一)美国的反垄断制度分析

美国反垄断法的法律渊源主要包括3部法案以及相关司法判例。其中,3部法案分别是1890年颁布的《谢尔曼法》(Sherman Antitrust Act)、1914年颁布的《克莱顿法》(Clayton Antitrust Act)和《联邦贸易委员会法》(Federal Trade Commission Act)。因法案用语概括,司法判例对法案的解释也极大推动了美国反垄断法的发展。同时,美国司法部(Department of Justice, DOJ)与美国联邦贸易法委员会(Federal Trade Commission,FTC)作为联邦反垄断执法机构,其以行政解释的形式发布了指南,澄清现有法律与政策的含义。虽然指南不具有强制性法律效力,但极大提高了执法的可预见性。

1. 垄断协议

《谢尔曼法》第1条规定:"任何合同、以托拉斯形式的联合或共谋,如果妨碍州际或对外贸易,都被视为违法。"可见,《谢尔曼法》从整体上对垄断协议进行规制,因而,无论是达成横向垄断协议还是达成纵向垄断协议,都可因违反本条而被禁止。

(1)横向垄断协议

现代市场竞争中，竞争对手之间需要相互合作，共同推动成本降低，并促进创新。然而，当竞争对手间共谋统一行动时，就可能构成横向垄断协议，从而违反《谢尔曼法》第1条。司法实践中，法院依据横向垄断协议对竞争的妨害程度不同，分别采取“本身违法原则”(rule of *per se*)与“合理原则”(rule of reason)，以判定一个垄断协议是否违法。

最初，法院严格依照《谢尔曼法》第1条的表述，只要构成垄断协议妨碍了州际或对外贸易，不作具体分析，直接认定联合或共谋的行为违法，即“本身违法原则”。但随着对垄断行为研究的深入，联邦最高法院在1911年美孚石油公司案中首次分析：仅在一项协议对州际或对外贸易产生“不合理”(unreasonable)的妨碍效果时，才会被认定为违法，“合理原则”就此确立。依据该原则，执法者应进行个案分析，分别确定涉案行为促进与限制竞争的影响，从整体上判断一项行为合法与否。《竞争者间合作行为的反垄断指南》为鼓励竞争者间的合作，进一步明确：若合作的竞争者占相关市场总额小于20%，其合作行为被认定为违法的可能性很小。而只有“固定价格”“串通投标”“划分市场”“联合抵制”等严重妨碍贸易的行为，才应适用“本身违法原则”，且不考虑其所占市场份额，实施行为本身即被认定为违法。

参考案例

2012年，美国司法部裁决友达光电、奇美电子、LG、夏普等亚洲液晶面板商操纵市场价格，并对其开出数亿美元的罚单。调查发现，2006年，各涉案液晶面板商的高管会晤逾60次，商讨如何避免因供过于求而跌价，商定降价时机与幅度，共谋暂停生产，调整供需，达成横向垄断协议。此外，中国与欧盟也对该系列液晶面板商的串谋行为进行了反垄断制裁。

(2)纵向垄断协议

美国反垄断法同时规制处于产业链上下游经营者间达成的纵向垄断协议，具体包括纵向价格协议与纵向非价格协议。纵向价格协议中限制销售商最低转让价格协议最为典型。2007年，美国联邦最高法院通过 *Leegin* 案，推翻了“纵向价格协议应适用本身违法原则”分析的先例，改为适用合理原则。这是因为，从纵向价格协议对竞争的影响上看，纵向价格协议虽有抑制竞争的消极作用，但也有促进竞争的积极作用。如“限定转售最低价格”政策可阻止下游销售商通过降低价格争抢客源，鼓励其提供更多附加服务吸引消费者。零售服务质量的提升，变相增加了不同品牌间的竞争，最终将惠及消费者。但应当注意的是，纵向垄断协议与横向垄断协议可能存在交织的状态，即多个制造商横向就商品定价进行沟通，后与各自的下游销售商签订纵向价格协议时，最终会被认定为构成横向价格垄断协议，从而违反《谢尔曼法》第1条。

对于纵向非价格协议，因其对竞争的抑制作用更为不确定，因此仅当具有垄断地位的经营者以此为手段，维持其垄断地位时才会构成违法。例如，排他交易（exclusive dealing），即上游制造商明确规定与其签约的零售商不能销售其竞争对手的产品，仅当上游制造商在其行业中本就具有垄断地位，并以此为手段维持其垄断地位，才会被认定为违法。

参考案例

Leegin公司要求下游经销商不得低于规定的零售价销售其产品。美国联邦最高法院认定，该行为虽有蚕食下游销售商自由定价权的抑制竞争效果，但同样具有促进不同品牌间的竞争，利于新经营者进入相关市场等促进竞争的积极作用。2007年6月法院作出裁决，认定对转售价格维持协定应适用“合理原则”进行个案分析，经分析认定，Leegin公司的行为不构成对《谢尔曼法》第1条的违反。

2. 滥用市场支配地位

《谢尔曼法》第2条规制滥用市场支配地位行为，是对单方垄断行为的规制。该条规定：“任何人若从事垄断或谋求垄断，或与他人联合或者合谋以实现对州际或对外贸易或商业的任何部分的垄断，都应被视为犯有重罪。”基于该条规定，美国判例法逐步确立了对滥用市场支配地位行为的分析步骤。

首先，应确定该经营者具有市场支配力。市场支配力不仅体现在所提供商品的市场份额上，更体现在这种支配力的可持续性上，即不会因其他竞争者进入市场而轻易丧失。其次，具有垄断地位的经营者实施了滥用其垄断地位的行为，包括但不限于排他性购买或销售协议、搭售、掠夺低价与拒绝交易等。最后，由经营者行使抗辩权，成功抗辩可使该行为不被认定为违法。经营者可提出其做出该行为的正当商业理由，并由法院判断其在相关市场所取得的成就是源于其垄断行为，还是源于正当商业竞争。自2019年起，美国司法部对四大互联网巨头——Amazon、Apple、Google以及Facebook发起了反垄断调查，调查其如何获得市场支配力，以及是否从事了削弱竞争、扼杀创新或损害消费者利益的垄断行为。

参考案例

Dentsply是人造牙龙头生产商，占据75%～80%的市场份额。1993年，Dentsply决定实施一项排他交易政策：若发现经销商同时销售其竞争者的产品，即终止与该经销商的关系。因Dentsply在该行业中的地位无可取代，各大经销商纷纷决定独家销售Dentsply的产品。2005年，美国第三巡回法院裁定Dentsply违反《谢尔曼法》第2条，认定其从事旨在维持垄断的非法行为。

3. 经营者集中

经营者集中即并购，一般通过并购前的申报审查进行监管。因并购可能导致竞争者在相关市场占有率的扩大，因此并购前的申报审查是面向未来的预防性审查。《克莱顿法》第7条规定："若企业并购可能实质上减少竞争或形成垄断，应禁止该并购。"就程序而言，经营者集中前应向反垄断执法机构通报。事实上，对已完成的并购，若其损害了消费者利益，执法机构同样有权对此展开调查。

从并购双方在产业链所处环节的相互关系上看，并购具体分为横向合并、纵向合并与混合合并。横向合并，即存在竞争关系的经营者之间的合并。其直接导致相关市场竞争者数量减少，达成横向垄断协议的可能性陡增，同时也因相关市场内可替代商品种类减少，更加不利于保护消费者权益。相比之下，纵向合并，即产业链上下游经营者间的合并对相关市场竞争的危害相对较小，对其规制的力度也远小于横向合并。但是，随着经济学理论的发展以及实践中规制纵向合并的新需求，2020年6月DOJ与FTC联合发布了新版《纵向合并指南》，对纵向合并带来的单边效应予以确定，提高了纵向合并执法的可预见性。

参考案例

2018 年 6 月,美国哥伦比亚特区联邦法院法官否决美国司法部指控,批准美国传统电信运营商 AT&T 与跨国媒体企业时代华纳的纵向合并。合并后,作为产业上游内容公司的时代华纳,可能会针对下游 AT&T 播放渠道降价;抑或 AT&T 针对其他内容使用其播放渠道涨价,从而损害消费者利益,抑制行业创新。然而,法院裁定美国司法部指控证据不足,合并所产生的影响远小于其预估。这昭示着在互联网内容运营商冲击之下,传统播放渠道与传统内容制造商合并的大势。

(二)欧盟的反垄断制度分析

《欧盟运行条约》(Treaty on the Functioning of the European Union,TFEU)是欧盟反垄断法律体系中的基本法,其立法目的在于建立一个"商品和服务都可以自由流通的统一内部市场"。但该条约仅是非常宽泛和框架性地规定了欧盟的目标和架构,就反垄断法的实施而言,还需要依赖条例、指令、决议等次级法,如《欧盟并购条例》《纵向集体豁免条例》。

欧盟委员会竞争总司(Directorate - General for Competition)负责反垄断执法工作。如果企业对欧盟委员会的决定不服,可上诉至欧洲普通法院(General Court);对欧洲普通法院的判决仍不服的,可继续上诉至欧洲法院(Court of Justice)。和大多数国家一样,欧盟反垄断法主要规制 3 种垄断行为:垄断协议、滥用市场支配地位和经营者集中。除此之外,国家补贴(state aid)属于广义上的国家限制竞争的行为,作为广义的欧盟反垄断法的一部分,欧盟还对欧盟成员方间的国家补贴进行审查。

1. 垄断协议

《欧盟运行条约》第 101 条规制垄断协议:凡可能影响成员方之间贸易,并以阻碍、限制或扭曲共同市场内的竞争为目的或有此效果的企业间协议、企业联合组织的决定或协同行为,均被视为与共同市场不相容而禁止,主要包括下列行为:

(1)直接或间接固定购买、销售价格或其他交易条件;

(2)限制或控制生产、销售、技术进步或投资;

(3)划分市场或供应来源;

(4)对同等交易的其他交易相对方使用不同的条件,从而使其处于不利的地位;

（5）合同缔结条件取决于交易伙伴对额外义务的接受程度，但无论是依据其商业性质还是交易惯例，该额外业务均与合同标的无关。

（1）横向垄断协议

横向垄断协议是指在生产或销售中，处于同一经济环节、具有相互竞争关系的经营者之间签订的共同控制价格、产量、技术、产品、设备、交易对象、交易地区等内容的协议，或虽没有协议但共谋采取协同一致的行为。

主要的横向垄断协议类型包括固定价格、产量限制和划分市场。固定价格是指竞争对手之间达成固定或者变更商品和服务的价格水平、变动幅度、手续费、计算公式等行为。产量限制通过约定限制、固定产量或停止生产、拒绝供货或限制商品投放量等方式限制生产数量。划分市场表现为划分商品销售地域、销售对象或者销售商品的种类、数量，原材料采购的区域、供应商等。

参考案例

一直以来，欧盟对横向垄断协议的执法都非常严格。2016 年 7 月欧盟委员会宣布对曼集团、沃尔沃/雷诺、戴姆勒、依维柯和 DAF 处以总额高达 29.3 亿欧元的罚款。原因是 1997 年至 2011 年，上述企业就卡车制造达成了横向垄断协议，协调卡车出厂价格并约定统一延迟使用新排放技术的时间。

（2）纵向垄断协议

欧盟纵向垄断协议是指两个或两个以上处在生产或分销链条中不同环节的经营者（如供应商、经销商）达成的关于购买、销售或转售商品或服务条件的协议或协同行为。

欧盟还对地域或客户限制作出了规定。限制转售价格是指限制经销商的自主定价权，包括任何导致固定转售价格或限定最低转售价格的约定，如在合同中约定对不遵守定价要求的经销商可中止交货等。

就地域和客户限制而言，欧盟十分重视商品和服务在各成员方之间自由流通，因此在欧盟不能随意对经销商的销售地域或客户进行限制，包括限制欧盟各成员方经销商交叉供货、限制欧盟一成员方经销商从另一成员方进货等。但欧盟反垄断法规定了两种例外情况，一是对独家经销商的保护；二是允许对批发商的限制。

对独家经销商的保护是指欧盟允许公司将一个区域或某类客户独家保留给某个

经销商，规定其他经销商不得在该区域或向该类客户进行主动销售，但不得限制被动销售，比如，其他经销商应客户的主动要求，向该客户交付商品等。允许对批发商的限制是指允许公司限制其批发商直接向终端用户销售。

参考案例

2019 年 3 月，欧盟委员会对耐克公司限制授权经销商在欧洲经济区内跨境销售特许商业化产品的行为处以 1250 万欧元的罚款。据悉，耐克在协议中明确要求授权经销商将跨区域销售的采购需求直接移交给耐克或就跨区域销售支付双倍许可费；明确禁止授权经销商向可能跨区域销售的客户（通常为零售商）供应特许产品。欧盟委员会认为，耐克持续约 13 年的违法行为阻碍了授权经销商在欧洲跨境销售产品，且最终导致消费者无法在不同成员方之间自由跨境购物。

2. 滥用市场支配地位

在欧盟，滥用市场支配地位的前提是在欧盟的市场占有率达到 40% 及以上。《欧盟运行条约》第 102 条对滥用市场支配地位作出了规定：在共同市场内部或者在共同市场的某一重要部分占据支配地位的一家或者多家企业的滥用行为，若可能影响成员方之间的贸易，则应当因其与共同市场不相容而予以禁止。此类滥用行为主要包括：

（1）直接或者间接施加不公平的采购价格、销售价格或者其他不公平的贸易条件；

（2）限制生产、市场或者技术开发，以致损害消费者的权益；

（3）在同等交易中，对其他交易方适用不同的条件，因此使这些交易方在竞争中处于不利的地位；

（4）以对方当事人接受附加义务为条件订立合同，而这些附加义务在本质上或者依据商业惯例与此类合同的标的不存在关联。

2009 年，欧盟颁布《适用欧共体条例第 82 条查处滥用市场支配地位企业滥用性排他行为的执法重点指南》（Guidance on the Commission's Enforcement Priorities in Applying Article 82 of the EC Treaty to Abusive Exclusionary Conduct by Dominant Undertakings），详细列举了几种滥用行为，包括排他性购买、搭售和捆绑销售、低于成本定价、拒绝供应和价格挤压。

参考案例

2019 年 3 月，因谷歌迫使其 AdSence 业务的客户签订排他条款，声明他们不会接受谷歌竞争对手的搜索引擎广告，阻止其他搜索引擎在第三方网站的广告投放，欧盟委员会认定谷歌滥用其在线搜索广告市场中的支配地位，并对其处以 15 亿欧元的罚款。

3. 经营者集中

根据《欧盟并购条例》，经营者集中是指将导致企业控制权发生持续性变化结果的各类交易，包括 3 种形式：企业合并、获得企业全部或部分控制权、设立合营企业。其中“控制”是指对一家企业的经营决策施加决定性影响。

欧盟经营者集中要求事前申报，在投资并购项目实施前，达到规定的门槛就必须进行申报；只有执法机构批准申报后，才能实施投资并购项目。欧盟经营者集中一般不考虑参与投资并购项目的企业在市场上的地位（如市场占有率），申报门槛为营业额，且是整个集团的营业额。

在欧盟，反垄断申报门槛的设置机制与我国类似，一般性申报门槛为项目中所有公司上一会计年度全球范围内营业额合计超过 50 亿欧元，且其中至少 2 个公司上一会计年度欧盟境内的营业额超过 2.5 亿欧元（除非在欧盟境内营业额的 2/3 均来自同一个成员方）。除此之外，就规模较小的项目，欧盟设定了更为复杂的门槛标准。

参考案例

2019 年 2 月，欧盟委员会否决了法国阿尔斯通公司与德国西门子公司关于合并铁路制造部门的商业计划。尽管此项并购交易获得了巴黎和柏林的政治支持，但欧盟委员会认为此项并购有损于铁路信号设备和高铁列车市场的竞争，并购后可能引起火车及信号系统价格的上涨，最终导致铁路公司及乘客的损失。

4. 国家补贴（state aid）

《欧盟运行条约》第 107 条构成了欧盟关于国家补贴的核心条款，该条规定：除非另有约定，欧盟成员方提供的或通过无论何种形式的国家资源给予的，在优待某些企业或某些产品生产的情况下,扭曲或威胁扭曲竞争的补贴,如果此项补贴已阻碍成员方之间的贸易,则此项补贴与欧盟内部市场竞争机制相抵触。

2020 年 6 月 17 日,欧盟委员会发布《关于在外国补贴方面创造公平竞争环境的白皮书》(以下简称《白皮书》),意图填补欧盟对由非欧盟成员方向在欧盟开展业务的公司提供补贴的监管空白,以解决某些企业可能基于非欧盟成员方补贴获得不公平竞争优势的问题。根据《白皮书》,欧盟委员会可依职权对获得非欧盟成员方补贴的企业进行调查,并实施要求受补贴企业退还补贴等救济措施。除此之外,《白皮书》还规定了强制申报制度,要求交易企业申报已获得或将获得外国补贴的收购活动,进行交割前审查。如交易企业应申报而未申报,其可依职权在交割后进行审查。当企业作为公共采购投标人时,若该企业投标前 3 年获得外国补贴金额超过特定门槛的,须向欧盟委员会申报;一旦调查发现上述补贴会导致市场扭曲,申报人可能会失去参与公共采购程序的资格。

违反欧盟反垄断法会导致严重的后果。在日常经营活动中违反欧盟反垄断法主要体现在垄断协议和滥用市场支配地位行为。对这两种行为,欧盟委员会有权发布决定,对违法企业处以总额不超过其上一年度营业额 10% 的罚款。

在投资并购中违反欧盟反垄断法的行为主要体现为未按规定进行申报和在申报过程中提供虚假或误导性信息。若未按规定进行申报,欧盟委员会有权对相关企业处以最高不超过交易各方营业总额 10% 的罚款。若在申报过程中违反如实提供材料义务,欧盟委员会有权对企业处以不超过营业额 1% 的罚款。

如上所述,《欧盟运行条约》第 101 条和第 102 条构成了欧盟反垄断法的主要内容,也为个人和公司创设了直接适用的效力,个人和公司可以依据这两条规定直接向成员方法院提起反垄断民事损害赔偿诉讼。2005 年,欧盟委员会发布了《违反欧盟反垄断规则的损害赔偿诉讼绿皮书》(以下简称《绿皮书》),强调保护个人和公司免受欧盟市场上限制竞争行为所导致的任何损害。2008 年,欧盟委员会发布《违反欧盟反垄断规则的损害赔偿诉讼白皮书》,明确了完全赔偿原则、欧盟化原则和补充性原则。然而,《绿皮书》和《违反欧盟反垄断规则的损害赔偿诉讼白皮书》并不具有法律约束力,无法解决相关改革方案在成员方实施的问题。2014 年,欧洲议会和欧盟理事会签署了《关于违反欧盟及其成员方竞争法的损害赔偿诉讼若干规则的第 2014/104 号指令》,要求各成员方必须在 2016 年 11 月 27 日之前完成对该指令的转化,确保欧盟市场内反垄断民事损害赔偿诉讼在各成员方内国法规则上保持一致。

2018 年,英国上诉法院(the Court of Appeal)就 iiyama 和三星电子之间关于《欧盟运行条约》第101条适用范围的判决具有重要的意义。iiyama是一家日本电视和显示器制造商，它认为三星电子与其竞争公司在欧盟之外达成的CRT和LCD卡特尔协议损害了iiyama在欧盟境内的利益。据悉，三星电子的相关卡特尔产品在欧盟之外（主要是亚洲）供应给某些公司，再由这些公司供应给iiyama在欧盟外的控股公司进一步加工成电视和显示器，最后运输到欧盟境内进行分销。三星电子认为相关卡特尔行为未发生在欧盟境内，不受欧盟反垄断法的管辖。最终，英国上诉法院支持了iiyama在关键问题上的意见，认为旨在对欧盟内部市场产生实质性间接影响的全球卡特尔行为可以满足管辖权中关于合格效果的检验。

二、国内的反垄断监管制度框架与合规基本要求

（一）我国反垄断立法、执法和司法的发展沿革

随着我国市场竞争日益激烈，2008年实施的《反垄断法》在保护市场公平竞争，维护消费者利益等方面发挥日益重要的作用。为更好地适应近年来中国社会主义市场经济的发展，《反垄断法》即将迎来新一轮的修订，其修订草案已于2020年1月对外公布。

类似于欧盟，中国反垄断法的实施主要通过行政执法。2018年《国务院机构改革方案》发布以前，反垄断执法权由商务部、国家发改委、原国家工商行政管理总局联合行使，2018年起由新组建的国家市场监督管理总局单独行使，执法机构同时负责出台配套规章制度。2019年国家市场监督管理总局相继公布了《禁止垄断协议暂行规定》（2022年修改）、《禁止滥用市场支配地位行为暂行规定》（2022年修改）；2019年正式公布了《关于汽车业的反垄断指南》《横向垄断协议案件宽大制度适用指南》《垄断案件经营者承诺指南》《关于知识产权领域的反垄断指南》4部指南，又于2021年公布了《关于平台经济领域的反垄断指南》，为未来企业合规提供了重要指引。

1. 垄断协议

《反垄断法》第13条将“垄断协议”规定为“排除、限制竞争的协议、决定或者其他协同行为”，其核心是共谋，具体包括横向垄断协议与纵向垄断协议。横向垄断协议又称为卡特尔，是指与具有竞争关系的经营者达成的，固定或者变更商品价格，限制商品的生产数量或者销售数量，分割销售市场或者原材料采购市场，限制购买新技术、新设备或者限制开发新技术、新产品与联合抵制交易等协议。因固定价格、数量限制与分割市场一般只会产生阻碍竞争的效果，被严格禁止，所以又称为核心卡特尔。

纵向垄断协议是指与交易相对人达成的，固定向第三人转售商品的价格或限定向第三人转售商品的最低价格的协议，规定在《反垄断法》第14条。依据该条，纵向垄断协议达成于处于供应链上下游的供应商与销售商之间，且明确禁止纵向价格垄断协议，对于纵向非价格协议，主要将其归入“国务院反垄断执法机构认定的其他垄断协议”的范畴予以规制。立法的侧重即为执法的侧重，自2008年以来，执法机构还未对纵向非价格协议进行过规制。同时，若满足《反垄断法》第15条规定的情形之一，即可豁免适用第13条、第14条对垄断协议的禁止性规定。豁免事由包括达成协议是为促进创新、实现标准化、增强中小经营者竞争力等情形。此类证据应由被调查企业在执法部门调查期间提供。

截至2020年8月末，反垄断执法机构共查处垄断协议案件98件。其中，深圳理货公司案与黄冈旧机动车市场垄断案同时涉及固定或者变更商品价格、分割销售市场；重庆市烧结砖生产经营行业垄断协议案同时涉及固定或者变更商品价格与限制商品的生产数量或者销售数量；杭州市混凝土企业垄断案同时涉及固定价格、限定数量、分割市场，均统计在“固定或者变更商品价格”项下。

参考案例

横向垄断协议：

2000年1月至2010年2月，日立、三菱电机、住友等8家汽车零部件生产企业频繁进行会谈，协商价格，多次达成订单报价协议并实施。2000年至2011年6月，不二越、精工、NTN和捷太格特4家轴承生产企业在日本和我国讨论亚洲地区和我国市场的轴承涨价方针、涨价实际和幅度，并交流涨价情况。国家发改委针对上述行为对12家企业合计罚款12.354亿元。

纵向垄断协议：

2012年年底，茅台酒类销售有限公司为稳定价格、维护品牌形象，发布限价令，严格限定经销商零售最低价格，并且对6家违反该限价令的经销商作出了严厉的惩罚措施。五粮液酒类销售有限公司也曾批评了15家低价销售的经销商。2013年，贵州省物价局与四川省发改委分别认定茅台酒类销售有限公司与五粮液酒类销售有限公司构成纵向价格垄断，并开出2.02亿元与2.47亿元罚单。

2. 滥用市场支配地位

与垄断协议相比，对滥用市场支配地位的规制主要针对经营者的单独行为。根据《反垄断法》第 17 条，滥用行为主要包括以不公平价格销售或购买产品；没有正当理由，掠夺性定价、拒绝交易、限定交易、搭售商品或者附加其他不合理条件、差别待遇等行为。市场支配地位的判断需要综合衡量多方面因素，根据《反垄断法》第 18 条，考量因素包括但不限于该经营者在相关市场所占份额与相关市场的竞争情况、经营者对销售或原材料市场的控制力、经营者的财力与技术条件、其他经营者对其依赖程度以及进入市场的难易程度。其中，可直接依据经营者在相关市场所占份额推定其是否具有市场支配地位。但该推定在互联网等新经济业态领域不能简单应用，《禁止滥用市场支配地位行为暂行规定》第 11 条强调，应考虑相关行业竞争特点、经营模式、用户数量、网络效应、锁定效应、技术特性、市场创新、掌握和处理相关数据的能力及经营者在关联市场的市场力量等因素。

截至 2020 年 8 月底，执法机构共查处滥用市场地位案件 46 件。其中，扑尔敏原料药垄断案同时涉及以不公平高价销售商品、拒绝交易、搭售行为，葡萄糖酸钙原料药垄断案同时涉及以不公平的高价销售商品与附加不合理交易条件。

参考案例

2015 年，国家发改委认定高通公司分别在无线标准必要专利许可市场和基带芯片市场具有支配地位，并利用其地位实施了滥用行为，具体为：不公平高价行为，即以整机作为专利许可费计价基础收取高费率并对过期专利收费；要求免费反许可的不公平低价行为；将标准必要专利与非标准必要专利进行捆绑许可行为；拒绝对芯片生产商许可专利的拒绝交易行为。基于以上事实认定，对高通公司处以 60.88 亿元人民币的罚款。

3. 经营者集中

我国对经营者集中的监管主要采取事前审查制，若经营者达到《国务院关于经营者集中申报标准的规定》第 3 条所列标准，应当事先申报，未经申报不得实施集中。根据《反垄断法》第 20 条，经营者集中的形式主要有 3 类，即经营者合并、经营者通过取得股权或者资产的方式取得对其他经营者的控制权、经营者通过合同等方式取得对其他经营者的控制权或者能够对其他经营者施加决定性影响。

截至2020年8月底，依据商务部与国家市场监督管理总局网站公布的数据，我国反垄断执法机构无条件批准经营者集中的有3107件，作出附加限制条件批准的审查决定有48个，针对未依法申报的经营者集中所作出的行政处罚共56个。

参考案例

韩国奥瑟亚和日本德山株式会社同时签署3份交易协议。根据相关协议，韩国奥瑟亚将在6个月内分三步收购其持有的德山马来西亚的全部股权，构成《反垄断法》第20条规定的经营者集中。2016年10月，韩国奥瑟亚完成第一阶段的收购交易，并完成股权变更登记手续，但在此之前从未向商务部依法申报。构成《反垄断法》第21条规定的"未依法申报违法实施的经营者集中"，商务部决定对韩国奥瑟亚处以行政罚款。

4. 反垄断民事诉讼

垄断行为不仅会阻碍市场竞争，同时也会剥夺其他市场主体公平竞争的权利。因此，根据最高人民法院《关于审理因垄断行为引发的民事纠纷案件应用法律若干问题的规定》第1条，因垄断行为引发的民事纠纷案件是指因垄断行为受到损失，或因合同内容或行业协会的章程违反《反垄断法》而发生争议提起的诉讼案件。同时，根据最高人民法院《关于审理因垄断行为引发的民事纠纷案件应用法律若干问题的规定》第14条、第15条，提起民事诉讼后可获得3类救济，分别是请求停止侵害、赔偿损失，以及认定违反强制性法规的合同、行业协会章程无效。如今，反垄断民事诉讼已成为公司寻求救济的重要途径。

参考案例

2011年11月，奇虎向广东高院起诉腾讯，诉称腾讯滥用市场支配地位。首先，腾讯要求用户必须卸载360软件才能登录QQ，属于"二选一"类型的限定交易行为；其次，安装QQ的同时捆绑安装"QQ管家"，属于搭售。原告奇虎公司提供了艾瑞咨询关于腾讯在2010年中国即时通信市场的整体份额统计，主张腾讯在相关市场具有市场支配地位。法院认为，市场份额不是认定存在市场支配地位的唯一证据。腾讯不具有控制商品价格、数量或其他交易条件的能力，也不具备阻碍、影响其他经营者进入相关市场的能力。因此，判决驳回奇虎的诉讼请求。

（二）多部反垄断合规指南的出台对企业合规的影响

2020 年是我国《反垄断法》实施的第 12 年，也是反垄断法立法至关重要的一年：《反垄断法（草案）》公开向公众征求意见，多部合规指南的出台，无不标志着我国对反垄断监管领域日趋重视的趋势。这一监管趋势的变化，对企业反垄断合规提出了更高的要求，其具体内容主要就反映在最新公布的各部合规指南当中。因此，对各部指南重点内容的分析，将对企业反垄断合规红线的划定具有十分重大的意义。

1.《关于平台经济领域的反垄断指南》

2021 年 2 月 7 日，国务院反垄断委员会发布了《关于平台经济领域的反垄断指南》。《关于平台经济领域的反垄断指南》的发布意味着平台经济将成为与汽车领域、原料药领域类似的反垄断重点监管领域之一。其对涉及 VIE 架构的交易是否需申报首次进行澄清，这成为本次《关于平台经济领域的反垄断指南》的一大亮点。

首先，《关于平台经济领域的反垄断指南》明确了未来涉及 VIE 架构的经营者集中案件需进行申报。本次《关于平台经济领域的反垄断指南》中，最引发热议的部分当属经营者集中申报标准，其中明确了"涉及协议控制（VIE）架构的经营者集中，属于经营者集中反垄断审查范围"。这是执法机构首次对以 VIE 架构进行并购交易或参与并购交易一方需进行经营者集中申报进行的宣誓。此前，涉 VIE 架构的并购交易并未被豁免于经营者集中的申报，只是因执法机构态度不明，相关经营者可能出于多种考量，选择对涉 VIE 架构的并购交易情况不予申报。

曾涉及 VIE 架构的经营者集中案件可能需补报。2020 年 12 月 14 日，市场监管总局公开了对 3 起涉 VIE 架构但未进行经营者集中申报的并购案件的处罚，这是市场监管总局首次对涉 VIE 架构的并购交易，应进行经营者集中申报而未申报所下达的处罚。这 3 起案件分别是阿里巴巴投资收购银泰商业案、腾讯控股企业阅文收购新丽传媒案、丰巢网络收购中邮智递案。[①]对过去实施却未依法申报的涉 VIE 架构的并购案件，市场监管总局明确表示："互联网平台企业要对之前的经营者集中行为进行系统梳理，主动向市场监管总局报告有关情况，并积极配合调查工作。"基于此，为确保企业合规，即使是非互联网平台企业，也最好对历史交易中涉及 VIE 架构的并购进行合规层

---

① 市场监管总局依法对阿里巴巴投资收购银泰商业股权案、阅文集团收购新丽传媒股权案、丰巢网络收购中邮智递股权案三起未依法申报违法实施经营者集中案作出行政处罚决定，载国家市场监督管理总局网站 2021 年 1 月 25 日，http://www.samr.gov.cn/xw/zj/202012/t20201214_324335.html。

面的梳理,必要情况下应主动向市场监管总局报告有关情况。

除此之外,《关于平台经济领域的反垄断指南》的发布体现了执法机构近年来对该新兴领域出现问题的总结,是其执法思路与态度的体现。平台经济反垄断是反垄断规制的特殊形态与细分领域,既有属于其行业自身的特性,又因其隶属于反垄断执法范畴,整体框架符合反垄断执法共性,《关于平台经济领域的反垄断指南》恰恰体现了这一特点。在总体架构上,规制平台经济垄断行为细分为垄断协议、滥用市场经济地位与经营者集中申报三类。在保持共性的同时,又结合了平台经济自身的特点,尤其是在判定是否具有市场支配地位时,《关于平台经济领域的反垄断指南》新增了一些具体参考指标,例如,平台点击量、使用时长与用户黏性等,补充了《禁止滥用市场支配地位行为暂行规定》第 11 条列举的网络效应、用户数量、锁定效应等考量因素,细化了未来平台经济反垄断监管标准,为相关企业合规提供了重要指导。

2. 其余四部反垄断合规指南对企业合规的影响

《关于汽车业的反垄断指南》《横向垄断协议案件宽大制度适用指南》《垄断案件经营者承诺指南》《关于知识产权领域的反垄断指南》以书籍汇编形式对外发布,成为《反垄断法》重要的补充,为企业反垄断合规提供了重要指引。

《关于汽车业的反垄断指南》不仅是车企反垄断合规的重要依据,对其他企业也颇具普遍参考价值,这是因为《关于汽车业的反垄断指南》体现了执法机关最新执法动态,为企业反垄断合规提供了重要参考。其中,最具普遍参考意义的应属其对纵向垄断协议的规制。销售区域划分可能体现在对跨区域客户主动销售与被动销售的限制上。如果说《关于汽车业的反垄断指南》尚允许企业对主动营销招揽跨区域客户的行为进行限制,对跨区域客户自行主动购买产品的被动销售行为进行限制的禁止态度就十分明确了。与《关于汽车业的反垄断指南》规定相呼应,《浙江省企业竞争合规指引》等地方反垄断合规指南也对限制被动营销的行为持否定的态度。另外,限制经销商之间的交叉供货行为与限制向最终客户销售配件的行为,也为《关于汽车业的反垄断指南》所禁止。应当注意的是,对纵向垄断协议的规制无须考虑行为主体的市场份额,同时《关于汽车业的反垄断指南》明确规定上述行为不适用于豁免规定,即行为主体的市场份额在 30% 以下也不应被豁免。这意味着,即使企业的市场份额不大,也有可能因从事了限制被动销售、交叉供货与向最终客户销售的行为,构成纵向垄断协议,从而被执法机构规制。

《横向垄断协议案件宽大制度适用指南》与《垄断案件经营者承诺指南》所规制的

“横向垄断协议案件宽大制度”与“经营者承诺制度”分别规定在《反垄断法》第45条与第46条，两个制度的共同特点在于，都需经营者的主动配合，从而达到提高反垄断执法效率、节约反垄断执法成本的最终效果，为世界各反垄断执法区域广泛采用。两部指南的出台，细化了《反垄断法》中的规定，为企业如何配合执法机构、减轻自身责任提供了重要指引。

两个制度存在上述共性，但制度逻辑存在本质上的不同。其中，宽大制度主要适用于极具隐蔽性的横向垄断协议。首先，在执法机构尚未察觉或尚未掌握关键证据的阶段——送达行政处罚告知书之前，由经营者主动向执法机关报告，明确承认其从事了涉嫌违反《反垄断法》的垄断协议行为，同时应提供相关证据证明其参与实施的垄断协议，使执法机关足以对此协议立案调查，或在已经立案调查时，使执法机关能够认定经营者行为构成横向垄断协议。最终，若经营者提供的相关证据足以认定垄断协议成立，并足以对参与的经营者进行处罚，市场监管总局可按提供证据的先后以及质量，减免提供证据经营者的行政处罚。《横向垄断协议案件宽大制度适用指南》还另外规定了对宽大申请人的登记制度以及提供给其60天“先占期”用以准备拟提报的证据。同时，《横向垄断协议案件宽大制度适用指南》还设置了与登记制度相呼应的顺位制度，即先登记申请宽大的经营者享受更大幅度的减免。这一系列制度的设计，都为在涉嫌构成垄断协议时，如何减轻企业责任提供了细致指引，为企业提供了更多选择。

《垄断案件经营者承诺指南》是对涉嫌违反《反垄断法》的经营者，在执法机构作出行政处罚以前，主动承诺采取措施，消除其行为后果的制度。其本质是经营者与反垄断执法机关的行政和解。与宽大制度不同的是，承诺制度不要求经营者自认其行为违法，因此其所承诺采取的措施不限于消除对竞争造成的消极影响，可同时包括对社会公共利益与消费者权益造成的消极影响的消除。基于此，执法机构可就经营者承诺的措施向社会公开征求意见。另外，并非对任何涉嫌垄断的行为均可进行承诺。《垄断案件经营者承诺指南》明确规定，针对横向竞争经营者间达成的关于价格、数量、分割市场的核心卡特尔协议不可进行承诺。就企业合规而言，该制度最具借鉴意义的一点在于：经营者承诺采取的措施通常涉及反垄断合规承诺，包括但不限于对员工进行反垄断培训、制作反垄断合规手册与进行反垄断合规审计等行为，这从侧面反映了企业日常反垄断合规体系建设的重要性。

《关于知识产权领域的反垄断指南》的出台，反映了执法机构对知识产权领域最新的执法实践与最新研究成果，为企业知识产权领域合规与否的判断提供了详细指引。

知识产权天然具有排他性，若其与《反垄断法》规制的界限不清晰，就有可能导致两个极端：一方面，可能因为过于侧重保护市场竞争，从而忽视了对创新行为的激励；另一方面，也可能因过于重视知识产权的保护，导致相关市场竞争逐渐固化，知识产权所有者可凭借其垄断地位，任意收割垄断利润。《关于知识产权领域的反垄断指南》的出台，正是为预防出现上述困局进行的总体设计。

首先，《关于知识产权领域的反垄断指南》针对垄断协议规定了“安全港规则”，充分体现了对知识产权的尊重。“安全港规则”是指只要满足规则要求，通常不将涉及知识产权的协议认定为《反垄断法》禁止的垄断协议。除核心卡特尔不能适用“安全港规则”外，只要满足有竞争关系的经营者在相关市场的市场份额合计不超过20%；或不具有竞争关系的经营者在相关市场的市场份额均不超过30%；或当相关市场份额不能确定或不能准确反映经营者的市场地位时，相关市场除协议各方控制的技术外，存在四个及以上能够以合理成本的有其他经营者独立控制的、具有替代关系的技术，即不认定其构成垄断协议。

其次，《关于知识产权领域的反垄断指南》体现了知识产权领域反垄断的特点。一方面，在认定是否存在滥用市场支配地位行为时，在界定相关商品市场不能反映市场竞争状况时，还需同时界定相关技术市场，即衡量不同技术之间的可替代性。另一方面，判断某一知识产权安排是否需进行经营者中申报，应考量该项知识产权或知识产权组合是否已构成独立业务且已产生独立可计算的营业额。这是因为，通过知识产权交易，经营者取得了对其他经营者的控制权，或可能对其他经营者施加决定性影响，由此需进行经营者集中申报。若已存在该类知识产权或产权组，任何对其的许可、转让都可能触发经营者集中申报，这是企业知识产权交易中反垄断合规的重要参考。

（三）反垄断案例分析

1. 垄断协议

案例1

美敦力公司价格垄断案（2017年）

美敦力公司（Medtronic，Inc.）成立于1949年，总部位于美国明尼苏达州明尼阿波利斯市，是全球领先的医疗科技公司。美敦力公司1996年进入中国，在中国业务发展迅速，集中在心脏病、糖尿病等领域。经营方式上，美敦力公司在中国市场采用转售的方式销售医疗器械产品，其交易相对人包括平台商和一级经销商。

从2014年起，美敦力公司通过分销协议、经销协议、邮件通知、口头协商等形式，与平台商和一级经销商在心脏血管、恢复性疗法和糖尿病等领域的医疗器械产品上达成了从一级经销商到终端各个销售环节的垄断协议。具体来说，美敦力公司通过限定相关医疗器械产品的转售价格、投标价格和最低销售价格，并通过制定下发各经销环节的产品价格表、内部考核、撤销经销商低价中标产品等措施，实施了价格垄断协议。美敦力公司还采取了纵向限制销售对象和销售区域、限制经销竞争品牌产品的措施，进一步强化了纵向价格垄断协议的实施效果。

2016年12月，国家发改委依法责令美敦力公司立即停止实施价格垄断行为，并处以罚款1.1852亿元。

案例2

长安福特汽车有限公司垄断协议案（2019年）

本案为国家市场监管总局发布的2019年反垄断执法十大典型案例之一。

2017年12月，国家反垄断执法机构依法开展反垄断调查。经调查，2013年至2017年，长安福特汽车有限公司在重庆地区销售“福特”牌汽车时，通过制定并下发价格表、要求经销商签订《价格规范自律协议》、制定车展期间价格政策以及限制经销商网络最低报价等方式，与经销商达成了限定向第三人转售整车最低价格的垄断协议。在长安福特汽车有限公司的价格控制下，下游经销商基本按照其限定的整车最低转售价格对外销售。长安福特汽车有限公司为加强对下游经销商的控制，聘请了第三方公司对经销商的报价和实际零售价格进行监控，并对不按最低价格政策销售汽车的经销商，通过扣除保证金、暂停供货等措施进行处罚。

长安福特汽车有限公司限定经销商整车最低转售价格的行为违反了《反垄断法》。2019年6月，市场监管总局依法责令长安福特汽车有限公司停止违法行为，并处以罚款1.628亿元。

合规提示：垄断协议风险

①企业从事 B2B 和 B2C 业务时，注意不以任何方式干涉或限制下游经销商的自主定价权。

②不得以被动方式变相限定价格，如经销商、分销商向企业发出“售价请示”，不宜回复。

③如公司有建议零售价，应明示该建议不具强制性，经销商或分销商可以自由选择是否遵守。

④即使经销商的转售价格政策与企业的利益不符，也不应采取终止供货或其他威胁、报复性的惩罚手段。不应采用考核评价机制间接督促、激励、要求、审批经销商定价。

⑤企业作为下游公司时，若上游供应商涉嫌干涉公司定价的要求、约定、协议等，应及时上报公司领导和法务组织，咨询处理意见。

2. 滥用市场支配地位

案例1

高通案（2015 年）

2013 年 11 月，国家发改委根据举报启动了对高通公司的反垄断调查。

经调查取证和分析论证，国家发改委认定，高通公司在 CDMA、WCDMA、LTE 无线通信标准必要专利许可市场和基带芯片市场具有市场支配地位，实施了以下滥用市场支配地位的行为：

(1)收取不公平的高价专利许可费。高通公司对我国企业进行专利许可时拒绝提供专利清单，过期专利一直包含在专利组合中并收取许可费。同时，高通公司要求我国被许可人将持有的相关专利向其进行免费反向许可，拒绝在许可费中抵扣反向许可的专利价值或提供其他对价。此外，对于曾被迫接受非标准必要专利“一揽子”许可的我国被许可人，高通公司在坚持较高许可费率的同时，按整机批发净售价收取专利许可费。这些因素的结合导致许可费过高。

（2）没有正当理由搭售非无线通信标准必要专利许可。在专利许可中，高通公司未将性质不同的无线通信标准必要专利与非无线通信标准必要专利进行区分并分别对外许可，而是利用在无线通信标准必要专利许可市场的支配地位，没有正当理由地将非无线通信标准必要专利许可进行搭售，我国部分被许可人被迫从高通公司获得非无线通信标准必要专利许可。

（3）在基带芯片销售中附加不合理条件。高通公司将签订和不挑战专利许可协议作为我国被许可人获得其基带芯片供应的条件。如果潜在被许可人未签订包含了以上不合理条款的专利许可协议，或者被许可人就专利许可协议产生争议并提起诉讼，高通公司均拒绝供应基带芯片。由于高通公司在基带芯片市场具有市场支配地位，我国被许可人对其基带芯片高度依赖，高通公司在基带芯片销售时附加不合理条件，使我国被许可人被迫接受不公平、不合理的专利许可条件。

高通公司的上述行为排除、限制了市场竞争，阻碍和抑制了技术创新和发展，损害了消费者利益，违反了我国《反垄断法》关于禁止具有市场支配地位的经营者以不公平的高价销售商品、没有正当理由搭售商品和在交易时附加不合理交易条件的规定。

2015 年 2 月，国家发改委对高通公司滥用市场支配地位实施排除、限制竞争的垄断行为依法作出处理，责令高通公司停止相关违法行为，处以 2013 年度我国市场销售额 8% 的罚款，计 60.88 亿元。

案例 2

利乐案（2016 年）

利乐公司是注册于瑞典的跨国企业集团，是全球最大的液态食品包装系统供应商之一。2016 年 11 月 16 日，原国家工商行政管理总局对利乐公司滥用市场支配地位案依法作出了行政处罚，合计罚款约 6.67 亿元人民币。

原国家工商行政管理总局经调查认定，2009 年至 2013 年，利乐公司滥用其在我国液体食品纸基复合材料无菌包装设备市场（以下简称设备市场）、液体食品纸基复合材料无菌包装设备的技术服务市场（以下简称技术服务市场）、液体食品无菌包装用纸基复合材料市场（以下简称包材市场）的支配地位，无正当理由实施搭售、限定交易和忠诚折扣行为。

(1)无正当理由搭售包材

2009～2013年,利乐公司在销售、出租设备时设置了绩效确认期(相当于设备性能测试期)和保证期(相当于质保期),并在此期间内要求客户使用利乐公司包材,或者是"经利乐公司认可"的或"同等品质"的或"符合最低规格标准"的包材。此外,利乐公司提供设备运行保证的前提是客户必须使用利乐公司提供的包材。

原国家工商行政管理总局认定,从商品的功能、需求及交易惯例等因素来看,纸基无菌包装设备和包材、技术服务和包材分别属于各自独立的商品。利乐公司在提供设备和技术服务过程中限制和诱导客户使用利乐公司包材,实质上是借助其在设备市场、技术服务市场的支配地位,促使用户使用利乐公司包材,不使用或减少使用其他包材。上述行为限制了设备用户的选择权,影响了其他包材厂商的销售,提高了其他经营者的竞争成本,损害了包材市场的竞争。

(2)无正当理由限定交易

2009～2013年,利乐公司要求牛底纸生产商华新及其子公司红塔独家为利乐公司生产液体包装原纸。华新是当时我国市场中唯一的牛底纸生产商。

红塔牛底纸生产线每年产能远远大于利乐公司的采购量,但利乐公司一直是红塔牛底纸的唯一客户,而利乐公司的竞争对手向红塔提出的采购意向一概被拒绝。原国家工商行政管理总局认定,利乐公司的限定交易行为产生了实际的排除、限制竞争效果,会导致牛底纸供应因为下游需求不足而放缓发展,进一步提高原纸供应商对大客户的依赖程度。

(3)实施排除、限制竞争的忠诚折扣

2009～2013年,利乐公司在包材业务上采取两类忠诚折扣:

第一,追溯累计折扣:在客户购买量达到阈值时,客户所需支付的价款会出现陡降。客户为了以更低的总价获得更多的产品,当购买量接近阈值时,往往会继续采购直到该阈值数量。

第二,目标折扣:通常为特定客户量身定做,客户在一定时期内采购量达到或超过目标比例或特定数量时则给予折扣,直接后果是锁定了客户的采购比例或采购数量。

在利乐案的特定市场条件这一大前提下,多种忠诚折扣叠加使用产生了明显的反竞争效果:竞争对手必须以更大的折扣幅度匹配利乐公司的价格并参与竞争,竞争难度大大提高,对竞争对手造成封锁,排除、限制了市场竞争。

案例3

葡萄糖酸钙原料药药企案（2020年）

该案是罕见的国内反垄断执法部门作出顶格处罚的案件,成为国内反垄断史上原料药领域处罚金额最高的案件。

葡萄糖酸钙注射液是国家基本药物、临床必需药品,是常用的低价药,注射用葡萄糖酸钙原料药是生产葡萄糖酸钙注射液的基本原料。山东康惠医药有限公司(以下简称康惠公司)、潍坊普云惠医药有限公司(以下简称普云惠公司)、潍坊太阳神医药有限公司(以下简称太阳神公司)在我国注射用葡萄糖酸钙原料药销售市场具有市场支配地位。

经市场监管总局依法立案调查,2015年8月至2017年12月,当事公司通过包销、大量购买、要求生产企业不对外销售等方式控制了相关市场,占有90%左右的市场份额。这使下游制剂生产企业对其具有较高的依赖程度。凭借这样的支配地位,3家公司实施了“以不公平的高价销售商品”和“附加不合理交易条件”的垄断行为。具体表现为,3家公司控制国内注射用葡萄糖酸钙原料药销售市场后,以不公平的高价对外销售并获得了高额垄断利润。

行政处罚决定书提及,2014年注射用葡萄糖酸钙原料药的市场价格为40元/千克左右。但当事公司以明显不公平的高价销售后,2017年价格上涨了19倍至54.6倍。此外3家公司还附加不合理交易条件,比如,强制要求代工厂按照指令销售,否则不供应原料药,或者要求制剂生产企业生产葡萄糖酸钙注射液后,回购给他们。

尽管这3家公司的工商注册独立,股权上没有关联关系,股东及董事、监事、高管也无亲属关系,即不存在法律上的控制关系,但市场监管总局根据3家公司之间存在人员交叉任职、财务联系紧密、经营决策不独立等现象,认为康惠公司在事实上对普云惠公司和太阳神公司进行了控制,且3家公司“具有统一、协调的经营意志”,在实施垄断行为时“关系紧密,并不相互独立”,应被视为一个共同主体来认定市场支配地位。

由于涉案行为情节严重、性质恶劣,市场监管总局决定对3家公司从重处罚并没收违法所得。对康惠公司没收违法所得1.089亿元,并处2018年度销售额10%的罚款，计1.438亿元，合计2.527亿元。对普云惠公司没收违法所得605万元，并处2018年销售额9%的罚款，计4830万元，合计5435万元。对太阳神公司没收违法所得605万元，并处2018年销售额7%的罚款，计1240万元，合计1845万元。3家公司合计被罚没逾3亿元。

合规提示：以不公平的高价销售商品风险

建议基于以下因素定价，避免过高定价：

a. 提价幅度：建议避免在成本基本稳定的情况下短期内超过正常幅度提高销售价格；建议避免提价幅度明显高于成本增长幅度。

b. 历史定价。

c. 竞争对手的定价：建议避免销售价格明显高于竞争对手在国内销售同种商品的价格。

d. 其他地域的定价。

合规提示：附加不合理交易条件风险

业务部门可以基于以下理由限定交易，这些通常是合理的正当理由，违规风险较低，但应保留相关证据：

a. 保证产品质量和安全；

b. 维护品牌形象或者提高服务水平；

c. 能够显著降低成本、提高效率，并且能够使消费者分享由此产生的利益。

针对企业可能具有市场支配地位的产品，建议业务部门避免以下高风险行为：

a. 规定客户必须采购一定的数量；

b. 要求客户必须将其全部或者部分的商品销售给指定的下一级客户；

c. 直接强迫客户作出放弃与竞争者交易的承诺；

d. 因客户同时购买竞争对手的商品而拒绝与其交易；

e. 以间接、变相或暗示的方式限定交易。例如，在利乐案中，利乐公司约定过宽的“利乐技术信息”范围，实质上是变相限制了上游原纸厂商向第三方提供使用“利乐技术信息”产品，这种性质的行为违规风险较高。

识别合同条款中的限定交易风险：对于企业可能具有市场支配地位的产品，以下供货比例保证条款可能存在一定的违规风险，建议尽量避免使用。

【例】在协议期限内，需方承诺将从供方采购、同时供方承诺将向买方出售不低于买方百分之九十(90%)的需求……在任何这种供应短缺的情况下，需方将被解除其根据本协议从供方采购而供方无法提供产品的义务。

【例】乙方承诺在同等条件下优先采购甲方提供的产品，年采购数量为甲方总产能的20%。

建议业务部门避免以拒绝交易为手段强迫交易相对方接受某些附加条件，即使这些条件只是暗示对方而未向对方明确提出。

合规提示：搭售风险

a. 业务部门可以建议客户同时购买两种产品并对此给予更多的折扣优惠，但应避免以任何形式的强制（无论直接、间接，还是暗示），并应同时告知其也可以单独选购两种产品。

b. 即使客户同意搭售，如果这种搭售明显偏离或违背交易惯例、消费习惯等或者无视商品的功能，仍然很可能被视为《反垄断法》下的“不合理”行为。

c. “变相搭售”同样存在风险，应避免以间接的、暗示的形式实施搭售。例如，在利乐案中，利乐公司要求客户使用“利乐包材”与要求客户使用“经利乐认可”“同等品质”“符合最低规格标准”的包材在实质效果上是一样的，会被认定为构成违法搭售。

案例4

伊士曼（中国）投资管理有限公司滥用市场支配地位案（2019年）

本案为国家市场监管总局发布的2019年反垄断执法十大典型案例之一，是我国反垄断执法机构首次就“照付不议条款”及“最惠国待遇条款”存在的竞争问题作出的解读和分析。

伊士曼（中国）投资管理有限公司（以下简称伊士曼）是一家化工原料的供应商，在中国主要以直销方式向大型水性建筑涂料及乳液生产商供应醇酯十二，对中小型客户则通过经销方式供应。一直以来，直销客户是醇酯十二供应商最主要的竞争目标。2013年至2015年，伊士曼与其6家直销客户在原有销售方式的基础上，增加签订了长期格式条款合同，约定了未来2至3年内醇酯十二的销售单价及每一合同年度的最低采购量。为保证最低采购量条款实施，伊士曼与客户进一步约定，在任何情况下，客户都应按照合同约定的年度最小采购量付款（“照付不议条款”）。据统计，6份合同约定的最低采购量均达到客户年需求量的60%以上,其中5份甚至达到80%以上。

2013年,伊士曼与直销客户A公司签订了全球框架采购协议,约定在未来3年期间,若A公司通过伊士曼采购的成膜助剂总量达到其全球总需求的一定比例以上,则可在伊士曼全球销售区内享受最惠国待遇(“最惠国待遇条款”)。在此基础上,伊士曼与A公司签订了附属销售激励协议,约定A公司在中国境内采购约定数量以上的醇酯十二、十六,则给予其销售折扣。通过上述协议,伊士曼锁定了A公司在中国地区至少75%以上醇酯十二的需求量。

2017年8月,上海市反垄断执法机构依法开展反垄断调查。经调查后认定,2013年至2015年,伊士曼滥用其在中国醇酯十二成膜助剂市场的市场支配地位,与国内相关涂料客户签订并实施了具有限定交易效果的“照付不议协议”及“最惠国待遇协议”。

伊士曼在相关市场内实施的排他性协议促使交易相对方向当事人及其关联公司购买大部分甚至全部醇酯十二成膜助剂,限制了交易相对方与其他竞争对手的交易,使其他竞争对手和潜在经营者无法通过正常竞争进入被封锁市场,从而削弱醇酯十二成膜助剂相关市场的竞争水平,产生了明显的反竞争效果。

伊士曼在相关市场内实施具有限定交易效果的排他性协议的行为,违反了《反垄断法》。2019年4月,上海市反垄断执法机构依法责令伊士曼停止违法行为,并处以罚款24,378,711.35元。

合规提示:谨慎使用“最惠国待遇”等折扣优惠条款

★ 限定最低采购量等带量采购类条款具有反垄断风险:既可能是限定交易,也可能是纵向非价格限制。

★ 照付不议条款与排他性条款的结合将提高排他性条款的反垄断风险,但照付不议条款并非本身违法。

3. 经营者集中

案例1

雅培公司收购圣犹达医疗公司案(2016年)

2016年12月30日,商务部根据《反垄断法》附加限制性条件批准了雅培公司(以下简称雅培)收购圣犹达医疗公司(以下简称圣犹达)股权案。

收购方雅培设立于1900年,是一家全球性医疗保健公司,总部位于美国伊利诺伊州,主要从事药品、营养品、医疗器械以及诊断等业务。被收购方圣犹达设立于1976年,是一家全球性医疗器械公司,总部位于美国明尼苏达州,主要从事心血管医疗器械等业务。

商务部经审查发现,两家公司在我国市场唯一存在横向重叠的产品为小腔血管闭合器。血管闭合是指在心血管微创诊断和介入手术中,血管穿刺点会产生腔孔,手术完成后必须闭合此腔孔以防止失血。通常情况下,血管闭合可以通过4种方式来实现,分别为人工压迫、闭合辅助器械、外科缝合以及血管闭合器。

血管闭合器的使用显著缩短了术后卧床和住院时间,提高了患者的舒适度,并显著降低了血管并发症和静脉血栓的形成概率,与其他血管闭合方式具有明显不同。血管闭合器又分为大腔血管闭合器和小腔血管闭合器,两者不可替代。经营者集中双方仅在小腔血管闭合器市场存在横向重叠。因此,本案将小腔血管闭合器界定为相关商品市场。

上述案例如相关商品市场界定为小腔血管闭合器,经营者集中双方合计市场份额超过95%,经营者集中具有排除或限制竞争效果;如将血管闭合界定为相关市场,经营者集中双方市场份额大大降低,经营者集中对市场影响并不大。

商务部经审查后认为,该项经营者集中在我国小腔血管闭合器市场具有排除、限制竞争的效果。交易完成后,雅培在相关市场将形成一家独大的态势,存在提高商品价格或延缓降价、降低服务质量的动机,并具有实施上述行为的能力,从而导致消费者利益受损。商务部最终决定,以剥离圣犹达的全球小腔血管闭合器业务为附加限制性条件批准此项收购。

合规提示:经营者集中申报中的相关市场界定

①实践中,应综合需求替代和供给替代来判定相关商品市场和地域市场;

②从需求替代和供给替代的角度考虑,商品之间均不存在竞争,则分属不同商品市场,例如,乘用车和商用车;

③从需求替代和供给替代的角度考虑,商品之间均存在竞争,则属于同一商品市场,如百事可乐和可口可乐应属于同一碳酸饮料市场;

④从需求替代和供给替代的角度考虑不一致时,要综合产业内实际情况,综合国家相关管制情况进行判断,例如,中药感冒药与化药感冒药(需求替代相似,供给替代不同)是否在同一相关市场,不同大小尺寸的液晶面板(需求替代不同,供给替代相似)

是否在同一相关市场等；

⑤实践中，相关地域市场判断的"金标准"是经营者相关商品实际竞争的范围（物流销售区域），进口比例在判断地域市场为中国市场或是全球市场时具有重要意义，一般进口比例高的商品可能全球贸易活跃，但即使为全球市场也要分析中国市场份额和竞争情况。

案例2

阿里巴巴投资有限公司收购银泰商业（集团）有限公司未依法申报案（2020年）

这是自我国2008年8月1日正式施行《反垄断法》以来首次对VIE架构未依法申报进行的处罚。

根据《反垄断法》的规定，市场监管总局对阿里巴巴投资有限公司（以下简称阿里巴巴）收购银泰商业（集团）有限公司（以下简称银泰商业）股权未依法申报实施经营者集中案进行了调查。

经调查，截至2017年6月，阿里巴巴通过多种方式取得银泰商业73.79%的股权，获得对银泰商业的控制权，属于《反垄断法》第20条规定的经营者集中。根据《反垄断法》第21条，"经营者集中达到国务院规定的申报标准的，经营者应当事先向国务院反垄断执法机构申报，未申报的不得实施集中"。阿里巴巴收购银泰商业73.79%股权的行为已于2017年6月全部完成交割，在此之前未向市场监管总局申报，违反《反垄断法》第21条，构成未依法申报实施的经营者集中。

2020年12月14日，市场监管总局依据《反垄断法》第48条、第49条作出处罚决定，对阿里巴巴处以50万元人民币罚款的行政处罚。

合规提示：VIE架构交易申报风险

对于涉及VIE结构的交易，业界近年来的实践中已经形成了"不申报"的"默契"。本案进一步明确了VIE架构并非经营者集中审查或垄断行为执法中的"死角"。采用VIE架构或拟搭建VIE架构的经营者应当充分意识到在并购交易方面加强反垄断合规的紧迫性和重要性。

对于涉及 VIE 结构的交易(包括搭建 VIE 架构等)，交易方应当将反垄断申报评估作为一项重要的前期工作，并在需要申报的情况下，制定合理的申报策略，同时还要努力降低申报过程中的不确定性，以免给交易带来重大的不利影响。具体措施包括：

①在交易早期即对交易进行实质性的反垄断申报评估，共同讨论制定申报策略和方案，必要时积极与反垄断执法机构沟通，获取其指导，而非简单依赖“反垄断执法机构不会受理涉及 VIE 结构的反垄断申报”这一刻板印象或行业内关于“不申报”有默契、法不责众而忽视反垄断申报的合规要求；

②如果评估认为需要或很可能需要申报，应当注意为反垄断申报预留更加灵活的时间表，以应对申报或审查过程中的不确定性或可能遇到的特殊情况；

③在申报准备阶段以及申报过程中，通过积极与反垄断执法机构沟通，保持通畅的沟通渠道，按照要求提供充分、可靠的信息，以确保申报流程的顺利推进；

④对于历史上可能存在不合规情况的经营者，应当考虑建立专门团队或引入外部顾问，就涉嫌未依法申报的交易进行自查，评估反垄断风险(包括对未来交易的反垄断申报的影响)，并在必要时主动与反垄断执法机构沟通，寻求最佳解决方案。

三、反垄断合规风险分析

(一)禁止的反垄断行为

1. 垄断协议

(1)垄断协议的概念

《反垄断法》第 13 条所称“垄断协议”，是指排除、限制竞争的协议、决定或者其他协同行为。其中“协议”是指两个或者两个以上的经营者，通过各类形式协议，就排除、限制竞争的行为所达成的一致意见；“决议”是指企业集团或者其他形式的企业联合体以决议的形式，要求其成员企业共同实施的排除、限制行政的行为；“其他协同行为”是指企业之间虽然没有达成书面或者口头协议、决议，但是，由于相互间进行了沟通，心照不宣地实施了共同协调的排除、限制竞争的行为。在市场经济条件下，经营者相互间达成的垄断协议往往造成固定价格、划分市场以及阻碍、限制其他经营者进入市场等排除、限制竞争的后果，对市场竞争危害很大，为各国反垄断法所禁止。

目前世界各国以及国际组织对垄断协议的称谓并不完全相同，如法国将其称为“非法联合行动”，日本将其称为“不正当交易限制”，欧盟将其称为“限制竞争协议”。

但是,对垄断协议的定义基本一致,即垄断协议的实施主体是两个以上的独立经营者;垄断协议的表现形式除了书面或者口头协议、决议外,还包括协同行为。此外,垄断协议通常有 3 个方面的基本特征:一是以排除、限制竞争为目的;二是实施主体是两个或者两个以上的经营者;三是共同或者联合实施排除、限制竞争的行为。

(2)垄断协议的种类

在国内外反垄断的立法以及执法实践中,根据参与垄断协议的不同主体,通常分为两类垄断协议,即横向垄断协议和纵向垄断协议。横向垄断协议,是指在商品的生产或销售过程中,生产商之间、批发商之间或零售商之间,即处于同一阶段的经营者之间所达成的垄断协议;而纵向垄断协议,是指在商品销售或生产的过程中,生产商与批发商之间或者批发商与零售商之间,即处于不同阶段的经营者之间所达成的垄断协议。

目前,我国《反垄断法》将垄断协议分为横向垄断协议和纵向垄断协议,并分别作出规定。由于参与横向垄断协议的经营者之间具有竞争关系,参与纵向垄断协议的经营者之间多数不具有竞争关系,所以《反垄断法》将调整横向垄断协议界定为具有竞争关系的经营者之间达成的垄断协议,横向垄断协议对竞争的危害既直接又严重,因而是各国反垄断法规制的重点。根据《反垄断法》第 13 条,具有竞争关系的经营者之间达成的横向垄断协议,有以下若干种类:

①固定或者变更商品价格的协议;

②限制商品的生产数量或者销售数量的协议;

③分割销售市场或者原材料采购市场的协议;

④限制购买新技术、新设备或者限制开发新技术、新产品的协议;

⑤联合抵制交易等协议;

⑥国务院反垄断执法机构认定的其他垄断协议。

纵向垄断协议是经营者与交易相对人之间达成的协议。纵向垄断协议在限制竞争的同时,在某些情况下还具有促进竞争和提高效率的作用。因此,《反垄断法》对其的规制态度要比横向垄断协议宽松一些。根据《反垄断法》第 14 条,纵向垄断协议有以下若干种类:

①固定向第三人转售商品价格的协议;

②限定向第三人转售商品最低价格的协议;

③国务院反垄断执法机构认定的其他垄断协议。

2. 滥用市场支配地位

(1) 市场支配地位的概念

根据《反垄断法》，市场支配地位是指，经营者在相关市场内具有能够控制商品价格、数量或者其他交易条件，或者能够阻碍、影响其他经营者进入相关市场能力的市场地位。所以企业或者企业集团如果能够左右市场竞争或者不受市场竞争机制的制约，即企业或者企业集团如果不必考虑竞争者或交易对手的反应，就可以自由定价或者自由地作出其他经济决策，此种情形可以被认定为具有市场支配地位。简单来说，市场支配地位就是经营者所具有的控制相关市场的能力，及控制相关市场交易条件的能力或者阻碍其他经营者进入相关市场的能力。其中“相关市场”是指经营者在一定时期内就特定商品或者服务进行竞争的商品范围和地域范围。其中的经营者既可以是 1 个，也可以是 10 个经营者作为整体共同控制市场。

(2) 市场支配地位的认定与推定

我国《反垄断法》在界定了市场支配地位具体含义的前提下，为了有效地打击和制止经营者滥用市场支配地位的行为，又规定了反垄断执法机构在认定经营者是否具有市场支配地位时应当考虑的具体因素，为反垄断执法机构提供了认定的具体依据。根据《反垄断法》认定经营者是否具有市场支配地位的依据有：

①该经营者在相关市场的市场份额，以及相关市场的竞争状况；

②该经营者控制销售市场或者原材料采购市场的能力；

③该经营者的财力和技术条件；

④其他经营者对该经营者在交易上的依赖程度；

⑤其他经营者进入相关市场的难易程度；

⑥与认定该经营者市场支配地位有关的其他因素。

在认定经营者是否具有市场支配地位的实践中，由于在很多情况下反垄断执法机构难以掌握经营者达成垄断协议的证据，《反垄断法》还借鉴德国和韩国等其他国家的做法，并且结合我国的实际规定了以下市场支配地位的推定制度：

①1 个经营者在相关市场的市场份额达到 1/2；

②2 个经营者在相关市场的市场份额合计达到 2/3；

③3 个经营者在相关市场的市场份额合计达到 3/4。

此外，《反垄断法》规定，在后两种情况下，其中有的经营者市场份额不足 1/10 的，不应当认定其具有市场支配地位。

被推定具有市场支配地位的经营者,有证据证明不具有市场支配地位,不应当认定其具有市场支配地位。

(3)滥用市场支配地位行为的概念

滥用市场支配地位是指,企业或者企业集团为维持或者增强其市场支配地位而实施的反竞争行为。滥用市场支配地位行为有以下若干特点:

①行为主体的特定性。滥用市场支配地位行为的主体是在特定市场上具有支配地位的企业或者企业集团,而非其他企业或者企业集团。

②行为目的的特定性。具有市场支配地位的企业或者企业集团,实施滥用市场支配地位的行为是为了维持或者增强自己的市场支配地位。

③行为本身的反竞争性。滥用市场支配地位行为是排除、限制其他企业或者企业集团竞争的行为。

(4)滥用市场支配地位行为的种类

根据《反垄断法》第17条,我国所要禁止的滥用市场支配地位行为,即滥用市场支配地位行为有以下若干具体种类:

①以不公平的高价销售商品或者以不公平的低价购买商品;

②没有正当理由,以低于成本的价格销售商品;

③没有正当理由,拒绝与交易相对人进行交易;

④没有正当理由,限定交易相对人只能与其进行交易或者只能与其指定的经营者进行交易;

⑤没有正当理由搭售商品,或者在交易时附加其他不合理的交易条件;

⑥没有正当理由,对条件相同的交易相对人在交易价格等交易条件上实行差别待遇;

⑦国务院反垄断执法机构认定的其他滥用市场支配地位的行为。

3. 经营者集中

(1)经营者集中的概念

经营者集中是指,经营者为了达到一定的经济目的,通过一定的手段和方式使不同的经营者进行结合或者控制其他经营者,给其他经营者施加决定性影响,从而掌握某一方面的经营控制权的行为。经营者集中是一个开放的概念,难以对其作出精准界定,所以包括我国在内的世界各国的通常做法是,通过立法列举加兜底条款的方式对经营者集中进行界定,防止立法僵化,以便很好地应对在实践中出现的新问题。在市场经济条件下，经营者集中的后果是双重的：一方面，经营者集中有利于发挥规模经济的作用，提高经营者的竞争能力；另一方面，经营者的过度集中又会产生或加强经营者的市场支配地位，限制、破坏竞争，导致垄断结构的形成。所以限制经营者集中是《反垄断法》的重要使命。

（2）经营者集中的申报标准

经营者集中的申报标准是参与集中的经营者判断是否申报的法律依据，世界各国反垄断法对此的规定也并不完全一致。比如，欧盟规定，经营者集中各方企业在全球的总营业额50亿欧元以上、至少两个合并方在欧盟范围内的营业额2.5亿欧元以上必须事前申报；日本规定，一家公司的总资产超过100亿日元，并且另一家公司的总资产超过10亿日元，两者合并和有商务转移时才需要申报。目前国务院有权对经营者集中的申报标准作出暂行规定。

经营者是否实施集中在本质上属于经营者自主权的范围，但是，由于经营者集中有可能排除和限制竞争，各国对经营者集中实施管控。我国《反垄断法》规定，经营者集中达到国务院申报标准的，经营者应当事先向国务院反垄断机构申报，即经营者实施集中符合申报标准的，必须事先向国务院反垄断机构予以申报，是一种强制性规定，实施集中的经营者不得违反，否则要承担相应的法律责任。

（3）经营者集中的形式

根据我国《反垄断法》第20条，经营者集中有以下3种形式：

①经营者合并，是指两个或两个以上的企业通过订立合并协议，根据相关法律合并为一家企业的法律行为。经营者合并是两个或两个以上企业的共同行为，必须遵守法律规定，有的还必须依法经有关部门批准，必须通过依法订立的合同来完成。经营者合并有以下两种情形：一种是经营者吸收其他经营者，被吸收的经营者主体资格消灭，即吸收合并；另一种是两个以上的经营者合并后成为一个新的经营者，合并各方主体资格都不再存在。

②经营者通过取得股权或者资产的方式取得对其他经营者的控制权。经营者通过取得其他经营者的股份或资产进而直接或者间接地控制其他经营者的行为，这是借助了股东的地位，取得对其他经营者控制权的行为。主要有以下两种方式：一是企业通过购买置换等方式，取得另一家或几家企业的股权，使该企业成为另一家或几家企业的控股股东，进而取得对其经营者的该控制权；二是企业通过购买置换、质押等方式取得另一家或几家企业的资产，使该企业成为另一家或几家企业的控股股东或实际控

制人，从而取得对其他经营者的控制权。

③经营者通过合同等方式取得对其他经营者的控制权或者能够对其他经营者施加决定性影响。企业既可以通过委托经营、联营等方式与另一家企业或几家企业之间，形成控制与被控制关系或者可以施加决定性影响；也可以通过合同方式直接或间接控制其他经营者的业务或人事等方面，或者在业务或人事方面施加决定性影响，在事实上形成经营者的集中形态。

4. 滥用行政权力排除限制竞争

一些行政机关和法律、法规授权的具有管理公共事务职能的组织，滥用行政权力排除、限制竞争，不利于形成统一、有序的市场，不利于资源的优化配置，不利于市场经济的健康发展，也损害了广大消费者的利益。所以，我国《反垄断法》明确禁止了以下两类滥用行政权力排除限制竞争的行为。

(1)滥用行政权力实施地区封锁行为

地区封锁行为，是指从狭隘的地方利益出发，采取不合理的实质是违法的行政手段，制造障碍限制和解封地区间的贸易往来，既限制外地商品进入本地市场，又制约本地商品流向外地市场，割裂地区间经济联系的行为。地区间的经济封锁不利于实现资源的合理配置，影响市场经济的健康发展，所以我国《反垄断法》第 33 条规定禁止以下各种地区间的经济封锁行为：①对外地商品设定歧视性收费项目、实行歧视性收费标准或者规定歧视性价格；②对外地商品规定与本地同类商品不同的技术要求、检验标准，或者对外地商品采取重复检验、重复认证等歧视性技术措施，限制外地商品进入本地市场；③采取专门针对外地商品的行政许可，限制外地商品进入本地市场；④设置关卡或者采取其他手段，阻碍外地商品进入或者本地商品运出；⑤妨碍商品在地区之间自由流通的其他行为。

(2)滥用行政权力排除限制竞争的其他行为

由于社会生活本身的复杂多样，除滥用行政权力排除限制竞争的行为，处理地区间的经济封锁行为外，还有其他各种行为。根据《反垄断法》第32 条、第36 条、第37 条的规定，行政机关和法律、法规授权的具有管理公共事务职能的组织不得滥用行政权力，限定或者变相限定单位或者个人经营、购买、使用其指定的经营者提供的商品。行政机关和法律、法规授权的具有管理公共事务职能的组织不得滥用行政权力，强制经营者从事《反垄断法》规定的垄断行为。行政机关不得滥用行政权力，制定含有排除、限制竞争内容的规定。

（二）主要高风险领域

1. 与竞争企业往来

（1）忽视与价格相关敏感信息

影响竞争关系的关键的因素之一便是价格，所以价格也一直是《反垄断法》规制的重点。与竞争对手沟通与价格相关的敏感信息，达成一致意见和行为将对竞争产生最为直接和严重的影响。实践中，通过“固定或变更商品价格”方式达成的垄断协议案件数量较多，远远超过其他行为方式。

（2）不了解敏感信息的范围和内容，误解《反垄断法》规制对象

除了价格之外，其他任何可能影响市场竞争条件的因素都属于敏感信息，都将受到《反垄断法》的规制，具体如下。

①限定产量销量

a. 限制生产数量或特定品种、型号的生产数量，通过约定限制、固定产量或停止生产等；

b. 限制销售数量或特定品种、型号的销售数量，通过拒绝供货、限制商品投放量等。

②划分市场

a. 划分商品销售地域、销售对象或者销售商品的种类、数量；

b. 划分原料、半成品、零部件、相关设备等原材料的采购区域、种类、数量；

c. 划分原料、半成品、零部件、相关设备等原材料的供应商。

③联合抵制交易

a. 联合拒绝向特定经营者供货或者销售商品；

b. 联合拒绝采购或者销售特定经营者的商品；

c. 联合限定特定经营者不得与其具有竞争关系的经营者进行交易。

（3）对垄断协议的形式认识不足，使用网络工具、电子化工具沟通敏感信息

垄断协议并非通常理解的“合同”，其不要求书面形式，不需要签字或盖章。垄断协议的关键看是否对敏感信息和内容形成一致的默契并实施执行。垄断协议可以通过各种形式达成，包括口头、邮件、会议、自律公约、建议书等方式。

因此若公司缺乏反垄断合规意识，会误认为未正式沟通或留下纸质沟通证据，则不构成垄断协议。其实，肆意交换价格等敏感信息，已构成《反垄断法》禁止的垄断

协议。

(4)协同行为也被视为垄断协议

协同行为是企业之间虽然没有达成书面或者口头协议、决议,但相互间进行了沟通,心照不宣地实施了共同协调的排除、限制竞争行为。具体可以表现为企业在交换价格等敏感信息的场合,并未明确表示反对,且后来也实施了相同的行为。例如,几个具有竞争关系的公司在分享了价格信息之后"不约而同"地涨价。此类发生于竞争对手之间的信息交流会被视为构成协同行为的重要因素。

2. 与合作伙伴往来

在纵向关系中,《反垄断法》关注的是下游企业的自主定价权,作为上游企业,不能以任何形式剥夺。值得注意的是,企业以保证商品质量、服务质量等为由限制转售价格,看似合理且符合商业实践,但是这些理由将无法被《反垄断法》和执法机构认可。一旦企业实施限制转售价格的行为,则被认定为达成纵向垄断协议。

限制转售价格具体表现为:(1)直接固定转售商品的价格;(2)限定转售的最低价格。纵向垄断协议在面临执法机构处罚风险的同时,也可能引发下游经销商的诉讼风险。

3. 主导和参加行业协会会议

(1)行业协会本身违反《反垄断法》

行业协会是反垄断规制的重点。《反垄断法》第16条明确规定,行业协会不得组织本行业的经营者从事垄断协议禁止的垄断行为。通过出版或编辑本行业产品和服务的价格手册的形式发布行业内指导价、基准价、参考价、推荐价等具有引导性的价格信息或者以公布价格计算公式的方式对成本构成、利润率等因素予以限定。因此,以行业协会会员的身份参与行业协会的活动可能导致违反《反垄断法》及其相关规定的潜在风险。

(2)通过行业协会达成企业间的垄断协议

行业协会召集的会议也可能被视为达成和实施垄断协议的平台,如通过交换商业敏感信息和市场需求信息,从而达成价格固定、分割市场等垄断协议。

(3)常见的行为方式

执法机构对行业协会达成垄断协议的行为认定:制定发布含有排除、限制竞争内容的行业协会章程、规则、决定、通知、标准等;召集、组织或者推动本行业的经营者达成含有排除、限制竞争内容的协议、决议、纪要、备忘录等。

4.具有市场支配地位的企业单方滥用行为

（1）宣传高市场份额

宣传高市场份额本身并不构成滥用。但是，《反垄断法》规定企业相关市场份额达到50%即推定具有市场支配地位，因此这种行为可能会使企业在应对反垄断调查或诉讼中处于被对手利用的不利地位。

（2）过高定价

过高定价又称“不公平定价”，《反垄断法》中描述为“以不公平的高价销售商品”，实践中常与其他滥用行为结合。实务中要认定过高定价行为十分复杂且困难，我国反垄断执法机构在实践中主要关注：

①导致不公平高价的定价行为本身是否客观、公平，而非实际价格水平；

②知识产权领域中标准必要专利许可费定价不公平的问题。

（3）价格歧视

价格歧视又称“差别待遇”，表现为企业对条件相同的交易相对方在交易条件上的差别化对待。除价格以外，交易条件还包括：①交易数量、品种、品质等级；②数量折扣等优惠条件；③付款条件、交付方式；④保修内容和期限、维修内容和时间、零配件供应、技术指导等售后服务条件。

实践中，企业向不同的客户提供不同的报价是商业惯例，正常竞争所导致的价格差异并不违法。但有些情况下差异化定价的违法风险较高，例如，企业对兼具竞争对手和客户身份的交易对象报高价，而对没有竞争关系的交易对象报优惠价。

（4）定价明显低于成本

实践中也称作“低价倾销”或“掠夺性定价”，可以简化描述为以下行为：

①企业以承担损失为代价，在一段时期内以低于成本的价格销售商品，迅速占领市场，排除其他竞争者。成本不仅包括生产成本，还包括销售成本和其他成本。

②待将竞争者排除出去后，企业利用自己独家的市场地位再提高价格弥补原来降价带来的损失进而获得垄断利润。

（5）拒绝交易

企业享有自主选择交易相对方的自由，拒绝交易通常并不会带来法律风险。但是，在反垄断领域，如果企业具有市场支配地位且拒绝交易的目的是排除竞争，那么就有可能被认定为违反《反垄断法》。

拒绝交易行为包括直接拒绝和变相拒绝。典型的方式有：

①设定过高的销售价格；

②削减与交易相对方的现有交易数量；

③拖延、中断与交易相对方的现有交易；

④拒绝与交易相对方进行新的交易；

⑤设置限制性条件，使交易相对方难以继续与其进行交易；

⑥拒绝交易相对方在生产经营活动中以合理条件使用其必需设施。

(6)“利润压榨”或“价格挤压”(margin squeeze)

价格挤压，是指纵向一体化企业(同时在上游或批发市场和下游或零售市场上提供产品或服务的企业)在向下游市场的竞争者提供其从事生产或服务所必需的原料或产品时，抬高批发价格、压低零售价格，使竞争对手无法获利，从而排挤竞争对手。价格挤压可视为一种特殊的变相拒绝交易行为。

(7)限定交易

限定交易又称排他性交易，具体表现为企业限定或指定交易相对方只能与其进行交易；只能与其指定的经营者进行交易；不得与其竞争对手进行交易。

限定交易有两种常见的特殊模式：“独家交易”和“二选一”。这两种模式既可以定性为滥用市场支配地位，也可以定性为纵向限制(当它们以协议方式存在时)。它们被定性为滥用行为的前提是实施行为的企业具有市场支配地位。

“独家交易”常见的模式有：

①具有支配地位的供应商或生产商迫使或诱使经销商仅从他那里采购。

②具有支配地位的供应方与购买方达成激励机制或向购买方强加义务，使购买方在很大程度上从一个供应方处购买产品。这种数量或比例上的强制义务属于“独家交易”的一种相对较弱的形式，常见的有最低购买要求、存货要求、供货比例保证等。

③存货要求：要求交易相对方将一定数量的商品存入企业指定的仓库并锁定。如果被锁定的商品数量足够大，实质上就使对方无法再向他人供货，表面上可能是为了保证物流速度，实际上可能就是为了限定交易。

“二选一”模式：企业要求被限制方只能与自己合作，或者不与特定的竞争对手合作。实践中，能够实施“二选一”行为的企业通常具有较强的市场地位，被限制方对企业具有相当的依赖性，从而不得不接受该限制。

(8)搭售

搭售并不都是违法的。如果被搭售的产品与主产品能够实现某种功能上的整合，从而提高主产品的性能和价值或提升客户对主产品的使用体验，这种搭售一般是合理的。《反垄断法》所禁止的搭售行为通常具有以下特征：

①客户在购买一种商品时，被企业要求必须同时购买另一种商品，且上述两种商品是相互独立的商品；

②企业对客户实施了某种强制，使其不得不接受被搭售产品；

③企业将不同商品强制捆绑销售或者组合销售违背交易惯例、消费习惯等或者无视商品的功能。

除搭售外，在交易时附加的下列交易条件通常被视为不合理：

①对合同期限、支付方式、商品的运输及交付方式或者服务的提供方式等附加不合理的限制；

②对商品的销售地域、销售对象、售后服务等附加不合理的限制；

③附加与交易标的无关的交易条件；

④在价格之外附加不合理的费用。

(9)忠诚折扣

忠诚折扣是企业通过相应的利诱安排使交易相对方与企业竞争对手合作的可能性大大降低的一种方式。忠诚折扣本身并不违法。在利乐案中，原国家工商总局首次将“特定市场条件下”的忠诚折扣认定为一种滥用市场支配地位的行为。忠诚折扣在实践中常见的类型有：

①增量折扣，即只对超过一定量之后的购买行为给予折扣；

②追溯折扣，即采购量达到一定标准后，所有的购买行为(包括之前的购买行为)都可享受折扣；

③总量折扣，即采购量达到某一具体数值时可享受折扣价格；

④市场份额折扣，即采购量达到采购人总需求的一定比例时可享受折扣价格；

⑤个性化折扣，即对不同采购人设置不同的折扣门槛；

⑥标准化折扣，即对所有的采购人设置统一的折扣门槛。

5. 经营者集中的高危领域

(1)并购、合资或重组项目中的“抢跑”风险

在国内外并购、合资或重组项目中，未进行反垄断尽职调查，项目交割前未进行反垄断申报，如被举报，将引发未依法申报风险，面临执法机构(国家市场监督管理总局)的处罚。在我国，进行反垄断申报的前提包括控制权发生变化和营业额达标。

(2)参与集中经营者判定错误风险

确认参与集中经营者是计算营业额和判定是否需要进行申报的前提。法律、法规中尚无对参与集中经营者的明确规定,仅能在经营者集中申报表(附注)和实践中找到确认参与集中经营者的基本方法和思路。例如,A收购B的子公司C,B退出,B就不属于参与集中的经营者,不需要计算其营业额。(见图4-2、图4-3)

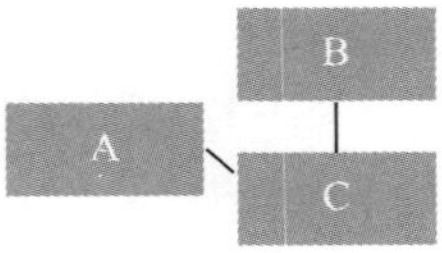

图4-2 收购前

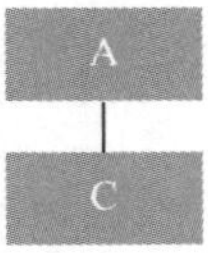

图4-3 收购后

(3)营业额计算误区和相关风险

在计算经营者国内和全球营业额时,仅计算了单个经营者的营业额,未将其母公司、子公司、兄弟公司等整个集团营业额包括在内。

(4)不能正确识别控制权变化

项目中,仅认为并购才构成控制权的变化。实际上,经营者之间的新设合营、企业集团内部重组、多个股东之间股权比例调整以及个别股东退出等均可构成控制权变化;此外,控制权变化也不能仅依据股权比例变化来判断,包括董事会席位变化等在内的能影响企业实际控制的一切法律事实。

(5)境外交易未进行申报风险

境外项目(收购、合并、合营等控制权发生变化的项目)只要参与集中经营者营业额达到《国务院关于经营者集中申报标准的规定》中的门槛(单独至少两个经营者各自4亿元,合计中国20亿元或全球100亿元),就需要在我国执法机构进行申报,无论项目发生地域和主体是什么。

(6)相关市场界定存在偏差,不能准确计算市场份额

相关市场界定过宽或过窄,均会不恰当地低估或高估经营者的市场实力,导致错误申报,不能正确评估该项目是否具有限制、排除市场竞争的效果。如被监管机构撤销案件,重新申报将严重影响交易正常交割。

(7)多步交易中的申报风险

实践中,经常存在为同一经济目的,经营者之间短期内(一般2年)确定发生多步相互关联、互为条件的交易,最终形成相同经营者单独或共同控制的情况。如果第一步

交易已经实施,才考虑反垄断申报,也会发生“抢跑”风险,面临反垄断执法机构的处罚。

(8)多个交易中的申报风险

实践中,经营者之间同时或短期内(一般2年)确定发生的多个相互关联、互为条件的交易,最终形成相同经营者单独或共同控制。如将以上多个交易割裂开,认为达不到申报营业额门槛而未申报,将同样面临未依法申报的风险。

(三)重点监管行业的合规风险提示

1. 医药行业

医药行业是反垄断执法的重点领域,典型违规行为包括:

(1)横向垄断协议,例如,竞争者达成协议,固定原料药商品价格、分割销售市场。

(2)纵向垄断协议,例如,与经销商协议,限定医疗器械转售价格、投标价格和医院的最低销售价格。

(3)滥用市场支配地位,包括以不公平的高价销售商品以及没有正当理由,拒绝与交易相对人进行交易等。例如,原料药企业大幅上调销售价格,且没有正当理由,与下游制剂企业达成独家包销协议,拒绝向其他制剂企业出售原料药。

2. 汽车行业

汽车行业是多年来反垄断一直关注的重点执法领域,主要是汽车经销市场。典型违规行为包括:

(1)横向垄断协议,例如,汽车零部件厂商或汽车经销商互相协商销售价格等;

(2)纵向垄断协议,例如,整机厂与汽车经销商达成并实施限定向第三人(消费者)转售配件、修理工时等最低价格。

3. 水泥行业

以水泥、混凝土为代表的产能过剩行业,在市场压力情况下经常“抱团取暖”,协商价格的倾向,也一再遭到反垄断执法。典型违规行为为横向垄断协议,例如,竞争者之间协商固定或变更水泥熟料出厂价格。

4. 公用企业

以供水、电力(发供电)、燃气、烟草、通信企业为代表,基于自然垄断地位,容易引发大量的垄断行为。典型违规行为包括:

(1)横向垄断协议,例如,火力发电公司共同协商直供电交易价格,确定最低交易报价和让利幅度等;

(2)滥用市场支配地位,包括收取不公平高价、限定交易(指定交易相对人)、搭售和捆绑交易以及附加其他不合理交易条件、差别待遇等。

5. 互联网平台

近年来,国内一些互联网平台通过资本投资和收购快速壮大,在某一细分市场中占据重要地位。平台经济在业务创新的同时引起了监管部门的高度关注,网络经济并不属于反垄断的法外之地。结合 2021 年国务院反垄断委员会发布的《关于平台经济领域的反垄断指南》,互联网平台主要应关注以下方面的合规风险:

(1)横向垄断协议,即利用数据和算法实现价格协调,包括商品价格以及佣金、手续费、会员费、推广费等费用;

(2)滥用市场支配地位,主要包括"二选一"等限定交易行为(尤其是通过惩罚性措施达成目的)以及基于大数据和算法,对新老交易相对人实行差异性交易价格的"杀熟"行为等;

(3)经营者集中未依法申报,涉及 VIE 价格的互联网企业进行资本运作,交割前未事先进行反垄断申报。(见表 4-1)

表 4-1 重点监管行业反垄断合规风险

行业	横向协议	纵向协议	滥用市场地位	违法集中(VIE)
医药	风险高		风险高	
汽车	风险高	风险高		
公用企业	风险高		风险高	
水泥(产能过剩)	风险高			
互联网平台	风险高		风险高	风险高

四、企业反垄断合规管理实践建议

企业合规管理,"一分在规,九分在合"。因此,对上述我国和欧美国家反垄断立法和执法的了解只是合规的基础。反垄断合规的重点是如何将外部监管要求在企业有效落地和运行,这也是国内外执法和监管部门的共同要求。①

企业反垄断合规管理主要包括体系建设和执法应对两个方面,前者强调加强以反

① 美国司法部《公司合规项目评估指南》、《反垄断刑事调查中的公司合规体系的评估》和我国《国资委合规指引》、国务院反垄断委员会《经营者反垄断合规指南》中均强调了合规运行有效性问题。

垄断合规审查为核心的日常管理，后者主要要求企业做好调查应对预案，积极配合执法调查。

（一）反垄断合规体系建设

1. 结合公司现有体系设置合规部门

欧美和我国政府部门的合规指南或指引中一般均要求设置专门的合规管理部门、合规负责人，配备合规队伍并作出高层的合规承诺。企业在合规实践中如何将上述基本要求（标配）落地，首先取决于现有的组织架构。据笔者了解，目前大多数公司均将反垄断合规工作放在大的法务组织之下，也有将反垄断合规放在公司合规部门下，作为一个独立的合规分支来设置。其实只要配备专业的人员，能将合规要求融入业务流程，两种方式都可以满足监管要求，也就是说，关键看合规控制的实际效果，以“疗效”来评判“治疗方式”。

2. 结合市场地位和业务场景制定合规指引

制定反垄断合规指引是指导法务和业务做好专业合规的基础。反垄断合规师首先要了解企业所在行业和市场竞争状况。需要做的具体工作包括以下几点。

（1）收集整合公司生产销售数据，开展基础性产业研究；

（2）结合反垄断法专业知识，准确定位公司在市场竞争中的情况：如产业链位置，核心竞争力产品或服务，主要竞争对手；

（3）根据商品需求和供给替代情况，高度概括公司参与竞争的相关商品和地域市场，并分析在相关市场中企业的市场地位。[①]

另外，基于上述基本判断，反垄断合规师要牵头制定企业反垄断合规指引，以对应监管机构的合规要求。制定指引过程中，要特别注意以下3点：

（1）应根据企业业务场景展开，将垄断协议、滥用市场支配地位和经营者集中的法律要求分配到企业采购、销售、投资、技术合作和市场推广等几个场景中去，把法律语言转换为业务语言；

（2）指引的基本内容应具备合规风险、合规要求、合规应对措施等几个方面，确保合规动作能够落地，即具备实操性；

（3）根据企业经营区域和业务重心，决定是分别制定中、美、欧反垄断合规指引还

---

① 可参考国务院反垄断委员会《关于相关市场界定的指南》中界定相关市场的思路和方法。

是合并在一起。从业务角度出发,可能按照业务类型合并编写更符合实际需要。

3. 结合业务流程嵌入内控体系

合规管理中最重要也是最难的一环是如何嵌入现有管理体系,反垄断合规也是如此。笔者认为,明确合规边界后,只有在内控流程中嵌入合规控制点,才能确保各方面高风险业务的有效管控,实现合规体系的有效运行。因此,在完成合规指引的制定后,建议反垄断合规师联系经营法务人员、业务人员和 IT 人员,结合企业业务和合同审批情况,将重点领域中的日常业务流程、合同条款、合规咨询邮件梳理出来,推动流程合规化和表单化管理。具体包括以下两种方式:

(1)在重点领域的经营合同中嵌入独立的反垄断审查流程,与合同审查相关联,规定一定的合规审查触发点,例如,合同条款类型、市场份额门槛、客户和供应商规模等,一旦触发,马上要求业务填写表单,与合同审查并线启动反垄断合规审查;反垄断合规审查意见根据不同情况分为禁止、提示意见两类。

(2)在投资并购等流程中嵌入反垄断咨询和控制点,在相关协议谈判阶段,如何涉及交易后控制权变化和超过申报营业额或交易金额门槛,需邀请反垄断合规师进入,讨论全球各法域的反垄断申报和适用程序问题。

4. 结合重点领域做好培训宣传

培训方面,一是要注意结合高管、采购、销售、技术研发、海外业务等不同的对象和业务场景来安排相关内容,有的放矢;二是反垄断合规对业务人员来说比较专业,涉及相关市场等经济法概念和替代性分析、竞争分析等经济学内容,因此,合规师要注意把法言法语"翻译"成直观朴素的业务语言,通过生动形象的 PPT、简明的合规视频或其他产品呈现出来,这样才能达到培训落地的效果。

宣传方面,也应该通过尽量通俗简明的方式进行定期宣传,例如,国际案件预警(alert)和国内案件速递等;此外,针对市场宣传推广等重点风险领域,公司市场地位("市场占有率""市场份额""业界最大"等表述)为《反垄断法》中关注的敏感信息,因此必须要求公司市场部门具备基本合规意识,将明确的合规要求导入该部门内控程序和具体场景。

5. 持续检查更新确保有效运行

根据国际公认的内控、合规管理 PCDA 模型,即 Plan(计划)、Check(检查)、Do(执行)和 Action(处理)四个环节,形成闭环。Check(检查)是其中的重要组成部分。上述合规指引和审查流程需要结合外部法规变化情况持续更新,也需要定期检查合规审查和风险管控落地情况，实践中一般可通过检查表单（checklist）的方式把检查点明确告知业务，先进行业务自查，再由合规部门进行重点检查和指导。制作反垄断合规风险检查表单可以基于以下主要内容：

（1）横向垄断协议：竞争者协议价格、分割市场；

（2）纵向垄断协议：对下游经销商维持最低转售价格（中国、欧盟国家）；

（3）滥用市场支配地位：过高定价、搭售、限定交易安排（供货比例条款、排他条款等），拒绝交易、附加不合理交易条件。

（二）反垄断执法调查应对

在反垄断调查中，执法机构很有可能未经事前通知，对公司进行当场检查和搜查，这种突然造访的调查方式在欧美国家被称为“黎明突袭”（dawn raid）。

1. *不得阻碍执法*

我国《反垄断法》第52条规定了经营者在被调查过程中提供虚假材料、隐匿或销毁证据等情形的法律责任，情节严重的，依法追究刑事责任。[①] 在执法实践中，我国个别省份也出现了暴力抗法被重罚甚至追究刑事责任的极端案例。欧美国家对提供虚假材料或者不配合执法的情形处罚更加严厉，例如，在欧盟可以处罚整个集团营业额的1%。因此，无论是境内还是境外，公司应对反垄断调查的首要原则就是不得阻碍执法，包括提供虚假证据或隐匿证据。

2. *妥善应对调查*

除了不得阻碍调查外，在应对突袭检查时，公司还应按照提前部署的预案有序进行，包括查验执法证件和调查令、通知合规师或外部律师、陪同检查、记录重要证据调取情况等。总之，就是既要积极配合检查，又能固定和还原调查的过程和收集的相关证据情况。

建议由公司法务部门和合规部门牵头，制定反垄断调查应对流程，并配套调查记录表，由陪同调查的人员填写，包括调查时间、地点、事由、调取人员、调取的证据、后续执法配合要求等，为下一步专业、有效应对做好准备。

---

① 《反垄断法》第52条规定：“对反垄断执法机构依法实施的审查和调查，拒绝提供有关材料、信息，或者提供虚假材料、信息，或者隐匿、销毁、转移证据，或者有其他拒绝、阻碍调查行为的，由反垄断执法机构责令改正，对个人可以处二万元以下的罚款，对单位可以处二十万元以下的罚款；情节严重的，对个人处二万元以上十万元以下的罚款，对单位处二十万元以上一百万元以下的罚款；构成犯罪的，依法追究刑事责任。”

第三节　数据合规

一、数据合规概述

（一）数据的定义和常见类型

“数据”是任何以电子或者其他方式对信息的记录，处理各种形式的信息记录都受到《数据安全法》系列规范群的约束。

根据不同标准可以对数据进行不同分类。按照处理数据的形式，可以将数据分为网络数据和非网络数据。按照数据对国家安全、公共利益或者个人、组织合法权益的影响和重要程度，可以将数据分为一般数据、重要数据、核心数据。按照数据产生与使用的主体，可以将数据分为政务数据、公共数据、企业数据和个人数据。按照对个人权益造成的风险程度，可以将数据分为个人信息与敏感个人信息。按照数据取得方式，可以将数据分为原始数据与衍生数据等。下文将对几类数据作简要介绍。（见图4－4）

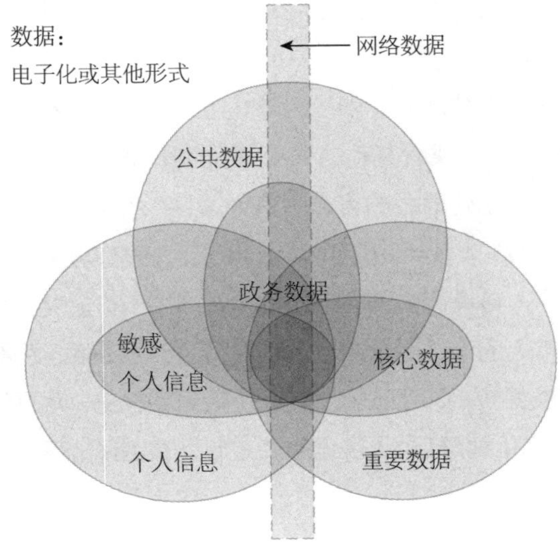

图4－4　数据类型

1. 网络数据

“网络数据”是通过网络收集、存储、传输、处理和产生的各种电子数据。处理以电子方式记录的数据除了应当遵守《数据安全法》的一般性规定以外,还受到《网络安全法》系列规范群约束。

2. 重要数据、核心数据、国家秘密

“重要数据”是根据数据在经济社会发展中的重要程度,一旦遭到篡改、破坏、泄露或者非法获取、非法利用,对国家安全、公共利益或者个人、组织合法权益造成的严重危害而受到特别保护的一类数据。“核心数据”是关系国家安全、国民经济命脉、重要民生、重大公共利益的一类数据,因此需要实行比“重要数据”更加严格的管理制度。有关部门将陆续制订重要数据目录供相关行业参考。“国家秘密”是指关系国家安全和利益,依照法定程序确定,在一定时间内只限一定范围的人员知悉的事项。开展涉及国家秘密的数据处理活动,应当适用《保守国家秘密法》的相关规定。

3. 政务数据、公共数据

2015 年国务院《关于印发〈促进大数据发展行动纲要〉的通知》中首次提出“政务数据公开共享”的理念。“政务数据”主要是指国家机关为履行法定职责开展数据处理活动涉及的数据。“公共数据”除政务数据外,还包括法律、法规授权的具有管理公共事务职能的组织履行法定职责、实施公共服务时涉及的数据。对政务数据和公共数据中涉及国家秘密的部分应按照《保守国家秘密法》相关法律、法规进行规范。广东、上海等地已经率先出台规范,对公共数据目录、采集、流通、开发利用、安全保障、数据主体权益等方面进行规范。

4. 个人信息、敏感个人信息

“个人信息”是指以电子或者其他方式记录的与已识别或者可识别的自然人有关的各种信息,不包括匿名化处理后的信息。例如,姓名、生日、性别、职业、工作单位、教育经历、行踪轨迹、住宿信息、经纬度等。“敏感个人信息”是指一旦泄露或者非法使用,容易导致自然人的人格尊严受到侵害或者人身、财产安全受到危害的个人信息,以及不满 14 周岁未成年人的个人信息。例如,基因、指纹、声纹、面部识别特征、银行账户、消费记录、性取向、婚史、护理记录、用药记录、行踪轨迹、网页浏览记录、住宿信息等。个人信息经过匿名化处理后,无法识别特定自然人且不能复原,就不再受到《个人信息保护法》的规范。

（二）各类数据的关系

个人信息涉及个人的人格和财产性权益，属于需要突出保护的数据。重要数据(含核心数据)涉及国家安全、公共利益或者个人、组织合法权益，处理重要数据的义务负担也更重。

至于个人信息和重要数据的关系，《网络安全法》及相关行政法规、部门规章①一般把重要数据和个人信息并列，但《汽车数据安全管理若干规定(试行)》明确称，在网联汽车领域，“重要数据包括涉及个人信息主体超过10万人的个人信息”。法律文本从逻辑上并不排斥将个人信息，特别是大量个人信息作为重要数据分类分级保护。

（三）数据合规的范畴

广义上的数据合规工作涵盖网络安全、数据安全、个人信息及隐私保护3个方面的内容。围绕这3个方面，数据合规工作又包括网络运行安全、核心数据及重要数据管理、个人信息安全与隐私保护、商业数据合规应用等具体内容。从数据处理的环节上来看，数据合规涉及数据收集、使用、共享、传输、披露、存储、删除等通用场景下的合规工作，以及第三方数据处理、数据出境及境外数据处理等特定场景下的合规工作。

（四）数据合规的意义

从国家主权与安全角度来看，数据安全是总体安全观的重要组成部分。从国家经济建设层面来看，数据作为新型生产要素，是数字经济发展的基础，数据安全关乎数字经济的健康发展与平稳运行。从社会治理与公共服务层面来看，数据安全是国家数字治理的重要议题，与治理体系与治理能力现代化密切相关。就企业而言，通过数据商业化实现对所持有数据资产的变现，将在未来为企业创造更为广阔的增值空间。此外，数据合规对提升企业商业信誉和社会影响力也有着深远意义。就作为权利主体的个人而言，其个人信息被滥用或泄露不仅会对个人信息权本身造成侵害，而且会对权利主体的隐私权等其他权利，乃至人身财产安全构成威胁。

---

① 如2021年7月30日公布的《关键信息基础设施安全保护条例》(国务院令第745号)。

二、数据合规立法介绍与监管现状

（一）数据合规立法介绍

1. 立法历程

为了兴利除弊，促进我国互联网的健康发展，维护国家安全和社会公共利益，保护个人、法人和其他组织的合法权益，2000 年，全国人大常委会通过了《关于维护互联网安全的决定》；2012 年，全国人大常委会通过了《关于加强网络信息保护的决定》，明确了网络服务提供者所负有的个人信息保护义务以及与个人信息收集使用相关的规则；2013 年，修正后的《消费者权益保护法》中新增了关于消费者个人信息保护的相关规则。2013 年 9 月，工业和信息化部发布《电信和互联网用户个人信息保护规定》，规定了电信及互联网信息服务过程中处理用户个人信息的一系列规则。

2017 年，《网络安全法》实施，作为网络安全领域的第一部法律，《网络安全法》就网络运行安全和网络信息安全等方面的内容搭建了基本的制度框架。此后，不同监管主体从多角度对数据相关问题进行立法。自 2019 年起，我国数据领域立法进程加快。2021 年 1 月 1 日实施的《民法典》从民事基本法律层面明确了对个人信息的保护原则。2021 年 9 月 1 日，《数据安全法》正式实施，明确了我国数据安全领域的合规治理框架。2021 年 11 月 1 日，作为我国首部个人信息单独立法的《个人信息保护法》正式实施，标志着我国个人信息保护事业的进一步发展。

目前，以《网络安全法》为代表的网络安全体系，以《数据安全法》为核心的数据安全体系和以《个人信息保护法》为核心的个人信息保护体系共同建构起了我国数据合规立法的基本框架。

《网络安全法》《数据安全法》《个人信息保护法》作为我国数据合规领域的三部核心立法既相互联系，又存在区别。其中，《网络安全法》是在总体安全观指导下，对网络安全这一特定领域作出的规定，其着眼于整体网络安全，不仅包括网络数据和个人信息等网络信息安全，还包括网络运行安全方面的内容。《数据安全法》则侧重强调数据安全，尤其强调对重要数据和核心数据的保护，作为其核心的“数据”不仅限于网络数据，还包括记录在非网络载体上的其他数据；不仅包括与个人信息相关的数据，还包括非个人数据。相较于《数据安全法》保护客体之广泛，《个人信息保护法》则仅将个人信息作为保护的对象。

2. 网络安全规范体系

从法律层面来看,2015 年 7 月 1 日,《国家安全法》实施,明确将网络安全作为总体国家安全观的重要组成部分。《网络安全法》作为维护网络领域国家安全的法律,通常被认为是《国家安全法》的主要配套法律之一。

除以《网络安全法》为主的法律外,国务院、国家互联网信息办公室等监管部门制定了《关键信息基础设施安全保护条例》《网络安全等级保护基本要求》《网络安全审查办法》多项配套法规,进一步细化了各项制度规定及主体义务。此外,全国信息安全标准化技术委员会、国家标准化管理委员会等主体制定的多项国家推荐标准也为合规义务的落实提供了具体指引。

(1)《网络安全法》

2017 年 6 月 1 日,《网络安全法》正式实施。作为我国网络安全领域的基本法律,《网络安全法》是在总体国家安全观的指引下对网络安全相关事项的全方位规范。

就适用范围而言,《网络安全法》适用于在中国境内建设、运营、维护和使用网络以及网络安全的监督管理。

就制度建设而言,《网络安全法》中明确规定了网络安全等级保护制度、网络信息内容管理制度、网络用户身份管理制度、关键信息基础设施保护制度、网络安全审查制度、个人信息保护制度、数据安全保护制度、网络安全事件应对制度等。

就合规义务而言,《网络安全法》将原来散见于各类规范文件中的合规义务上升到法律层面,对网络运营者,网络产品、服务提供者等不同主体的合规义务作出了明确规定。

(2)《网络安全法》配套规范

2021 年 9 月 1 日起实施的《关键信息基础设施安全保护条例》在《网络安全法》的基础上,进一步明确了关键信息基础设施的概念及认定程序,完善了关键信息基础设施监督管理体系及保护工作部门对其所负责的关键信息基础设施的安全保护责任,并且在《网络安全法》的制度框架下,对运营者义务等提出了更为详细的监管规定。

2020 年 6 月 1 日起实施的《网络安全审查办法》,对网络安全审查制度进行了细化,从适用范围、流程、审查评估因素、具体合规工作的展开等方面作出规定。

国家市场监督管理总局、国家标准化管理委员会就网络安全等级保护制定了《信息安全技术——网络安全等级保护基本要求》等一系列标准,从技术层面细化了义务主体应当履行的网络安全合规规定。

3. 数据安全保护规范体系

《网络安全法》对网络数据的安全保护和开发利用作出了原则性的规定。全国信息安全标准化技术委员会发布《信息安全技术——数据出境安全评估指南(草案)》,就重要数据出境的评估流程、评估要点等问题进行了细化。2021 年 9 月 1 日,《数据安全法》正式实施,就数据安全保护和数据流通利用等相关事项进行了系统性规定。其后,《汽车数据安全管理若干规定(试行)》《信息安全技术——重要数据识别指南(征求意见稿)》等配套规范、标准相继发布。

(1)《数据安全法》

《数据安全法》适用于在中国境内开展数据活动的组织和个人。其中规定了国家数据安全制度,如数据出境制度、数据分类分级保护制度、数据审查制度等,并明确了相应监管部门的权责。除数据安全保护外,《数据安全法》还兼顾数据利用,对信息共享、国家机关的数据开放义务等进行了规定。

根据数据分类分级保护制度,不同数据处理者均负有建立数据安全管理制度,对数据进行安全监测、评估与认证,配合调查执法、针对数据安全事件采取处置措施等的义务。此外,重要数据处理者还负有更高层次的增强义务。

(2)《数据安全法》配套规范

《工业和信息化领域数据安全管理办法(试行)(征求意见稿)》在《数据安全法》的基础上,进一步细化了工业和信息化领域的数据安全管理制度。

除国家层面的监管法规外,《上海市数据条例》《深圳经济特区数据条例》《山东省大数据发展促进条例》等地方性法规也就本地区公共数据开放、数据要素流通等问题进行了规定。

此外,《数据出境安全评估办法(征求意见稿)》《信息安全技术——重要数据识别指南(征求意见稿)》等正在制定中的国家标准也将为未来《数据安全法》中数据出境、重要数据保护等提供更为详细的操作规定。

4. 个人信息保护规范体系

《个人信息保护法》出台之前,在国家法律层面,《网络安全法》《消费者权益保护法》《刑法》《民法典》等法律中均规定了与个人信息保护相关的内容。在行政法规、部门规章及其他规范性文件层面,还有《电信和互联网用户个人信息保护规定》《个人信息和重要数据出境安全评估办法(征求意见稿)》以及监管部门针对儿童个人信息保护、App 违法收集个人信息等特定问题制定的《儿童个人信息网络保护规定》《App 违法违规收集使用个人信息自评估指南》等规范。此外,《信息安全技术——个人信息安全规范》等国家标准也为个人信息保护提供了具体指引。2021 年 11 月 1 日,《个人信息保护法》正式实施,将先前有关个人信息保护的相关规定及实践做法上升为法律,在我国确立了一套系统性的个人信息保护法律制度。

(1)《个人信息保护法》

从适用范围来看,《个人信息保护法》适用于在我国境内处理自然人个人信息的活动。在境外处理我国境内自然人个人信息的活动,且存在①以向境内自然人提供产品或者服务为目的,或②分析、评估境内自然人的行为,或③存在其他法律、行政法规规定的情形的,均适用《个人信息保护法》。

《个人信息保护法》厘清了个人信息与敏感个人信息,去标识化与匿名化,自动化决策等基本概念的内涵,进一步明确了个人信息保护的基本原则,并扩大了个人信息处理的正当化基础。在制度和规则构建层面,《个人信息保护法》细化了个人信息保护的制度框架,规定了个人信息分级分类保护制度、个人信息安全事件应急制度等内容。

《个人信息保护法》明确规定了个人信息主体所享有的知情权、查询复制权、更正权、删除权、自动化决策权、撤回同意权、可携带权等权利。为确保上述个人信息主体权利的实现,《个人信息保护法》针对个人信息一般处理者,平台型处理者和接受委托处理个人信息者规定了不同的义务。此外,在涉及敏感个人信息、自动化决策、个人信息公开以及个人信息跨境等特殊场景时,个人信息处理者还需要履行个人信息保护评估等更高层次的合规义务。

(2)民事法律关于个人信息保护的规定

《民法典》明确了个人信息的人格权属性、个人信息处理的原则、自然人所享有的个人信息权利以及个人信息处理者所对应的义务。

除《民法典》外,2021 年 7 月,最高人民法院发布《关于审理使用人脸识别技术处理个人信息相关民事案件适用法律若干问题的规定》,对使用人脸识别技术处理个人信息相关民事案件可能存在的侵权及违约情形、免责事由、举证责任等问题进行了细化规定。

(3)刑事法律关于个人信息保护的规定

我国《刑法》中规定了侵犯公民个人信息罪,该罪名以公民个人信息权作为保护法益。最高人民法院、最高人民检察院出台的《关于办理侵犯公民个人信息刑事案件适用法律若干问题的解释》从刑事角度对《刑法》中个人信息的内涵及外延、刑事领域侵害公民个人信息的行为类型等问题进行了解释。

（4）特定领域个人信息保护规范

除通用法规外，围绕个人信息保护还存在大量针对特定领域的规范。如《未成年人保护法》《儿童个人信息网络保护规定》重申了《个人信息保护法》相关规定，要求按照最有利于未成年人的原则保护其隐私和个人数据，并对未成年人包括儿童的个人信息给予特殊保护。除以数据类型作为区分标准外，垂直行业监管法规如金融领域的《征信业务管理办法》《个人金融信息保护技术规范》等规范，也对监管重点关注领域的个人信息保护问题作出了特别规定。

（5）其他与个人信息保护相关的规范

《信息安全技术——个人信息安全规范》（GB/T 35273－2020）、《信息安全技术——个人信息安全影响评估标准》（GB/T 39335－2020）等国家推荐标准为个人信息处理提供了实践指引。

（二）数据合规监管现状

1. 监管体系

《网络安全法》规定，国家网信部门负责统筹协调网络安全工作和相关监督管理工作。国务院电信主管部门、公安部门和其他有关机关在各自职责范围内负责网络安全保护和监督管理工作。

《数据安全法》规定，中央国家安全领导机构负责国家数据安全工作。国家网信部门负责统筹协调网络数据安全和相关监管工作。各地区、各部门对本地区、本部门工作中收集和产生的数据及数据安全负责。工业、电信、交通、金融、自然资源、卫生健康、教育、科技等主管部门承担本行业、本领域数据安全监管职责。公安机关、国家安全机关等在各自职责范围内承担数据安全监管职责。

《个人信息保护法》规定，国家网信部门负责统筹协调个人信息保护工作和相关监督管理工作。国务院有关部门在各自职责范围内负责个人信息保护和监督管理工作。县级以上地方人民政府有关部门按照国家有关规定确定个人信息保护和监督管理职责。

2. 监管现状

2019 年以来，数据合规领域监管日趋严格，监管力度不断加强。一方面表现为监管法规出台进程加快、密集度增高；另一方面表现为各类监管主体针对不同领域开展的专项治理行动不断增加。例如,2019 年起,针对互联网领域存在的个人信息保护问题,国家互联网信息办公室、工业和信息化部、公安部、市场监管总局在全国范围内开展针对 App 违法违规使用个人信息的专项治理活动,以及由"滴滴事件"引发的针对网联汽车领域数据安全的监管与执法,均从一定程度上反映出了监管日趋密集、严格、精细化的趋势。

三、企业数据合规风险

企业数据合规风险是指企业在数据处理活动中未能尽到数据合规义务,未能采取必要措施保障数据安全造成的风险。企业应当以网络安全、数据安全和个人信息保护良好作为合规目标;以履行法定义务和符合行业良好实践作为合规方向;以数据收集、存储和跨境传输、使用和加工、提供或公开、删除等数据处理各环节作为合规抓手,及时识别、评估并处置合规风险。下文将介绍企业的主要数据合规义务。

(一)企业数据合规义务

就整体而言,首先,企业处理数据应保障数据安全,通过采取必要措施,确保数据处于有效保护和合法利用的状态,以及具备保障持续安全状态的能力。其次,法律、行政法规规定提供数据处理相关服务应当取得行政许可的,企业应依法取得许可。此外,企业处理数据涉及个人信息和重要数据的往往承担更多合规义务。

就数据处理的环节而言,数据处理覆盖了企业利用数据的整个生命周期,即数据的收集、存储、使用、加工、传输、提供、公开等环节。对于个人信息,《个人信息保护法》第 4 条特别将"删除"纳入规范。此外,在境外处理数据或个人信息时,也应当适用我国《数据安全法》和《个人信息保护法》。企业需要在上述各数据处理环节承担相应的合规义务。

1. 收集

企业收集数据应当采取合法、正当的方式,当法律、法规对数据收集的方式、目的和范围有特别规定时,企业应当遵守该特别规定。当收集个人信息时,还应当限于实现处理目的的最小范围,不得过度收集个人信息。

从事数据交易中介服务的企业,在提供服务时应当要求数据提供方说明数据来源,审核交易双方的身份,并留存审核、交易记录。

如果企业提供的网络产品或服务具有收集用户信息（不限于个人信息）功能，应当向用户明示并取得同意。

如果企业收集的数据为个人信息，还应当注意履行以下几个方面的义务：首先，企业应当注意在收集时获得处理个人信息的合法基础。其次，收集个人信息时，除非有特别情况，企业应当履行告知义务；如果企业基于个人同意处理个人信息，则应按照《个人信息保护法》规定获取个人的有效同意，并在特定场景下取得单独同意或书面同意。

企业在处理敏感个人信息，自动化决策，委托处理个人信息，向其他个人信息处理者提供、公开个人信息，向境外提供个人信息或实施其他对个人权益有重大影响的个人信息处理活动时，应当事前进行个人信息保护影响评估，并对处理情况进行记录。

例如，国家互联网信息办公室、工业和信息化部等四部委发布《常见类型移动互联网应用程序必要个人信息范围规定》（国信办秘字〔2021〕14 号），列举了 39 类常见类型 App（含小程序）及其基本功能服务和必要个人信息范围，规定特定类型 App 不得因为用户不同意提供非必要个人信息，而拒绝用户使用其基本功能服务。

2. *存储和跨境传输*

除遵循数据处理的一般义务外，对政务数据、个人信息的存储和跨境传输，以及关键信息基础设施运营者在存储和跨境传输时应当遵守的义务，法律作出以下规定：

如果企业受托建设、维护电子政务系统，存储、加工政务数据，应当经过严格的批准程序，并应当接受监督，依照法律、法规的规定和合同约定履行数据安全保护义务。

如果企业是关键信息基础设施运营者，其在境内运营中收集和产生的个人信息和重要数据应当在境内存储。确需向境外提供的，除另有规定外，应当根据国家规定进行安全评估。

如果企业确需向境外提供个人信息，应通过国家网信部门组织的安全评估，经专业机构进行个人信息保护认证，按照相关规定与境外接收方订立标准合同或满足其他规定条件，还应向个人告知境外接收方相关事项并取得单独同意，保障境外信息处理活动达到《个人信息保护法》的标准。但如果企业处理个人信息达到国家网信部门规定的数量，应当将在境内收集和产生的个人信息存储在境内，如确需向境外提供个人信息，则必须进行网络安全评估。向境外执法或司法提供数据时，必须经过中国主管机关批准。

此外，企业还需密切关注相关部门发布的针对特定数据的出口管制信息，针对境外组织、个人的限制或者禁止个人信息提供清单，针对特定国家或地区的制裁信息等。

3. 使用和加工

在使用和加工个人信息过程中，企业应依法履行数据处理的一般义务，一旦违规，则应履行删除义务。

如果企业以个人同意为合法基础处理个人信息，在使用时目的、方式和个人信息的种类发生变化的，应当重新取得个人同意。

企业利用个人信息进行自动化决策的，应当事前进行个人信息保护影响评估并留存记录，应当保证决策的透明度和结果的公平、公正。通过自动化决策方式向个人进行信息推送、商业营销，应当同时提供不针对其个人特征的选项，或者向个人提供便捷的拒绝方式。通过自动化决策方式作出对个人权益有重大影响的决定，个人有权要求个人信息处理者予以说明，并享有拒绝权。

4. 提供或公开

企业因合并、分立、解散、被宣告破产等原因需要转移个人信息的，应当履行告知义务。

对外提供、公开或委托处理个人信息时，企业还应履行法定告知义务并取得单独同意。委托人还需与受托人明确约定相关事项并监督其个人信息处理过程。此外，委托合同不生效、无效、被撤销或者终止的，受托人应当将个人信息返还个人信息处理者或者予以删除，不得保留。

5. 删除

企业应当按照法律、行政法规规定，行业监管或其他规范要求，业务所必需的顺序，来确定个人信息保存的最短或最长期限，并进行告知。不同行业对个人信息保存期限不一，例如，《电子商务法》第31条规定，“商品和服务信息、交易信息保存时间自交易完成之日起不少于三年”。因此，对电子商务平台经营者来说，交易信息中的个人信息保存期限应不少于3年。出现法律、行政法规规定的法定删除情形时，企业应主动履行删除义务；企业未履行该义务的，个人有权请求企业删除。法律、行政法规规定的保存期限未届满，或者删除个人信息从技术上难以实现的，个人信息处理者应当停止除存储和采取必要的安全保护措施外的处理。此外，对死者的个人信息，除非死者生前另有安排，其近亲属为了自身的合法、正当利益，可以行使删除权。

（二）法律责任

在数据处理过程中违反前述合规义务，企业及相关责任人员将面临承担民事、行政乃至刑事责任的风险。目前，我国《网络安全法》《数据安全法》《个人信息保护法》及相关数据合规规范中就相应责任的规定如下。

1. 民事责任

《网络安全法》、《数据安全法》及《个人信息保护法》均规定数据处理主体违反法律规定，给他人造成损害的，须依法承担民事责任。其中，《个人信息保护法》进一步明确了在侵害个人信息权益类案件中，所应遵循的过错推定原则、损害赔偿数额的认定规则及关于涉个人信息的公益诉讼制度。

2. 行政责任

数据处理主体违法违规进行数据处理，或者不履行法定数据处理合规义务的，根据所实施的行为类型，需依照《网络安全法》、《数据安全法》及《个人信息保护法》及其他相关法律，承担不同类型、不同程度的行政责任。

《网络安全法》、《数据安全法》及《个人信息保护法》均规定了责令改正、警告、罚款、没收违法所得、责令暂停相关业务、停业整顿、关闭网站、吊销相关业务许可证或者吊销营业执照或类似的责任类型。此外，针对企业开展数据处理活动存在较大安全风险的情况，《数据安全法》规定了约谈制度。

而对直接负责的主管人员，除罚款外，《网络安全法》针对此类人员规定了将违法行为记录到信用档案，乃至职业禁入的处罚措施。《个人信息保护法》也同样设置了禁止其在一定期限内担任相关企业的董事、监事、高级管理人员和个人信息保护负责人的职业禁入制度。

3. 刑事责任

非法处理数据还有可能触犯《刑法》规定，构成如侵犯公民个人信息罪，非法侵入计算机信息系统罪，非法获取计算机信息系统数据罪，非法控制计算机信息系统罪，提供侵入、非法控制计算机信息系统程序、工具罪，破坏计算机信息系统罪，拒不履行网络安全管理义务罪等。

就个人而言，构成上述犯罪的，将有可能被判处有期徒刑、拘役、管制，并处或单处罚金刑。单位实施前述行为，将面临被判处罚金刑的风险，而单位直接负责的主管人员和其他直接责任人员，也将面临有期徒刑、拘役、管制以及并处或单处罚金刑的刑事法律风险。

四、参与设计数据合规管理体系

(一)数据合规管理体系概述

如前所述,“数据合规”这个概念其实包含“网络安全”“数据安全”“个人信息保护”(实践中也常被称为“隐私保护”)3个层面的含义,因此建设数据合规管理体系,也应从这三个方面入手,分别建立指向网络安全防御、数据安全管控、个人信息保护的合规管理体系。

1. 网络安全防御体系:旨在实现对外部风险的防御,强调网络边界和安全域、网络入侵防御、网络通信系统或传输安全、网络空间主权。

2. 数据安全管控体系:旨在实现对企业内部静态的存储层面或流动的、使用中的数据的保护,强调安全保护的目标,强调对信息载体的管控,强调对数据的合法、合规收集、使用、存储及传输。

3. 个人信息保护:旨在实现对某类特殊数据(个人信息)的专项保护,是在数据安全的基础上特别强调对个人信息,尤其是敏感个人信息,全生命周期的保护,强调对特定的具体的法律、法规的适用。

通俗来讲,实践中,我们可以理解为网络安全防御体系通过技术手段防御外来风险,保障网络系统包括使用网络过程中网络信息的产生、储存、传输和使用都不受任何威胁与侵害,能正常地实现资源共享功能。而数据安全在某种程度上更接近于企业安全保护工作的目标,一方面强调对数据本身安全的保障,即采用现代密码算法对数据进行主动保护,如数据保密、数据完整性、双向强身份认证等,防范因内部员工的问题造成数据的不正当获取、泄露;另一方面强调数据防护手段的安全性,主要采用现代信息存储手段对数据进行主动防护,如通过磁盘阵列、数据备份、异地容灾等手段保证数据的安全。而个人信息保护则是在数据安全的基础上,强调对该类特殊数据(个人信息)的特别保护,从安全扩展到对个人信息全生命周期处理的合法合规性。

在当前中国复杂的强监管环境下,企业想建立可落地且行之有效的数据合规管理体系,最高效的方法是以法律、法规的规定为指引。数据合规有其特殊性,具有显著的专业性、技术性及多学科融合的特点,因此相较于公司层面针对全局合规风险管控的合规管理体系,数据合规管理体系应与产品、业务进行强关联。一方面,在设计的时候，即应考虑公司的产品线、业务线，将“从设计入手保护隐私”及“从设计入手保障安全”的理念贯彻始终；另一方面，当实践落地的时候，网络安全防御体系、数据安全管控体系与个人信息保护体系应交叉融合，充分联动，切实实现对数据合规风险的管控。

数据合规管理体系的构建可以参照 ISO 37301 与 ISO 27001，参考以下流程开展。

1. 识别风险：基于企业所处的行业及主营业务，结合外部适用的法律、法规及内部制定的合规管理制度、签署的相关合作协议、自愿性适用的约定，明确数据合规义务，并结合企业当前的数据合规管理实践评估合规差距。

2. 审视数据资产：对企业数据资产进行审视，包括数据的来源、类型、访问频率等。对数据资产进行分类，用于评估数据安全风险等级、制定相应的数据合规管理措施等。把控数据在业务中的整个生命周期可能产生的风险。

3. 布局数据合规管理架构：部署数据合规管理组织，明确决策层、执行层与管理层，并明确相关人员的职责。

4. 制定或完善数据合规管理制度：在数据合规管理架构的基础之上，结合业务流程，制定相应的数据安全管理措施，完善数据合规管理制度。

5. 数据合规培训：进行数据合规培训，培训对象包括企业员工、第三方合作伙伴等。培训主题可以参考具体业务流程中的典型案例。

6. 数据合规监控与审计：将数据合规完成度、潜在风险等内容数据化、指标化。用于对数据合规管理体系的运作情况的日常监控与审计。

7. 持续改进：针对数据合规监控与审计的结果，对数据合规管理体系持续改进。

（二）数据合规管理负责人

鉴于数据合规的重要性，企业应当指定专门数据合规管理负责人，并组建相应数据合规管理组织。数据合规管理负责人对企业数据合规事务负总责，能够牵头制定、实施、审计与完善数据合规管理体系，有权直接向公司高层汇报并与监管部门沟通。数据合规管理组织应当能够协调：(1) 专业法务或合规管理人员，负责法律风险监测和评估，风险处置方案制定、落实和改善，输出培训内容和法律能力支持；(2) 网络与数据安全方面的技术人员负责数据安全技术风险监测、处置数据安全风险和事件，输出培训内容支持和技术能力支持；(3) 客户服务人员或内部审计人员负责受理、处置组织内外的数据安全投诉、举报；(4) 政府关系部门负责与监管部门保持良好沟通，及时传达监管规定和报告编制要求；(5) 人力资源部门需要为员工数据合规培训和组织文化建设、员工绩效评估与考核提供支持;(6)业务部门应当及时学习、传达并落实企业的数据合规要求,与同行保持良好沟通,了解行业良好实践。数据安全管理机构至少应当能够与法务部门、合规部门、业务部门合规负责人、内控部门、技术部门、人力资源部门,并通过数据安全负责人与管理层实现良好沟通,形成合规联动。

目前,我国有关数据合规的三部基础性法律中分别明确规定了指定负责人的情形。

1. 网络安全负责人

《网络安全法》规定网络运营者确定网络安全负责人,落实保护责任;关键信息基础设施运营者还负有特别责任,应当设置专门安全管理机构和安全管理负责人并对该负责人和关键岗位的人员进行安全背景审查。

根据《关键信息基础设施安全保护条例》的规定,运营者的主要负责人对关键信息基础设施安全保护负总责,领导关键信息基础设施安全保护和重大网络安全事件处置工作,组织研究解决重大网络安全问题。运营者应当设置专门安全管理机构,并对专门安全管理机构负责人和关键岗位人员进行安全背景审查,审查时,公安机关、国家安全机关应当予以协助。运营者还应当建立健全网络安全保护制度和责任制,保障人力、财力、物力投入。

专门安全管理机构具体负责本单位的关键信息基础设施安全保护工作,履行下列职责:(1)建立健全网络安全管理、评价考核制度,拟订关键信息基础设施安全保护计划;(2)组织推动网络安全防护能力建设,开展网络安全监测、检测和风险评估;(3)按照国家及行业网络安全事件应急预案,制定本单位应急预案,定期开展应急演练,处置网络安全事件;(4)认定网络安全关键岗位,组织开展网络安全工作考核,提出奖励和惩处建议;(5)组织网络安全教育、培训;(6)履行个人信息和数据安全保护责任,建立健全个人信息和数据安全保护制度;(7)对关键信息基础设施设计、建设、运行、维护等服务实施安全管理;(8)按照规定报告网络安全事件和重要事项。

2. 数据安全负责人

《数据安全法》规定重要数据处理者明确数据安全负责人,成立数据安全管理机构,落实数据安全保护责任。

根据 2021 年 11 月 14 日发布的《网络数据安全管理条例(征求意见稿)》,数据安全负责人应当具备数据安全专业知识和相关管理工作经历,由数据处理者决策层成员承担,有权直接向网信部门和主管、监管部门反映数据安全情况。实践中,数据安全负责人一般负责全面统筹实施数据合规工作，对数据合规负有直接责任：(1)组织制订数据安全保护工作计划并督促落实；(2)制定、签发、实施、更新数据保护相关原则、流程、指引；(3)制定、签发、实施、更新风险评估方法，开展风险评估，提出和落实风险应对措施；(4)协同各部门建立、维护、更新组织所持有的数据清单和授权访问策略等；(5)组织开展员工培训，提升组织数据合规能力与意识；(6)组织产品或服务上线前检测，防止风险脱控；(7)公布联系方式并受理内外部投诉举报；(8)定期进行内部数据安全合规审计或引入外部审计；(9)与主管监管部门、行业组织、管理部门保持良好沟通，报告数据安全保护情况并提出应对或改进意见。

数据安全管理机构在数据安全负责人的领导下，履行以下职责：(1)研究提出数据安全相关重大决策建议；(2)制订实施数据安全保护计划和数据安全事件应急预案；(3)开展数据安全风险监测，及时处置数据安全风险和事件；(4)定期组织开展数据安全宣传教育培训、风险评估、应急演练等活动；(5)受理、处置数据安全投诉、举报；(6)按照规定及时向网信部门和主管、监管部门报告数据安全情况。

3. 个人信息保护负责人

《个人信息保护法》规定处理个人信息达到一定数量的个人信息处理者应当指定个人信息保护负责人，对个人信息处理活动以及采取的保护措施等进行监督，公开个人信息保护负责人的联系方式，并将个人信息保护负责人的姓名、联系方式等报送履行个人信息保护职责的部门。其中，就“一定数量”的判断，当前网信办尚未颁布明确具体的规定，企业可以参照推荐性国家标准《信息安全技术——个人信息安全规范》11.1 C的标准，“处理超过100万人的个人信息或10万人的个人敏感信息的组织应当指定个人信息保护负责人”。境外的个人信息处理者应当设立境内专门机构或指定代表负责处理个人信息保护相关事务并报送主管部门。对提供重要互联网平台服务、用户数量巨大、业务类型复杂的个人信息处理者，《个人信息保护法》还特别规定其成立主要由外部成员组成，对个人信息保护情况进行监督。

根据《信息安全技术——个人信息安全规范》，个人信息保护负责人的职责包括：(1)全面统筹实施组织内部的个人信息安全工作，对个人信息安全负直接责任；(2)组织、制订个人信息保护工作计划并督促落实；(3)制定、签发、实施、定期更新个人信息保护政策和相关规程；(4)建立、维护和更新组织所持有的个人信息清单(包括个人信息的类型、数量、来源、接收方等)和授权访问策略；(5)开展个人信息安全影响评估，提出个人信息保护的对策建议，督促整改安全隐患；(6)组织开展个人信息安全培训；

(7)在产品或服务上线发布前进行检测,避免未知的个人信息被收集、使用、共享等处理行为;(8)公布投诉、举报方式等信息并及时受理投诉举报;(9)进行安全审计;(10)与监督、管理部门保持沟通,通报或报告个人信息保护和事件处置等情况。

良好实践示例

2021年10月,OPPO与德勤共同发布的《移动应用(App)个人信息保护白皮书》或可使我们窥见目前移动通信终端行业数据保护组织构成与运作的良好实践。OPPO正式任命数据保护官并公开其联系邮箱;成立了信息安全与合规委员会,负责制订安全与合规总体战略规划,统筹推进个人信息保护整体工作。下设安全与隐私管理的三道防线,协同推进安全隐私工作落地。第一道防线由业务部门安全与隐私合规代表或安全系统工程师(system engineer,SE)构成,主要向业务负责人及安全与合规委员会汇报,负责产品安全隐私策略的具体落地应用、自查自纠等。第二道防线由专职的安全隐私部门(含法务、信息安全人员)构成,主要向安全与合规委员会汇报,负责安全隐私能力的建设与支持,推动产品安全隐私策略的落地。第三道防线由审计部门担任,主要向安全与合规委员会汇报,负责产品安全隐私策略落地的审计,发现风险并推动业务整改。同时,公司定期组织全公司范围的课程学习与测验,将测试通过情况纳入考核指标;建立清晰的违规问责机制,督促各级部门履行自己的职责;定期或不定期联合内外部团队实施安全与合规审计工作,对业务合规情况进行公开奖惩,并推动整改和内部制度的升级完善。

(三)数据合规管理制度

1. 数据合规管理制度介绍

《个人信息保护法》《数据安全法》对企业的数据处理行为和相关用户个人信息的保护提供了明确的法律指引。企业落实法规,健全制度体系,加强企业内部数据合规管理,是践行企业合规义务的必要之举。其中,建立或完善数据合规制度体系旨在通过企业内部书面文件自上而下贯穿合规义务的重要举措。

一方面,企业数据合规管理制度应基于企业的产品、业务线,就数据的收集或产生、存储、使用、传输、删除、融合等全生命周期安全管理均作出详细的规定;另一方面,企业应将涉及外部合作的合作方安全评估、接口安全规定、第三方系统接入、第三方人员安全规定也纳入数据合规制度的闭环管理，对安全管理制度体系和技术防护手段进行综合评估，以确保业务合作的数据安全和合规。

2. 重要制度介绍

（1）数据安全管理制度

《数据安全法》明确规定企业开展数据处理活动，应当建立健全全流程数据安全管理制度，主要是为了保障数据安全，即采取必要措施，确保数据处于有效保护和合法利用的状态，以及具备保障持续安全状态的能力。

《网络安全法》对网络安全等级保护制度也明确规定利用互联网等信息网络开展数据处理活动，应当制定内部安全管理制度和操作规程，履行网络安全保护义务，保障网络免受干扰、破坏或者未经授权的访问，防止网络数据泄露或者被窃取、篡改。

《个人信息保护法》也规定处理个人信息制定内部管理制度和操作规程，主要为了明确个人信息的处理目的、处理方式、个人信息的种类以及对个人权益的影响、可能存在的安全风险等，采取适当措施确保个人信息处理活动符合法律、行政法规的规定，并防止未经授权的访问以及个人信息泄露、篡改、丢失。

通过以上规范可以看出，数据安全管理制度的规范目的、规范对象有交集也有差异，企业在规划数据安全管理制度时应当充分考虑规范的共性与特性，降低合规成本。例如，可以在做好数据分类分级的基础上，按一般数据、重要数据、核心数据、网络数据、个人信息、商业秘密等分别设置不同的保护规范。

（2）数据资产管理（分类分级）制度

《网络安全法》规定企业采取数据分类，对重要数据采取备份和加密等措施。

《数据安全法》提出国家建立数据分类分级保护制度，企业应当按照主管部门的判断标准和重要数据目录建立企业内部数据分类分级保护制度，区分重要数据、核心数据、一般数据并采取对应等级的保护措施。

《个人信息保护法》规定企业在处理敏感个人信息时必须具有特定目的、处理对目的的实现必须充分必要，且应当采取严格保护措施，事前做好风险评估。对处理儿童个人信息，还应当有专门的处理规则。

通过良好的数据资产管理制度规范数据处理生命全周期活动（收集、存储、跨境、使用、加工、对外提供、公开、删除等），进而努力确保每一项数据处理活动与数据资产管理系统的交互均按规定的制度、流程进行，符合法律、法规的规定，这将给企业数据合规工作开展带来极大便利，促进企业数据资源合理流动和交易，提升企业经济效益。

实践中，首先，企业可以结合实际统一编制数据资产清单，根据数据价值、法律规定，对组织敏感度和重要度进行分类，做好数据标识及处置，采取不同等级的保护措施。其次，企业应当明确资产管理责任人，建立健全全流程数据安全管理制度，在确保数据安全的基础上促进数据的合理使用。例如，根据处理目的统一为供应商数据库中的个人信息设定访问控制、编辑控制、下载控制，设定自动删除或匿名化处理时间和方式，确保数据完整、准确、可用，存储时间不超出合理范围，避免数据泄露、误用和滥用风险。

(3)数据安全事件管理制度

《数据安全法》规定企业开展数据处理活动应当加强风险监测，发现数据安全缺陷、漏洞等风险时，应当立即采取补救措施；发生数据安全事件时，应当立即采取处置措施，按照规定及时告知用户并向有关主管部门报告。

2021 年 11 月 14 日发布的《网络数据安全管理条例(征求意见稿)》规定企业应当在发生数据安全事件时及时启动应急响应机制，采取措施防止危害扩大，消除安全隐患，并规定了具体告知对象、事项、时限和方式，还规定了安全事件涉及犯罪的，应当及时向公安机关报案。重要数据的处理者应当制订实施数据安全保护计划和数据安全事件应急预案，开展数据安全风险监测，及时处置数据安全风险和事件。

针对个人信息，《个人信息保护法》与《网络安全法》规定企业制定并组织实施个人信息安全事件应急预案。发生或者可能发生个人信息泄露、篡改、丢失的，个人信息处理者应当立即采取补救措施，并通知履行个人信息保护职责的部门和个人。

综合来看，企业在应对数据安全事件时应当及时关注国家和行业主管部门发布的应对要求和网络安全事件应急预案，结合企业实际制定和演练应急预案，常态化监测数据安全风险和安全事件，发现缺陷和漏洞时应当立即采取补救措施，及时按照内部流程制度提报内部管理机构，报告外部主管部门；涉及个人信息、有通知个人要求的，还应当通知个人。实践中，企业可以在保持一定共性的基础上，按照规范目的和对象区别建立不同维度和层次的应急管理体系。

(4)个人信息主体权利响应制度

由于个人信息的特殊性，《个人信息保护法》特别规定了个人的知情权、决定权、限制和拒绝处理权、查阅复制权、便携权、更正补充权、删除权、说明权。企业应当建立便捷的个人行使权利的申请受理和处理机制。拒绝个人行使权利的请求的，应当说明理由。个人信息处理者拒绝个人行使权利的请求的，个人可以依法向人民法院提起诉讼。企业在处理个人信息前，就应当告知个人行使个人信息权利的方式和程序。如果企业是共同个人信息处理者，个人可以向企业或企业合作方行使权利。企业向境外提供个人信息的，还应当告知个人向境外接收方行使权利的方式和程序。此外，《个人信息保护法》还创造性地规定，自然人死亡的，其近亲属为了自身的合法、正当利益，可以对死者的相关个人信息行使查阅、复制、更正、删除等权利；死者生前另有安排的除外。因此，企业在处理个人信息时应当给个人信息主体提供安排其个人信息的渠道和近亲属行使权利的渠道。

一般情况下，企业应当在15个工作日内处理并反馈个人复制、更正、补充、限制处理、删除本人个人信息、撤回授权同意或者注销账号的申请。

实践中，企业一般在《隐私政策》或官方隐私中心统一告知个人信息保护负责人的联系方式及个人信息主体权利行使方式、投诉或起诉途径等。向个人信息主体主动提供查询、更正、撤回同意（如利用个人信息进行个性化展示和推荐必须提供便捷的关闭渠道）、删除其处理的个人信息的渠道，提供获取个人信息副本的渠道，提供注销账户的渠道。未尽事宜或难以自行操作完成的，则允许个人通过专门的个人信息主体权利响应平台、专门邮箱或电话协助个人行使权利。

良好实践示例

2021年6月8日，苹果公司在WWDC宣称，在中国客户不幸去世等特殊情况下，其近亲属有权依法查阅、更正或删除死者的个人数据。他们可以通过登录苹果公司的数字遗产门户网行使这一权利。

（5）合作方管理制度

企业在接收、对外提供、向境外合作方提供数据等数据内外交互的处理活动中应当做好合作方管理，明确约定双方的权利和责任。合同是企业做好数据合规、规范合作方行为的重要工具，合同约定也是企业合规义务的重要来源。

一方面，企业应当履行合同义务。《数据安全法》明确规定企业受托处理政务数据时遵守合同约定。《个人信息保护法》也规定企业应当按照约定处理个人信息，不得超出约定的处理目的、处理方式等。

另一方面，企业应当签订合同以保障数据安全。《网络安全法》规定关键信息基础设施运营者在采购网络产品和服务时，应当与合作方签订安全保密协议，明确安全和保密义务与责任。《个人信息保护法》规定企业为共同处理者的，应当约定各自的权利和义务。如果委托处理个人信息的，应当与受托人约定委托处理的目的、期限、处理方式、个人信息的种类、保护措施以及双方的权利和义务等。此外，企业无论以何种法律基础向境外提供数据，都应当采取合同等有效措施监督数据接收方按照双方约定的目的、范围、方式使用数据，履行数据安全保护义务，保证数据安全。

（6）配合执法制度

《数据安全法》规定企业在公安机关、国家安全机关因依法维护国家安全或者侦查犯罪的需要依法依规调取数据时应予以配合。

《网络安全法》规定企业应为公安机关、国家安全机关依法维护国家安全和侦查犯罪的活动提供技术支持和协助，同时对网信部门和有关部门依法实施的监督检查，应当予以配合。

《个人信息保护法》也规定企业应配合监管机关依法履职，但企业不能直接私自向境外司法或执法机构提供由其掌握的数据或个人信息，必须经过主管机关批准。

（7）技术和其他控制措施

《数据安全法》规定企业采取相应的技术措施和其他必要措施，以保障数据安全。

《网络安全法》规定企业采取防范计算机病毒和网络攻击、网络侵入等危害网络安全行为的技术措施，并对重要数据备份和加密。同时，对重要系统和数据库进行容灾备份。

《个人信息保护法》规定企业采取必要措施保障所处理的个人信息的安全。在处理个人信息时，采取相应的加密、去标识化等安全技术措施，同时设置访问控制，合理确定个人信息处理的操作权限，从而确保个人信息处理活动合法，并防止未经授权的访问以及个人信息泄露、篡改、丢失。

除了法律提及的必要措施以外，企业应当更多关注行业规范、标准，实际应用适当的风险控制措施。实践中，企业常采用访问控制措施（如用户注册和访问权管理，系统和应用访问控制）、密码控制措施（存储、传输时的内容加密、通道加密等）、物理和环境安全管理措施（设定安全区域和物理入口控制，做好设备管理，遵循清理桌面原则等）确保数据安全。

（四）数据合规培训与文化建设

《网络安全法》规定关键信息基础设施运营者在指定专门的安全管理负责人和关键岗位的人员时应进行安全背景审查；应当定期对从业人员进行网络安全教育、技术培训和技能考核。《数据安全法》规定企业开展数据处理活动应当组织开展数据安全教育培训。对重要数据的处理者，更应当定期组织开展数据安全宣传教育培训，制订数据安全培训计划，每年组织开展全员数据安全教育培训。根据2021年11月14日发布的《网络数据安全管理条例（征求意见稿）》，数据安全相关的技术和管理人员每年教育培训时间不得少于20个小时。《个人信息保护法》也规定定期对个人信息处理从业人员进行安全教育和培训。

1. 数据合规培训对象

数据合规培训工作的开展有助于增强企业数据合规管理制度的落地与开展。

一方面，企业应当对数据处理活动享有决策性影响的员工开展数据合规培训，培训相关人员了解、知悉、掌握最新的法律、法规的规定及监管动态，确保相关人员作出的决策符合相关法律规定；另一方面，企业应当将公司制定的数据合规管理制度向执行层面与管理层面的员工进行宣贯，培育员工具备遵守相关管理制度的工作能力，确保员工知悉企业内部的管理规定。此外，数据处理活动全链条中可能还会涉及上下游数据处理合作方，例如，数据共享方、数据接收方。考虑到国内对数据共享或接收的监管规定，企业还应对合作的第三方展开数据合规培训，确保共享或传递出去的数据被合规使用，确保接收的数据是合法获取且依法获得授权的数据。

2. 数据合规培训工作的开展

首先，企业应当指定特定的部门、人员、工作小组来负责统筹企业数据合规培训工作，制订年度数据合规培训计划，明确培训主题、频率、参与培训相关部门或人员、培训方式、培训材料的留存、培训效果的检验方式等。

培训工作可以由企业内部自行开展，选取产品、业务中的典型场景，培训相关的合规义务及合规管控措施；也可委托或聘请外部专业机构或人士提供特定主题的数据合规培训。

培训的方式多种多样，除了线下的会议或课程式培训、线上视频直播培训或课程录播外，企业还可以通过宣传册、海报、宣传片的方式向员工宣贯数据合规意识。数据合规培训工作小组可以通过定期发布内联网内容、电子邮件、海报和其他宣传材料宣贯良好的数据合规实践案例，增强员工数据合规意识。

成功的沟通和培训活动的步骤包括：

(1)基于特定事件背景或监管动态，评估当前企业数据合规培训的驱动力，明确数据合规培训主题；

(2)就特定主题，向相关员工、管理层或承包商提供有针对性的培训或合规信息的沟通；

(3)与人事部门或相关专业领域的工作人员或外部专家合作，优化培训材料及内容；

(4)使用徽章和标语，通过“小而微”的方式进行宣贯；

(5)在预定时期内重复训练(例如，每年、每两年)；

(6)在其他部门培训中插入隐私保护内容；

(7)定期向全体员工宣传企业数据合规价值观及合规要求。

(五)数据合规管理工具

数据合规风险覆盖数据从产生到删除的全生命周期，因此企业可以根据自身的业务类型和场景，采用多样化的合规风险管理工具来预防、识别、报告、评估及管控数据合规风险。

一方面，企业合规师应当能够根据企业的相应合规义务开发、使用、完善数据合规管理工具。例如，数据安全事件评估工具、第三方合作伙伴尽职调查工具、统一的 SDK 接入管理工具、人力资源管理工具等。另一方面，企业合规师还可以根据企业自身需求借助第三方工具进行数据风险管理。例如，百度“史宾格”安全和隐私合规平台、字节研发的隐私合规一站式平台等。

实践中，企业常用的数据合规管理工具包括数据处理情况表、个人权益影响分析表等。(见表4－2、表4－3、表4－4)

表4－2　数据处理情况

序号	数据类型	涉及系统	收集			存储		使用		对外提供		删除
			目的	方法	管控措施	存储位置	管控措施	方式	管控措施	接收主体	管控措施	管控措施
1												
2												

表4－3　个人权益影响分析

个人信息处理活动	个人信息敏感性级别	识别脆弱点	情况描述	发现证据	个人信息处理活动存在的问题	对个人权益产生的影响
		个人敏感信息的判定是否准确				
		收集个人信息的目的是否正当、合法				
		从第三方获得的数据是否得到正式的处理授权				
		新设个人信息处理目的是否超出原有目的				
		个人信息受让方采取的个人信息保护措施的有效性				
		公开披露个人信息对个人权益造成的影响				

表4－4　个人权益影响程度判定原则

影响描述	影响程度
个人信息主体可能会遭受重大的、不可消除的、可能无法克服的影响，如遭受无法承担的债务、失去工作能力、长期的心理或生理疾病、死亡等	严重
个人信息主体可能遭受重大影响，个人信息主体克服难度高，消除影响代价大，如遭受诈骗、资金被盗用、被银行列入“黑名单”、信用评分受损、名誉受损、造成歧视、被解雇、被法院传唤、健康状况恶化等	高
个人信息主体可能会遭受较严重的困扰，且克服困扰存在一定的难度，如付出额外成本、无法使用提供的服务、造成误解、产生害怕和紧张的情绪、导致较小的生理疾病等	中
个人信息主体可能会遭受一定程度的困扰，但尚可以克服，如被占用额外的时间、被打扰、产生厌烦和恼怒情绪等	低

第四节　安全合规

第一部分　安全合规概览

一、安全合规的含义

由于我国《劳动法》实施较早,“安全生产”一直与“劳动保护”混用,但随着经济的发展,生产管理人员与劳动保护管理人员开始对“安全”与“生产”之间的关系产生了分歧:究竟是“安全第一”还是“生产第一”?

自 1952 年 12 月第二次全国劳动保护工作会议召开以来,此问题一直在争论,但经过多次讨论,否定了“安全第一”与“生产第一”的片面观点,明确“安全为了生产,生产必须安全”的方针。同时,1959 年中国共产党八届八中全会明确将“安全生产”一词写入党的正式文件《关于开展增产节约运动的决议》。随后,国家出台了一系列加强安全生产的规定,直到 1982 年国务院颁布《矿山安全条例》(已失效),正式将“安全生产”上升为法律概念,但是时至今日,法律层面仍未对“安全生产”一词的内涵和外延作出明确的界定。

《辞海》中将“安全生产”解释为:为预防生产过程中发生人身、设备事故,形成良好劳动环境和工作秩序而采取的一系列措施和活动。《中国大百科全书》中将“安全生产”解释为:旨在保护劳动者在生产过程中安全的一项方针,也是企业管理必须遵循的一项原则,要求最大限度地减少劳动者的工伤和职业病,保障劳动者在生产过程中的生命安全和身体健康。前者仅认为安全生产是一种措施和活动,后者则认为安全生产是一项原则,均具有片面性。

综合而言,“安全生产”应当是指企业通过设定安全目标,建立完整的安全管理体系，有效推动制度及管理措施的落实，从而实现“人—设备”有序运行，避免产生危险因素，保护劳动者、企业及第三方的生命及财产的活动与必要举措。“安全合规”应当是指企业及其员工在生产经营过程中通过履行我国安全生产监管法律、法规、技术标准、政策文件、企业内部安全管理制度、安全管理协议以及国际条约、规则等全部义务，以实现企业有效防控生产安全事故及行政处罚的发生，实现减少经济损失与声誉损失的目标。

二、安全合规的重要性

安全生产是企业的法定职责，也是企业持续经营的基本需求。《安全生产法》要求企业必须加强安全生产管理，推进安全生产标准化。《企业安全生产标准化基本规范》（GB/T 33000－2016）对企业安全生产标准化的定义为：企业通过落实安全生产主体责任，全员全过程参与，建立并保持安全生产管理体系，全面管控生产经营活动各环节的安全生产与职业卫生工作，实现安全健康管理系统化、岗位操作行为规范化、设备设施本质安全化、作业环境器具定置化，并持续改进。

2021 年 9 月 1 日，《安全生产法》修订，修订后的《安全生产法》处罚力度堪称“史上最严”，对企业的安全生产保障措施提出了更高的要求，强化了法律责任的承担。在安全生产规范日趋严格、执法力度不断加强的大背景下，安全生产合规体系建设刻不容缓。

三、我国安全生产合规的法律规范体系

按照“安全生产合规”的定义，我国现行的涉及安全生产的法律规范形成了安全生产合规的法律规范体系，按照法律效力以及涉及的监管领域进行划分，构成了我国安全生产法律合规的规范体系。

（一）效力层级划分

《宪法》是我国的根本大法，“一切法律、行政法规和地方性法规都不得同宪法相抵触”。我国《宪法》对“劳动保护”进行了明确的规定，即“国家通过各种途径，创造劳动就业条件，加强劳动保护，改善劳动条件，并在发展生产的基础上，提高劳动报酬和福利待遇”。这些成为我国整个安全生产法体系建立的核心要义。我国在《宪法》的基础

上制定了《安全生产法》等综合性法律，同时根据不同的监管内容，制定了其他法律、法规、部门规章、政策文件，内容包括安全生产责任制、教育培训、隐患排查、应急救援、事故调查、监管程序等，上述法律、法规构成了我国现行的安全生产法律的效力体系。

（二）监管内容划分

除了按照效力层级划分外，我国安全生产法律的体系也可以根据监管内容的不同进行划分，包括综合监管、领域监管、行业监管、具体事项监管等，构成了安全生产整体法律体系。

1. 综合监管：如《安全生产法》等法律，《天津市安全生产条例》《山东省安全生产条例》等各省、市出台的综合性监管的地方性法规，作为安全生产的基本法律规范，对企业合规有方向性、通用性的作用，在整个安全生产法律体系中处于领导性地位，无论从事哪一行业的企业都应当遵守和适用，具有一定的普适性。

2. 领域监管：《安全生产法》第 2 条规定，“有关法律、行政法规对消防安全和道路交通安全、铁路交通安全、水上交通安全、民用航空安全以及核与辐射安全、特种设备安全另有规定的，适用其规定”。可见对于涉及消防、道路交通、核辐射等领域的安全监管要求，我国又出台了具体的法律、法规，同《安全生产法》是特别法与普通法的关系。

3. 行业监管：除了《安全生产法》与其他领域专门监管法律、法规外，安全生产的合规要求还散见于具体的行业规定中。如对建筑施工行业的监管，我国建立了以《建筑法》为基础的监管法律体系，包括《建设工程质量管理条例》《建设工程抗震管理条例》《建设工程安全生产管理条例》等行政法规以及相关的部门规章。

4. 具体事项监管：由于对特种设备、危险化学品、烟花爆竹等极易发生生产安全事故的特定物品及设备监管专业性强、流程烦琐。因此，针对此事项，安全监管部门专门制定了《特种设备安全法》《危险化学品安全管理条例》《烟花爆竹安全管理条例》等，包括项目准入、交易、运输、仓储、使用、废物处置等一系列环节的安全管理。

（三）政策文件与标准

值得注意的是，除了法律、法规、规章外，其他涉及安全生产要求的政策性文件和相关标准也应当作为安全合规的范畴。一方面，尽管政策文件效力级别低，但是它们明确了国家对企业安全监管的趋势，对企业安全合规有指导与借鉴意义。如《国务院关于进一步加强安全生产工作的决定》,中共中央、国务院《关于推进安全生产领域改革发展的意见》等,都明确了国家在安全生产监管的主要内容,指明了立法的方向;另一方面,依据《安全生产法》的规定,企业除了要遵守法律法规规章的规定外,还应遵守涉及安全生产的国家标准与行业标准,特别是标准中的强制性规定。如《安全标志及其使用导则》中的技术部分是强制性规定等,如果不遵守,也应当承担法律责任。

(四)我国批准的国际公约和准则

目前,我国批准执行的国际公约主要包括《职业安全和卫生及工作环境公约》《作业场所安全使用化学品公约》《建筑业安全卫生公约》等,执行的国际准则主要包括《职业安全健康管理体系导则》《国际消防安全系统规则》等,这些也应当作为安全生产的合规要求。

四、国内安全生产合规管理的发展趋势

目前,政府监管部门对企业安全生产合规要求日趋严格。一方面,加大了对违法行为的处罚力度,如提高处罚金额,建立安全生产诚信体系,增加"联合惩戒"惩处方式;另一方面,监管措施日趋多样化,如按日计罚惩处措施、设置安全生产公益诉讼制度等。加上"事故导向"的追责思路,使企业的合规风险不断提高,这些也成为安全生产合规管理工作的难点。

第二部分 安全生产合规风险识别与评估

安全生产合规风险是指企业及其员工、相关方因违反安全生产义务,引发法律责任、受到相关处罚、造成经济或声誉损失以及其他负面影响的可能性。风险识别与评估是有效控制风险的关键环节。

一、安全生产合规风险来源

安全生产合规风险,一方面来自企业不具备安全生产条件,违反法律、法规及标准

要求而被行政机关行政处罚的风险；另一方面来自因不及时处理事故隐患或员工（相关方）在违规操作导致发生生产安全事故给企业造成的经济损失与声誉损失。具体主要源于以下几个方面。

（一）违反法律、法规义务

在我国的安全生产监管的法律规范中，明确了企业应当履行的义务，如果违反了法定义务，企业及其主要负责人、直接负责的主管人员和其他直接责任人面临的往往是行政责任，甚至是刑事责任。①

（二）违反企业内部安全管理制度与操作规程

虽然企业内部制定的安全管理制度与操作规程不是法律规范，但从追责角度分析，企业内部制定的安全管理制度与操作规程也应当是“规”的范畴，如果违反本企业内部的安全管理制度与操作规程也是应当被追责的。

如《安全生产法》第36条规定，“生产经营单位必须对安全设备进行经常性维护、保养，并定期检测，保证正常运转维护、保养、检测应当作好记录，并由有关人员签字”，管理实践中，企业在相关的设备设施的管理制度中应当明确定期检测的频次，并做好相关的检测记录。一旦应急监管部门日常检查后，发现检测频次并没有按照制度执行，则应急监管部门可以依据《安全生产法》第99条第1款第3项对该企业作出行政处罚。

（三）违反安全管理条款与安全生产管理协议

依据《安全生产法》的规定，“生产经营项目、场所发包或者出租给其他单位的，生产经营单位应当与承包单位、承租单位签订专门的安全生产管理协议，或者在承包合同、租赁合同中约定各自的安全生产管理职责；生产经营单位对承包单位、承租单位的安全生产工作统一协调、管理，定期进行安全检查，发现安全问题的，应当及时督促整改”，对于发包或承包的项目或场所都应当与相关方签订安全生产管理协议或在相关合同中明确安全管理条款。

实践中，一旦该项目或场所发生生产安全事故，事故调查组对双方签订安全生产

---

① 参见《安全生产法》（2021年修正）第2章“生产经营单位的安全生产保障”。

管理协议及安全管理条款进行严格审查，明确双方是否已经履行了安全管理责任，如果发包方或出租方未履行，虽然可能不会被认定为事故发生单位，但依然存在被“牵连”追责的法律风险。

二、安全生产合规风险类型

（一）法律责任

1. 行政责任

（1）单位行政责任

依据《安全生产法》等法律、法规的规定，企业如违反相关安全生产制度的法律规定，则应当承担相应的行政责任，行政责任类型主要包括限期改正，警告，罚款，没收违法所得，停止建设、施工、使用、作业、违法经营，暂扣、撤销或吊销有关证照，限期治理，停产停业（整顿），关闭。

（2）单位责任人及相关人员的行政责任

依据《安全生产法》、国务院《关于进一步加强企业安全生产工作的通知》等法律规范，公司违反安全生产管理规定，主要负责人、直接负责的主管人员和其他直接责任人员等也同样需要承担相应的行政责任。责任人员的行政责任承担类型为撤职、罚款、暂停或者撤销证照，其中属于国家工作人员的，可能受到行政处分。

2. 刑事责任

依据《安全生产法》《刑法》及其修正案等法律规范，企业违反安全生产管理规定，发生生产安全事故后，不仅要承担行政责任，在特殊情况下构成犯罪的，企业也需要承担相应的刑事责任，主要为对有关责任人的刑罚。

3. 民事责任

依据《安全生产法》的规定，目前安全生产法律规范及法律实践表明，单位担负安全生产管理引起的民事责任主要涉及两个方面：一是发生生产安全事故造成人员伤亡、他人财产损失的，应当依法承担赔偿责任；二是将生产经营项目、场所、设备发包或者出租给不具备安全生产条件或者相应资质的单位或者个人，导致发生生产安全事故的情况，与承包方、承租方承担连带赔偿责任。

其余的民事责任，主要是基于与承包方、承租方，以及同一作业区域与其他生产经营单位签署的安全管理协议而引起的民事责任分配和承担。

（二）降低信用资质

国务院办公厅《关于加强安全生产监管执法的通知》明确规定，地方各级人民政府要将企业安全生产诚信建设作为社会信用体系建设的重要内容，建立健全安全生产信用体系并纳入国家和地方统一的信用信息共享交换平台。实行安全生产“黑名单”制度并通过企业信用信息公示系统向社会公示，对列入安全生产“黑名单”的企业，在经营、投融资、政府采购、工程招投标、国有土地出让、授予荣誉、进出口、出入境、资质审核等方面依法予以限制或禁止。

除此之外，国家发改委、人民银行、原国家安全监管总局、中央文明办、科技部、财政部等 18 个部门针对安全生产领域失信生产经营单位及其有关人员开展联合惩戒形成了合作备忘录，明确了联合惩戒的对象为在安全生产领域存在失信行为的生产经营单位及其法定代表人、主要负责人、分管安全的负责人、负有直接责任的有关人员等，同时规定了 29 项惩戒措施。《安全生产法》（2021 年修正）明确将联合惩戒的对象及惩戒措施以立法的形式明确，使企业意识到其在安全生产上的违法违规不仅会承担相应的法律责任，也会降低其信用资质，如此必将会给企业带来经营风险。

三、安全生产合规风险识别路径

（一）企业内部风险识别路径

1. 建立合规法规库

识别“合规”风险的前提就是确定“规”的适用范围，企业可以根据涉及的行业领域梳理法律规范与相关的技术标准，建立专门的安全生产合规法规库，明确具体的适用部门，并及时进行更新。

2. 定期自查

在法规库建立的基础上，企业应当定期进行自查，一是对企业内部的管理体系进行自查，查找不符合现行法律、法规规定的管理现状；二是对企业作业现场进行自查，查找违规操作以及事故隐患。

3. 具体案例分析

通过对具体的安全生产事故案例或行政处罚案例进行分析，梳理追责逻辑及法律责任，识别相关的风险要素。

（二）相关方[①]风险识别路径

1. 能力审查

与相关方进行合作前，应对相关方的安全资质能力与管理能力进行审查，一方面要对相关方的资质能力进行审查，保证其具备安全生产的作业条件，如危险化学品托运，应当审查相关方是否具有危险化学品运输许可证；另一方面，还要注意对其安全管理能力进行审查，目的是保证其具有安全生产的管理能力，如是否建立符合《安全生产法》规定的制度管理体系，是否建立符合法律规定的管理机构，作业现场安全管理是否有序等。

2. 监督管理

无论是产品采购、工程项目发包，还是厂房出租，作为采购方、发包方、出租方仍有安全管理的义务，不因经营行为而转移安全管理责任。实践中，项目层层转包、分包时有发生，而总承包人“以包代管”“包而不管”的行为比比皆是，一旦发生生产安全事故，发包方往往难辞其咎。因此，对于合作项目，企业也不能放松警惕，签订安全管理协议明确双方职责后，仍要对相关方的安全管理工作进行监督，以便及时发现合规风险。

四、安全生产合规风险评估

（一）安全生产合规风险评估

安全生产合规风险评估是指，在发现安全生产合规风险后，对不合规严重程度、风险发生概率、承受能力、控制范围、初步应对措施等因素进行分析评估，确定安全生产风险等级。

（二）风险评估涉及的主要因素

1. 严重程度

对安全生产合规严重程度，常见的判断因素包括但不限于：

（1）企业违反企业内部规章制度，尚未发生生产安全事故，属于轻微；

---

① 相关方是指，工作场所内外与企业安全生产绩效有关或受其影响的个人或单位，如承包商、供应商等。

(2)企业或相关方违反法律、法规、规章、技术标准,尚未发生生产安全事故,属于严重;

(3)发生较大及以上生产安全事故,属于较为严重;

(4)发生重大及以上生产安全事故,属于特别严重。

2. 风险发生概率

对安全生产合规风险概率,常见的判断因素包括但不限于:

(1)应急管理部门是否已经掌握此不合规行为;

(2)导致发生生产安全事故的可能性。

3. 风险承受能力

对安全生产合规风险承受能力,常见的判断因素包括但不限于:

(1)企业是否能缴纳罚款,承担民事赔偿责任;

(2)企业信用是否能够修复,修复的时间长短;

(3)企业是否存在被关闭的风险。

4. 风险控制范围

对安全生产合规风险控制范围,常见的判断因素包括但不限于:

(1)企业能否在追责前及时消除合规风险;

(2)企业能否免于刑事追责(合规不起诉);

(3)企业能否减免行政处罚;

(4)企业是否存在被关闭的风险。

5. 风险初步应对措施

对安全生产合规风险初步应对措施范围,常见的判断因素包括但不限于:

(1)是否已采取具体的控制措施;

(2)改进工艺、教育培训、加强管理等措施是否有效;

(3)与政府监管部门沟通是否有效;

(4)提起听证、复议及诉讼结果是否有利于企业。

(三)风险等级与风险清单

经过对安全生产合规风险涉及因素的分析,可以进一步确定风险等级,对安全生产合规风险等级的标准可以参考以下标准,见表4-5。

表 4－5　企业安全生产合规风险等级的标准

不合规事项	风险等级	管控策略
不合规的行为轻微，且已经消除	5 级	加强内部管理
不合规的行为严重，应急管理部门尚未掌握，但已采取有效的控制措施，可以尽快消除	4 级	加强内部管理
不合规的行为较为严重，应急管理部门已经掌握，风险可承受，能够有效控制，应对措施有效	3 级	加强内部管理，采取法律救济途径
不合规的行为较为严重，应急管理部门已经掌握，风险不可承受，风险不可控制，应对措施无效	2 级	加强内部管理，采取法律救济途径
发生较大及以下生产安全事故		
发生重大及以上生产安全事故	1 级	加强内部管理，采取法律救济途径

在安全生产合规风险的识别与评估基础上，企业可以制定相应的合规风险清单，并及时采取相应的管控措施，尽可能消除风险，同时应根据经营环境、法律法规的变化，对清单及时更新。安全生产合规风险清单内容可以参见表 4－6。

表 4－6　安全生产合规风险清单

事项	严重程度	概率	承受能力	控制措施	风险等级	管控措施	完成进度
经检查发现登高作业人员的特种作业证已经失效	严重（违反《安全生产法》第 30 条）	自查发现，应急管理部门尚不掌握，不存在发生生产安全事故的可能性	责令限期改正，处 10 万元以下的罚款（《安全生产法》第 97 条）	已停止作业不存在违法行为	4 级	特种人员资质复审	已完成
……	……	……	……	……	……	……	……

第三部分　安全生产合规风险管控措施

安全生产合规风险管控措施主要包括两个方面：一是企业保证日常安全经营避免发生生产安全事故而采取的管理措施，主要包括建立完善的合规管理制度，提出详细的管理要求，以减少违法违规行为；二是在突发安全生产合规风险事件后，特别是发生生产安全事故后，企业为降低风险而采取的管理措施，主要包括建立完善的应急管理制度，提出详细的管理要求，以避免风险的进一步扩大。

一、安全生产合规管理措施

依据《安全生产法》的规定，企业安全生产合规管理制度主要包括文本化的安全生产责任制度、资金投入保障制度、建设项目安全评价与"三同时"制度、教育培训制度、安全生产检查与隐患排查治理制度、现场设备设施与具体操作规程管理制度。

（一）安全生产责任制度

1. 基本内容

安全生产责任制度是生产经营单位最基本的安全生产管理制度，即根据安全生产法律、法规，按照"安全第一、预防为主、综合治理"的方针以及"管生产经营必须同时管安全"的原则，将单位的主要负责人与其他负责人员、职能部门及其工作人员、工程技术人员和各岗位操作人员在安全生产方面应做的事情及应负的责任加以明确规定的一种制度。

安全生产责任制应当做到"三定"，即定岗位、定人员、定安全责任，根据岗位的实际工作情况，确定相应的人员，明确岗位职责和相应的安全生产职责，逐级、逐岗位签订安全生产责任书，实行"一岗双责"。

2. 管理要点

按照《安全生产法》等规定，并结合具体实践操作，安全生产责任制主要内容应当包括下列 7 个方面：

(1) 生产经营单位的各级负责生产和经营的管理人员（主要负责人、分管安全负责人及其他分管负责人），在完成生产或经营任务的同时，对生产安全负责；

(2) 各职能部门的人员、各岗位负责人，对自己业务范围内有关的安全生产负责；

(3) 班组长、特种作业人员对其岗位的安全生产工作负责；

(4) 所有从业人员应在自己本职工作范围内做到安全生产；

(5) 在承包、发包、分包、出租等生产经营活动中，签订安全管理协议，明确各相关方安全生产责任；

(6) 各类安全责任范围及考核标准；

(7)奖惩措施。

工作岗位变动、人员调整的,生产经营单位应当及时对安全生产责任制内容作出相应修改,以适应安全生产工作的需要。生产经营单位应当根据本单位实际,建立由本单位主要负责人牵头,相关负责人、安全生产管理机构负责人以及人事、财务等相关职能部门人员组成的安全生产责任制监督考核领导机构,定期对安全生产责任制落实情况进行监督考核,协调处理安全生产责任制执行中的问题。

(二)安全生产资金投入制度

1. 基本内容

安全生产资金投入,是生产经营单位生产经营活动安全进行,防止和减少生产安全事故的重要保障。安全生产费用①是指企业按照规定标准提取在成本中列支,专门用于完善和改进企业或者项目安全生产条件的资金。安全生产费用按照"企业提取、政府监管、确保需要、规范使用"的原则进行管理。

生产经营单位从事生产经营活动必须具备安全生产有关法律、行政法规和国家标准或者行业标准规定的安全生产条件,要达到这一要求,必须要有一定的资金保证,生产经营单位的决策机构、主要负责人或者个人经营的投资人应当对由于安全生产所必需的资金投入不足而导致的后果承担责任。

2. 管理要点

依据《安全生产法》《企业安全生产费用提取和使用管理办法》的规定,目前安全生产资金投入制度在费用的管理上,生产经营单位应明确安全生产费用提取和使用的程序、职责及权限;编制年度安全生产费用提取和使用计划,纳入企业财务预算;按规定提取和使用安全生产费用。年度安全费用使用计划和上一年安全生产费用的提取、使用情况,按照管理权限报同级财政部门、安监部门和行业主管部门备案。

在费用的提取上,法律规范主要规定了境内直接从事煤炭生产、非煤矿山开采、建设工程施工、危险品生产与储存、交通运输、烟花爆竹生产、冶金、机械制造、武器装备研制生产与试验(含民用航空及核燃料)的单位的提取标准,其中集团公司所涉业务领域包括建设工程施工、危险品储存、交通运输(含物流、港口装卸、堆存)。

---

① 参见《企业安全生产费用提取和使用管理办法》第3条。

在费用的使用上，主要涉及的安全事项包括：(1)安全技术改造；(2)安全设备、设施更新、改造和维护；(3)安全生产宣传、教育和培训；(4)劳动防护用品购买配备；(5)事故隐患整改和重大危险源监控；(6)作业现场职业危害治理；(7)其他保障安全生产的事项。

(三)建设项目安全评价与“三同时”制度

1. 基本内容

建设项目安全评价与“三同时”制度，是指在建设项目期间，对项目运用科学的评价方法，分析和预测该建设项目存在的危险、危害因素的种类和危险、危害程度，提出合理可行的安全技术和管理对策，可以为建设项目安全设施设计以及安全生产管理提供依据；建设项目安全设施必须与主体工程同时设计、同时施工、同时投入生产和使用。

2. 管理要点

依据《安全生产法》《建设项目安全设施“三同时”监督管理办法》《危险化学品安全管理条例》等法律规范，建设项目安全设施“三同时”包含的基本内容为：(1)对建设项目安全设施进行设计，编制安全专篇；(2)建设项目安全设施设计审查或备案；(3)建设项目安全设施的施工与主体工程同时施工，施工组织设计中编制安全技术措施和施工现场临时用电方案等；(4)安全设施竣工或者试运行完成后，应对安全设施进行验收评价，并编制建设项目安全验收评价报告；(5)建设项目竣工投入生产或者使用前，申请安全设施竣工验收或备案。

(四)教育培训制度

1. 基本内容

安全生产教育培训制度是强化企业安全生产基础建设，提高企业安全管理水平和从业人员安全素质的重要途径，企业从业人员应通过教育培训，熟悉有关安全生产规章制度和安全操作规程，具备必要的安全生产知识，掌握本岗位的安全操作技能，提高预防事故、控制职业危害和应急处理的能力。

2. 管理要点

依照《安全生产法》《安全生产培训管理办法》《生产经营单位安全培训规定》《特种作业人员安全技术培训考核管理规定》等法律规范及安全生产教育和培训制度的内容，主要包括以下几个方面：

(1)确定教育和培训对象,主要涉及主要负责人、安全生产管理人员、特种作业人员、被派遣者、新上岗人员、实习生及其他从业人员。

(2)制订教育和培训计划。

(3)安全教育培训内容,如安全生产的方针、政策、法律、法规以及安全生产规章制度;安全操作技能;安全技术知识;职业卫生防护知识;发生生产安全事故时的应急处理措施,以及相关的安全防护知识;从业人员在生产过程中的相关权利和义务;特殊作业岗位的安全生产知识和操作要求等。

(4)测试、评估培训效果并保留培训记录。

(5)制定安全生产教育和培训档案。

（五）安全生产检查与隐患排查治理制度

1. 基本内容

安全生产检查与隐患排查治理制度是为消除隐患,防止事故发生、改善工作条件而开展各项安全生产检查活动,并全面排查违反安全生产法律、法规、规章、标准、规程和安全生产管理制度等规定,或因其他因素在生产经营活动中存在的可能导致安全生产事故发生的人的不安全行为、物的不安全状态、场所的不安全因素和管理上的缺陷,采取技术、管理措施,及时消除事故隐患,防范发生次生事故。生产经营单位建立隐患排查、告知(预警)、整改、评估验收、报备、奖惩考核、建档等制度,实现隐患登记、整改、销号的全过程管理。

2. 管理要点

依据国务院办公厅《关于进一步开展安全生产隐患排查治理工作的通知》《安全生产事故隐患排查治理暂行规定》等规定,安全生产检查与隐患排查治理制度主要涉及的内容包括:(1)经常性检查、定期自查并及时报告、处理与建档记录;(2)安全检查、隐患排查治理和监控责任制;(3)隐患日常排查、定期排查和专项排查工作机制;(4)确定隐患等级,形成隐患清单;(5)采取安全防范措施,组织整改,如实记录并通报,制定隐患排查工作台账;(6)一般隐患整改组织验收,出具整改验收结论;(7)重大隐患整改制定专项方案,整改后进行专项验收;(8)于安全生产管理协议或者承包合同、租赁合同中约定,明确隐患治理责任;(9)建立隐患治理表彰、激励机制。

（六）设备设施安全管理制度

1. 基本内容

设备设施安全管理制度主要是对设备设施的计划和采购，安装（建设），调试和验收，使用、维护及报废过程，通过操作规程，维护、检验、测试以及技术资料、图纸和记录管理等要求，实现安全控制与管理，确保设备设施安全运行。

2. 管理要点

依据《安全生产法》《特种设备安全法》等法律规范，设备设施安全管理制度主要涉及的内容包括：(1)安全设备的安装、使用、检测、改造和报废符合国家标准或者行业标准；(2)安全操作规程；(3)经常性维护、保养，并定期检测管理；(4)特种设备安全与应急管理。

二、生产安全事故处置管理措施

（一）生产安全事故应急管理制度

1. 基本内容

生产安全事故应急管理制度主要是指生产经营单位根据本单位的实际，针对可能发生的事故的类别、性质、特点和范围等情况制定的事故预防与应急准备，以及事故发生时组织、技术措施和其他应急措施。

2. 管理要点

依据《生产安全事故应急条例》、国务院《关于全面加强应急管理工作的意见》、国务院办公厅转发安全监管总局等部门《关于加强企业应急管理工作意见的通知》以及《关于加强安全生产应急管理工作的意见》等法律规范，生产经营单位在安全生产事故应急管理方面应开展的工作包括：(1)进行风险辨识和评估，制定应急救援预案，并向本单位从业人员公布；(2)事故预防与应急准备，涉及应急机构设立、应急能力评估、物资与装备等工作；(3)应急预案编制与实施，涉及培训教育、应急演练、修订等工作；(4)应急响应，涉及应急响应分级、报告、处置、救援等工作；(5)监控重大危险源；(6)恢复，涉及现场处理、能力评估、预案评审与修订、总结经验等工作；(7)评定与持续改进。

（二）生产安全事故报告制度

1. 基本内容

生产安全事故报告制度主要是指发生生产安全事故后，生产经营单位负有报告义务的人员应当履行报告义务，避免生产经营单位承担瞒报、谎报、迟报、漏报责任而采取的管控措施。

2. 管理要点

依据《安全生产法》《生产安全事故报告和调查处理条例》等法律规范，生产经营单位事故报告的工作主要包括：(1)建立事故内部报告程序，明确事故内部报告的责任人、时限、内容等，并教育、指导从业人员严格按照有关规定的程序报告发生的生产安全事故；(2)建立外部报告程序，明确报告的人员、时间、报告对象；(3)明确事故内容；(4)明确补报的情况。①

（三）生产安全事故应急救援制度

1. 基本内容

生产安全事故应急救援制度主要是指发生生产安全事故后，生产经营单位应按照应急救援方案采取具体的救援措施，组织抢救，防止事故扩大，减少人员伤亡和财产损失而采取的管控措施。

2. 管理要点

依据《安全生产法》《生产安全事故应急条例》等法律规范，生产经营单位事故应急救援工作主要包括：(1)迅速控制危险源，组织抢救遇险人员；(2)根据事故危害程度，组织现场人员撤离或者采取可能的应急措施后撤离；(3)及时通知可能受到事故影响的单位和人员；(4)采取必要措施，防止事故危害扩大和次生、衍生灾害发生；(5)根据需要请求邻近的应急救援队伍参加救援，并向参加救援的应急救援队伍提供相关技术资料、信息和处置方法；(6)维护事故现场秩序，保护事故现场和相关证据；(7)法律、法规规定的其他应急救援措施。

第四部分　安全生产合规管理措施的落实

一、发挥领导作用

抓好安全管理，培育安全文化，各级领导的意识到位、责任落实和亲自参与是安全

---

① 参见《生产安全事故和调查处理条例》第9条、第10条、第12条、第13条。

合规管理工作成败的关键。企业负责人安全管理意识决定了安全合规管理体系的建立与执行，决定了安全生产目标设立的准确性与科学性，决定了安全生产物质保障与经费投入的及时性，是解决安全投入与经营利润之间矛盾的关键因素。但是在实际安全合规管理中，企业主要负责人往往对安全重视不够，对安全经费投入不足，安全目标不明确，安全责任模糊，对合规管理仅停留在制定制度层面，合规风险意识淡薄，这成为企业安全风险合规管理的首要难题。

要想彻底落实安全生产合规管理措施，企业负责人起着关键性作用，决定了安全目标是否能实现。要想彻底激发领导在安全生产中的力量，可以通过以下路径实现：

(1)明确安全生产责任制中负责人的具体职责。

(2)加强安全生产培训，包括专业相关技术培训与法律培训，提高安全管理水平与风险意识。

(3)培养责任关怀意识，建立社会责任感。

二、设置安全生产管理机构

安全生产合规管理措施的落实，首先需要的就是组织上的保障，需要专业的管理机构或管理人员进行专业监督管理。一方面，企业应当依据《安全生产法》①(2021 年修正)第 24 条的规定设置安全生产管理机构或配备安全管理人员；另一方面，应当保障安全生产管理人员的专业水平。

具体是否设置安全管理机构或配备多少专职、兼职安全管理人员，企业可以根据经营项目或工艺的危险性、专业性、生产规模、从业人数进行综合判断后确定。

对安全生产管理人员的选择，可以从是否具备与本单位所从事的生产经营活动相应的安全生产知识和管理能力、是否通过应急管理部门的考核、是否具有注册安全工程师等多个角度综合判断。

---

① 《安全生产法》第 24 条规定："矿山、金属冶炼、建筑施工、运输单位和危险物品的生产、经营、储存、装卸单位，应当设置安全生产管理机构或者配备专职安全生产管理人员。前款规定以外的其他生产经营单位，从业人员超过一百人的，应当设置安全生产管理机构或者配备专职安全生产管理人员；从业人员在一百人以下的，应当配备专职或者兼职的安全生产管理人员。"

三、建立举报奖励制度

2021 年修正后的《安全生产法》,已将“全员安全生产责任制”“人人都是安全员”的理念以法律的形式予以确立,目的是要把生产经营单位全体员工的积极性和创造性调动起来,形成人人关心安全生产、人人提升安全素质、人人做好安全生产的局面,从而整体上提升安全生产的水平。

2020 年应急管理部发布了《生产经营单位从业人员安全生产举报处理规定》,其中第 12 条明确规定,应急管理部门鼓励生产经营单位建立健全本单位的举报奖励机制,在有关场所醒目位置公示本单位法定代表人或者安全生产管理机构以及安全生产管理人员的电话、微信、电子邮件、微博等联系方式,受理本单位从业人员举报的安全生产问题。对查证属实的,生产经营单位应当进行自我纠正整改,同时可以对举报人给予相应奖励。此措施的出台能够大大调动全体员工参与安全生产的积极性和创造性。

因此,为了落实安全生产合规管理措施,企业可以通过设立举报奖励制度,减少事故发生隐患从而降低安全生产合规风险。具体的举报制度主要包括以下内容:

(1)举报内容:违反企业内部安全管理制度与操作规程,违反强制性技术标准,违反法律、法规、规章的行为或者具体的事故隐患。

(2)举报对象:企业负责人、安全主管人员、安全员、主管部门领导。

(3)举报方式:以口头、书面、邮件或微信等方式,对举报人信息,企业应同时建立相应的保密制度。

(4)举报处理:企业安全生产管理部门应对举报信息进行调查核实,确实存在问题的,应及时整改,消除隐患,并举一反三,进行自检。

(5)举报奖励:经过调查核实举报内容属实的,企业应按照相关奖惩制度给予举报人相应的奖励,提高其参与安全管理的积极性。

四、建立安全生产合规风险沟通汇报机制

安全生产风险合规管理的目的就是通过相关的管控措施,将安全生产合规的风险“关口前移”,而“前移”的一个重要环节就是信息的共享。举例而言,发生生产安全事故后,如果直接管理人员不能及时报告企业负责人,往往就会错过风险应对的最佳时

间或者企业将会面临承担“瞒报”事故的法律风险,甚至相关负责人要承担刑事责任。

实现信息共享,需要建立完善的沟通汇报机制,为落实安全生产合规管理措施,沟通汇报机制的设置可以重点考虑以下内容:

(1)沟通汇报组织结构:沟通的层级、具体汇报的人员。

(2)沟通汇报的时间:定期汇报,如每周一次汇报;突发风险事件汇报,如发生突发事件1小时内汇报。

(3)沟通汇报的方式:日常层层汇报、突发事件越级汇报。

(4)沟通汇报的形式:会议、电话、微信或邮件。

(5)沟通汇报的处理:信息共享后,应在最短的时间内对风险进行识别与评估,作出相应的应对策略和具体的管控措施。

五、建立安全生产合规风险突发事件应对和处理机制

对企业日常安全生产合规风险,可以通过内部相关的制度管控措施予以解决,比如,存在安全隐患,可以通过内部的隐患排查制度予以消除。但是对突发的安全生产合规风险事件,不仅涉及内部的管控措施,还需要应对政府的调查与问询,若处理不当不但不会消除风险,反而会扩大风险,因此需要建立突发事件应对和处理机制,采取有效的协调处理方式。建立突发事件应对和处理机制,可以从以下方面予以考量:

(1)组织结构设置:包括企业负责人(实际控制人)、股东、分管安全负责人、安全管理人员、突发事件涉及主要部门管理人与直接责任人、法务合规部门。

(2)流程设置:①突发安全生产合规风险事件后,机制内部信息共享;②对风险进行识别与评估,确定风险等级;③类似风险事件分析;④明确管控措施与落实;⑤风险动态监控机制;⑥定期跟踪;⑦如实记录规范管理档案,进行年度总结和分析。

(3)应对措施设置:①内部采取相应制度管控;②外部沟通、谈判、协商;③法律救济:听证、复议、诉讼。

六、培养安全合规文化

安全生产合规风险是伴随企业生产经营而产生的,即使企业建立了完善的风险识别体系与管控体系,也不能避免所有风险的产生。因此,安全生产合规风险的防控不

能仅依靠管控措施，还应当注重培养安全合规文化。所谓“安全合规文化”包含的元素应当有价值观、判断标准、观念、认知、安全体系等。企业需要培养安全合规文化，使合规价值观、合规标准得到每一个员工的认同，才能形成“我的区域我负责”“人人都是安全员”的局面，进而减少不合规行为的产生，从源头降低合规风险。如何培养安全生产合规文化，可以从以下方面落实：

（1）加强日常合规检查监管的频次与力度，找寻企业合规问题的症结点。

（2）加大安全生产合规宣传，通过多种形式的活动深入开展安全合规文化建设，落实从业人员安全合规意识，将安全生产理念与自身发展相关联，从而把“要我安全”转化为“我要安全”。

（3）建立相应的考核制度，通过将安全合规与收入、健康相关联，改变从业人员的认知和行为。

（4）树立安全合规典型与事故案例分析，激发从业人员内心深处对安全的需求感，达成对安全合规文化的高度共识。

另外，安全生产合规风险随时因法律规范、技术要求以及经营变化而变化，企业的合规风险措施也随之变化。因此，安全生产合规风险措施也应当是持续改进的，特别是同行业发生类似的风险事件后产生的经验、教训，应当成为企业日后借鉴的案例，以保证合规措施的有效性。

第五节　环境合规

在推行经济社会全面绿色转型、实现企业绿色低碳高质量发展的背景下，强化环境合规具有特别重要的意义。一般而言，环境合规是指企业的经营管理行为符合相关环境法律法规、监管规定、行业准则、企业章程以及环境国际条约、规则等要求。环境合规风险是指企业因环境不合规行为，引发法律责任、受到相关处罚、造成经济或声誉损失以及其他负面影响的可能性。企业环境合规管理即是以防控环境合规风险为目的，以企业的经营管理行为为对象，开展包括制度制定、风险识别、合规审查、风险应对、责任追究、考核评价、合规培训等有组织、有计划的管理活动。本节重点阐述环境法律规范体系、环境合规义务与风险、环境合规管理三方面内容。

第一部分　环境法律规范体系

环境法律规范是保护和改善生态环境、合理开发利用与保护自然资源、防治污染和其他公害的各种法律规范的总称，是企业开展环境合规管理的主要依据。

一、我国环境法律规范体系

按照环境法律规范的内容，可以将我国环境法律规范体系分为以下几点。

1. 污染防治类法律规范。这方面的法律、法规包括《大气污染防治法》《水污染防治法》《海洋环境保护法》《环境噪声污染防治法》《土壤污染防治法》《固体废物污染环境防治法》《放射性污染防治法》《环境影响评价法》《环境保护税法》《危险化学品安全管理条例》等。

2. 自然资源与生态保护类法律规范。这方面的法律、法规包括《森林法》《草原法》

《渔业法》《野生动物保护法》《野生植物保护条例》《土地管理法》《水法》《水土保持法》《矿产资源法》《可再生能源法》《节约能源法》《资源税法》等。

3. 气候变化应对类规范。这方面我国制定有《碳排放权交易管理办法(试行)》等。

4. 企业循环经济与清洁生产类规范。这方面我国制定有《清洁生产促进法》《循环经济促进法》等。

5. 其他部门法中相关的环境法律规范。如《民法典》中关于环境侵权的法律规范；《行政许可法》《行政处罚法》《行政强制法》中关于环境侵权等相关法律规范；《刑法》中关于破坏环境资源类犯罪的刑事法律规范；经济法领域关于绿色证券、绿色贸易、绿色投资等方面的规范。

6. 环境标准。环境标准是国家为了维护环境质量、控制污染、保护公众健康而制定的各种技术性规范，由环境质量标准、污染物排放标准及基础标准和方法标准等组成。在我国，环境质量标准、环境风险管控标准、环境污染物排放标准为强制性标准。强制性生态环境标准必须执行，具有法律拘束力。强制性标准之外的推荐性标准，一旦被强制性生态环境标准或者规章、行政规范性文件引用并赋予强制执行效力，其被引用的内容也必须执行。

此外，按照环境规范的效力等级，还可以将我国的环境法律规范分为宪法性环境规范及法律、行政法规、地方性法规、部门规章、地方政府规章等层级的环境规范。其中，熟悉和掌握以地方性法规、部门规章和政府规章等形式存在的为数众多、复杂多样的环境规范是实践中的难点问题之一。

二、其他国家环境法律规范

保护生态环境、防治环境污染和生态破坏是各国面临的共同挑战，世界各国纷纷通过立法，建立了各自的环境法律规范体系。

美国在联邦层面的环境立法包括《国家环境政策法》《清洁空气法》《清洁水法》《资源保护与循环利用法》《综合环境反应、赔偿和责任法》《濒危物种法》《海岸带管理法》等。

除发达国家外，发展中国家也都建立了自己的环境法律规范体系，在开展“一带一路”等海外投资、基础设施建设时，需要遵守当地政府的环境法律规范。

三、国际环境法律规范

国际环境法律规范包括国际环境条约规范以及国际环境大会通过的宣言、声明等“软法”性规范。国际环境条约包括《控制危险废物越境转移及其处置巴塞尔公约》《关于在国际贸易中对某些危险化学品和农药采用事先知情同意程序的鹿特丹公约》《关于持久性有机污染物的斯德哥尔摩公约》《联合国气候变化框架公约》《保护臭氧层维也纳公约》《关于消耗臭氧层物质的蒙特利尔议定书》《生物多样性公约》《濒危野生动植物种国际贸易公约》《世界文化和自然遗产保护公约》《联合国海洋法公约》《国际油污损害民事责任公约》《国际防止船舶造成污染公约》《防止倾弃废物及其他物质污染海洋公约》等。此外，世界贸易组织框架下诸如《关税及贸易总协定》中也有相关的环境规范。

环境“软法”性规范包括诸如1972年在瑞典斯德哥尔摩召开的联合国环境大会上通过的《人类环境宣言》以及1992年在巴西里约热内卢召开的联合国环境与发展大会通过的《里约环境与发展宣言》等。

第二部分　环境合规义务与风险

一、环境合规义务

按照《合规管理体系指南》(GB/T 35770－2017)的定义，合规义务由合规要求和合规承诺两方面内容组成，其中合规要求是指企业有义务遵守的要求，包括明示的、通常隐含的或有义务履行的需求或期望；合规承诺是指企业选择遵守的要求。合规承诺本身具有自愿性，但承诺一旦作出，就成为企业必须遵守的合规义务的一部分。就环境合规义务而言，环境合规要求还可以进一步细分为强制性环境合规要求与经济激励性环境合规要求两类。

（一）强制性环境合规要求

强制性环境合规要求，又称命令控制性环境合规要求，其基本模式是政府通过法律、法规为企业设定环境要求，强制企业遵守，否则企业就要承担相应的环境法律责任。设定强制性环境合规要求是政府对企业实施环境监管的主要手段，因而成为环境合规法律规范的基础和主要形式。

例如，《环境保护法》规定了下列强制性环境合规要求：(1)排放污染物的企业应当采取措施，防治在生产建设或者其他活动中产生的废气、废水、废渣、医疗废物、粉尘、恶臭气体、放射性物质以及噪声、振动、光辐射、电磁辐射等对环境的污染和危害；(2)排放污染物不得超过污染物排放标准或者超过重点污染物排放总量控制指标，按照规定缴纳排污费，按照规定取得排污许可证并按照许可证要求排污；(3)严禁通过暗管、渗井、渗坑、灌注或者篡改、伪造监测数据，或者不正常运行防治污染设施等逃避监管的方式违法排放污染物；(4)重点排污单位应当如实向社会公开其主要污染物的名称、排放方式、排放浓度和总量、超标排放情况，以及防治污染设施的建设和运行情况，接受社会监督；(5)企业应制定突发环境事件应急预案，报生态环境主管部门和有关部门备案；(6)建设项目中防治污染的设施，应当与主体工程同时设计、同时施工、同时投产使用。防治污染的设施应当符合经批准的环境影响评价文件的要求，不得擅自拆除或者闲置。在建设项目开工建设前，依法报批建设项目环境影响评价文件等。

（二）经济激励性环境合规要求

经济激励性环境合规要求是对符合法定条件的企业给予一定的经济激励，以促使企业更好地改善其环境绩效。财政补贴、税收减免等是政府常用的环境经济激励手段，例如，《环境保护税法》第13条规定，“纳税人排放应税大气污染物或者水污染物的浓度值低于国家和地方规定的污染物排放标准百分之三十的，减按百分之七十五征收环境保护税。纳税人排放应税大气污染物或者水污染物的浓度值低于国家和地方规定的污染物排放标准百分之五十的，减按百分之五十征收环境保护税”。显然，遵守相应的法律是企业获得经济激励的前提，如果违反相关条件就失去获得经济激励的资格，甚至之前获得的经济激励也会被依法追回。例如，某环境企业依法享有出口退税的政策优惠，后该企业因违规排放废水受到环境行政处罚，而按照规定，环境违规受到处罚应当取消该企业享有的出口退税资格，企业需要依法补缴之前享有的税收优惠。

（三）环境合规承诺

环境合规承诺是企业自愿承担的环境合规要求，例如，企业与政府有关部门签订环境协议，自愿承担法定义务之外的环境义务，或者以自我承诺的方式宣布企业实施比污染物排放标准更为严格的排放标准等。例如，我国《清洁生产促进法》规定，除了依法需要进行强制性清洁生产审核的企业之外，鼓励其他企业自愿与清洁生产综合协调部门和环境保护部门签订进一步节约资源、削减污染物排放量的协议，该清洁生产综合协调部门和环境保护部门应当在本地区主要媒体上公布该企业的名称以及节约资源、防治污染的成果。环境合规承诺有利于提升企业环境声誉和市场环境竞争力。

二、环境合规风险

企业生产经营过程中的环境不合规导致的风险包括环境法律风险与市场风险两类。

（一）法律风险

环境合规的法律风险包括环境行政法律风险、环境民事法律风险以及环境刑事法律风险。其中，环境行政法律风险是指企业因违反环境行政法律规范所应承担的行政处罚、行政强制等法律风险；环境民事法律风险是指企业因污染环境、破坏生态造成损害所应承担的人身或财产损害赔偿、生态修复以及生态环境损害赔偿等法律风险；环境刑事法律风险是指企业违反《刑法》关于环境资源保护方面的规定而应承担刑事法律责任的风险。

（二）市场风险

市场风险是指因企业环境不合规行为给企业带来的市场经济损失和声誉损失等。为适应当今生态环境保护以及绿色低碳发展的现实需要，世界各国市场也呈现出“绿化”倾向，绿色产品、绿色投资受到追捧，企业的环境合规状况借助环境信息公开而对企业的投融资以及产品销售等产生直接影响。例如，环境合规经营的企业相较于环境违规事件多发的企业更容易受到资本市场的青睐，近年来兴起的 ESG 投资即是一例。

ESG是一种关注企业环境、社会、治理绩效而非财务绩效的投资理念与企业评价标准。其中“E”是指环境，“S”是指社会责任，“G”是指公司治理。基于ESG评价，投资者可以通过观测企业的ESG绩效，评估其投资行为和企业（投资对象）在促进经济可持续发展、履行社会责任等方面的贡献。目前，已有多个国际投资公司推出了ESG投资产品。实践表明，ESG表现优异的公司声誉更佳，客户黏性更强，公司财务业绩更优，并能够显著降低其融资成本。

三、企业环境合规义务与合规风险典型应用场景

（一）环境污染防治方面

按照我国现有环境法律的规定，企业环境污染防治方面的强制性合规要求包括项目建设阶段的环境影响评价制度与“三同时”制度、企业运行阶段的排污许可证制度与环境监测、突发环境事件应急制度等几个方面的要求。

（1）建设项目环境影响评价制度要求。建设项目环境影响评价是指企业在进行建设活动之前，对建设项目实施后可能造成的环境影响进行分析、预测和评估，提出预防或者减轻不良环境影响的对策和措施，以及进行跟踪监测的方法和制度。

企业开展环境影响评价工作，应当根据建设项目对环境的影响程度（可能造成重大影响、可能造成轻度环境影响、环境影响很小、不需要进行环境影响评价）分别编制环境影响报告书、环境影响报告表、填报环境影响登记表，具体按照国务院环保主管部门制定并公布的《建设项目环境影响评价分类管理名录》执行。

根据《环境保护法》《环境影响评价法》《建设项目环境保护管理条例》等法律、法规的规定，并结合实践，环境影响评价制度主要包括以下六方面内容：①委托有相应资格证书的单位编制环评文件。②若建设项目对环境可能造成重大影响应当编制环境影响报告书，在报批前，举行论证会、听证会，或者采取其他形式，征求有关单位、专家和公众的意见，并将有关单位、专家和公众的意见是否采纳在报告书中说明。③企业报批环境影响报告书或报告表的，应按规定报送有审批权的环保主管部门审批，环境影响登记表报有关部门备案。④若企业建设海岸工程项目，必须对海洋环境进行科学调查，根据自然和社会条件合理选址，编制环境影响报告书（表），并报环保部门审批。⑤环评文件经批准后，建设项目的性质、规模、地点、采用的生产工艺或者防治污染、防止生态破坏的措施发生重大变动的，企业应重新报批环评。⑥在项目建设、运行过程

中发生不符合经审批的环评文件的，企业应当组织环境影响评价，采取改进措施，并报原环评文件审批部门和建设项目审批部门备案。

（2）建设项目"三同时"制度要求。建设项目"三同时"制度是建设项目需要的配套防治污染的设施，应当与主体工程同时设计、同时施工、同时投产使用，防治污染的设施应当符合经批准的环境影响评价文件的要求，不得擅自拆除或者闲置。

根据《环境保护法》《环境影响评价法》《建设项目环境保护管理条例》等法律、法规，并结合实践，建设项目"三同时"制度主要包括以下内容：①落实防治污染和生态破坏的措施以及防止污染设施投资概算；②配套建设的防治污染设施必须与主体工程同时投入试运行，并对防治污染设施的运行情况进行监测；③防治污染设施应与主体工程竣工验收；④经验收合格后，建设项目方可正式投入生产或者使用。

（3）排污许可证制度要求。按照我国环境法律的相关规定，纳入排污许可分类管理名录的排放污染物企业和其他生产经营者应当按照法定程序申请和承诺取得排污许可证，按照排污许可证的要求排放污染物；未取得排污许可证的，不得排放污染物。我国《排污许可证管理条例》对排污许可证的申请与审批、排污管理以及监督检查等作出了详细规定。

（4）突发环境事件应急制度要求。突发环境事件应急制度主要是指企业根据本单位的实际，针对可能发生的事故的类别、性质、特点和范围等情况，开展的突发环境事件风险控制、应急准备、应急处置、事后恢复等工作。

根据《环境保护法》《突发环境事件应急管理办法》等法律规范，突发环境事件应急管理制度主要包括以下内容：①开展突发环境事件风险评估并建立健全环境安全隐患排查治理制度；②制定突发环境事件应急预案并备案；③定期开展应急演练，撰写演练评估报告与完善预案；④突发环境事件应急培训；⑤必要环境应急装备和物资的储备与管理；⑥突应急预案的启动、应急措施实施、协助工作、保存事件有关证据等工作；⑦突发环境事件应急处置工作的信息公开。

（5）环境信息公开制度要求。环境信息公开制度是一项企业事业单位按照强制公开和自愿公开相结合的原则，及时、如实地公开其环境信息，并指定专门机构负责日常公开工作的制度。企业环境信息是指企业以一定形式记录、保存的，与企业经营活动产生的环境影响和企业环境行为有关的信息。我国的企业环境信息公开采取强制公开与自愿公开相结合的方式，其中重点排污单位应依法强制进行环境信息公开，其他企业自愿公开有利于保护生态、防治污染、履行社会环境责任的相关信息。

违反上述强制性合规要求，必然会受到环境行政处罚，甚至被追究刑事责任。实践中，企业环境违规风险以违反上述环境要求而受到行政和刑事法律制裁的案件较多。

风险场景示例

2021 年 4 月 13 日，大连市生态环境局执法人员颜某某、宋某某经检查发现，位于庄河市某村的大连 A 食品有限公司从事肉鸡屠宰、肉鸡产品加工，日屠宰肉鸡 5 万只左右。污水治理设施中的污泥暂存池沉淀废水未进入污水治理设施，而是直接排入了厂区北侧墙外沟渠内。大连某检测有限公司检测人员在该废水排放处采集水样进行检测，结果显示该公司厂区北侧墙外外排废水中化学需氧量浓度为 88 mg/L、氨氮浓度为 24. 2 mg/L、总磷浓度为 1. 82 mg/L，分别超过了《辽宁省污水综合排放标准》（DB 21/1627—2008）中规定的排放标准的 0. 76 倍、2. 025 倍、2. 64 倍。该公司不正常运行水污染防治设施，水污染物超标排放。大连市生态环境局依据《环境保护法》第 63 条第 3 项，《水污染防治法》第 83 条第 2 项、第 3 项的规定，对其作出罚款人民币 20 万元的行政处罚。

分析：

大连 A 食品有限公司未尽到《环境保护法》《水污染防治法》规定的企业环保义务，存在不正常运行水污染防治设施、水污染物超标排放两个违法行为，违反了《环境保护法》第 42 条第 4 款规定的“严禁通过暗管、渗井、渗坑、灌注或者篡改、伪造监测数据，或者不正常运行防治污染设施等逃避监管的方式违法排放污染物”，《水污染防治法》第 10 条规定的“排放水污染物，不得超过国家或者地方规定的水污染物排放标准和重点水污染物排放总量控制指标”和《水污染防治法》第 39 条规定的“禁止利用渗井、渗坑、裂隙、溶洞，私设暗管，篡改、伪造监测数据，或者不正常运行水污染防治设施等逃避监管的方式排放水污染物”等。

就法律责任而言，依据《环境保护法》第 63 条第 3 项，《水污染防治法》第 83 条第 2 项、第 3 项的规定，不仅大连 A 食品有限公司承担罚款人民币 20 万元的行政处罚，其直接负责的主管人员和其他直接责任人员还会被处以行政拘留。如构成犯罪，还可能被追究环境污染犯罪的刑事责任。

（二）节能减排方面

《节约能源法》规定，节能是指加强用能管理，采取技术上可行、经济上合理以及环境和社会可以承受的措施，从能源生产到消费的各个环节，降低消耗、减少损失和污染物排放，制止浪费，有效、合理地利用能源。

企业在节能减排中的环保风险主要源于没有履行节能减排的法定义务。《节约能源法》总体上对企业的节能减排义务进行了规定。

1. 企业应当按照合理用能的原则，加强节能管理，制订并实施节能计划和节能技术措施，降低能源消耗。

2. 对内建立节能目标责任制，对节能工作取得成绩的集体、个人给予奖励，还应当定期开展节能教育和岗位节能培训。

3. 加强能源计量管理，按照规定配备和使用经依法检定合格的能源计量器具。

4. 建立能源消费统计和能源利用状况分析制度，对各类能源的消费实行分类计量和统计，并确保能源消费统计数据真实、完整。

5. 禁止生产、进口、销售国家明令淘汰或不符合强制性能源效率标准的用能产品、设备；禁止使用国家明令淘汰的用能设备、生产工艺。

6. 对列入国家能源效率标识管理产品目录的用能产品标注能源效率标识，在产品包装物上或者说明书中予以说明，并按照规定报国务院市场监督管理部门和国务院管理节能工作的部门共同授权的机构备案；禁止销售应当标注而未标注能源效率标识的产品；禁止伪造、冒用能源效率标识或者利用能源效率标识进行虚假宣传。

7. 如果企业属于生产过程中耗能高的产品的生产单位，应当执行单位产品能耗限额标准。

8. 如果企业属于重点用能单位，应当遵守《节约能源法》中对重点用能单位的节能规定。

9. 如果企业属于电力、钢铁、有色金属、建材、石油加工、化工、煤炭等主要耗能行业，应当遵守国务院管理节能工作的部门指定的节能技术政策，推动企业节能技术改造。

10. 如果企业属于建筑工程的建设、设计、施工和监理单位，应当遵守建筑节能标准。

风险场景示例

南京市经济和信息化委员会在对南京某酒店管理有限公司的检查中发现：该单位有 13 台 Y 型电动机（共计 701 kW）及 1 台 SCB8 变压器（2000 kVA），残值为 14,084 元，为《工业和信息化部公告 2012 年第 14 号——高耗能落后机电设备（产品）淘汰目录（第二批）》公告中的高耗能落后机电设备，经调查，证据有调查询问笔录及现场照片，南京市经济和信息化委员会对该公司作出行政处罚决定：①责令停止使用淘汰设备；②没收南京某酒店管理有限公司淘汰设备表中的 13 台电动机及 1 台变压器。

分析：

南京某酒店管理有限公司未尽到《节约能源法》规定的企业节能减排义务，存在使用国家明令淘汰的用能设备或者生产工艺的违法行为，违反了《节约能源法》第 17 条“禁止生产、进口、销售国家明令淘汰或者不符合强制性能源效率标准的用能产品、设备；禁止使用国家明令淘汰的用能设备、生产工艺”的规定。

就法律责任而言，依据《节约能源法》第 71 条的规定，南京某酒店管理有限公司应承担被责令停止使用，没收国家明令淘汰的用能设备的责任，如情节严重，可以由管理节能工作的部门提出意见，报请本级人民政府按照国务院规定的权限对企业责令停业整顿或者关闭。

（三）清洁生产方面

清洁生产是指，不断采取改进设计，使用清洁的能源和原料，采用先进的工艺技术与设备，改善管理，综合利用等措施，从源头削减污染，提高资源利用效率，减少或者避免生产、服务和产品使用过程中污染物的产生和排放，以减轻或者消除对人类健康和环境的危害。

企业在清洁生产中的违规风险主要来自自身的违法行为，即没有履行清洁生产的法定义务，《清洁生产促进法》总体上对企业的清洁生产义务进行了规定。

1. 企业在进行技术改造过程中，应当采取以下清洁生产措施：(1)采用无毒、无害或者低毒、低害的原料，替代毒性大、危害严重的原料；采用资源利用率高、污染物产生量少的工艺和设备，替代资源利用率低、污染物产生量多的工艺和设备。(2)对生产过程中产生的废物、废水和余热等进行综合利用或者循环使用。(3)采用能够达到国家或者地方规定的污染物排放标准和污染物排放总量控制指标的污染防治技术。

2. 企业应当在经济技术可行的条件下对生产和服务过程中产生的废物、余热等自行回收利用或者转让给有条件的其他企业和个人利用。

3. 被省、自治区、直辖市人民政府负责清洁生产综合协调的部门、环境保护部门列入未达到能源消耗控制指标、重点污染物排放控制指标名单的企业，应当按照国务院清洁生产综合协调部门、环境保护部门的规定公布能源消耗或者重点污染物产生、排放的情况，接受公众监督。

4. 如属于生产大型机电设备、机动运输工具以及国务院工业部门指定的其他产品的企业，应当按照国务院标准化部门或者其授权机构制定的技术规范，在产品的主体构件上注明材料成分的标准牌号。

5. 如属于餐饮、娱乐、宾馆等服务性企业，应当采用节能、节水和其他有利于环境保护的技术和设备，减少使用或者不使用浪费资源、污染环境的消费品。

6. 如属于建筑企业，建筑工程应当采用节能、节水等有利于环境与资源保护的建筑设计方案、建筑和装修材料、建筑构配件及设备；建筑和装修材料必须符合国家标准。禁止生产、销售和使用有毒、有害物质超过国家标准的建筑和装修材料。

7. 企业应当对生产和服务过程中的资源消耗以及废物的产生情况进行监测，并根据需要对生产和服务实施清洁生产审核。符合《清洁生产促进法》第27条规定的需要实施强制性清洁生产审核情形的，企业还应当实施强制性清洁生产审核。审核结果向所在地县级以上地方人民政府负责清洁生产综合协调的部门、环境保护部门报告，并在本地区主要媒体上公布，接受公众监督。

风险场景示例

2019 年 10 月 14 日，深圳市生态环境局宝安管理局执法人员对深圳市宝安区某铝制品厂进行现场检查和调查，发现该企业未能提供清洁生产相关验收手续，即在深圳市宝安区某街道×号开办。该企业主要从事五金制品的加工与生产。现场检查时，车间正常生产。经查，该企业属于由原深圳市人居环境委员会于 2018 年 6 月 25 日印发的《关于 2018 年强制实施清洁生产审核重点企业名单（第二批）的通知》规定的应当实施强制性清洁生产审核的企业，该企业却未按时完成强制性清洁生产审核。2019 年 10 月 14 日，执法人员对该企业直接送达了《责令改正违法行为决定书》，责令该企业于 2019 年 11 月 14 日前完成强制性清洁生产评估验收。但该企业未按照期限进行整改，被处以人民币 5 万元的罚款。

分析：

深圳市宝安区某铝制品厂未尽到《清洁生产促进法》规定的企业清洁生产义务，存在不实施强制性清洁生产审核的违法行为，违反了《清洁生产促进法》第 27 条的规定。

就法律责任而言，依据《清洁生产促进法》第 39 条的规定，深圳市宝安区某铝制品厂被环境保护部门责令限期改正，并未处以罚款，但该企业存在拒不改正情形，最终被处以 5 万元罚款的行政处罚。

（四）碳排放交易方面

我国正在积极推进碳排放总量和碳排放强度的双控制制度，其中碳排放交易是利用市场机制实现碳排放总量控制的重要工具。在碳排放交易方面我国发布了《碳排放权交易管理办法（试行）》《碳排放权交易管理规则（试行）》等。按照上述规定，企业碳排放交易的程序和要求如下。

1. 全国碳排放权交易机构负责组织开展全国碳排放权集中统一交易。

2. 如企业符合《碳排放权交易管理办法（试行）》第 8 条规定的温室气体重点排放单位的标准，属于温室气体重点排放单位（以下简称重点排放单位），应当控制温室气体排放，报告碳排放数据，清缴碳排放配额，公开交易及相关活动信息，并接受生态环境主管部门的监督管理。

3. 重点排放单位应当在全国碳排放权注册登记系统开立账户，进行相关业务操作。发生合并、分立等情形需要变更单位名称、碳排放配额等事项的，应当报经所在地省级生态环境主管部门审核后，向全国碳排放权注册登记机构申请变更登记。

4. 重点排放单位以及符合国家有关交易规则的机构，在进行碳排放权交易时，应当通过全国碳排放权交易系统进行，可以采取协议转让、单向竞价或者其他符合规定的方式。

5. 重点排放单位应当根据生态环境部制定的温室气体排放核算与报告技术规范，编制该单位上一年度的温室气体排放报告，载明排放量，并于每年 3 月 31 日前报生产经营场所所在地的省级生态环境主管部门。排放报告所涉数据的原始记录和管理台账至少应当保存 5 年，并对温室气体排放报告的真实性、完整性、准确性负责。重点排放单位编制的年度温室气体排放报告应当定期公开，接受社会监督，涉及国家秘密和商业秘密的除外。

6. 重点排放单位应当在生态环境部规定的时限内，向分配配额的省级生态环境主管部门清缴上年度的碳排放配额。清缴量应当大于等于省级生态环境主管部门核查结果确认的该单位上年度温室气体实际排放量。

第三部分　环境合规管理

一、环境合规管理的主要特征

1. 环境合规管理是全过程管理，涵盖企业生产经营的全过程。其中，需要关注以下重点环节：

（1）制度制定环节。强化对企业规章制度、改革方案等重要文件的环境合规审查，确保符合环境法律法规、监管规定等要求。

（2）经营决策环节。对企业经营决策事项进行环境合规审查，保障决策的依法合规，例如，对于企业关闭，需要考虑是否存在需要处置的固体废物，是否存在土壤污染等，并依法拟定妥善处理方案。

（3）项目建设环节。强化项目本身及其项目建设过程的环境合规管理，防止出现环境违法行为。

(4)生产运营环节。严格执行环境许可证制度,防止出现超标超总量排放污染物、逃避监管排放污染物等不合规行为,遵守企业环境管理规章制度,照章办事、按章操作。

2. 环境合规管理是全员管理,需要树立全员合规的理念,将环境合规贯穿于公司各个层面,包括总公司及其下属子公司、分公司,涵盖从管理人员到普通员工等所有公司成员。实践中需要重点强化以下几类人员的环境合规管理:

(1)公司领导。公司领导强化环境合规意识,带头合规开展经营管理活动,认真履行其环境合规管理职责,对企业环境合规管理具有特别重要的意义。

(2)环境管理人员。环境管理人员是企业环境合规管理的重要实施主体,需要强化环境管理人员的合规意识,明确其合规管理职责,并发挥其在环境合规管理制度的贯彻落实以及监督管理督促员工合规开展生产经营方面的积极作用。

(3)关键岗位人员。通过环境合规风险评估,确定环境合规管理关键岗位,对关键岗位的员工,例如,重点环境保护设施运营维护岗位的员工,应当明确其岗位职责,强化环境合规培训,提高其环境合规风险意识,要求其严守岗位工作操作守则与操作规范,尽可能减少环境合规风险事件的发生。

3. 环境合规管理具有鲜明的技术性。首先,环境合规管理依据中含有大量的环境标准等技术型规范,需要依据相关技术标准开展生产经营活动;其次,在判定某行为是否合规时,需要运用监测、检测等技术手段加以证明;最后,对环境不合规的改变通常也会涉及技术等方面的落实与改进等。

4. 环境合规管理从单一企业管理向供应链管理延展。随着现代环境保护和企业环境管理实践的发展,绿色供应链管理成为企业管理的重要内容,特别是就外向型企业而言,供应链环境合规通常会成为采购方选择供应商的基本条件,为此,除了企业本身生产经营活动的环境合规管理之外,强化供应链环境合规管理也是当今环境合规管理的重要发展趋势与特征。

二、环境合规管理的主要内容

按照工作流程,可以将环境合规管理的主要内容作如下归纳。

1. 建章立制。环境合规管理的实质是“外规内化”,即将环境法律、法规等规定通过企业环境管理规章制度的形式加以内化,成为企业及其生产经营者的行为守则,因而通过建章立制,形成企业及其员工普遍遵守的环境合规行为规范。该规范需要根据法律、法规变化和监管动态,及时进行修改与调整。

2. 建立环境合规风险的识别、分析。环境合规风险的识别是把环境合规义务与企业活动、产品、服务和运行等相互联系起来,以识别可能发生环境不合规的场景,包括识别不合规的原因以及后果等。实践中,对环境合规风险的识别,需要结合企业所处的不同行业、区域,并根据环境合规义务所指向的不同企业生产运行环节等因素进行针对性识别。例如,生产性企业的环境合规义务与服务性企业的环境合规义务存在明显差异,而生产性企业也因为行业的不同存在差异,例如,化工企业的污染防治合规义务重点在于危险废物管理、突发事件应急、大气污染和水污染防治等,而水泥生产企业的污染防治合规义务重点在于大气污染防治和噪声污染防治等。

环境合规风险分析是在环境合规风险识别的基础上,通过考虑环境不合规的原因、来源、后果的严重程度、不合规及其后果发生的可能性进行环境合规风险分析。

3. 强化环境合规风险应对。对环境行政违法风险,充分行使企业的陈述申辩权,并运用好行政处罚听证程序,通过陈述申辩和听证提出自己的主张,对不合规事实清楚的案件,除了积极配合整改之外,还可以结合案件具体情节,依据行政处罚法律、法规,提出从轻、减轻和免予行政处罚的抗辩。对涉及环境犯罪的不合规案件,应当高度重视,由合规部门牵头拟定应对方案,尽可能化解风险,降低损失。

4. 建立环境合规审查机制。对重大决策、重大项目运营、重要合同签署等经营管理行为要进行环境合规审查,将其作为必经程序,及时发现不合规风险,并加以防控。例如,在企业并购决策过程中,应对并购方的环境行为开展尽职调查,并进行环境合规风险评估,以保障并购决策的有效实施。

5. 建立举报与违规问责制度。举报是及时发现环境合规风险的重要途径,企业应当建立环境违规行为举报制度,对于举报属实,并及时避免重大环境合规风险发生的,应当予以奖励。同时需要强化违规行为的问责,明确违规责任范围,细化惩处标准,提高对违规行为惩罚的威慑力。

6. 建立合规管理评估与持续改进机制。合规是一个持续性过程,需要通过定期开展环境合规管理评估持续改进。合规管理的评估包括企业自行组织的内部评估以及第三方进行的外部评估等不同形式,通过定期开展对环境合规管理有效性的分析,对重大或反复出现的合规风险和违规问题，深入查找根源，完善相关制度，堵塞管理漏洞，强化过程管控，持续改进提升。

三、环境合规管理的有效实施

1. 实行环境合规目标责任制，明确企业及相关人员的责任。实行环境保护责任制既是环境合规的基本要求，也是环境合规管理实施的重要保障。实践中，对环境违规行为的法律惩处除了处罚企业之外，还会对相关负责人以及负有直接责任的人员进行惩处，为此，明确合规管理的目标责任制具有特别重要的意义。

2. 建立环境合规管理工作机制。一是明确环境合规的具体管理部门，由其牵头独立履行环境合规管理职责，加强环境合规部门和人员的能力建设，提高其环境合规管理水平。二是将环境合规管理工作纳入股东会、董事会、监事会的治理框架，制定企业环境合规管理的目标、方针和计划，为企业环境合规指明方向。三是强化环境合规的工作协调，环境合规通常会涉及法务、相关环境管理等技术管理部门以及其他业务部门等，在识别、分析、评价和预警环境合规风险以及应对特定环境合规风险时，需要强化各相关部门的协同。

3. 建立环境合规管理的技术监督与支持体系。环境合规管理涉及大量的技术规范，需要企业健全环境设施运行机制以及环境监测等制度，聘请第三方提供环境专项技术服务，合理区分企业与环境服务第三方的责任，通过第三方的专业服务避免和降低环境违规风险。

4. 建立环境合规报告与合规考核评价制度。环境合规管理部门对公司的环境合规工作以及重大环境合规风险事件及其处理情况等向企业领导和董事会等报告。

企业将环境合规情况纳入对各部门和所属企业负责人的年度综合考核，细化评价指标。对所属单位和员工合规职责履行情况进行评价，并将结果作为员工考核、干部任用、评先选优等工作的重要依据。

5. 建立系统的环境合规培训制度。根据企业情况，针对不同的人员，进行各种层面的培训。其中，应当强化对岗位操作人员上岗前的培训以及岗位定期培训，强化对企业领导层环境合规及其发展趋势等战略性培训。对环境管理人员定期进行环境合规培训，使其能够及时、全面、准确地了解环境法律、法规以及合规管理的最新要求。

6. 培育环境合规文化，通过制定发放环境合规手册、签订环境合规承诺书等方式，强化全员环境合规意识，树立依法合规、守法诚信的价值观，筑牢合规经营的思想基础。

第六节　采购合规

第一部分　采购合规概述

一、采购合规的概念

随着企业合规有关政策文件的不断推出，企业合规已成为全社会讨论及关注的热点话题，值得社会各界人士广泛关注。

采购行为是企业最为重要的生产经营行为之一，因此采购合规也必然是企业合规中的重要组成部分，应当予以重视。首先应当厘清采购以及采购合规的基本定义及内涵。

（一）采购的定义

根据财政部发布的《企业内部控制应用指引第7号——采购业务》的规定，采购是指企业购买物资（或接受劳务）及支付款项等相关活动。其中，物资主要包括企业的原材料、商品、工程物资、固定资产等。

从采购方式上来看，常见的采购方式主要有集中采购、招标采购、谈判采购、询比采购、竞价采购、直接采购、协议采购。

（二）采购合规的定义

原国家质量监督检验检疫总局和国家标准化管理委员会起草的ISO 19600《合规管理体系指南》将合规规范定义为："适用的法律法规及监管规定，以及相关标准、合同、有效治理原则或道德准则。"《国资委合规指引》将"合规"定义为："本指引所称合规，是指中央企业及其员工的经营管理行为符合法律法规、监管规定、行业准则和企业章程、规章制度以及国际条约、规则等要求。”因此，采购合规是指，在企业在采购过程中的各类行为应符合法律、法规、监管规定、行业标准、国际规约、企业内部规章制度及相应道德准则。

（三）采购合规的规范依据

根据采购主体及标的物的不同，不同的采购行为受到不同的规范约束。整体来讲，采购合规的规范包括《民法典》、《招标投标法》、《政府采购法》、《招标投标法实施条例》及相关地方性法规、部门规章等，还包括 ISO 37301《合规管理体系　要求及使用指南》、ISO 19600《合规管理体系指南》、《企业内部控制基本规范》、《企业内部控制应用指引第 7 号——采购业务》、《国资委合规指引》、《企业境外经营合规管理指引》及《〈合规风险识别评价与控制指引〉团体标准》等。

二、建立采购合规管理体系的意义

建立采购合规管理体系，可以有效规范企业的采购行为，对企业采购行为起到指引作用。一旦发生采购风险，采购合规管理体系的有效建设能够有助于企业及时挽损、减损、明晰责任，亦有可能据此豁免或减轻部分民事、行政和刑事责任。同时，采购合规作为企业合规的重要组成部分，将其有效融合至企业合规管理体系的构架中，可协助实现企业长久可持续发展。

1. 采购既是企业“实物流”的重要组成部分，也与企业“资金流”存在密切关联关系，贯穿企业生产经营的全过程。建立采购合规管理体系可以有效指引企业及员工如何进行采购，以“必做、可做、不得做”的清单作为行为依据，以严格的决策程序、审批程序作为流程控制，确保采购行为尽可能处于合规界限以内。

2. 一旦采购行为出现合规风险，可能招致民事索赔、行政及刑事处罚，采购合规体系的建设可能有助于企业豁免或减轻相应责任。正如 ISO 19600《合规管理体系指南》在引言中提出的：“建立有效的合规管理体系并不能杜绝不合规的发生，但是能够降低不合规发生的风险。在很多国家或地区，当发生不合规时，组织和组织的管理者以组织已经建立并实施了有效的合规管理体系作为减轻甚至免于行政、刑事或民事责任的抗辩，这种抗辩有可能被行政执法机关或司法机关所接受。”

而最高人民检察院牵头出台的《关于建立涉案企业合规第三方监督评估机制的指导意见（试行）》的指导思想，即是为了有效惩治预防企业犯罪，如涉案企业建立完备的合规体系及进行有效的合规承诺的，人民检察院根据涉案企业的合规情况的考察结果作为处理案件的重要参考。换言之，涉案企业可能因为己方合规体系的搭建减轻甚至免除刑事责任。

3. ISO 19600《合规管理体系指南》开宗明义地指出，"合规是组织可持续发展的基石"，是实现"良好治理原则"的保障。采购合规管理体系的建立和完善，可以防止或减少企业在采购环节发生违法违规的行为，便于企业管理采购行为。且采购合规体系与其他专项企业合规共同构筑完备的企业合规体系，使企业内控制度完善，增强企业优势，并得以树立良好的企业形象和品牌，为企业的可持续发展带来积极的促进作用。

第二部分　采购风险的识别及评估

一、采购风险

采购风险是指采购过程中出现的某些事故或意外事件导致采购行为出现一定可能性的特定危险，采购流程是企业运营中风险较为高发的环节。下面主要介绍 7 种最为常见的采购风险：政策风险、供应商风险、合同风险、管理风险、税务违法风险、商业贿赂风险、知识产权侵权风险。

1. 政策风险。政策风险是指政府有关采购的法律、法规及相关政策发生重大变化时，引起采购市场的波动，从而给采购带来的风险。如现行 2014 年《政府采购法》所规定的采购当事人为采购商、供应商和采购代理机构，而 2020 年 12 月财政部发布的《关于〈中华人民共和国政府采购法（修订草案征求意见稿）〉向社会公开征求意见的通知》中，修订草案明确政府采购当事人仅指采购商和参加政府采购活动的供应商。新法生效后，则原规定所涉采购代理机构的部分法定义务及法律责任可能会迁移至采购商，采购商需承担更重的法律义务，且根据法律规范的变化调整风险防控措施。

2. 供应商风险。通常而言，供应商风险是指因供应商资质或供应商所供标的货物而引发的采购风险，主要包括供应商不具备特定资质、供应商不具备履约能力、标的货物不符合质量要求、标的货物不符合特殊要求（如不符合出口国的出口管制）。例如

2000 年 3 月,位于美国新墨西哥州的飞利浦工厂发生火灾,致使已准备生产的数百万个手机芯片被粉尘破坏。由于该芯片工厂是爱立信唯一的芯片供应商,导致爱立信新型手机无法按时推出,手机业务急速萎缩,2000 年爱立信手机部出现高达 17 亿美元的巨额亏损。

3. 合同风险。采购行为的必要环节之一是签署采购合同,采购合同根据需求不同可分为意向协议、框架协议、具体供货协议等。采购合同是采购行为的履行依据,因此,合同风险在采购风险中占有重要地位。一般而言,合同风险包括但不限于合同约定不明确、条款不齐全、合同内容违反法律规定、未约定有利于采购方的单方解除条款或违约责任条款等。

4. 管理风险。管理风险是指企业在统筹管理采购行为时因各项管理行为不当产生的风险。其中,计划风险、采购流程及方式不合规或不当风险、采购行为监管不当风险较为重要。

(1)计划风险。计划风险是指指定采购计划时因不合理导致采购行为与生产经营不匹配的风险。如采购计划或采购需求未与企业生产经营计划相协调,采购时间、采购批次未做好严格控制等。

(2)采购流程及方式不合规或不当风险。如依法应采用招标的项目未进行招标、未建立采购申请制度、采购审批权未分离、采购全流程由同一部门完成等。采购方式不合规可能会导致采购合同无效。

如在内蒙古铁道勘察设计院有限公司与内蒙古呼铁永晖物流有限公司铁路修建合同纠纷案中,法院认为,根据《招标投标法》第 3 条、第 7 条的规定,案涉工程属于必须经招标程序而签约的工程,因合同签订过程未履行招标程序,案涉合同违反了上述相关法律及行政法规的规定,应认定无效。

(3)采购行为监管不当风险。企业应当对采购行为进行严格监管,如加强验收,核对货物及单据等。验收标准不明确、出货单据不齐全、对供应商名录未实施动态监管等均属于采购行为监管不当风险,均会对企业造成不利影响。

如京沪高铁等高铁项目因验收标准不明确导致沪昆线杭长段物资招标项目的中标单位所使用在桥面的聚脲防水层因使用材料不合格而出现防水层黄变、龟裂、破损、剥离,有的桥面甚至大面积破损,整块掀起,对高速列车的安全运行造成威胁。

5. 税务违法风险。税务风险主要为虚开发票风险,常见的虚开发票情形包括采购人员为虚假报账套利而虚开发票;采购人员因采购交易相对方无法开具发票而另找第三方开票,构成虚开发票;供应商自身存在虚假登记恶意走逃或接受虚开情形,导致税务机关将其开具的发票认定为异常或虚开等。

6.商业贿赂风险。采购环节是商业贿赂行为发生的“重灾区”,一方面,采购相关岗位工作人员因有机会决定大额交易的交易相对方,易成为不良供应商为谋取商业机会而行贿的对象;另一方面,采购可能被用作实施行贿的工具,如在葛兰素史克商业贿赂案中,制药公司葛兰素史克就曾通过与串谋的旅行社签订服务采购合同套取现金,用于向政府部门官员、医药行业协会和基金会、医院、医生等行贿。

7.知识产权侵权风险。采购环节可能发生的知识产权侵权风险表现为两类:一类是企业因引入不良供应商、工作人员疏忽等原因采购了侵犯第三方知识产权的货品,从而遭受第三方的侵权指控;另一类是企业因供应商泄露图纸、擅自将受托生产的含知识产权信息的产品售卖给第三方等原因,导致企业遭受第三方侵权等。

二、采购风险的识别与评估

（一）采购风险的识别

1.采购风险识别的定义

风险识别是指查找、辨别、列举和描述组织运转过程中可能发生的风险源或相应的风险事件或者潜在风险因素的过程,采购风险识别即是指对采购行为的全过程查找、辨别、列举和描述可能发生的风险源、风险事件或潜在风险因素。

2.采购风险的识别方法

(1)内部风险识别方法

识别合规风险是进行合规风险评估的基础,也是制定合规风险应对方案的重要依据。参考《〈合规风险识别评价与控制指引〉团体标准》中所制定的企业如何进行合规风险识别的相关内容,结合采购合规的特点,采购合规风险识别方法可以概括为以下几种。

①锚定合规义务识别法

识别合规风险的一个重要方法就是锚定合规义务,通过识别、梳理并确定企业需要遵守的合规义务,从而逆向推出企业可能面临的合规风险。合规义务主要指企业必须遵守的要求以及企业自愿选择遵守的要求,企业必须遵守的要求,如法律法规,许可,执照或其他形式的授权,监管机构发布的命令、规则或指南,法院或行政法庭的判决、条约、公约和议定书等;自愿选择遵守的要求包括但不限于与社区团体或非政府组织的协定、与公共机构和客户的协议、组织要求,如方针和程序、自愿原则或行为守则、自愿标识或环境承诺、基于本企业的合同安排所产生的义务、相关组织和行业标准等。

②权力识别分析法

引起合规风险的主要风险源是权力的不正当使用,故利用权力清单在组织内部采购活动中的分布规律,基于岗位职责进行分析。采购过程中可能存在的权力及具体内容如下:

a. 审核权:如决策权、审批权、审核权等具有行政审核性质的核准工作;

b. 采购权:如确定供应商、分包商、租赁商合格名册,确定采购方式、采购策划,确定采购文件,确定投标人,确定价格和中标人,分包商、租赁商选择,签合同,合同变更等与采购有关的业务活动;

c. 放行权:如质量检测、安全管理、仓储管理、品控管理、物料设备使用管理等;

d. 计量权:如货物计数、采购结算、开具验收单、物料领用、消耗计量、工作量计量、分包量计量、容积测量、计时计件等;

e. 财务资金权:如收款、付款、费用开支、费用报销等;

f. 拥有关键信息权:拥有、知晓、掌握、创造关键商业信息等。

通过识别上述岗位的分布情况、人员情况,并识别每个岗位职责内容中的权力、对因权力赋予的可能发生违规行为的机会,有效识别大部分合规风险。

③流程表分析法

通过绘制流程表,对流程表中的每个环节和步骤进行风险分析,根据企业所处行业不同、采购标的物不同,流程表中的每个环节与风险点均不同,企业应根据实际情况进行设计,见表4-7。

表4-7　采购流程

流程	风险点
确认需求	需求不明确
	需求不合理

续表

流程	风险点
采购申请	越权申请
	越权审批
供应商选择	不具有相关资质
	不具有履约能力
招标、谈判	应招标未招标
	串标
制定合同、签订合同	合同不成立
	合同无效
监管	监管不到位

注：上述风险点非穷尽式列举，仅列举部分风险点以作示例。

④案例分析法

通过案例辨析对合规风险和风险源进行直观和客观地说明。企业在风险识别时，赖以识别风险的最直观的来源是企业内外部的案例，包括但不限于尽职调查、来自组织内外部举报、组织内部的审计发现、自我检查发现的问题等。对上述信息中涉及的违规事项、影响进行提炼，并与企业采购活动联系起来后，分析出违规的原因、确认不合规行为的情形。

⑤专家意见法

通过专家团队一套结构化的提示和问题来识别风险。如邀请相关内外部专家，以调查表的方式向专家团队提出问题，并向专家团队反馈问题，风险管理人员汇总整理专家团队的意见，再将不同意见及其理由反馈给专家团队，专家团队第二次提出意见，循环往复。

⑥情景分析法

通过一系列的“头脑风暴”，挖掘影响采购绩效表现的关键因素，如经济因素、技术因素或者内部的战略、运营等因素；通过关键因素描绘出各种场景；对描绘出的场景进行分析，理解它们对采购提出的新要求。通过这种方法，将采购暴露在一些未来预期的情景之下，可以挖掘出很多现有和潜在的风险点。

⑦对特定情况进行列明并分级识别法

对特定情况进行列明并分级，按照实际情况一一识别，如中铁十四局集团房桥有限公司的风险识别制度：

A. 特定级别风险

a. 采购相对方或其母公司、关联企业或关联个人曾被联合国或其他国际组织列为恐怖组织。

b. 采购相对方或其母公司、关联企业的现任股东或高级管理人员现为或过去10年内曾为国际或当地刑事通缉犯。

采购相对方拒绝配合完成合规尽职调查。

B. 第一级别风险

a. 采购相对方或其现任股东、高级管理人员、关联企业，涉嫌腐败、欺诈、垄断、串谋、逃税、漏税、洗钱等非法行为，或因此受到指控。

b. 采购相对方被股份公司列入禁止合作名单。

C. 第二级别风险

a. 采购相对方是自然人且合同金额超过200万元人民币或等值金额。

b. 采购相对方为企业但存续期短暂、治理体制不善、临时经营或一人经营。

c. 项目或合同履行地所在国家或地区在股份公司所发布的当年高风险国家或地区名单中。

d. 采购相对方或其股东、经理在过去3年内曾担任公务人员，或与项目涉及的政府、公务人员存在亲属关系或业务联系。

e. 采购相对方的近亲属是相关国家政府、执政党的官员、公务人员，或与项目或活动有联系的政府、执政党的官员、公务人员。

f. 项目涉及的政府机构、国际组织、官员指定或推荐该采购相对方。

g. 采购相对方是出于投标目的而新设的公司或合伙企业。

h. 采购相对方不具有组织资源或充足员工以完成协议中要求的产品或服务。

i. 采购相对方缺乏相关的产业或技术经验或长时间未从事业务。

j. 采购相对方索要的价格大幅超过其提供的产品或服务所在地平均水平。

k. 采购相对方要求采用非常规付款方式。

l. 采购相对方要求支付至注册地、营业地及协议履行地之外的国家或地区，或向与交易无关的第三人支付，或以合同约定以外的币种支付，或向采购相对方个人账户支付，或为规避法律（如避税）目的而进行支付。

m. 采购相对方要求向其提供大额预付款或大额提高授信额度。

n. 采购相对方坚持避免使用邮件、传真等书面交流形式。

o. 本单位在此项目或合同中未考虑其他采购相对方。

D. 第三级别风险

采购相对方存在潜在的其他可能导致各单位遭受法律制裁、监管处罚、重大财产损失、声誉损失以及其他负面影响的风险，其危险性低于上述特定的第一和第二级别风险。

（2）供应商风险识别办法

①尽职调查法

对供应商进行尽职调查了解供应商资质、履约、财务等风险点，尽职调查包括但不限于商业尽职调查、法律尽职调查、财务尽职调查。尽职调查方式有发放尽职调查清单、公开渠道检索、现场调查、供应商自我声明、委托专业的第三方中介机构等。

②问卷调查法

通过设计一套完整、清晰的问卷，来调查识别供应商的风险。表 4 – 8 为供应商风险调查问卷示例。

表 4 – 8　供应商风险调查问卷

问　　题	答　　复
本次采购贵司面临的风险是什么	
贵司准备的应对措施是什么	
贵司是否存在风险管理流程	
……	

③供应链过程分析法

通过展示供应链的全过程，对过程的每一个阶段和环节进行逐项分析，以识别风险和脆弱点。

如爱立信主要通过界定与供应商之间的业务流，定义流程中的关键部分和风险源来识别风险。目前，爱立信已对第一、第二级供应商的 1 万多个风险因素进行了分析，将风险分为四个等级。一级：非常不可能发生；二级：不可能发生；三级：可能发生；四级：非常可能发生。（见表 4 – 9）

表4－9　爱立信依据风险因素按产品的来源数量分类

级　别	内　容
一级	产品有一个以上的采购源
二级	产品只有一个采购源，其他采购源能获得但没被采购
三级	产品只有一个采购源，其采购源能获得但存在一定困难
四级	产品只有唯一采购源，没有其他的采购途径

（二）采购风险的评估

1. 采购风险评估的定义

采购风险评估是指对已经识别的风险从风险源频率、风险发生严重程度以及风险发生的可能性等维度进行评估，以确认合规风险的风险敞口。合规风险敞口，即风险发生后果的严重性以及其后果发生的可能性的综合量值，该数值直接决定合规风险的等级排序。

2. 采购风险的评估方法

（1）三维度法

合规风险评估可以从风险发生的频率、风险严重程度、风险发生可能性三个维度进行。

①风险发生的频率

确定风险发生的频率需要结合风险源进行判断。风险源隐含在采购业务活动中，隐含风险源的采购频率越高，合规风险发生的频率就越高，风险源频率则越高。风险源频率大小取值范围可以按照系数1～6的标准来衡量：其中1或2代表风险发生频率低；3或4代表风险发生频率中等；5或6代表风险发生频率最高。（见表4－10）

表4－10　风险发生的频率

系　数	内　容
1或2	每年发生一次或两次、每季度发生一次或两次
3或4	每月发生一次或两次
5或6	每月发生三次以上

②风险严重程度

风险严重程度主要是根据风险后果对企业的影响来判断，不同企业在划定严重程度的标准时也会有所区别，主要是因企业性质和大小不同。常见的影响因素有是否会触发刑事责任、经济损失的数额、名誉损失等。风险严重程度的系数也可以使用系数1～6来划分：其中1或2代表风险严重程度低；3或4代表风险严重程度中等；5或6代表风险严重程度最高。（见表4－11）

表4－11 风险严重程度

系　数	内　容
1或2	经济损失较小（具体依据企业性质和大小酌定）、对企业名誉影响较小、不会触发刑事责任
3或4	经济损失中等（具体依据企业性质和大小酌定）、对企业名誉影响一般、触发刑事责任可能性较小
5或6	经济损失较大（具体依据企业性质和大小酌定）、对企业名誉影响较大、易触发刑事责任

③风险发生可能性

风险发生的可能性受到很多因素的影响，企业所在行业、地区不同受影响程度也不同，主要包括政府执法严厉程度、同行业发生类似案件的频率、企业自身是否制定完善的内控制度并严格实施该内控制度。风险发生可能性的大小同样使用系数1～6来划分：其中1或2代表可能性低；3或4代表可能性中等；5或6代表可能性高。（见表4－12）

表4－12 风险发生的可能性

系　数	内　容
1或2	政府执法力度不高、行业同类案件较少、企业自身具有严格的管控措施
3或4	政府执法力度适中、行业同类案件发生概率中等、企业自身虽有管控措施，但实施不到位
5或6	政府执法严厉、行业同类案件较多、企业不具有管控措施

（2）风险矩阵法

风险矩阵法是通过两个指标来衡量风险的程度，即风险的可能性和风险影响。风险影响（也称强度）是指对企业造成的可能损失，可用“1～3”或“高、中、低”来表示，风险的影响程度越大，优先级越高。风险可能性（也称频度）是指风险发生的概率，也可以用分值“1～3”或“高、中、低”来表示，风险事件发生的可能性越高，优先级也就越高。风险矩阵根据不同的风险准则，可以划分为“2 × 2”“3 × 3”“5 × 5”等不同的模式。

第三部分　采购合规管理体系的建立与落实

一、事前管理：供应商的筛选

（一）供应商资格的合规审查要素

供应商筛选是采购管理中最基础也是最重要的工作之一。为了更好地完成供应商筛选，防止引入不良供应商，企业应制定成文的供应商筛选制度，明确供应商筛选标准。在筛选标准中，除技术工艺、价格成本、工期等要素外，还应包括合规审查的要素。可参考的审查要素见表4 – 13。

表4 – 13　供应商资格合规审查要素

要素分类	审查要素（以公司制供应商为例）	可审查凭证
基本信息	公司是否为合法注册、存续的主体	营业执照
	公司的股权结构如何？股东是否包括企业的关联方或政府官员	股权结构图
	公司的信用情况如何	企业信用报告
经营情况	公司注册的经营范围是否与采购需求范围匹配	营业执照
	公司是否取得销售本次采购货物所需的审批、许可、经营资质	资质文件
	公司过往是否向同类采购方供货，是否与知名品牌客户合作？合作中是否发生纠纷	客户清单
	公司的资产状况如何？是否存在大规模抵押、是否出现经营不善情况	审计报告、财务报表等
	公司是否有涉诉、遭受行政处罚、受到政府部门调查的记录	诉讼文书、行政处罚决定书等

续表

要素分类	审查要素(以公司制供应商为例)	可审查凭证
合规制度	公司是否制定明确的合规政策与制度？其内容包括哪些方面	合规政策及制度文件
	公司是否制定员工行为守则？守则是否包括合规方面要求	员工行为守则
	公司的合规管理组织架构如何	合规管理架构和制度文件
	公司是否对员工开展合规培训？培训的内容、频次如何	员工手册、培训材料等
	公司对不合规行为的态度如何？如何处理	员工手册、合规制度文件等
	公司是否有内部监督机制？是否有专门的审计人员对合规执行情况进行审计	合规制度文件
	公司是否有对违规行为的举报渠道？是否会对举报人进行保护	合规制度文件
专项合规	公司是否有与礼品、招待相关的行为守则或制度规定？是否有针对反贿赂、反腐败的防控措施，并融入合规	反腐败政策文件、员工行为守则等
	公司是否曾发生过商业贿赂行为？是否对该行为进行处理，处理结果如何	—
	公司与采购人是否存在关联关系？采购相关负责人员是否与公司存在利害关系、亲属关系	—
	公司是否曾发生生产安全事故？事后是否进行相关整改	整改报告等
	公司的生产经营是否符合政府部门对环境保护的相关要求？是否涉及污水、废物、废气排放？是否取得相关许可	排污许可证等
	公司是否被列入任何制裁或管制清单	—
	……	……

（二）供应商尽职调查

开展对供应商的尽职调查，不仅有助于防范引入不良供应商导致的合规风险，而且一旦违法违规事件发生，尽职调查的相关记录及档案还能帮助企业应对主管部门等的外部调查,减轻甚至隔离责任。对供应商的尽职调查主要可以通过以下5种方式开展。

1. 供应商自我声明:供应商根据采购人的要求签署廉洁承诺书、合规承诺书等自我声明文件。

2. 发放调查问卷和材料清单:供应商根据采购人的要求,书面回复由采购人拟定的供应商尽职调查问题清单,并提供相关凭证材料。

3. 公开渠道检索:采购人自行利用公开平台查询供应商的涉诉情况、抵质押等担保情况、信用情况等信息。

4. 现场调查:采购人赴供应商经营、生产场所实地走访,调查供应商的生产经营情况与提供的信息是否一致,并对走访记录和凭证存档。

5. 委托第三方调查:采购人也可委托第三方机构对供应商进行尽职调查。

二、事中管理:招标项目的采购合规

(一)招标项目的范围

1. 必须招标的采购项目范围

作为一种常见的采购方式,招标指采购人事先提出采购的条件和要求,邀请众多潜在投标人参加投标,然后由采购人按照规定的程序和标准一次性从中择优选择交易对象,并与提出最有利条件的投标方签订协议的过程。

我国的法律、法规明确规定了必须进行招标的项目范围。根据《招标投标法》及国家发改委颁布的《必须招标的工程项目规定》,必须适用招标的过程项目范围如下。

在我国境内进行下列工程建设项目,包括项目的勘察、设计、施工、监理以及与工程建设有关的重要设备、材料等的采购,[①]必须进行招标:

(1)大型基础设施、公用事业等关系社会公共利益、公众安全的项目;

(2)全部或者部分使用国有资金投资或者国家融资的项目,包括:①使用预算资金200万元人民币以上,并且该资金占投资额10%以上的项目;②使用国有企业、事业

---

① 工程建设项目是指,工程以及与工程建设有关的货物、服务。工程是指建设工程,包括建筑物和构筑物的新建、改建、扩建及其相关的装修、拆除、修缮等。与工程建设有关的货物是指构成工程不可分割的组成部分,且为实现工程基本功能所必需的设备、材料等。与工程建设有关的服务是指为完成工程所需的勘察、设计、监理等服务。

单位资金，并且该资金占控股或者主导地位的项目。

（3）使用国际组织或者外国政府贷款、援助资金的项目，包括：①使用世界银行、亚洲开发银行等国际组织贷款、援助资金的项目；②使用外国政府及其机构贷款、援助资金的项目。

对上述规定范围内的项目，其勘察、设计、施工、监理以及与工程建设有关的重要设备、材料等的采购达到下列标准之一的，必须招标：①施工单项合同估算价在400万元人民币以上；②重要设备、材料等货物的采购，单项合同估算价在200万元人民币以上；③勘察、设计、监理等服务的采购，单项合同估算价在100万元人民币以上。同一项目中可以合并进行的勘察、设计、施工、监理以及与工程建设有关的重要设备、材料等的采购，合同估算价合计达到前款规定标准的，必须招标。

2. 前述项目中依法可以不招标的范围

《招标投标法》及《招标投标法实施条例》同时规定了前述项目中可以不进行招标的采购项目范围，包括以下几个方面：

（1）涉及国家安全、国家秘密、抢险救灾或者属于利用扶贫资金实行以工代赈、需要使用农民工等特殊情况，不适宜进行招标的项目；

（2）需要采用不可替代的专利或者专有技术；

（3）采购人依法能够自行建设、生产或者提供；

（4）已通过招标方式选定的特许经营项目投资人依法能够自行建设、生产或者提供；

（5）需要向原中标人采购工程、货物或者服务，否则将影响施工或者功能配套要求；

（6）国家规定的其他特殊情形。

3. 适合采用招标的采购项目

招标尽管是许多企业常用的采购方式，却不一定适合所有采购项目。除上述法定必须进行招标的工程项目外，企业应建立成文标准决定是否对某一项目适用招标，该标准应包含采购的货物特点、市场竞争环境、采购数量等指标。相对于所采购货物价值较低、技术含量较低、供应风险较大、采购量小、市场竞争不充分的采购项目，价值较高、技术工艺要求较高、供应风险较小、采购量较大、市场竞争较为充分的采购项目，更适合通过招标的方式完成。

（二）招标的具体程序及条件

招标的实施方式包括公开招标和邀请招标，其中公开招标是指，招标人以招标公告的方式邀请不特定的法人或者其他组织投标；邀请招标是指，招标人以投标邀请书的方式邀请特定的法人或者其他组织投标。

公开招标，主要针对采购需求明确、可量化，标的具有竞争条件，采购时间允许、成本合理的采购项目。公开招标主要包括以下程序：(1)招标策划；(2)资格预审：发布资格预审公告、编制并发售资格预审文件、投标人递交预审申请、评审预审申请、发出投标邀请书；(3)招标：发布招标公告、编制并发售招标文件、投标人递交投标文件；(4)评标；(5)定标；(6)通知中标；(7)签订合同。

根据《招标投标法》及《招标投标法实施条例》的规定，必须招标采购的项目中可以采用邀请招标的条件是：(1)国务院发展改革部门确定的国家重点项目和省、自治区、直辖市人民政府确定的地方重点项目不适宜公开招标的，经国务院发展改革部门或者省、自治区、直辖市人民政府批准，可以进行邀请招标。(2)国有资金占控股或者主导地位的依法必须进行招标的项目，应当公开招标；但有下列情形之一的，可以邀请招标：①技术复杂、有特殊要求或者受自然环境限制，只有少量潜在投标人可供选择；②采用公开招标方式的费用占项目合同金额的比例过大。

邀请招标中，没有资格预审程序，招标人直接向 3 个以上特定潜在投标人发出投标邀请书，投标人应邀递交投标文件，其余程序与公开招标基本一致。

（三）招投标环节常见风险

企业开展招标时，一方面需严格履行作为招标人的法定义务，避免遭受主管部门的违规处罚；另一方面需防止发生串通投标等舞弊风险。

1. 招标人履行招标程序中的常见违规风险

(1)招标人妨碍投标人的公平竞争：包括以不合理的条件限制或者排斥潜在投标人，对潜在投标人实行歧视待遇，强制要求投标人组成联合体共同投标，或者限制投标人之间的竞争。

(2)招标人泄露依法应当保密的招标信息：包括依法必须进行招标的项目的招标人向他人透露已获取招标文件的潜在投标人的名称、数量或者可能影响公平竞争的有关招标投标的其他情况，或者泄露标底。

（3）招标人与投标人进行实质性谈判：依法必须进行招标的项目，招标人违反法律规定与投标人就投标价格、投标方案等实质性内容进行谈判。

（4）招标人与中标人背离招投标文件订立合同：招标人与中标人不按照招标文件和中标人的投标文件订立合同，合同的主要条款与招标文件、中标人的投标文件的内容不一致，或者招标人、中标人订立背离合同实质性内容的协议。

（5）招标人未依法履行招标程序：如依法应当公开招标而采用邀请招标；招标文件、资格预审文件的发售、澄清、修改的时限，或者确定的提交资格预审申请文件、投标文件的时限不符合法律规定；不按照规定确定中标人；无正当理由不发出中标通知书；无正当理由不与中标人订立合同或提出附加条件的。

2. 招标人需防范的常见投标舞弊风险

（1）串通投标风险：是指投标人与招标人之间或投标人之间通过非正当途径串通报价、约定投标策略、排斥公平竞争的投标舞弊风险。常见的形式有招标人预先内定中标人并组织投标人串通投标；投标人邀请其他企业“陪标”以增大自己的中标概率；多家投标人形成同盟、轮流“坐庄”，联合排挤其他投标人以便控制中标价格和中标结果等。

（2）弄虚作假骗取中标风险：是指投标人以他人名义投标，或伪造、变造资格、资质证书或者其他许可证件，或以其他弄虚作假手段骗取中标的投标舞弊风险。

（四）招投标合规要点

除采购合规的一般措施外，在招标项目中，企业还应关注以下合规要点。

1. 建立健全招标管理制度：通过成文的招标管理制度，规范招标程序、明确岗位职责、避免工作人员超授权决策，降低违规风险的发生概率。

2. 尽可能扩大竞争范围：通过扩大招标公告发布媒体的层次和范围、延长资格预审文件出售时间、降低准入门槛等手段促使更多潜在投标人参与投标，以便形成充分竞争，降低串标风险。投标企业不足 3 家时，应及时废标，防止出现投标人找其他单位陪标的情形。

3. 做好对投标人的资格审核：投标人除应具有合法的主体资格和业务资质外，还应与招标人不存在利害关系，且与其他投标人不属于关联方，以降低串标风险。

4. 完善对招标文件的审查机制：招标文件应对招标的实质性要求和条件、具体的评标方法和打分标准等作出明确规定，不得包含不合理的倾向性、限制性条款（如限定外国品牌、附加过短的工期要求等）；招标文件起草完成后，应经采购、业务、法务、财务、合规等多个部门审查通过，方可定稿发布。

5. 加强对招标流程中相关负责人员的培训和监管：全部相关人员应对招投标相关法律、法规、行业规范和公司制度和规程做到充分知悉、严格遵守，对依法应保密的信息严格保密；与投标人存在利害关系的人员不应参加招标程序。

6. 完善举报途径，接受社会监督：做好招投标信息公开工作，并建立有效的举报途径接受社会人士举报，形成防范招标舞弊的外部监督。

7. 选取有资质、有信誉的招标代理机构：如需委托招标代理机构进行招标工作，应事前对其资质、过往业绩、信用情况等进行充分审查，并由专人对招标代理机构的工作开展情况进行持续监督，以防因代理机构违规操作给招标人造成损失。

三、事中管理：采购合同审批及订立

（一）采购合同的主要条款及审查要点

采购合同的审查和批准通常由业务部门和法务部门配合完成。采购合同的主要条款及审查要点如表 4 – 14 所示。

表 4 – 14　采购合同的主要条款及审查要点

序号	合同条款	审查要点
1	合同主体	审查主体信息是否属实、主体是否为签订合同的适格主体
2	合同标的物	审查标的物是否合法、权属是否明晰
3	合同价款、结算方式及支付方式	应明确计价方式是否含税、开具发票是专票还是普票、结算方式是预付方式还是货到付款、是否分期支付等；支付方式应采用银行转账等方便留痕的方式，预付款比例应控制在总金额的 30% 之内
4	标的物运输及交付	应明确运输方式，交付时间、方式、地点，风险承担以及所有权转移等问题，如约定货物卸货交付前，货物的灭失、毁损风险由乙方承担
5	质量条款	应与采购需求发起人核对确定货物的质量要求及验收标准，明确列示所需符合的质量标准名称，并约定不符合标准下的处理措施，避免模糊约定为“按国家标准”执行。如可约定货物的验收标准按 GB/T 23934 – 2015 的标准执行；对不符合质量标准的货物，甲方有权拒绝接收，由乙方自行承担来回费用
6	验收条款	应明确验收时间、地点，货物的名称、型号、规格、数量、单价、材质、生产厂家等信息；应对外观验收和需安装调试的设备验收分别约定合理的验收异议期限

续表

序号	合同条款	审查要点
7	质保条款	审查是否约定合理的质保期、是否约定质保金
8	违约责任	审查违约责任条款对违约责任的约定是否可操作、无歧义，是否明确约定违约金的计算方式，如约定乙方逾期交货的，每逾期1日，应按照合同的总金额的0.5‰向甲方支付逾期交货违约金；逾期10日以上的，甲方有权单方解除本合同，乙方需向甲方支付合同总价款30%的违约金，并赔偿甲方因此所遭受的损失
9	争议解决	审查是否符合或裁或诉原则、所选仲裁机构的表述是否明确唯一；应尽量约定由采购人所在地法院或仲裁委员会管辖，避免约定由合同相对方所在地法院或仲裁委员会管辖
10	合同生效	审查合同签订日期、地点是否明确，生效时间的约定是否明确
11	合同解除	审查合同包括对采购人不利的单方解除条件
12	其他	审查签订合同的授权委托人是否持有合同相对方的有效授权文件；审查合同是否存在法定无效情形

（二）采购合同的合规条款及审计条款

1. 合规条款

合规条款，即合同相对方在采购合同中就遵守法律法规、履行合规义务作出的声明和承诺。合规条款主要包括以下类型。

（1）陈述与保证条款：合同相对方就其主体资格、业务资质、已获得签订合同所需的授权审批等情况作出声明

例如，乙方①在此承诺：其系根据中国法律或其登记地适用法律合法设立并有效存续的有限责任公司；截至本协议签订日，乙方已经就签署本协议并履行本协议项下的权利和义务取得所需的一切的授权、许可和批准（包括但不限于公司内部授权）。

（2）不侵犯第三方权利条款

例如，乙方在此承诺：其在履行本协议中所使用的所有材料、数据、文件、信息等均不侵犯任何第三方权利（包括但不限于知识产权）；如因乙方在履行本协议过程中侵犯任何第三方权利给甲方造成损失，甲方所受的全部损失及为维权所支出的合理费用均由乙方承担。

① 此处及以下合同条款示例中，甲方代指采购方，乙方代指供应商，特此说明。

(3)反商业贿赂条款

例如,乙方及其工作人员承诺并保证:

①知晓中华人民共和国有关反商业贿赂法律、法规,包括但不限于《刑法》《反不正当竞争法》《招标投标法》《关于禁止商业贿赂行为的暂行规定》等,并将在履行本合同或协议以及因本合同或协议开展的有关交易活动中,严格遵守该等法律规定。

②已经收到《××公司合规手册》,掌握有关举报商业贿赂行为的方式和方法,并将在履行本协议以及因本协议而开展的有关交易活动中遵守该手册所阐明的诚信、廉洁原则。

③乙方在为甲方提供商品、服务以及开展相关业务的过程中,不得有以下行为:为影响政府官员或业务相关方人员的行为,或为获得不正当的好处,直接或通过中间人向政府官员或业务相关方人员给付、提供、承诺、授权给予任何有价物,包括但不限于现金或现金等价物;任何形式的礼品和馈赠;不适当的旅行费用、娱乐活动和餐饮招待;向根据政府官员或业务相关方人员的指示或其个人可从中受益的慈善机构进行的捐赠;向政府官员或业务相关方人员的家属提供雇用或实习职位。

(4)保密条款

例如,除非提供保密信息的一方事先书面同意,另一方不得以任何方式披露或允许披露保密信息。"保密信息"指:①本协议及其项下拟议之交易的存在及其内容;②本协议的任何条款、条件或其他方面;③本协议及项下拟议之交易的谈判情况;④一方为本协议项下拟议之交易已经或可能向另一方披露的有关其业务、财务状况、客户资料等保密或专有信息及其他保密事项。

(5)为符合采购人所处行业及所经营业务的相关合规要求的其他条款:如个人信息保护条款、网络安全合规条款等

2. 审计条款

审计条款,又称审计权条款,即约定采购人有权根据评估合规风险的需要对与合同相对方在该合同项下义务有关的经营情况进行审计,并根据审计结果追究乙方责任。

(1)乙方应当维持准确的财务记录,真实准确地在财务账簿中反映其与甲方业务有关的所有活动和费用支出。

甲方在有理由怀疑乙方可能违反了反腐败有关法定或约定义务时,甲方或甲方委托的第三方审计人员有权对乙方进行审计,乙方应予配合。乙方应在收到审计通知起

的15个工作日内，提供给甲方所有与甲方业务有关的活动证明、费用支出的账簿、记录和支持性文件以及甲方合理要求的其他文件和信息。

（2）如乙方拒绝配合甲方审计或未能提供准确的账簿和记录，或隐瞒、提供虚假信息，或被发现存在违反反腐败与诚信义务的情形时，甲方有权中止未付款项，中止合同履行，并视为解除合同的条件已经成就，有权直接通知乙方解除合同。

四、事后管理：违规行为调查及处理

（一）违规行为调查

针对违规行为开展的调查可以按表4－15的程序进行。

表4－15 违规行为调查程序

程序	具体方法
组建调查团队	调查应由具备相应能力的人员独立进行，且避免利益冲突
制订调查计划	调查计划应包括预测、证明或反驳的要素（需获取的证据、可能方法）、调查步骤、成功概率及预计完成日期
开展调查	搜集与案件相关的法律、法规、政策规定；审查有关的文件和证据，注意防止串通和销毁证据；访谈案件相关人员，做好访谈记录
撰写调查报告	调查报告应基于掌握的证据描述事实，并注意保密；调查结果应用于进一步改进合规管理体系

在上述过程中，应注意尽可能保留调查的记录、文档及相关证据材料。其中，可采用的调查途径包括收集并审阅相关文件、访谈询问相关人员、通过对相关采购数据的分析发现违规线索等。

（二）供应商行为评价：评价标准及动态监管

为了防范源自外部供应商的合规风险，企业应当建立一套行之有效的供应商管理体系：在筛选出符合标准的供应商后，还应对其进行长期的动态监管，通过对其行为进行评价，确保其持续符合企业的合规要求，与企业保持健康、互益的合作关系。为此，企业应制定包含合规要素的供应商行为评价标准，可参照表4－16。

表 4－16 供应商行为评价标准

级别	行为评价	行为描述	行为示例
A	过失违规行为	违规行为未对企业造成经济损失或损害企业形象，且有证据证明系过失导致	供应商相关资质到期未及时通知企业，但到期期间未向企业实际供货
B	一般违规行为	违反企业的相关管理规定或合同约定，情节轻微，未造成损失或造成损失较小	供应商相关资质到期未及时通知企业，到期后向企业供货，但发现后及时完成退货
C	严重违规行为	违反企业的相关管理规定或合同约定，给企业造成一定经济损失或负面社会影响	供应商相关资质到期未及时通知企业且向企业供货
D	恶劣违规行为	违反法律法规规定的行为；恶意侵害行为；给企业造成重大损失或造成恶劣社会影响的行为	供应商伪造相关资质向企业供货

注：同年内发生 3 次违规行为的，第 3 次违规行为的评价自动上升一级。

企业应当结合自身的实际情况，制定供应商行为评价标准，并通过对供应商行为的实时评价实现供应商动态监管。供应商动态监管的操作方式主要有以下两种。

1. 建立供应商“黑名单”和“灰名单”：对恶劣违规、违规达一定次数的供应商，将其纳入“黑名单”，终止与其合作且永不录用；对严重违规、违规达一定次数（但相对“黑名单”较少）的供应商，中止与其合作，待其整改完成并通过企业审核后从“灰名单”中移出。

2. 建立供应商等级制度：结合供应商的违规情况及其他合规指标，对供应商进行定期评级，并根据定级结果动态调整与其的合作频率、合作优先性等合作策略，见表 4－17。

表 4－17 供应商等级制度

供应商合规等级	供应商合规情况	与供应商合作策略
一级	优秀	密切合作
二级	良好	优先合作
三级	一般	常规合作
四级	较差	减少合作

（三）供应商违规处罚原则及机制

当供应商出现违规行为时，企业应及时反应，对违规行为进行调查、处罚，以防止违规行为再次发生，同时提升供应商的合规意识。企业可参照表4－18，结合自身实际情况，建立切实可行的供应商违规处罚机制，构建包含“筛选—评价—监管—处罚”四个环节的供应商动态管理体系。

表4－18　供应商违规处罚原则及机制

处罚原则	有据可依、有错必究、违规必罚、公平合理
处罚程序	1. 收到违规行为线索； 2. 根据线索对违规行为进行调查； 3. 根据调查结果，对违规行为进行评价； 4. 根据评价结果，对供应商进行处罚
处罚措施	视违规行为的严重程序不同，可对供应商采取以下一种或多种处罚措施： 1. 向供应商发出警告函； 2. 与供应商进行约见谈话； 3. 暂停合作； 4. 要求供应商追加履约保证金； 5. 冻结货款； 6. 要求供应商缴纳违约金； 7. 采取法律手段追究供应商的责任； 8. 终止合作； 9. 向相关主管部门举报

五、提升合规意识，建设合规文化

（一）采购合规培训

1. 针对员工的培训

合规培训是企业合规文化建设的重要组成部分。开展合规培训，既是提升相关岗位员工合规技能及合规义务履行能力的必然要求，也是促使员工理解和掌握企业合规目标、提升合规意识的重要途径。开展针对员工的采购合规培训，应注意以下事项：

（1）培训分类：应包括新员工培训（明确岗位合规职责、普及采购合规基本知识）、定期培训（传达周期内更新的相关法律法规、监管政策和实践案例）、专项培训（针对员工需求或在新法出台、企业新发生采购违规行为后及时举办）。

（2）培训形式：根据具体需求采用线上或线下形式，但应提供充足的线上学习资源，以便员工随时按需进行自主学习。

(3)培训开展流程：分析培训需求—制订培训计划—准备培训材料—进行培训—对员工进行培训后评估测验—根据结果进一步改善培训计划和内容。

(4)培训内容：包括但不限于采购相关法律法规规定、采购合规的目标、采购岗位的合规义务、采购合规的意义、采购中的违法违规风险、违规举报机制、违规行为的调查和处罚制度等；培训内容应实用并易于员工理解，应与员工的日常工作相关，并且以相关行业、组织或部门的情况为案例，应足够灵活，涉及各种技能，以满足员工的不同需求。

(5)培训资源：应由相关专业人士主持培训，如可委托外部专业机构进行培训；并应提前准备好培训所需的教材或其他材料；培训资源在培训结束后仍应能通过简便的方式获取。

(6)培训记录：应对培训全过程进行记录并保存，包括培训的参加人员和缺席情况。

2. 针对管理层的培训

除上述培训外，管理层因负有采购决策、推动采购合规措施落实、对一线采购人员进行管理和监督等特殊的职责，还应接受针对管理层开展的专项培训。培训内容包括但不限于合规管理的体系及职责分工、合规管理有效性的评估标准、采购决策的合规考量要素等。

3. 针对供应商的培训

为了提高供应商合规意识，促进供应商对企业合规措施的理解和配合，确保供应商合规管理体系的有效落实，应当定期对供应商开展采购合规相关培训，培训的内容包括但不限于以下内容：供应商行为守则(包括反贿赂、利益冲突、诚信经营和会计操作准则等)，企业的供应商管理制度(包括供应商行为评价标准和违规处罚机制等)，企业的违规行为举报途径等；培训内容应当随相关法律法规、企业制度和政策的变化及时更新。

(二)合规宣传

企业合规文化的建设不仅依靠培训，还需依靠企业在日常经营中对合规价值观、合规行为准则的宣传。为了全方位输出合规文化和合规价值观，企业应综合利用多个渠道开展宣传，如编制采购合规相关标语，在企业办公和营业场所悬挂采购合规横幅并张贴宣传海报，营造浓烈的合规文化氛围；制定内容简洁、明确的《采购人员行为守则》，要求全体采购相关岗位员工熟读背诵，以便在制度规定存在模糊疏漏之处指导员工的行为；由采购部门负责人在周会、例会等场景中宣讲采购合规的意义和需重点防控的风险，增强员工对采购合规的重视程度等。

第七节　知识产权合规

一、知识产权合规概览

（一）知识产权的概念

发明者、创造者等在科学技术、文学艺术等领域中对自己的创造性智力成果，以及经营者等在商业活动中对自己的识别性标记、信誉依法享有的专有权，其范围包括专利权、商标权、著作权及相关权、集成电路布图设计、地理标志、植物新品种、商业秘密等。

（二）知识产权合规及目的

知识产权合规是企业为预防和应对违反知识产权法律、法规、规章以及内部规定产生的风 险所做的行为，其目的在于规避风险、行动自由、不侵犯他人知识产权。企业在知识产权运用过程中的合规，主要包括以下几个方面：

(1)在制造、销售、许诺销售(宣传)、使用、进口等环节的产品侵犯他人专利权；

(2)在使用商标、商业标识或者销售商品或者印制商标标识的环节侵犯他人商标权或不正当竞争；

(3)复制、发行、出版、传播作品或者避开破坏技术措施以及修改、冒名等行为侵犯他人著作权；

(4)以窃取、电子侵入等方式获得商业秘密以及违约披露、使用、允许他人使用商业秘密。

（三）企业知识产权合规的意义

就单一企业而言，构建知识产权合规体系可以促进企业从自身管理角度建立符合法律法规要求的内部监管机制。该机制一旦建立完成，必然会促进企业知识产权自主保护与抑制企业自身侵犯他人知识产权行为的双向良性循环。

就整个经济主体而言，多企业规模化构建企业知识产权合规体系将促进整个知识产权保护的产业化发展。各企业在竞争与合作间必将充分考虑，避免出现因侵犯他人知识产权而产生的经济和名誉等损失，因此，逐步推动了企业知识产权保护的体系化发展。

因此，积极构建企业知识产权合规体系有利于促进自身知识产权的保护，有利于推动自身经济产业的发展，有利于维护行业共同良性竞争，对企业维护自身经济效益和产业发展具有极其积极的现实促进意义。

二、知识产权合规相关立法

（一）我国知识产权合规相关文件

1. 法律、法规

我国知识产权法主要包括《商标法》（2019 年 4 月 23 日第四次修订）、《专利法》（2021 年 10 月 17 日修订）、《著作权法》（2020 年 11 月 11 日第三次修正）、《反不正当竞争法》（2019 年修正）等基础法律制度，以及《植物新品种保护条例》（2014 年 7 月 29 日第二次修订）、《集成电路布图设计保护条例》（2001 年 10 月 1 日起施行）、《地理标志产品保护规定》（2005 年 7 月 15 日实施）等相关法律规范。

其中，《专利法》保护的对象是发明创造，包括发明专利、实用新型专利和外观设计专利。《商标法》保护的对象是商标，商标是识别某商品、服务或与其相关具体个人或企业的显著标志。《著作权法》保护的是具备独创性的文学、艺术和自然科学、社会科学、工程技术等作品。《反不正当竞争法》是保护经营者和消费者的合法权益，制止不正当竞争行为。

2. 规章制度

（1）2018 年 11 月，《国资委合规指引》中对企业知识产权合规体系的要求有四点：及时申请注册知识产权成果、规范实施许可和转让、加强保护商业秘密和商标、规范使用他人知识产权，防止侵权行为。

（2）2020 年 2 月，国务院国资委、国家知识产权局印发《关于推进中央企业知识产权工作高质量发展的指导意见》，第五部分专章规定了完善知识产权管理体系，即强化内部知识产权机构和制度建设，实施知识产权分级管理，提升信息化管理水平等。国务院国资委、国家知识产权局在《关于推进中央企业知识产权工作高质量发展的指导意见》中提出“加强知识产权高质量创造”“促进知识产权高效运用”“提升知识产权保护能力”“完善知识产权管理体系”等措施。

3. 其他文件

2021 年 9 月，中共中央、国务院印发的《知识产权强国建设纲要（2021—2035 年）》明确指出，“ 创新是引领发展的第一动力，知识产权作为国家发展战略性资源和国际竞争力核心要素的作用更加凸显”，纲要从 6 个方面为我国加快建设知识产权强国作出全面部署，“全面提升知识产权创造、运用、保护、管理 和服务水平，充分发挥知识产权制度的重要作用”。

（二）域外知识产权合规重要文件

1.《与贸易有关的知识产权协定》

《与贸易有关的知识产权协定》（Agreement on Trade – Related Aspects of Intellectual Property Rights）是世界贸易组织管辖的一项多边贸易协定。协议保护的范围包括版权及相关权、商标、地域标识、工业品外观设计、专利、集成电路布图设计、未公开的信息包括商业秘密 7 种知识产权，规定了最低保护要求。该协定宗旨是促进对知识产权在国际贸易范围内更充分、有效的保护，以使权利人能够从其创造发明中获益，激励权利人在创造发明方面继续努力；减少知识产权保护对国际贸易的扭曲与阻碍，确保知识产权协定的实施及程序不对合法贸易构成壁垒。

2.《保护文学和艺术作品伯尔尼公约》

《保护文学和艺术作品伯尔尼公约》（Berne Convention for the Protection of Literary and Artistic Works，以下简称《伯尔尼公约》），是关于著作权保护的国际条约，1886 年 9 月 9 日制定于瑞士伯尔尼，1992 年 10 月 15 日中国成为该公约成员方。《伯尔尼公约》的产生，标志着国际版权保护体系的初步形成。

3.《保护工业产权巴黎公约》

《保护工业产权巴黎公约》（Paris Convention for the Protection of Industrial Property，以下简称《巴黎公约》），《巴黎公约》于 1883 年 3 月 20 日在巴黎签订，1884 年 7 月 7 日生效。《巴黎公约》的保护范围是工业产权，包括发明专利权、实用新型、工业品外观设计、商标权、服务标记、厂商名称、货物标记或原产地名称以及制止不正当竞争等。《巴黎公约》的基本目的是保证成员方的工业产权在所有其他成员方都得到保护，《巴黎公约》与《伯尔尼公约》一起构成了全世界范围内保护经济“硬实力”和文化“软实力”的两个“基本法”。1985 年 3 月 19 日中国成为该公约成员方，我国政府在加入书中声明:中华人民共和国不受《巴黎公约》第28条第1款的约束。

4.《工业品外观设计国际注册海牙协定》

《工业品外观设计国际注册海牙协定》(Hague Agreement Concerning the International Registration of Industrial Designs),是有关工业品外观设计的国际规定,2022年5月5日,在我国正式生效。

5.《商标国际注册马德里协定》

《商标国际注册马德里协定》(Madrid Agreement Concerning the International Registration of Marks,以下简称《马德里协定》)签订于1891年,是用于规定、规范国际商标注册的国际条约。马德里体系中的成员方和组织目前已超过100个。

6.《商标国际注册马德里协定有关议定书》

《商标国际注册马德里协定有关议定书》(Protocol Relating to the Madrid Agreement Concerning the International Registration of Marks,以下简称《马德里议定书》)。《马德里议定书》是对《马德里协定》的补充和完善,使马德里体系更具灵活性和可操作性,《马德里议定书》于1995年12月1日生效。《马德里协定》和《马德里议定书》共同构成马德里体系的法律框架,我国于1989年和1995年先后加入了《马德里协定》和《马德里议定书》,成为马德里联盟成员方。

7.《专利合作条约》

《专利合作条约》(Patent Cooperation Treaty)是于1970年签订的在专利领域进行合作的国际性条约,于1978年生效。该条约提供了关于在缔约方申请专利的统一程序。依照《专利合作条约》提出的专利申请被称为专利国际申请或PCT国际申请。自采用《巴黎公约》以来,它被认为是该领域进行国际合作最具有意义的进步标志。

8.《欧洲专利公约》

《欧洲专利公约》(European Patent Convention)是一个地区性国家间专利组织制定的公约,只对欧洲国家开放。欧洲专利公约为各成员方提供了一个共同的法律制度和统一授予专利的程序。审查程序采取早期公开、延迟审查及授权后的异议制度。提出欧洲专利申请时,可以指定一个、几个或全部成员方。一旦依照公约授予专利权,即可在所有指定的成员方生效,与指定的各成员方依国家法授予的专利具有同等效力,欧洲专利权有效期是自申请日起20年。

9.《欧盟商标条例》

《欧盟商标条例》(European Union Trade Mark Regulation) 于2016年3月23日起

生效。该法规对现行欧共体商标法进行了大量修改，不再实行一标三类注册，最后一次大范围的保护模式或将不再存在。

10.《欧盟理事会共同体外观设计保护条例》

2001年12月12日，欧盟理事会通过了《欧盟理事会共同体外观设计保护条例》[Council Regulation(EC) No 6/2002 of 12 December 2001 on Community Designs]，旨在为外观设计在欧盟范围内提供统一的适用法规，给予同等的法律保护，以避免由于各国规定的不同造成欧盟地区内部的贸易纠纷，影响产品的竞争力。同时也避免了在不同国家多次进行的烦冗登记手续，节省了管理费用。

11. 美国《专利法》

美国《专利法》(Consolidated Patent Laws)，现行的美国《专利法》于1952年颁布，于1980年12月最后一次修改。美国《专利法》的主要特点是在专利申请和审查批准中采用先发明原则和完全审查制。美国《专利法》的保护对象有：(1)发明专利，包括制法、机器、制品、物质的组合或其任何新颖而适用的改进。(2)外观设计。指制造品的新颖、独创和装饰性的外观设计。(3)植物专利。指任何人发明或发现，以及利用无性繁殖培植出任何独特而新颖的植物品种，包括培植出的变形芽、变种、杂交种及新发现的种子苗。专利的保护期限是：发明专利及植物专利17年；外观设计为3.5年、7年和14年，由申请人选定。保护期从专利批准之日起算。

12. 美国《版权法》

现行的美国《版权法》(U. S. Copyright Act of 1976)是于1976年颁布、部分条文于1978年生效、部分条文于1980年生效的版权法，载于《美国法典》第17编。

13. 美国《商标法》

现行的美国《商标法》(U. S. Trademark Law)是1946年制定的，共计50条。该法以使用原则为基本，其主要内容包括：(1)商标应具备的条件为具有识别性，不违反禁例。(2)商标注册的手续。审查合格者，由专利局在商标公告上公告，如有异议应在30日内提出，有正当理由者可以请求延长期限。申请人对审查或异议的决定不服，可向专利局提出，对专利局的裁定不服时，可向法院起诉。(3)对商标专用权的保护。早期的美国《商标法》采用使用在先原则，后来，随着情况的变化，改为原则上采用先注册原则，但在先使用人在一定期限内提出指控，可请求撤销，只有在期限已过时，在先注册人才能取得商标的所有权。(4)注册商标的有效期为20年，可续展，每次续展亦为20年。此外，该法还对商标申请人、侵权行为等问题作出了规定。

（三）中国知识产权监管机构

1. 专利监管机构

我国《专利法》实施以来，由专利管理机关和司法机关在专利保护领域实现共同监管，已成为我国专利制度的一大特色。《专利法》第65条规定："未经专利权人许可，实施其专利，即侵犯其专利权，引起纠纷的，由当事人协商解决；不愿协商或者协商不成的，专利权人或者利害关系人可以向人民法院起诉，也可以请求管理专利工作的部门处理。管理专利工作的部门处理时，认定侵权行为成立的，可以责令侵权人立即停止侵权行为，当事人不服的，可以自收到处理通知之日起十五日内依照《中华人民共和国行政诉讼法》向人民法院起诉；侵权人期满不起诉又不停止侵权行为的，管理专利工作的部门可以申请人民法院强制执行。进行处理的管理专利工作的部门应当事人的请求，可以就侵犯专利权的赔偿数额进行调解；调解不成的，当事人可以依照《中华人民共和国民事诉讼法》向人民法院起诉。"

2. 商标监管机构

商标管理机构是一个国家主管商标工作的政府机构，代表国家管理商标的工作。我国的商标管理实行集中注册、分级管理的体制，由原国家工商行政管理局商标局主管全国的商标注册和管理工作，制定商标政策、商标法规，指导和协调地方各级工商行政管理机关进行商标管理；地方各级工商行政管理机关对本辖区内的商标事务进行管理。这样的管理体制既维护了商标法规的严肃和统一，使全国商标注册管理工作统一化、标准化，又使地方各级商标管理工作得以加强。

3. 著作权监管机构

在司法层面，我国通过各级法院审理部分侵犯著作权案件，以保护权利人的合法权益，加强对著作权等知识产权的监管；在行政管理层面，我国主要通过国家版权局和地方版权行政管理机构来实施监管。国家版权局为国务院版权行政管理部门，各省、自治区、直辖市版权局为地方人民政府版权行政管理部门，一些单列市和部分地、市也设立了版权局，根据《著作权法》和有关法律、法规，各级版权行政管理部门负责版权行政管理和行政执法工作。中国的知识产权（含版权）边境保护职能由各级海关承担。

（四）美国知识产权监管机构

美国的知识产权监管机构按功能可分为两类。

1. 行政监管机关

美国专利商标局是专利商标审核机构，下设专利、商标审查登记部门和专利、商标文件部门两大类职能处室部门，前者主管专利、商标计划控制及审查、登记，后者主管有关文件分类、技术评估及预测等。另外，在美国商务部设有国际贸易委员会，具体负责美国对外贸易政策中有关知识产权保护的决策与执行。美国版权办公室负责版权登记，还负责公告和版权纠纷的行政处理。其他政府机构（如美国能源部、美国农业部、美国国家环境保护局、美国卫生部等）都拥有各自的专利管理部门，有权以各自机构的名义进行专利的申请、维护以及许可转让。

2. 司法监管机关

由于知识产权法律以联邦法律为主，联邦法院系统具有更多的司法管辖权。一般的知识产权案件先由联邦地区法院一审，对判决不服可以上诉到联邦巡回上诉法院，还可以上诉至联邦最高法院。由于联邦最高法院只受理有典型代表意义的案件，在知识产权诉讼中联邦巡回上诉法院的判决具有关键性的作用。

需要特别指出的是，联邦巡回上诉法院对专利诉讼具有排他性的上诉管辖权。专门化的专利司法体系大大减少了美国专利保护中的司法冲突，使专利司法、行政机关对专利法的解释与实施趋于标准化、一致性和确定性，因此极大地加强了美国专利法律保护的稳定性。与此相似，位于纽约州的联邦第二巡回上诉法院和加利福尼亚州的第九巡回上诉法院在版权方面的判决影响较大，因为这两个地区为高新技术和版权产业密集区，相关的版权案件较多。在商标方面，联邦和各州法院系统均有司法管辖权，但相对而言，联邦巡回上诉法院尤其是华盛顿哥伦比亚特区的上诉法院关于商标权的判决更具有权威性。由于商业秘密没有联邦法规制，有关商业秘密的案件通常由州法院上诉解决。

三、搭建企业知识产权合规管理体系

（一）企业知识产权合规组织管理

1. 组织管理

企业应确定并提供建立、实施、检查和持续改进知识产权合规管理体系所需的各项资源，或为这些资源的获取创造有利条件，合规组织管理应保有经常性预算费用；拥有办公场所、软硬件设备等基础设施；拥有必要的数据、信息及现时参考资料。

2. 管理者代表

最高管理者是企业知识产权合规管理的第一责任人，最高管理者应指定专人作为知识产权合规管理者代表，全面负责企业知识产权合规管理工作，授权其承担以下职责：

（1）建立、领导并管理知识产权合规管理机构；

（2）贯彻执行最高管理者对知识产权合规管理工作的各项要求；

（3）确保知识产权合规管理体系的建立、实施、检查和持续改进，协调、落实所需的各项资源；

（4）向企业管理层报告知识产权合规重大事项、管理绩效和改进需求。

3. 管理机构

企业应建立知识产权合规管理机构，并配备专业的专职或兼职工作人员，或委托专业的服务机构代为管理，承担以下职责：

（1）起草知识产权合规管理基本制度及配套程序；

（2）组织开展知识产权合规风险识别、评估、应对；

（3）受理知识产权不合规信息举报，组织或参与对不合规事件的调查，并提出处理建议；

（4）组织开展知识产权合规监督、检查及持续改进；

（5）推动建立知识产权合规管理绩效评价体系；

（6）组织或协助开展知识产权合规培训；

（7）就合规相关事宜向企业和员工提供合规意见咨询和审查等；

（8）其他管理机构负责落实与本机构相关的知识产权合规工作。

4. 岗位人员

企业可明确其识别知识产权合规风险时可能需要重点关注的岗位人员，包括但不限于：

（1）中层、高层管理人员，特别是海外管理人员；

（2）知识产权管理、人力资源管理人员；

（3）重要研发、设计、创作人员，特别是海外研发、设计、创作人员；

（4）海外市场销售人员。

（二）企业知识产权合规风险识别

企业知识产权合规风险来源主要包括企业知识产权被窃取、骗取，被非法披露、使用以及企业知识产权非法侵犯他人权益的风险。

1. 识别知识产权获取过程中的合规风险

(1)遵守关于知识产权申请、注册、登记的法律法规要求;

(2)因职务、合作、委托等产生创新成果时,遵守相关法律法规要求或合同约定;

(3)进行知识产权海外申请时,遵守关于保密审查的法律法规要求;

(4)进行知识产权海外申请时,遵守目标国家或地区的特殊性要求,比如,专利申请信息披露要求;

(5)遵守企业内部规章制度、合同、协议等对知识产权权属作出的合规承诺。

2. 识别知识产权维护过程中的合规风险

(1)遵守关于知识产权权利维持的法律法规要求;

(2)权利内容或信息发生变更时,及时按照法律法规要求履行变更程序;

(3)遵守企业内部规章制度、合同、协议等对知识产权维护作出的合规承诺。

3. 识别知识产权运用过程中的合规风险

(1)遵守关于禁止滥用知识产权排除或限制竞争的法律、法规要求;

(2)注册商标、地理标志等标识的印制、使用符合法律、法规要求或合同约定;

(3)许可、转让、质押时,遵守有关合同形式、审查、备案或登记的法律、法规要求;

(4)许可、转让、质押后,遵守许可、转让、质押合同约定;

(5)跨境许可、转让时,遵守有关技术进出口管制的法律、法规要求;

(6)参与标准化工作、知识产权联盟时,遵循公平、合理且无歧视原则;

(7)遵守企业内部规章制度、合同、协议等对知识产权运用作出的合规承诺。

4. 识别知识产权保护过程中的合规风险

(1)尊重他人知识产权和在先权利,避免故意、恶意侵犯他人知识产权和在先权利;

(2)主动维权或应对侵权纠纷时,遵守程序、时效、期限、文件等法律法规要求;

(3)禁止向执法机关或司法机关作出虚假陈述,或销毁、隐瞒、伪造相关证据,或要求证人或专家证人说出或隐瞒特定信息;

(4)自觉履行生效的知识产权行政处理决定或司法裁决;

(5)处理跨境知识产权纠纷时,遵守当地国家特殊的法律法规要求,如证据开示制度;

(6)遵守企业内部规章制度、合同、协议等对知识产权保护作出的合规承诺。

（三）企业知识产权合规风险的预防

企业应结合实际，采取恰当措施，以预防、阻止不合规事件发生或降低其发生的可能性。企业可实施包括但不限于下文中提及的措施。

1. 海外知识产权布局

制定恰当的知识产权布局策略，加强重要技术、重要设计、重要品牌在重要市场、潜在市场的布局，及时获取知识产权。有条件的企业可组建或参与组建专利池。

2. 知识产权尽职调查

针对企业投资、并购、许可、技术转移等重大经营管理活动，开展知识产权尽职调查，对其中涉及的核心知识产权进行权属调查、风险分析和价值评估。

3. 外部供方控制

采取合同管理、评价、绩效监视、第三方监督等控制措施，确保外部提供的过程、产品符合企业知识产权合规管理要求，且不会对其知识产权合规义务产生不利影响。在下列情况下，企业可确定对外部提供的过程、产品实施控制：

(1) 外部供方提供的技术、设计、产品将构成企业自身技术、设计、产品的一部分；

(2) 知识产权代理机构、律师事务所等外部供方为企业提供专利申请代理、商标申请代理、知识产权纠纷处理等服务；

(3) 由外部供方提供的过程或部分过程，例如，知识产权资产管理和投资、工作人员招聘等。

（四）企业知识产权合规风险应对

知识产权合规风险主要包括以下几种类型：知识产权本身带来的风险、产品责任风险、商业及财政上的风险、法律上的风险等。企业遭遇知识产权合规风险应做以下应对。

1. 应对知识产权本身带来的风险

(1) 保存知识产权的各种记录；

(2) 尽职调查所涉及的知识产权；

(3) 确保企业对知识产权拥有所有权或拥有实施知识产权商业化的必要权利；

(4) 开展知识产权有效性及侵权检索；

(5) 对知识产权进行投保。

2. 应对产品责任带来的风险

(1)尽量使因知识产权产生的产品质量责任降至最低;

(2)对产品责任投保或要求合作伙伴对产品责任投保。

3. 应对商业及财政上的风险

(1)在各类协议中限定责任上限以此来控制风险。

(2)在各类协议中规定协议终止的条款,增加协议终止后对方的责任要求。

(3)根据商业计划和各类协议,监督商业化行为的实施。

(4)确保商业化行为的管理已经获得了足够的资源和制度支撑。

(5)为维系与商业化合作伙伴之间的关系,分配资源,并分担责任。

4. 应对知识产权法律上的风险

(1)确保各类协议经法律顾问审查,做到合规风险可控。

(2)必要时获取法律专家建议,通过谈判或诉讼将知识产权侵权风险降到最低。

(五)企业知识产权合规文化培育和建立

企业应确定知识产权合规培训的目标和要求,制订计划并执行,以确保:

(1)培训内容可体现重点市场地域的法律文化、知识产权合规环境、合规要点、合规操作实务等;

(2)定期组织对重点岗位人员进行合规培训;

(3)组织对重点经营管理环节所涉及的相关人员进行合规培训;

(4)组织对全体员工进行合规文化教育;

(5)持续提供培训,并形成记录。

第五章

合规案例实务

第一节　合规案例分析的基本方法

一、合规案例分析的价值

合规的本质就是将法律法规和行业规范变成企业的内规，使其嵌入管理、融入业务，使业务的运营规范化和合规化。当然，业务的规范化和合规化不能抑制创值和创新，合规应该服务于业务创新，这就是我们所说的合规要有创造力，也要有创值。

就像一个国家的法律颁布之后需要被实施一样，一个企业的合规规范体系建立之后，需要关注合规规范的适用、落地和实施，这需要我们进行合规培训和宣贯，需要确保合规在业务的闭环流程中发生作用（如商业模式的合规义务和风险识别、项目的合规审查、合规案件的处置、合规流程和制度的评估与优化）。在实际的合规闭环流程中，我们接触的合规工作会以案件等各种场景呈现，需要我们面对并通过专业能力去解决。这些场景包括内审、自查和抽查、某些纠纷和矛盾的爆发、某人被举报、政府调查、非正常访问的事件等。显然，尽管合规知识建构是从上到下体系化的，例如，我们了解合规的概念、合规发展的历史、合规的体系和合规的流程，但是在工作实际中，遇到的合规问题是以一个个合规案件的形式出现的，这就要求从事合规工作的人员（或者称合规师）学会以合规案例法来分析和解决合规的问题。同时，通过对每个合规案件的处理，我们也可以进一步验证企业所建立的合规规范体系，进一步优化和补缺。合规体系的建立需要基于合规师的经验进行设计，并通过经验进行验证。从根本上来说，合规体系背后的哲学方法论是实证和经验主义的哲学方法论，要通过实地调研发现合规问题来建立有针对性的合规体系。当然，合规师可以在合规经验和案例归纳的基础上逐渐完善合规体系。

我们所遇到的合规案件中有些正在进行的司法程序（或仲裁程序），最终会得到司法判决（或仲裁裁决）。这就要求合规师对案件有非常专业的法律分析。在司法判例的学习中，最经典的学习方法之一是美国哈佛大学法学院朗德尔教授最先提出的，并在美国各个法学院普遍采用的判例教学法，即 IRAC 分析法（Issue，Rules，Application and Conclusion，即问题、规则、适用和结论）。

与中国的法学院相比，美国的法学院更侧重法律分析能力的培养，在美国电影"The Paper Chase"（中文译名《平步青云》）中，由约翰·豪斯曼（John Houseman）扮演的合同法教授 Kingsfield 在法学院合同法第一堂课上对学生们说，"You come in with a brain full of marsh，you leave thinking like a lawyer（你进来的时候一头雾水，出去的时候就要像法律人那样思考）"。在美国法学院，学生要在上课前做好充分准备，读好老师提供的讲义和案例，在课上学生会随时被教授点名就讨论的案例进行提问，一旦被叫到，很有可能问题一个接着一个，直到答不上来。正是通过这样的持续性提问，教授激发、鼓励和引导同学们对各种判例规则进行思辨，既有归纳推理又有演绎推理。判例法中的判例浩瀚无边，其中蕴藏的法理学思考博大精深，还常常涉及哲学、历史、政治学和经济学等问题。

与作出的司法判决相比，合规的工作往往发生在判决出来之前的阶段，例如，公司中的雇员和高管或公司之间发生冲突、举报和审计查出合规问题、政府调查或其他行政程序启动。因此，合规案件研究的外延也会更大。合规案件不仅包括法律分析，也包括管理上的工作内容。哈佛商学院的教授米歇尔·罗伯茨（Michael Roberts）将商学院使用的案例教学法归纳为四个要素：（1）案例所围绕体现的问题；（2）学生使用该案例所需做的分析；（3）案例具有足够的数据方便进行分析；（4）数据从哪里能够获得。笔者认为，合规案件的方法论其实更接近于哈佛商学院的案例教学法，当然合规案件也包含法律上的案例分析。合规案例的方法论应该是法律上的案例教学法和商业案例教学法二者的结合。

笔者在参与编写本合规师培训教材时，第一次提出我们需要通过合规案例来培训合规师。这样做的意图是非常明显的，即我们不仅要教会合规师关于合规的概念、历史演变和建立体系有关的知识，还要通过案例分析和制定解决方案来获得一种身临其境的体验式学习。用哈佛商学院教授米歇尔·罗伯茨的话来说，就是"通过行动来学习"。为此，我们在案例的选择上坚持做到案例能反映出真实的问题，在我们解决过的合规案件的基础上进行提炼，使案例有代表性。我们挑选了有关职场不当行为（包括性骚扰）案例、采购合规案例、销售合规案例、平台经济项目合规案例以及处置对企业的非正常访问事件合规案例。在这些合规案例分析讨论中，我们会给出一些关注点，以便帮助学员的学习。同时，由于被培训的人员在企业中的级别不同，他们在合规案件处理的过程中扮演的角色和职责也会不同。因此我们针对初级合规师、中级合规师和高级合规师也会提出不同等级的知识点和能力要求。

实例法的精髓不是让学员强记内容，而是迫使学员开动脑筋思考，并基于思考和讨论，提出合规案件的解决方案。当然，案件的事实背景不同，我们不可能掌握案件的所有信息，有价值的信息又常常混杂在一大堆纷乱的信息之中。因此，现实世界中多半没有一种精确的答案。大多数情况下，我们的决策受时间、资源、人才等条件的限制。如果合规案件事实和背景发生变化，在现实中的合规也会采取不同的合规政策。最后一点，我们鼓励学员当讨论合规案件的解决方案时进行创造性的思维。我们认为，合规不但要解决问题，还要创造价值。

二、合规案例工作的方法论

（一）合规案例分析的方法论

具体而言，合规案例分析法就是通过对一个个独立的违规事件进行分析，从而得出该组织在组织治理、组织日常生产经营及合规管理方面存在的问题；所以，从某种角度上讲，合规案例分析法主要研究组织在组织治理、组织日常生产经营及管理过程中出现的违规事件。

组织的违规事件包括内部违规事件、外部违规事件、损失事件和未遂事件。内部违规事件是指某一事件对组织造成财务、企业声誉、法律纠纷、安全环境、营运管理等方面影响的事件。外部违规事件是指发生在组织外部，虽未造成直接影响，但对组织具有警示借鉴作用的违规事件。损失事件是指在日常生产经营及管理过程中，因内部或外部因素导致组织在财务、声誉、合规、安全、环境、营运等一个或多个方面产生损失的事件。未遂事件是指某一事件或事项存在隐患或险情，发生或发现后得到了及时、有效处理，未对组织造成损失的事件。①

根据合规实践，我们将合规案件的完整工作流程概括为以下六个步骤：(1)了解业务主体需求和场景、案件事实以及涉及的利益主体；(2)发现问题所在，识别合规义务、合规风险，作出专业分析和结论，提出解决方案；(3)实施解决方案：与相关方谈判，解决合规问题，并处置相关责任人；(4)复盘，制定相应的合规规范、指引和制度；(5)培训

---

① 此定义为行业内较为普遍使用的词语，“未遂”一词与刑法意义上的未遂不是一个概念，请注意不要混同。

和文化宣传；(6)评价改进。我们将上述六个步骤叫作“六步法”。

根据“六步法”进行合规案例培训时，具体的步骤和关注点如下。

第一步：了解业务主体需求和场景、案件事实以及涉及的利益主体

【关注点：如何了解业务主体的需求，如与管理层、业务部门沟通，了解公司战略、发展目标、业务模式等，了解案件事实以及涉及的利益主体】

第二步：发现问题所在，识别合规义务、合规风险，作出专业分析和结论，提出解决方案

【关注点：基于案件事实、相关方的法律关系引发的利益冲突、纠纷、诉讼、政府调查等，依据适用的法律进行法律分析，作出专业法律分析结论，识别合规义务、法律责任和合规风险，提出解决方案(包括协同解决机制)】

第三步：实施解决方案：与相关方谈判，解决合规问题，并处置相关责任人

【关注点：依据本公司情况实施解决方案，与相关方进行谈判，化解矛盾，处置相关责任人】

第四步：复盘，制定相应的合规规范、指引和制度：人员职责(分工)、风险管理和应对、考核、评价、奖惩、信息反馈及处理

【关注点：结合公司现有合规管理体系——组织机构、职责分工、运行和监督机制设计该领域的合规管理制度、指引及流程。对于已经建立合规管理体系，机构、制度及各项机制都较为健全的公司，可以关注个性化内容，例如，是否涉及具体管理部门和岗位，风险及应对措施等，其余可以与合规管理体系对接。对于尚未建立合规管理体系或不健全的公司，可以从机构、制度、运行和监督机制方面制定相应的制度、指引和流程】

第五步：培训和文化宣传

【关注点：对关键员工进行培训，设计培训内容；如何设计并开展文化宣传工作】

第六步：评价改进

【关注点：如何设计评价改进方案，包括评价指标的设定、评价方式、周期等】

最后需要说明的是，在进行上述六个步骤解决具体的合规案件时，被培训的学员应该学习相应的知识点(法律知识点、对业务的了解)，并提供相关的能力(收集信息、分析问题的能力、解决问题的能力、沟通谈判的能力以及复盘反思使合规规范进一步优化的体系构建能力)。在制定解决方案时，除了法律的能力之外，合规师需要对企业所处的行业和组织所处的外部监管环境和政府要采取的政策趋势有所洞察和了解，需要有一定的宏观思考和政治智慧。在实施解决方案时，合规师还需要具有一定的心理学和谈判的技巧。

（二）合规案例管理：工作目标

除具体的合规案件的解决外，我们还经常对合规案例进行总结和管理。这样做是为了实现以下三个方面的目标。

第一，满足组织外部监管的要求，对违规事件进行整改。某些组织由于其出资人中包含国资成分、外资成分或者该组织所从事的行业从外部监管上存在有针对风险管控特别的监管要求，该组织为了满足组织外部监管的要求，需要通过合规案例分析的方法对组织内部、外部违规事件进行分析，从而避免组织因管理不当而受到监管处罚。

第二，对组织进行合规调查和评估，锁定合规的风险。通过对合规案例的分析，总结组织内部违规事件、外部违规事件发生的规律及发生的原因等，揭示组织在合规管理上存在的薄弱环节，进行风险提示，完善合规风险应对措施，印证和反映合规风险管控的目标和效果。

第三，有针对性地建立合规体系，并确保合规工作落地。目前大部分的组织都已经或者正在建设合规管理体系，合规管理体系通过组织体系、制度体系等多套体系的综合运用管理组织可能存在的合规风险。各组织中一线部门、二线部门及三线部门协同工作，对组织可能存在的合规风险进行管理。三线各部门落实组织合规管理制度，其中一个重要的工作就是及时、准确、规范、完整地收集组织内外部的违规事件，并建立组织合规案例库。合规案例库为组织合规风险的评估提供了重要的参考依据，为评估标准制定提供了重要的素材，为发现组织合规管控薄弱环节奠定了重要的基础。

（三）合规案例管理：工作原则和流程

组织各部门按照“统一管理、部门负责、全员收集”的原则，开展本组织合规案例分析管理工作。合规案例分析管理工作应以事实为依据，真实反映违规事件基本情况、损失、影响及采取的应对措施。合规案例管理的工作程序如下。

1. 违规事件信息收集。违规事件信息收集人员应及时从各类渠道获取组织内部、外部违规事件信息，组织审核违规事件信息的真实性、完整性；内部事件信息收集人员应与本组织相关责任部门沟通核实内部违规事件各项信息。外部违规事件信息收集人员应通过监管机构官方发布渠道、国家级媒体、省部级媒体等权威渠道发布的信息核实外部事件信息。

2. 违规事件的分析。根据违规事件造成的影响，确定合规风险类型，将核实的风险事件信息、风险类型录入违规事件汇总表，并形成违规事件分析报告。

3. 违规事件信息报送。组织各管理部门将本部门职权范围内的违规事件汇总表及违规事件分析报告报送本组织主管领导，按照组织要求的时间、方式等，报送组织专门管理部门，按照管理条线进行报送与信息传递，确保组织内相关人员全部知晓该等事件。

4. 违规事件信息的应用。组织合规管理部门汇总组织内各部门收集的违规事件信息，形成组织合规案例库。

5. 违规事件的消除。对发生的违规事件，组织各部门应及时落实整改，组织合规管理部门跟进组织其他相关部门的整改情况，并对相关业务领域作出预警提示，以确保违规事件妥善解决，减轻违规事件对组织的影响。

（四）合规案例管理：信息要求

组织合规案例的分析首先从合规案例的信息整理开始。合规案例的信息包括基础信息和风险原因与对策分析信息。

合规案例基础信息需要包括以下内容：(1)归属：内部违规事件或者外部违规事件，损失事件或者未遂事件；(2)事件要素：主体、事件发生的时间及事件描述(需明确违规事件发生时间、发现时间和过程、事件主体、发生地点、涉及业务领域和环节、造成影响、事件处理情况等信息)。

合规案例风险原因与对策分析信息需要包括以下内容：(1)管理领域或关键环节。违规事件发生的具体管理领域以及关键环节，应先选择事件发生的生产经营领域，在此基础上结合管理职能，选择相应的管理领域和环节。(2)风险原因分析由主要原因类型、分析描述两部分构成。主要原因类型包括人员、流程、技术、设备、外部、其他六类；分析描述除填写主要原因的分析描述外，如有次要原因需一并分析描述。(3)应对措施，预防同类事件再次发生所采取的措施，从人员、流程、技术、设备、外部、其他等方面进行简要描述。(4)制度层面、流程层面，针对本次违规事件，从事件涉及的相关制度和流程层面进行分析，如相关的制度和流程是否存在空白、设计是否合理、是否按照制度和流程执行等情况。

（五）合规案件案例：复盘总结报告

合规案件的分析报告需确定某一时间作为基准日，并以一定的时间阶段作为编写该等报告的期间，该等报告需包含以下内容。

1. 基准日之前组织违规事件概述

对基准日之前违规事件情况进行简要描述，包括违规事件发生总数，主要发生的管理领域，造成的实际损失等，同时对基准日之前违规事件解决的后续跟进情况进行反馈，无进展的事件需写明无进展原因，并从事态发展的可能性和预计风险影响程度两方面进行风险危害评估。基准日之前未发生违规事件的，本部分省略。

2. 某一阶段的违规事件

(1)违规事件概述。

(2)违规事件原因分析。

(3)违规事件应对措施，预防发生某种违规事件的措施或者应急处理某种违规事件的措施，即当某种可能导致违规事件出现的可能性(威胁)由于合规管理预防措施的存在，违规事件未发生；或者由于应急措施的存在，未造成损失或者不良影响。

(4)违规事件防范措施，针对发生的违规事件，制定相应防范措施，降低今后此类违规事件发生概率。

(5)违规事件涉及制度与流程，是否存在制度或流程不执行、制度与流程冗余或没有制度及流程等情况。

3. 某一阶段的违规事件趋势分析

与上一阶段违规事件发生情况进行比较，得出违规事件发生趋势，分析趋势原因，分析高发、高损管理领域及主要原因，揭示管理薄弱环节，提高管理水平。

第二节　案例实务与分析

一、人力资源(职场暴力)合规案例实务

据2021年8月的新闻报道,某公司女员工被骚扰事件引发了全民的关注和热议,公司因员工权益保护机制的缺失、未能及时妥当地处理员工的违规行为而受到了社会的负面评价。该案件反映出的合规问题是很重要的。本节以该案例为切入点,探讨人力资源合规中的实务要点。

(一)案例介绍

2021年7月27日,某公司的一名女员工与男同事一起出差,在饭局中,该女员工喝醉后被客户方的一名男员工当场猥亵。当晚,该女员工在宾馆房间内又被男同事强制猥亵。8月2日,女员工报警并向公司投诉,要求开除涉事的男员工。公司相关人员在收到投诉后,一直未给予明确答复。该女员工在寻求公司救济无果后,采取在公司食堂派发传单、手持喇叭喊话以及在公司内网发陈述书等方式寻求公司管理层的关注和回应。但公司相关人员在此期间一直未对该事件予以妥善处理。此后,有人将女员工在食堂散发传单的视频发到网上,舆论开始发酵。8月7日,该公司正式向媒体回应此事件:"决不容忍,全力配合警方调查。"8月9日凌晨,公司高管在其内网公布了对该事件的处理决定:事件中的男员工因违反公司规定而被辞退、永不录用,涉事员工的直属领导引咎辞职,公司人力资源高管给予记过处分,并提出接下来将在三个方面进行反思和行动:(1)开展对于包括性骚扰在内的员工权益保护的培训和调查,开通专门举报通道。员工的举报,将在确保隐私受到充分保护的前提下,由专人跟进。(2)对性骚扰"零容忍",由外部专家和员工代表共同制定《反性骚扰行动准则》。(3)旗帜鲜明地反对丑陋的陪酒文化,不分性别,公司无条件支持员工拒绝陪酒。

该公司最终给出了事件处理的方案,但此事件在网络媒体上几经发酵,对企业的

负面影响已难以挽回。该公司一是没有专门设置职场性骚扰的举报通道,二是没有就性骚扰的相关隐私保护和举报设立专人负责,三是原本没有人力资源合规相关制度或者相关制度不完善。上述原因导致相关人员难以认识到公司反性骚扰的重要性,公司在处理上没有行之有效的反性骚扰机制,最终造成了严重后果。

(二)合规工作过程

从上述案例事实中,我们可以看出,对职场不当行为的投诉处理不当,可能会导致事件升级,引发全社会的讨论和谴责,对用人单位的声誉和形象也会造成重大损害。因此,面对员工对职场不当行为事件的举报,如何开展工作尤为重要。

第一步:了解需求

就公司而言,目前最迫切的需求是要厘清案件事实,解决双方的冲突并及时遏止性骚扰行为。企业收到投诉人或举报人线索后,应及时约见当事人双方及证人,及时了解事件经过,对事件的性质进行初步判断。如果遭遇轻微且独立性骚扰事件,及时开启内部调查,并对当事人做好沟通和心理疏导工作。如果性骚扰事件较为严重,事件涉及行政违法甚至刑事犯罪的,合规人员须主动建议当事人报警或向有关部门举报。

关注当事人心理状态,对当事人做好沟通和心理疏导工作,了解当事人的诉求,酌情对当事人与行为人的工作进行合理的分配与安排,确保双方的工作交集保持在合理的程度范围内,避免事件发酵,影响品牌美誉度。

第二步:合规义务、合规风险识别

在本次性骚扰事件中,涉及以下几个关键点。

(1)什么行为构成职场性骚扰?其严重程度如何判定?

(2)发生性骚扰事件前,公司是否建立了专门举报机制,保障员工的合法权益?该机制在实践中运行如何?

(3)对职场性骚扰,公司的员工手册等是否规定了相应的处罚措施?

(4)公司是否尊重所有员工的人格尊严,对职场不当行为"零容忍",是否构建了安全平等、相互尊重的工作氛围?

第三步:实施解决方案

1.建立职场不当行为的预防机制

职场不当行为预防机制的作用是从认知角度提高员工对职场不当行为的意识,明白什么样的场景会被定义。职场不当行为的预防机制，包括营造防范性骚扰环境集体活动中防止出现与性有关的游戏、语言等。还有一个非常重要的内容，那就是公司要将对性骚扰“零容忍”的态度有效传递至员工；同时，明确禁止报复行为，保护员工不因善意投诉、提供证据、举报性骚扰事件而受到制裁和报复等。

2. 建立职场不当行为的受理投诉机制

职场不当行为受理投诉机制的目的首先是畅通内部投诉渠道和程序，告诉员工向谁投诉、如何投诉；受理投诉应当具有时限性，即须明确在一定时间内受理并告知相关结果。某公司女员工被侵害事件的爆发就是在女员工向公司投诉后没有得到公司及时有效的回应，继而采取了更加激烈的行动。考虑到职场不当行为具有一定的隐私性，公司应当注意保护当事人的隐私权，最好能够设立专门的工作小组和专门人员负责受理投诉。

3. 建立职场不当行为调查处理机制

职场不当行为调查处理机制旨在明确调查人员的义务及工作程序，指导调查人员对调查事宜作出正确判断。调查人员应注意事件发生的“人”“事”“时”“地”“物”五要素。在调查过程中，调查人员应遵循回避原则、不公开原则、保密原则、客观公正原则，如有必要可邀请其他部门协助。值得注意的是，调查小组应根据调查情况作出认定和处理，不能悬而未决，或不予处理。

在相关惩戒措施上，因公司与员工建立的是人事关系、劳动关系、劳务关系等，公司可根据情节轻重，给予相关人员相应惩戒措施，包括警告、停薪、调离原岗位、降级、停职、解除人事关系或劳动关系或劳务关系等。如果加害人可能涉嫌刑事犯罪，应移交至公安机关进行处理。受害人拟采取民事诉讼方式要求加害人予以相应赔偿的，公司应当予以支持。对于因专业能力或其他原因不能作出认定和处理的，可以尽快转移至有权处理的部门调查处理，但须征得受害人的同意。

4. 建立受害人的人身及隐私保护机制

公司应建立受害人的人身及隐私保护机制，对当事人进行合理管理和保护。如暂停工作，接受调查；安抚情绪，由专人进行事件跟进，及时反馈事件进展；相关工作人员均应签订保密协议，约定对性骚扰事件的证据、信息等均应严守秘密，并承担相应涉密责任。职场不当行为事件的发生，不仅关乎劳动者的劳动权益及人格尊严，也关乎企业形象和责任承担。随着法律、法规对用人公司预防和制止性骚扰义务的明确，用人公司亟须建立预防和制止职场不当行为的相关工作机制。

第四步：合规制度或指引制定

合规风险防控的要点在于防微杜渐而禁于未然。公司法务合规部门应结合最新法律政策的动向牵头制定人力资源领域有效的、可落地的、与国家现行法律相契合的管理制度、指引及流程，包括但不限于《员工行为规范手册》《公司防治职场不当行为指南》等。从制度层面和业务层面避免职场不当行为、完善员工保护机制，树立正确的企业文化，预防重大不合规事件的发生。

1. 修订员工行为规范手册

企业应当将禁止职场不当行为明确写入员工手册、行为规范或其他专门规章制度之中，有关规章制度应当经《劳动合同法》规定的民主制定程序制定并向全体员工公示或要求员工签收。将职场不当行为规定为一种违反公司规章制度的行为，规定相应的处罚措施。

2. 制定防治职场不当行为的合规指引

基于公司的现有合规管理体系和组织机构，制定《公司防治职场不当行为指南》，为全体员工详细勾勒出防治职场不当行为的原则、标准、调查机制与惩处范围。帮助全体员工进行认知层面的信息“充电”，提供行动层面的有效建议。企业所制定的防治职场不当行为的合规指引至少应当包括以下要点：明确企业坚决防治职场不当行为的态度；对职场不当行为的定义予以明确，并对具体行为表现方式予以举例说明；明确内部投诉和举报程序，视情况设立受理投诉、调查和解决职场不当行为问题的专门机构或责任高管。

第五步：培训和文化宣传

合规培训是保障合规体系有效运行的重要部分，通过开展防治职场不当行为的主题培训，加深员工对职场不当行为的保护意识和辨别能力，提升处理应对职场不当行为的能力，构建安全平等、相互尊重的工作氛围。

1. 入职培训

将防治职场不当行为的公司政策宣讲作为入职培训的一部分。当员工入职时，将公司制定的《员工行为规范手册》《公司防治职场不当行为指南》等发送给员工学习，使员工了解关于职场不当行为的定义，提高认知水平，告知公司对职场不当行为的调查处理机制和惩处规范，向员工宣讲公司安全、包容、平等、友善的工作环境，以及对职场不当行为持“零容忍”的态度，以达到提前预防的效果。

2. 关键岗位培训

不同岗位对职场不正当行为防治的义务会有所不同，关键岗位在维护机构工作环境方面责任会加重。因此，有必要在关键岗位培训中，强化学习对公司防治职场不当行为的政策，使员工更恰当地体会并把握与员工之间交往的规范，为同事作出榜样，延续公司的包容性与平等意识。

3. 活动宣贯

组织多场景的、互动参与的、与政策内容相契合的活动，例如，组织“遇到性骚扰该怎么办”的情景模拟活动，从当事人的角度、旁观者的角度，让员工习得面对性骚扰场面的积极应对策略，通过立体的、互动的方式传达政策信息。

第六步：评价改进

通过系列的培训宣传，集团及下属各公司相关部门对职场不当行为的合规风险有了较为深刻的认识。在集团统一安排下，下属各公司分别进行深一步的合规培训。在培训过程中，结合各公司的实际情况，对培训内容提出完善意见。

集团每年对各下属公司、集团各部门的合规培训情况进行综合考评，纳入绩效考核，与各子公司负责人、集团部门负责人的绩效挂钩，做到有奖有罚，不断改进。

（三）合规工作成果

1. 制度或指引或流程

集团法务与人力部门联合牵头制定防治职场不当行为的相关规章制度，包括但不限于《诚信合规守则》《员工行为规范手册》《公司防治职场不当行为指南》等。

2. 培训

进行全员诚信合规培训与测评，组织职场不当行为专题的合规培训。

（四）知识点与能力要求

1. 知识点

了解职场暴力等不合规行为的典型特征与场景，采取有效措施控制职场不当行为的发生，制定可落地的反职场不当行为的合规政策，通过多渠道宣贯促进政策落地。

2. 能力要求

(1)初级合规师

及时识别职场暴力等不当行为的潜在风险；受理职场不正当行为的投诉，做好沟通和心理疏导工作；及时开展内部调查程序，梳理案件的基本事实；根据内部调查结果，按照事件的严重程度，提出处理意见。

(2)中级合规师

在识别职场不合规行为风险的基础上,完善职场不正当行为投诉及调查机制;

对人力资源业务做好合规性评估,协同人力部门制定职场不当行为事件应急处理指引,并监督落地。

二、采购合规案例实务

采购活动是企业生产经营活动中的第一阶段,加强采购管理,不仅能有效降低运营成本,还直接关系产品质量以及生产安全等重大问题。同时,由于采购属于一种经济行为,整个过程会涉及多方利益,采购管理者和实施者经常面临巨大的利益诱惑,因此,采购招投标一直是腐败与商业贿赂、利益冲突与利益输送等违规问题高发的领域,所以采购合规是合规体系建设的重点关注领域之一,下文结合采购领域发生的实际案例来分析采购合规管理的要点。

(一)案例介绍

项目概况:A 公司为某城市燃气公司,2020 年 1 月承接了当地政府的重点项目——芙蓉大道快速路改造项目,其中涉及天然气中压、次高压管道改迁工程,政府要求于 2020 年 4 月 15 日前完成施工。根据工程设计,需要采购"高频直缝焊接钢管 D630 ×9.5_L245"(三层挤压聚乙烯加强级防腐),数量为 920 米。

2020 年 2 月 3 日,A 公司向其上级公司统一采购平台 B 公司申请紧急采购直缝钢管,B 公司于 2020 年 2 月 13 日共向 4 家供应商询比价,其中 3 家供应商因交付周期无法满足、起订量不满足未报价,只有供应商 C 公司报价,但报价管材为螺旋焊管。为保证工期进度,2020 年 2 月 14 日 A 公司变更工程设计,同意采购供应商 C 公司的螺旋焊管。在需求沟通过程中,管材标准、技术参数、交付周期均为线下确认,无数据留痕。

2020 年 3 月 15 日管材到货,A 公司在供应商 C 公司未提供特种设备制造监督检验证书的情况下直接施工使用。供应商 C 公司于 4 月 22 日补充提供该证书,4 月 23 日管道铺设完毕,当地市场监督管理局到工程现场检查,提出检验证书有造假嫌疑,要求停工;后供应商 C 公司于 4 月 30 日、5 月 27 日两次提供证书,经鉴定均为造假证书,后当地市场监督管理局对此事件启动立案调查。7 月 17 日 A 公司委托第三方监测机构对剩余 4 根钢管进行焊缝无损检测,检测结果为 3 根质量不合格。

事件后果：(1)该项目缺少特种设备制造监督检验证书；(2)该项目未达到验收标准，A公司计划重新铺设，预计将造成直接经济损失约350万元；(3)政府承诺工程验收合格后给予A公司的2000万元财政补贴，成为未定事项；(4)此质量事件被政府有关部门立案查处，给A公司在当地的品牌信誉度造成极大的负面影响，严重影响燃气业务在该城市的业务运营与拓展，间接损失巨大。

（二）合规工作过程

第一步：了解需求

就A公司而言，目前最迫切的需求是厘清事件责任，溯源导致管材不合格却仍被验收入库的原因，是内部采购流程的偏差，还是员工个人的违规行为，应及时发现和堵塞管理漏洞，如涉及人员违规，由相关部门开展调查处理。

与此同时，积极与供应商C公司开展沟通，就产品质量问题、双方责任界定以及损失的赔偿进行协商，如有必要，及时启动诉讼程序来维护自身权益。

关注品牌美誉度的维系，及时与政府监管部门沟通，降低此次事件对项目的负面影响，采取积极措施，采购新的管材并重新开展铺设，尽快将工程项目交付并完成验收，争取政府谅解，为后期业务运营与拓展争取机会和支持。

第二步：合规义务、合规风险识别

在本次质量事件中，涉及以下几个关键点。

1. 供应商C公司生产的管材质量不符合国家标准要求，那该公司是如何通过资质审查和厂验环节进入供应商库，并成为A公司的固定管材供应商的，是否存在采购人员未严格履行核验职责？

2. 供应商C公司提供伪造的质量检验证书是严重违规甚至违法行为，其背后的原因是什么？给A公司造成的巨大经济损失和负面影响，应当如何追偿以最大限度地保护公司权益？

3. 供应商C公司生产的管材在交付时并没有提供相关的检验证书，A公司的接收人员按照公司的采购流程与制度要求，为何没有进行质量检测，仅要求其提供检验证书就验收入库并用于重点项目的施工铺设，最终导致巨大的经济损失？

4. 供应商C公司进入供应商库已有几年时间，提供给其他项目的管材是否同样存在质量问题？

5. 就A公司而言，如何通过该事件，复盘和重新梳理采购制度流程，包括供应商准入、采购招投标、验收、供应商评价等各个环节,避免类似事件的再次发生?

第三步:实施解决方案

【关注点:依据本公司情况实施解决方案,与相关方进行谈判,化解矛盾,处置相关责任人】

1. 经过与供应商 C 公司进行多轮次沟通包括发函,未取得有效进展,C 公司辩称:(1)检验证书造假行为是业务人员个人行为,不代表公司行为,已经将其开除。(2)认为工程无法验收的责任不在 C 公司,而在 A 公司,因为 A 公司在对证书造假一事知情的情况下,仍然施工和通气运营。(3)对检测结果不认可,检测的时候没有邀请 C 公司参与,且检测的是剩下的 4 根钢管,其中 3 根不合格,不代表它铺设的管道不合格,需要重新进行第三方检测。(4)要求根据合同尽快支付剩余货款。对此,法务部门介入,对 C 公司员工伪造检验证书的行为,视为 C 公司的公司行为,即便开除造假员工也不能减除其对 A 公司应承担的法律责任;同时邀请第三方权威监测机构,在各方在场的情况下,对管道质量进行重新检测,如谈判未果则及时启动诉讼程序进行维权,并加强证据材料的收集与整理。

2. 因资质造假被拉黑。2020 年 2 月 19 日,鉴于 C 公司提交的“质量管理体系认证证书”“环境管理体系认证证书”“职业健康安全管理体系认证证书”“CNSA 证书”均为假证。2 月 20 日,C 公司被列入“黑名单”并在 A 公司的上级公司统一的采购平台公示,以后 A 公司所在的企业集团下属的企业均不得再与 C 公司开展采购业务。

3. 系统梳理,供应商 C 公司所供产品的质量问题。2020 年 3 月至 4 月,审计部门和仓储部门开展清查,陆续发现 C 公司供应其他几家公司的防腐钢管均存在质量问题,协同财务部门暂停合同尾款的支付,待谈判与诉讼事宜确定后再支付。

4. 针对 A 公司的验收人员可能存在的违规操作或者利益输送行为,以及相关公司管理人员的管理责任,由审计检查部门介入开展调查,依照具体的事实与情节给予相应的处理。

第四步:合规制度或指引制定:人员职责(分工)、风险管理和应对、考核、评价、奖惩、信息反馈及处理

【关注点:结合公司现有合规管理体系——组织机构、职责分工、运行和监督机制设计该领域的合规管理制度、指引及流程】

1. 负责集团物资统一采购的平台 B 公司梳理出需要建立和完善的采购规则 49 项,其中包括《供应商认证管理规则》《质量问题处理规则》《采购员工违纪行为处罚管理规定》《物资盘点差异及闲置报废物资》等。

2. 强化合规和法务赋能，对供应商准入、质量事件处理、资金支付等高风险业务进行全过程监督。完成对重要岗位人员合规诫勉谈话和采购领域核心风险识别与评估，编制公司风险地图，及时预警合规风险。

3. 针对存在风险隐患的重点供应商，由采购人员协同外部律所资源开展合规尽职调查，对供应商资质状况、产品质量、履约能力、内部管理情况、违规被行政处罚等各个方面开展全面尽职调查，并跟进尽职调查情况，对供应商开展综合评价，对有严重风险隐患的供应商提前示警，将风险防控关口前移。

第五步：培训与文化宣传

【关注点：如何设计并开展文化宣传工作】

1. 将该质量事件中涉及的合规风险点进行全面复盘和梳理，形成典型案例，在公司内部进行分享，提示其他公司完善风险防控流程与要求，避免发生类似的事件；

2. 公司全体员工进行《诚信合规诚信手册》的线上学习与测评，让员工明确了解和掌握公司各项核心的合规要求，切实提高员工合规意识；

3. 法务合规部门为采购重点岗位人员开展专项合规培训，针对采购全流程中涉及的合规要求以及可能导致的法律责任进行全面分析和讲解，重合规，知敬畏，守住合规底线。

第六步：评价改进

【关注点：如何设计评价改进方案，包括评价指标的设定、评价方式、周期等】

1. 完善采购管理制度体系。加强采购活动的流程控制和管理，细化采购实施方案，保障采购行为的合法合规；持续完善《招标投标管理办法》《采购管理制度》《采购活动实施细则》《供应商准入、认证及评价管理规则》《质量问题处理规则》《采购人员合规行为规范》等制度体系，将采购活动中各部门、各组织的职责界定清晰，各环节严格按照规则执行，形成各主体分工协同、各司其职的良性采购、入库、使用、评价和监督闭环机制。

2. 全面推行数字化的采购管理平台。通过平台的方式连接供应商、需求方以及采购方。采购组织者通过严格的审核和筛选将合格供应商纳入供应商库，需求方提交所需采购物资的标准和具体规格，按照平台既定的规则进行下单和采购，采购完成后需求方依据使用情况对供应商进行评价，依据评价信息，不合格的供应商将进行降级或者纳入“黑名单”。通过数字化的采购平台，既能提高采购效率，又能提升信息的透明度，实现采购全过程、全场景的数字化留痕，有效降低或消除人为干扰和“暗箱操作”，避免因采购不合规问题而导致风险的发生。

3.加强对采购的监督和评价体系建设。监督和评价体系是检查流程制度执行有效性的有力抓手。要建立有效的采购监督和评价体系，一方面，要建立科学的后评价管理机制，通过采购的全流程管控，实现采购执行情况的评价和监督，并将评价和监督情况与激励奖惩机制挂钩，确保采购项目的合法合规，执行高效；另一方面，要建立采购全面风险管控体系，定期梳理和复盘采购执行环节存在的高风险点，持续完善供应商评价结果的应用，推动采购合规管控体系的评估改进有效循环。

（三）合规工作成果

1.制度或指引或流程

包括《招标投标管理办法》《采购管理制度》《采购活动实施细则》《供应商准入、认证及评价管理规则》《质量问题处理规则》《采购人员合规行为规范》等。

2.培训

进行全员诚信合规线上培训与测评，组织采购人员参加合规专题培训。

（四）知识点与能力要求

1.主要知识点

（1）采购、招标、投标涉及的主要外部法律、法规及内部规章制度要求；

（2）不同采购方式对应的适用场景与合规要点；

（3）从需求发起、采购组织、验收入库到评价反馈等采购各环节的具体操作流程与合规要求。

2.主要能力

第一，沟通谈判能力。与供应商之间的沟通与谈判，最大限度地降低公司损失；与政府之间的有效沟通与协调，争取谅解和支持。

第二，分析判断能力。对已经发生的不合规事件，溯源问题根源，完善现有制度流程中的不足，及时堵塞管理漏洞。

第三，解决问题能力。针对与供应商、政府主管部门、客户、公司员工等多方主体不同的利益诉求，提出切实可行的解决方案，并将方案落地。

（1）初级合规师

识别采购领域常见的合规风险；接受和处理相关腐败的举报与投诉；通过内部调

查对采购管理中存在合规问题进行及时查缺补漏;根据内部调查结果,处理和应对采购违规事件。

(2)中级合规师

在初级行为的基础上,还需要具备以下能力:建立健全覆盖事前、事中和事后的采购、供应链决策等流程的监督机制;强化采购团队建设,针对可能存在腐败的高风险岗位进行定期轮换及廉洁诚信培训;制定商业伙伴行为准则;在与商业伙伴合作过程中,进行尽职调查并要求其承诺和遵守公司制定的相关防腐败合规政策。

三、第三方管理合规实务

良好的商业伙伴关系是公司行稳致远的助推剂,而有污点的商业伙伴则可能给公司带来名誉损失、经济损失乃至是严厉的行政或刑事处罚。就国际贸易企业而言,由于受到国外法律、法规及国际公约的约束,商业伙伴合规面临更多的不确定性。因此,要做好公司的合规治理,不仅要关注自身业务领域的合规,更要关注对第三方商业伙伴的合规管理,避免因为商业伙伴而引发合规风险。

(一)案例介绍

A 公司为某大型集团公司下属的采购平台公司。B 公司自 2014 年开始为 A 公司代理 PE 原料进口报关及运输业务,B 公司业务经理李某一直负责对接 A 公司相关合作事宜。2018 年至 2020 年 B 公司共计从 A 公司结算清关费 1012 万元。2020 年 7 月,李某从 B 公司离职后设立了一家物流公司——C 公司(以其配偶姓名和另外一名原 B 公司业务员的名义注册)。2020 年 8 月 1 日,李某向 A 公司提交《业务变更函》,将与 A 公司相关的代理清关及运输业务整体转移至新成立的 C 公司名下。2020 年 8 月至 12 月,C 公司累计向 A 公司申请结算清关费及运费 150 万元(其中 112 万元尚未付款)。

经审计发现,C 公司的结算金额存在问题,涉及费用约 400 万元。

B 公司提供的代理清关服务的合同收费包括两部分:一是代理费和运费(明码标价,该部分结算价款不存在问题),二是代交清关费(实报实销)。经 A 公司审计发现,B 公司 2018 年至 2020 年结算的清关费异常偏高,且 A 公司相关人员在未履行任何审核程序的情况下即全额付款,初步估计经济损失金额为 400 万元以上。估算依据主要源于以下两个方面。

一是与A公司的其他5家同类业务的供应商进行了横向比较。如上海某公司(上市公司)2019年至2020年清关1237柜,平均清关费用2702元/柜。B公司2018年至2020年清关2045柜,平均清关费用4949元/柜。单柜清关费用,B公司高出上海某公司的比例高达83%。

二是天津港和上海港公示清关价格。天津港公示的常规项目价格清单显示,清关费用合计1780元,其他项目按照实际发生额计算。上海港公示的常规项目价格清单显示,清关费用合计2150元,其他项目按照实际发生额计算。

2020年11月18日,审计人员到达B公司总部进行了现场查证,发现李某之前提供的《业务变更函》所盖B公司公章是伪造的。

2020年12月23日,A公司分别向B公司、C公司发送书面告知函,要求两家公司提供清关费用原始凭证。截至2021年1月27日,B公司拒绝提供清关费原始凭证,B公司提供了部分原始凭证,但存在不完整、部分原始凭证与清关费无关等问题。

2021年1月27日,A公司委托律师事务所向B公司邮送《律师函》,要求其提供2018年至2020年清关费用原始凭证,仍未得到回应。

(二)合规工作过程

第一步:了解需求

1. 追回被B公司、C公司多收取的清关费;

2. 如A公司人员与商业伙伴B公司、C公司之间存在商业贿赂,应获取相关人员收取商业贿赂的证据,并进行内部处理,涉嫌犯罪的,移交司法机关处置;

3. 如何加强对第三方商业伙伴的信息获取和风险监控。

第二步:合规义务、合规风险识别

在本次事件中,涉及以下几个关键点。

1. 就A公司而言,B公司2018年至2020年结算的清关费异常偏高,相关人员在未履行任何审核程序的情况下即全额付款,3年的时间,公司竟然未能及时发现,还是审计发现的问题,是公司内部制度流程的缺失?还是控制流程未被有效执行?经办人员是故意还是过失?其中是否涉及利益输送以及商业贿赂问题?

2. 李某通过伪造B公司的公章出具了《业务变更函》,将原本由B公司负责的业务全部转移至C公司名下,作为A公司的业务部门,合作伙伴发生重大变更,为何没有尽到合理的勤勉谨慎义务进行核实确认?除去公章的真伪,《业务变更函》中所描述的情况是否属实？变更后的C公司的资质和能力是否能够满足公司的业务需求？是否对C公司的基础情况开展过背景调查？是人员风险意识的缺失还是风险控制制度的漏洞？在对其他合作伙伴的管理上，是否还存在类似的风险？

3. 在B公司、C公司拒不配合的情况下，A公司能够采取何种行动和措施保障自身权益？有哪些风险？

4. 就A公司而言，如何通过该事件复盘和重新梳理采购制度流程，包括供应商准入、采购招投标、验收、供应商评价等各个环节，避免类似事件再次发生？

第三步：实施解决方案

【关注点：依据本公司情况实施解决方案，与相关方进行谈判，化解矛盾，处置相关责任人】

1. 协同律师事务所与B公司、C公司进一步沟通协商，依据合同的规定，对无法提供原始凭证的清关费用不予支付，已经支付的部分要重新核算，多支付的部分要求B公司、C公司予以返还，无法达成协商一致的，通过提起诉讼的方式维权；

2. 针对李某伪造B公司公章出具《业务变更函》的行为，涉嫌伪造印章及商业欺诈类犯罪，由采购部门协同审计部门及时收集和固定相关证据材料，依法向公安机关报案；

3. 由审计部门介入，对该事件的经办人员进行访谈和调查，确认是否存在未按要求履行职责的过错行为或者是刻意的舞弊行为，并按照公司的规章制度进行处理，情节严重、涉嫌犯罪的，移交司法机关；

4. 重新复盘和梳理合作伙伴的管理流程和制度体系，及时发现制度体系中的缺失，对第三方合作伙伴管理中存在的风险敞口进行有效控制；

5. 通过数字化产品的方式强化对第三方合作伙伴的背景调查和动态风险监控，减少人为因素导致的偏差，提高效率和可信度。

第四步：合规制度或指引制定：人员职责（分工）、风险管理和应对、考核、评价、奖惩、信息反馈及处理

【关注点：结合公司现有合规管理体系——组织机构、职责分工、运行和监督机制设计该领域的合规管理制度、指引及流程】

1. 建立和完善与第三方合作伙伴管理相关的制度规则，其中包括《商业伙伴合规行为规范》《商业伙伴合规尽职调查指引》《员工商业交往合规指引》《反腐败、反商业贿赂合规指引》等。

2. 当同商业伙伴签订合同时,加入合规条款,利用合同条款传递合规理念和要求,保留对特定交易中商业伙伴进行检查和审计的权利,积极传导合规理念;同时对合作伙伴准入、业务变更、资金支付等高风险业务进行全过程监督。

3. 针对存在风险隐患的商业伙伴,由采购人员协同外部律师事务所开展合规背景调查,对供应商资质状况、产品质量、履约能力、内部管理情况、违规被行政处罚等各个方面开展全面尽职调查,并跟进尽职调查情况,对供应商开展综合评价,对有严重风险隐患的供应商提前示警,将风险防控关口前移。

4. 开发数字化产品,即相对方风险动态监控产品,用大数据实时抓取合作伙伴的各项基础信息,同时在合同履行过程中,定期对商业伙伴开展评价和分级管理,如商业伙伴存在重大违法行为或者发生质量事故、安全事故或存在廉洁问题的,及时预警合规风险,并采取有效措施控制风险。

第五步:培训和文化宣传

【关注点:如何设计并开展文化宣传工作】

1. 将该事件中涉及的合规风险点全面复盘和梳理,形成典型案例,在公司内部分享,提示各专业部门完善合作伙伴管控流程与要求;

2. 法务合规部门为商业伙伴准入相关的重点岗位人员开展专项合规培训,提示在商业伙伴管理流程中涉及的合规要求以及可能导致的法律责任,让重点岗位人员重合规,知敬畏,守住合规底线;

3. 定期对商业伙伴及其重要岗位人员开展合规培训和谈话,传递合规理念,提升合规意识,将合规体系建设情况纳入商业伙伴评价体系中,带动生态中的商业伙伴合规共赢。

第六步:评价改进

【关注点:如何设计评价改进方案,包括评价指标的设定、评价方式、周期等】

1. 不断改进和完善商业伙伴合规管理的制度规则体系,其中包括《商业伙伴合规行为规范》《商业伙伴合规尽职调查指引》《员工商业交往合规指引》《反腐败、反商业贿赂合规指引》等,及时向商业伙伴传递合规要求。

2. 完善商业伙伴准入前的尽职调查程序。将合规尽职调查作为商业伙伴准入的一般规则,明确甄选商业伙伴的要素、标准和要求,普通的商业伙伴可通过线上尽职调查的方式,重点的商业伙伴可借助专业律所开展更为深入和全面的背景调查,通过系统性的风险评估对商业伙伴进行分级,并定期更新,准确提示风险点,并在其合作过程中强化相应的风险管控措施，降低合规风险发生概率。

3. 开发数字化产品，即相对方风险动态监控产品，用大数据实时抓取合作伙伴的各项基础信息及时预警合规风险，实现对商业伙伴合规状况的日常动态监控。

（三）合规工作成果

1. 制度或指引或流程

包括《商业伙伴合规行为规范》《商业伙伴合规尽职调查指引》《员工商业交往合规指引》《反腐败、反商业贿赂合规指引》等。

2. 培训

开展商业伙伴合规专题培训。

3. 数字化产品

即相对方动态风险监控产品。

（四）知识点与能力要求

1. 主要知识点

(1) 商业伙伴合规管理的三个方面：合作前的尽职调查，合同签订时的合规条款，合同执行过程中对商业伙伴合规的秩序关注和管控措施。

(2) 商业伙伴合规禁止调查的流程与工具（表格工具、数字化工具等）。

(3) 商业伙伴合规条款的主要内容：陈述与保证条款；出口管制条款；保密条款；安全环保条款、廉洁条款；等等。

2. 主要能力

第一，沟通谈判能力，即与商业伙伴之间的沟通与谈判。

第二，法律调研能力，即背景调查时的信息获取与分析能力，法律调研能力。

第三，分析判断能力，即对已经发生的不合规事件，溯源问题根源，弥补现有制度流程中的不足，及时堵塞管理漏洞。

第四，解决问题能力，即提出切实可行的解决方案，并将方案落地的能力。

(1) 初级合规师

开展调查分析，梳理案件涉及的第三方合规问题、识别第三方管理中各业务环节存在的合规风险点、对第三方合规管理问题，提出有效解决措施并落地。

(2)中级合规师

在初级行为的基础上,还需要具备以下能力:制定第三方合规管理制度,包含第三方选聘与尽职调查、合作模式审核、合同管理、合作过程监控、合作后评估管理等;强化对过度承诺、合同签订、履约动态、安全生产、负面行为等方面的合规管理;制定第三方准入标准和政策,开展专业化的合规背景调查、分析与评估,确保引入的供应商合规。

四、平台合规案例实务

(一)案例介绍

1. 业务场景

A 能源企业集团(以下简称 A 集团)经过多年发展,业务涉及某能源行业全产业链。近年来,A 集团积极开展能源转型,逐步形成了贯通上游生产、中游贸易储运、下游分销的清洁能源产业链。A 集团拟发挥集团在清洁能源产业和数字化平台运营方面的优势,整合行业内资源,打造能源产业数智平台(以下简称平台),为集团内部企业和产业客户能源数字化转型提供支持。

为此,A 集团成立能源产业数智平台建设专项工作组,A 集团总经理担任组长,工作组成员包括各业务板块分管副总经理、信息管理部门、各业务板块(能源生产板块、储运和贸易板块、销售板块)、财务部门、法务部门、合规部门等相关部门负责人。

根据工作组制订的平台建设工作计划,在平台建设方案制定阶段,合规部门需就平台运营存在的合规风险进行充分评估并提出平台合规建议,确保平台建设与平台运营合规工作同步开展,实现"上线即合规"的业务目标。

2. 合规管理场景

A 集团于 2019 年启动并完成合规管理体系建设工作,对标西门子、GE、中石油等国际、国内最佳实践,参照 ISO 19600:2014《合规管理体系指南》、GB/T 35770-2017《合规管理体系指南》和《国资委合规指引》,从组织、制度、运行和保障机制四个方面建立了较为系统和完善的合规管理体系。集团成立了合规部门,任命了合规负责人并配备了由 35 人组成的专职、兼职合规管理人员,明确了各部门的合规管理职责和分工;制定了《合规管理办法》《诚信合规守则》《利益冲突管理办法》《礼品招待规定》《反商业贿赂手册》《商业伙伴合规管理办法》等合规管理制度和行为准则;建立了包括风险管理、制度建设、合规审查、投诉举报、监督检查、考核奖惩、体系有效性评价、文化宣贯和培训、队伍建设、信息化建设在内的各项运行和保障机制；逐步开展了广告宣传、反垄断、知识产权保护、个人信息保护和数据安全等重点领域专项合规工作，制定了相应专项合规指引、流程；将合规管理体系与全面风险管理、内控和法务工作相融合；通过合规审查、培训、检查、有效性评价等工作的实际开展推动合规管理体系有效落地、实施并持续改进提升，实现合规管理工作的 PDCA。

（二）合规工作过程

基于以上业务场景和合规管理场景，合规人员按照“专项合规”工作思路，制订了相应工作计划，包括了解需求和调研，合规义务、合规风险识别，合规建设方案制定，合规管理制度或指引制定，文化宣贯和培训，评价改进。具体工作开展情况如下。

第一步：了解需求

通过对总经理、分管副总经理、各业务板块负责人、信息管理部门负责人访谈等方式，合规部门对能源产业数智平台行业背景、业务模式有一定了解，对该平台定位、相关主体、平台与集团战略目标的一致性进行了分析。

1. 能源产业数智平台行业背景：世界能源格局正呈现多元化、清洁化、低碳化倾向，绿色低碳是未来发展方向。中国清洁低碳能源体系建设提速。中国已承诺力争于 2030 年前碳排放达峰，力争 2060 年前实现“碳中和”。在能源安全新战略的引领和“碳达峰”“碳中和”目标的约束下，能源转型必将大幅提速。能源企业正加快建立清洁、低碳、安全、高效的现代能源供应体系，支持经济的高质量发展。同时，全球能源行业正加快迈向数字化、智能化时代，新一代技术革命正在重塑人们的生产生活方式，传统能源的获取方式面临升级换代。2020 年 8 月 21 日，国务院国资委办公厅印发《关于加快推进国有企业数字化转型工作的通知》，就推动国有企业数字化转型作出全面部署，明确国有企业数字化转型的基础、方向、重点和举措。

2. 业务模式：在以上行业背景下，A 集团拟通过能源产业数智平台的建设和运营，将 A 集团在清洁能源领域和数字化平台运营中积累的技术、经验开发成数智化产品和解决方案（以下简称集团产品），通过平台展示、销售方式分享给更多的最终用户和合作伙伴（以下简称合作伙伴）；同时，将行业内优势资源（以下简称第三方产品）整合到平台上，为最终用户和合作伙伴提供清洁能源全产业链、全业务领域的数字化产品和解决方案。

3. 平台定位：电子商务平台（B2B、B2C、B2G）。

4. 平台功能：产品展示、宣传、推广；销售；行业资讯。

5. 交易方式：线上、线下。

6. 相关主体：

(1) A 集团：平台建设运营主体（平台经营者）；

(2) 集团业务板块：平台内产品提供主体（平台内经营者）；

(3) 合作伙伴：平台内产品提供主体（平台内经营者）；

(4) 最终用户：接受相关产品（含服务）的自然人或企业。（见图 5－1）

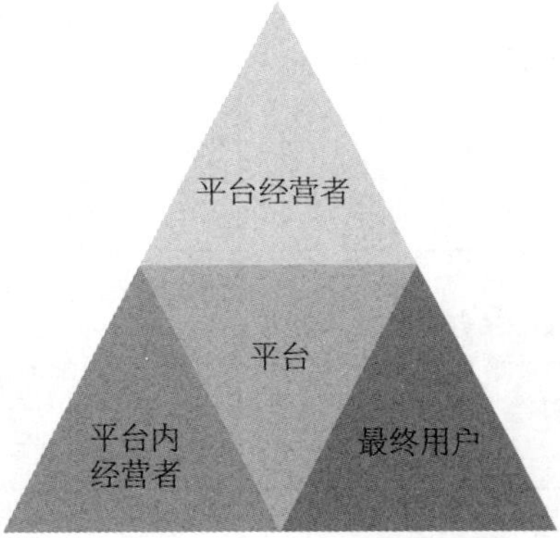

图 5－1　相关主体

7. 业务目标与集团战略目标的一致性：对以上行业背景和业务模式进行分析，平台建设目标与 A 集团的“执守良知、崇尚自驱、成在数据、乐于分享”的核心价值观和“创建现代能源体系，提高人民生活品质”的企业使命一致，对集团“成为一家受人尊敬的创新型智慧企业”的战略目标有正向促进作用。

通过调研方式了解平台监管立法、司法和执法情况及平台经济领域合规管理先进实践，了解平台合规外部环境和需求。

第二步：合规义务、合规风险识别

在了解以上需求的基础上，合规人员对平台运营涉及的外部监管领域进行分析，并确定主要合规义务来源及合规义务或合规风险，见表 5－1。

表5－1 合规义务或合规风险来源

监管领域	主要合规义务来源	合规义务或合规风险
互联网信息服务管理	《互联网信息服务管理办法》(2011年修订)	互联网信息服务业务许可及备案风险
		信息公示风险
		信息内容违规风险
电子商务管理	《电子商务法》(2018年发布)	经营行为违规风险
		信息披露风险
网络交易管理	《网络交易监督管理办法》(2021年发布)	网络经营者未办理市场主体登记风险
		平台经营者对平台内经营活动和经营者监管风险
		消费者权益保护风险
		个人信息保护风险
		不正当竞争风险
反垄断管理	《反垄断法》(2007年发布)、国务院反垄断委员会《关于平台经济领域的反垄断指南》(2021年发布)	协议垄断(横向、纵向、轴辐协议)风险
		滥用市场支配地位风险
		经营者集中风险
不正当竞争管理	《反不正当竞争法》(2019年修正)	商业贿赂风险
		侵犯商业秘密风险
		虚假宣传风险
		混同风险
		有奖销售合规风险
		损害竞争对手商业信誉、商品声誉风险
		妨碍、破坏其他经营者合法提供的网络产品或者服务正常运行风险
广告管理	《广告法》(2021年修正)	广告内容合规风险
		广告审查、批准合规风险
		广告经营者、广告发布者明知或者应知广告虚假，设计、制作、代理、发布风险
价格管理	《价格法》(1997年发布)	价格行为合规风险
		不配合价格监督检查风险

续表

监管领域	主要合规义务来源	合规义务或合规风险
消费者权益保护	《消费者权益保护法》(2013 年修正)	客户信息使用不当风险
		格式条款风险
		消费者欺诈风险
		产品缺陷风险
个人信息保护	《个人信息保护法》(2021 年发布)	个人信息收集、管理风险
		个人信息处理风险
		跨境传输风险
网络安全保护	《网络安全法》(2016 年发布)	网络运营者网络安全风险
		关键信息基础设施运营者网络安全风险
		网络产品服务安全风险
知识产权保护	《著作权法》(2020 年修正)、《著作权法实施条例》(2013 年修订)	著作权侵权风险
		侵犯邻接权风险
	《商标法》(2019 年修正)、《商标法实施条例》(2014 年修订)	商标注册合规风险
		商标使用合规风险
	《专利法》(2020 年修正)、《专利法实施细则》(2010 年修订)	假冒专利风险
		专利侵权风险

第三步:实施解决方案

在对以上合规义务、合规风险进行初步识别后,合规人员在集团现有合规管理场景中,结合平台业务实际需求,制定平台专项合规建设方案。

1. 集团外部环境分析,包括外部立法、司法、监管、集团所处产业上下游合规治理要求,行业现状。

2. 集团内部环境分析,包括战略目标、业务现状、管理现状(合规管理现状)。

3. 平台需求分析。

4. 平台合规义务、合规风险分析。

5. 平台合规建设方案。

(1)以“嵌入”方式搭建平台合规管理体系,将平台专项合规管理嵌入现有合规管理体系和运行保障机制。平台合规管理各部门、职责和分工:由信息管理部门作为平台合规归口管理部门（合规管理部门）；其他部门在各自业务范围内开展合规工作，承担第一道防线合规管理职责；合规部门作为合规管理综合部门，为信息管理部门开展合规管理工作提供合规支持，并与信息管理部门共同承担平台合规管理检查、接受投诉和咨询、有效性评价、考核、文化宣贯和培训工作；审计监察部门履行监督监察的第三道防线合规管理职责。

第一、第二、第三道防线的具体职责、分工、协同、配合以及各项运行和保障措施根据集团《合规管理办法》执行。

（2）以“N+2”方式搭建平台合规制度体系：在集团已经制定的《诚信合规守则》《利益冲突管理办法》《礼品招待规定》《反商业贿赂手册》《商业伙伴合规管理办法》等合规管理制度和行为准则，以及广告宣传、反垄断、知识产权保护、个人信息保护和数据安全等多项专项合规指引的基础上，针对平台合规重点、个性义务和风险，制定相应的专项合规指引，包括强制性、禁止性规范指引、平台合规指引。

（3）以“N+2”方式搭建合平台合规管理数据库：在集团已经建设的多领域合规管理法律法规数据库、案例数据库的基础上，搭建平台合规管理数据库，包括平台合规法律法规汇编、平台合规案例汇编。

（4）以“嵌入”方式完善平台合规管理信息化建设：在集团已经运行的合规审查流程中，嵌入平台合规审查节点，包括利益冲突审查、商业伙伴合规调查、广告合规审查、反垄断或反不正当竞争合规审查等流程。

（5）制订平台合规工作计划：结合平台开发建设方案和工作计划，制订平台合规工作计划，有计划、有步骤推进和实施。

平台合规建设方案经专项工作组讨论决定后实施。

第四步：专项合规制度或指引或数据库制定、建立

根据专项工作组讨论通过的方案（含计划），合规人员制定平台合规专项指引并建立平台合规数据库。

1. 平台合规强制性、禁止性指引：在合规义务、合规风险识别的基础上，就各监管领域，对法律、法规的具体条款进行梳理，形成合规义务和合规风险具体行为规范，并对应法律责任。（见表5-2）

表 5－2　反不正当竞争行为规范和法律责任

<table>
<tr><th>事项</th><th>行为规范</th><th>法律责任</th><th>法律依据</th></tr>
<tr><td rowspan="5">反商业贿赂</td><td rowspan="5">不得以谋取交易机会或者竞争优势为目的，采用财物或者其他手段贿赂交易相对方或影响交易的主体</td><td>【行政责任】没收违法所得，处 10 万～300 万元的罚款。情节严重的，吊销营业执照。受到行政处罚的，记入信用记录并予以公示</td><td rowspan="5">《反不正当竞争法》第 7、19、26、31 条；《刑法》第 164、390、391、393 条</td></tr>
<tr><td>【刑事责任】《刑法》第 164 条
【对非国家工作人员行贿罪】【对外国公职人员、国际公共组织官员行贿罪】数额较大的，处 3 年以下有期徒刑或者拘役，并处罚金；数额巨大的，处 3～10 年有期徒刑，并处罚金；
单位犯前两款罪的，对单位判处罚金，并对其直接负责的主管人员和其他直接责任人员，依照第 1 款的规定处罚。
行贿人在被追诉前主动交代行贿行为的，可以减轻处罚或者免除处罚</td></tr>
<tr><td>【刑事责任】《刑法》第 390 条【对有影响力的人行贿罪】处 3 年以下有期徒刑或者拘役，并处罚金；情节严重的，或者使国家利益遭受重大损失的，处 3～7 年有期徒刑，并处罚金；情节特别严重的，或者使国家利益遭受特别重大损失的，处 7～10 年有期徒刑，并处罚金；
单位犯前款罪的，对单位判处罚金，并对其直接负责的主管人员和其他直接责任人员，处 3 年以下有期徒刑或者拘役，并处罚金</td></tr>
<tr><td>【刑事责任】《刑法》第 391 条【对单位行贿罪】处 3 年以下有期徒刑或者拘役，并处罚金；
单位犯前款罪的，对单位判处罚金，并对其直接负责的主管人员和其他直接责任人员，依照前款的规定处罚</td></tr>
<tr><td>【刑事责任】《刑法》第 393 条
【单位行贿罪】情节严重的，对单位判处罚金，并对其直接负责的主管人员和其他直接责任人员，处 5 年以下有期徒刑或者拘役，并处罚金。因行贿取得的违法所得归个人所有的，依照第 390 条的规定定罪处罚</td></tr>
</table>

续表

事项	行为规范	法律责任	法律依据
商业秘密保护	不得以盗窃、贿赂、欺诈、胁迫、电子侵入或者其他不正当手段获取权利人的商业秘密	【行政责任】责令停止违法行为，没收违法所得，处10万～100万元的罚款；情节严重的，处50万～500万元的罚款；经营者恶意实施侵犯商业秘密行为，情节严重的，按其受到损失的实际数额的1～5倍确定赔偿数额； 【刑事责任】 情节严重的，处3年以下有期徒刑，并处或者单处罚金；情节特别严重的，处3年以上10年以下有期徒刑，并处罚金。 为境外的机构、组织、人员窃取、刺探、收买、非法提供商业秘密的，处5年以下有期徒刑，并处或者单处罚金；情节严重的，处5年以上有期徒刑，并处罚金	《反不当竞争法》第9、17条第3款、21条；《刑法》第219条
	不得披露、使用或者允许他人使用以前项手段获取的权利人的商业秘密		
	不得违反保密义务或者违反权利人有关保守商业秘密的要求，披露、使用或者允许他人使用其所掌握的商业秘密；不得明知上述行为，获取、披露、使用或者允许他人使用权利人的商业秘密		
	不得教唆、引诱、帮助他人违反保密义务；不得违反权利人有关保守商业秘密的要求，获取、披露、使用或者允许他人使用权利人的商业秘密		
	不得为境外的机构、组织、人员窃取、刺探、收买、非法提供商业秘密		

续表

事项	行为规范	法律责任	法律依据
其他不正当竞争行为	不得对其商品作虚假或者引人误解的商业宣传，或者通过组织虚假交易等方式帮助其他经营者进行虚假或者引人误解的商业宣传	【行政责任】责令停止违法行为，处20万~100万元的罚款；情节严重的，处100万~200万元的罚款，可以吊销营业执照	《反不正当竞争法》第8、20条第1款
	不得实施混淆行为，引人误认为是他人商品或者与他人存在特定联系	【行政责任】责令停止违法行为，没收违法商品。违法经营额5万元以上的，可以并处违法经营额5倍以下的罚款；没有违法经营额或者违法经营额不足5万元的，可以并处25万元以下的罚款；情节严重的，吊销营业执照	《反不正当竞争法》第6、18条
	不得违法进行有奖销售	【行政责任】责令停止违法行为，处5万~50万元的罚款	《反不正当竞争法》第10、22条
	不得损害竞争对手商业信誉、商品声誉	【行政责任】责令停止违法行为、消除影响，处10万~50万元的罚款；情节严重的，处50万~300万元的罚款； 【刑事责任】处2年以下有期徒刑或者拘役，并处或者单处罚金	《反不正当竞争法》第11、23条；《刑法》第221条
	不得妨碍、破坏其他经营者合法提供的网络产品或者服务正常运行	【行政责任】责令停止违法行为、消除影响，处10万~50万元的罚款；情节严重的，处50万~300万元的罚款	《反不正当竞争法》第12、24条
监督检查	不得妨害监督检查部门履行职责，拒绝、阻碍调查	【行政责任】责令改正，对个人可以处5000元以下的罚款，对单位可以处5万元以下的罚款，并可以由公安机关依法给予治安管理处罚	《反不正当竞争法》第28条

结合平台业务实际需求情况，针对核心平台合规义务进行详细说明，并作出相应的合规提示和建议。指引结构和内容包括以下方面。

一、前言

二、相关概念

三、平台主体经营资质合规

（一）平台经营应依法设立并取得相应的行政许可或备案

（二）平台应合法公示主体经营资质信息

四、反垄断合规风险——禁止实施垄断行为

（一）禁止达成垄断协议

（二）禁止滥用市场支配地位

（三）防范经营者集中风险

五、禁止不正当竞争行为

（一）采用谎称现货、虚构预定、抢购等方式进行虚假营销

（二）混淆、误人以为是他人商品

（三）编造传播误导性信息

（四）其他明显的反不正当竞争行为

六、避免价格合规风险

七、避免广告推送中的合规风险

八、平台的审核、管理义务

九、数据合规（包括个人信息保护）

（一）个人信息保护合规

（二）合作数据信息的合法性和合规性

（三）维护消费者权益角度，平台须注意的义务

（四）平台须注意的其他合规义务

十、建立平台合规的信息反馈和应对机制

例：平台主体经营资质合规

一、平台应依法设立并取得相应的行政许可或备案

根据《电子商务法》，电子商务经营者（包括电子商务平台经营者、平台内经营者以及通过自建网站、其他网络服务销售商品或者提供服务的电子商务经营者）应当依法办理市场主体登记。除此之外，《电子商务法》还要求电子商务经营者根据所处行业经营的规定取得相应的行政许可或履行相应的备案程序（如取得ICP、EDI许可证等）。

因此，平台经营应关注主体经营资质合规，包括以下几个方面。

(一)平台经营者自身主体经营资质合规

1. 市场主体登记:平台经营主体应在市场监管部门办理注册登记,取得与其经营范围和企业形式相匹配的营业执照。

2. 行业经营所需的行政许可或备案,包括:

(1)ICP:也称互联网信息服务业务经营许可证,或者增值电信业务许可证中的互联网信息服务业务。经营性ICP经营的内容主要是网上广告、代制作网页、App网站、有偿信息平台网站等。

(2)EDI:即增值电信业务经营许可证—在线数据处理与交易处理业务,属于第B21类增值电信业务的范畴。EDI许可证的核心业务主要体现在交易处理业务、网络或电子设备数据处理、电子数据交换业务这三个领域。

(3)其他行业经营资质,如相关商品或服务的特殊资质或审批。

(二)平台内经营者主体经营资质合规

(1)市场主体登记:平台内经营者,应在市场监管部门办理注册登记,取得与其经营范围和企业形式相匹配的营业执照。

(2)行业经营所需的行政许可或备案,如相关商品或服务的特殊资质或审批。

平台对平台内经营者的主体资质具有审核义务:

(1)核验资质真实性。

(2)建立登记档案(身份、地址、联系方式、行政许可)。

(3)每6个月核验更新。

二、平台应合法公示主体经营资质信息

根据《电子商务法》,前述的相关注册登记、备案及许可的信息,电子商务经营者还应当在其首页显著位置进行公示。因此,平台应当依法公示:

(1)营业执照、行政许可。

(2)公示页面原则上不得超过3级。

公示信息变更的,10个工作日内完成公示。

2. 平台合规法律、法规汇编和合规指导性文件:在集团已经形成的反垄断、反不正当竞争、广告、数据安全和个人信息保护、知识产权保护法律、法规汇编基础上,补充平台合规重点法律、法规。例如,《电子商务法》、《网络交易监督管理办法》、国务院反垄断委员会《关于平台经济领域的反垄断指南》。

在集团已经形成的反垄断、反不正当竞争、广告、数据安全和个人信息保护、知识产权案例汇编基础上，补充平台经济反垄断案例。例如，阿里巴巴集团控股有限公司滥用市场支配地位案、阿里巴巴（中国）网络技术有限公司违法实施经营者集中案、杭州阿里巴巴创业投资管理有限公司违法实施经营者集中案、美团滥用市场支配地位案、腾讯控股有限公司违法实施经营者集中案。

第五步：培训和文化宣传

平台专项合规制度、指引及数据库公布实施后，合规人员制订合规培训计划和文化宣贯计划并开展培训和文化宣贯工作。

1. 印制制度、指引及法律法规、案例汇编，置放于公共休息区域供员工阅读使用。同步，将在公司系统中对应的制度、数据库板块，增加电子内容，便于员工学习。

2. 组织培训，培训内容包括制度、指引及数据库内容介绍及使用说明。

3. 培训考核，通过现场提问、培训结束后测试方式，对培训效果进行检查并打分，作为员工考核内容之一。

4. 制定平台合规宣传语，在集团公司宣传栏、办公楼中进行张贴，培养平台合规意识。

第六步：评价改进

合规人员根据平台合规管理体系建设内容和重点，设计评价指标并征求信息管理部门意见，根据公司合规管理工作整体进度和安排（包括周期、评价方式），以与信息管理部门联合检查的方式对集团内企业平台合规管理工作有效性进行评价。评价指标包括各单位组织建设情况、制度建设情况、合规审查情况、培训和文化宣贯开展情况、信息反馈和应对情况、考核情况、处罚情况。

在有效性评价基础上，形成问题清单和改进建议或方案，反馈各单位制订改进计划并实施。

（三）合规工作成果

1. 合规义务或风险清单；
2. 平台专项合规建设方案；
3. 平台合规强制性、禁止性规范指引；
4. 平台合规指引；
5. 平台法律、法规汇编；
6. 平台案例汇编；

7. 培训和文化宣贯计划、宣传文案、培训 PPT、培训记录、培训测试题；

8. 有效性评价清单。

（四）知识点与能力要求

中级合规师应具备以下能力。

1. 主要知识点

通过平台专项合规建设工作，合规人员应掌握平台监管法律、法规及合规义务、合规风险要点，并有能力就日常工作开展中涉及的平台合规风险进行初步识别并提出应对措施。

2. 主要能力

合规义务、合规风险识别能力及在行业场景和业务场景中灵活运用的能力。

识别平台业务及项目涉及的合规风险，对平台业务及项目开展过程中出现的问题提出有效的解决措施。

附录

附录1 数字化与合规管理工具

按照《中华人民共和国国民经济和社会发展第十四个五年规划和2035年远景目标纲要》第五篇“加快数字化发展,建设数字中国”提出“以数字化转型整体驱动生产方式、生活方式和治理方式变革”的目标和要求,本章旨在将ISO 37301:2021《合规管理体系　要求及使用指南》等一系列文件的“文字”要求转化成为一套“数字”工具有效落地,将企业治理的结构化数据从10%持续提升到80%以上,为智慧治理奠定数据基础。

我们不能拿着昨天的武器去参加明天的战斗!在“长期跟踪模仿”的战略下,不管黑猫白猫,只要抓住老鼠就是好猫。但在“科技自立自强”战略下,只有掌握科学方法的猫,才有可能抓住老鼠。巨加值提供一套工具库,能够“将合规管理与组织其他管理过程、业务过程和程序相融合”。让“各自理解”转化成为一套“数学工具”来表达,让各市场主体在一个工业互联网平台上说一套现代治理普通话,打通各领域、各层级“最初一公里、中间肠梗阻、最后一公里”之间的“堵点、断点、难点”问题的80%,降低信息不对称,提升“产品链、产业链、供应链、价值链、技术链、创新链、人才链、资金链”八链之间资源精准配置的“量、质、效”,形成“隐性技术显性化、显性技术标准化、标准技术软件化、软件技术交易化、交易技术知本化、知本技术资本化”的微观创新生态,实现“按劳分配、按知分配、按资分配”三分天下的基本格局,为《民法典》提出的“自然人、法人、非法人组织”三大民事主体“治理效能倍增”提供数据支持。①

一、关于“前言”部分的数字化工具和方法

ISO 37301:2021《合规管理体系　要求及使用指南》的“前言”提出:本文件按照

① 中关村巨加值科技评价研究院。

GB/T 1.1－2020《标准化工作导则　第1部分：标准化文件的结构和起草规则》起草。GB/T 1.1－2020《标准化工作导则　第1部分：标准化文件的结构和起草规则》规定格式的表格仅仅是要素列表，本部分所采用的格式表格不是简单的要素列表，而是具有纵横坐标的函数坐标系，这一点与人们通常对表格的理解习惯不同，而表格是数学函数的三种表达方式之一。

（一）文件“有效执行”的科学范式

为了满足ISO 37301：2021《合规管理体系　要求及使用指南》落地的需要，构建一个文件“有效执行”的通用数学模型（见表1）。其中：纵坐标是将企业遇到的所有文件给出一个分解结构。一般情况下，企业有各种文件600个左右。每一种文件，都存在“有效执行”的问题；横坐标是一个复合函数。从中国传统文化“知行合一”到牛顿力学“三要素”再到ISO管理“三标准”等，都存在共同的定义域。能够从源头将这些定义域找到，就会有效提升执行力；坐标系是所有文件“有效执行”所必需要做的工作。一个文件仅仅属于管理A类（语言文字），只给出了方向和目标，但是缺少作用点和大小，没有构成执行力完整的三要素，因此不管如何重视，最终执行力都比较差。一个文件只有找到了管理A（方向）、B（作用点或抓手）、C（大小或程度）三类标准，才具有很强的执行力。

表1　文件“有效执行”的通用模型

管理标准 / 管理文件	管理A类标准		管理B类标准		管理C类标准	
	文字要求类		架构要素类		指标指数类	
	方向		作用点		大小	
	知		知行转换		行	
	语言	文字	解释模型	数学模型	指标	指数
	结构化数据率可达10%	结构化数据率可达20%	结构化数据率可达30%	结构化数据率可达60%	结构化数据率可达80%	结构化数据率可达90%
	对数字化转型的贡献率5%	对数字化转型的贡献率10%	对数字化转型的贡献率20%	对数字化转型的贡献率40%	对数字化转型的贡献率80%	对数字化转型的贡献率90%
	难度系数1	难度系数2	难度系数4	难度系数8	难度系数8	难度系数8
文件						
政策						
法律						

续表

管理标准 / 管理文件	管理 A 类标准		管理 B 类标准		管理 C 类标准	
	文字要求类		架构要素类		指标指数类	
	方向		作用点		大小	
	知		知行转换		行	
	语言	文字	解释模型	数学模型	指标	指数
	结构化数据率可达 10%	结构化数据率可达 20%	结构化数据率可达 30%	结构化数据率可达 60%	结构化数据率可达 80%	结构化数据率可达 90%
	对数字化转型的贡献率 5%	对数字化转型的贡献率 10%	对数字化转型的贡献率 20%	对数字化转型的贡献率 40%	对数字化转型的贡献率 80%	对数字化转型的贡献率 90%
	难度系数 1	难度系数 2	难度系数 4	难度系数 8	难度系数 8	难度系数 8
法规						
制度						
标准						
报告						
讲话						

注：1. 所有文件的执行力，都可以用该模型进行构建、实施、评价、改进。
2. 阴影区是短板。

（二）文件“有效执行”的科学工具

在企业目前600多个文件中，只有涉及经济指标的，才具有执行力。因为《财务报表》是按照管理A、B、C三类标准构建的。《预算法》属于管理A类标准，《资产平衡表》属于管理B类标准，《财务报表》及其构建的全部经济类的财务指标属于管理C类标准。

在企业目前600多个文件中，除财务指标外，还有很多非财务指标，如管理创新、技术创新对应的指标等，这需要构建相应的《制度报表》和《技术报表》，才能形成类似《财务报表》那样的结构化的指标体系。

表1给出的文件“有效执行”的通用模型，本质上是判断所有文件起草者合规与否的“试金石”。文件的起草者若不知道管理A、B、C三类标准，执行者又怎么可能做好呢？

《国务院关于印发深化标准化工作改革方案的通知》提出四大问题：

一是标准缺失老化滞后，难以满足经济提质增效升级的需求。我国国家标准制定周期平均为3年，远远落后于产业快速发展的需要。标准更新速度缓慢，“标龄”

高出德、美、英、日等发达国家1倍以上。标准整体水平不高，难以支撑经济转型升级。我国主导制定的国际标准仅占国际标准总数的0.5%，“中国标准”在国际上认可度不高。

二是标准交叉重复矛盾，不利于统一市场体系的建立。标准是生产经营活动的依据，是重要的市场规则，必须增强统一性和权威性。现行国家标准、行业标准、地方标准中仅名称相同的就有近2000项，有些标准技术指标不一致甚至冲突，既造成企业执行标准困难，也造成政府部门制定标准的资源浪费和执法尺度不一。特别是强制性标准涉及健康安全环保，制定主体多，28个部门和31个省（区、市）制定发布强制性行业标准和地方标准；数量庞大，强制性国家、行业、地方三级标准万余项，缺乏强有力的组织协调，交叉重复矛盾难以避免。

标准体系编制就有六个国家标准，这都是标准化工作造成的标准化困境。如下所示：

GB/T 13016－2009《标准体系表编制原则和要求》；

GB/T 13017－2018《企业标准体系表编制指南》；

GB/T 15496－2017《企业标准体系要求》；

GB/T 15497－2003《企业标准体系技术标准体系》；

GB/T 15498－2003《企业标准体系——管理标准体系和工作标准体系》；

GB/T 19273－2003《企业标准体系评价与改进》。

三是标准体系不够合理，不适应社会主义市场经济发展的要求。国家标准、行业标准、地方标准均由政府主导制定，且70%为一般性产品和服务标准，这些标准中许多应由市场主体遵循市场规律制定。而国际上通行的团体标准在我国没有法律地位，市场自主制定、快速反映需求的标准不能有效供给。即使是企业自己制定、内部使用的企业标准，也要到政府部门履行备案甚至审查性备案，企业能动性受到抑制，缺乏创新和竞争力。

四是标准化协调推进机制不完善，制约了标准化管理效能提升。标准反映各方共同利益，各类标准之间需要衔接配套。很多标准技术面广、产业链长，特别是一些标准涉及部门多、相关方立场不一致，协调难度大，由于缺乏权威、高效的标准化协调推进机制，越重要的标准越“难产”。有的标准实施效果不明显，相关配套政策措施不到位，尚未形成多部门协同推动标准实施的工作格局。

2018年1月1日实施的《标准化法》体现的“扩大标准的制定范围、赋予团体标准法律地位、企业标准自我声明公开”等立法精神都在呼唤“标准的地位”。应比专利更重要。

本工具是按照李春田老师提出的“长”标准的设想构建的。李春田老师主编的高等院校精品课程教材《标准化概论》,已再版6次。2004年,李春田老师从秩序、效率、管理、创新、竞争、质量、安全、法制、可持续、全球化十个方面,重新认识标准化,说明标准化的内涵和外延已经发生了根本变化。李春田老师提出:自2000年来,工业“2.0”等传统工业“后补型标准”范式受到严重制约,工业“4.0”等新兴工业“前导型标准”范式尚未形成。未来的标准化是个什么样子,不知哪个先知能够设计出来。他肯定是顺应经济、技术大发展要求,顺理成章地“长”起来的。推动企业“将标准化作为所有工作的逻辑起点”。“长期跟踪模仿”战略让我们养成了一套“采标思维”,“科技自立自强”战略需要我们养成一套“长标思维”。任何一个想法,要想变成生产力,必须先变成六类标准,缺一不可;所有特别的技术,都隐藏在阴影区的标准之中。特别是“卡脖子”技术,基本上是卡在“方法类”标准上。深层原因是缺乏管理C类标准,导致无法计量每个人创造的价值并实现按知分配,对人的潜力挖掘不够;大量的技术诀窍、技术秘密所构成的隐性知识和隐性技术,都隐藏在企业各岗位员工的大脑之中。“专精特新”企业百人专利35个。大部分属于方法类专利,在企业一定要转变成岗位标准才能有效推动生产力提升。还有大量的技术诀窍可以只做标准,不申请专利。

(三)文件“有效执行”的科学方法

以合规师能力评价为例。用表1架构解决合规师能力评价等级问题。企业合规师能力评价等级,是按照推动企业高质量发展的逻辑关系构建的。本企业合规师能力评价与法人治理工具谱系配套使用。权重可以根据不同的评价目的设置,一旦设置,应保持相对稳定。横坐标代表合规师能力工具,纵坐标代表合规师能力等级,坐标系代表合规师能力培育的“方向、作用点、大小”(见表2)。

表 2　企业合规师能力评价等级

能力工具 能力等级		管理 A 类标准	管理 B 类标准	管理 C 类标准
		文字要求类	架构要素类	指标指数类
		量	质	效
		难度系数 1	难度系数 10	难度系数 100
高级合规师	难度系数 4	满足高级合规师 11 项要求	通过构建一套具有函数关系的架构模型，能够将企业的结构化数据率提升到 90% 以上	能够将企业法人合规的“文字”要求转化成为“数字”工具在 90% 的部门（岗位）落地，并形成“点上可计量、纵向可合成、横向可对比”的指标指数体系
中级合规师	难度系数 2	满足中级合规师 11 项要求	通过构建一套具有函数关系的架构模型，能够将企业的结构化数据率提升到 60% 以上	能够将企业法人合规的“文字”要求转化成为“数字”工具在 60% 的部门（岗位）落地，并形成“点上可计量、纵向可合成、横向可对比”的指标指数体系
初级合规师	难度系数 1	满足初级合规师 11 项要求	通过构建一套具有函数关系的架构模型，能够将企业的结构化数据率提升到 30% 以上	能够将企业法人合规的“文字”要求转化成为“数字”工具在 30% 的部门（岗位）落地，并形成“点上可计量、纵向可合成、横向可对比”的指标指数体系
相关说明 发布前删掉		11 项要求，都是基本要求。是必要条件，因为搞不好就会形成“内卷”，低水平重复，无法触及企业根本问题	企业合规师是一个新职业，就需要具有目前所有职业无法解决的问题的能力，能够推动企业按照“数学架构”梳理各种逻辑关系，将各部门（岗位）之间的“交叉、重复、空白、缠绕”降低	企业合规师是一个新职业，需要解决“非财务指标（制度指标体系、技术指标体系）”的问题，能够推动各部门（岗位）的合规要求与岗位绩效“事前标准化表达、事中结构化统评、事后学习型曲线”链接。没有合规，就没有量质效

注：本企业合规师能力评价与企业法人治理工具谱系配套使用。

知易行难，本质上只知道管理 A 类标准，不知道管理 B、C 类标准，所以落地比较困难。实质上是只知其一，不知其二、其三。

知难行易，本质上要知道管理 A、B、C 三类标准，所以才感觉到难。只要知道了管理 A、B、C 三类标准，行动就不难，执行力就高。

知行合一，本质上是按照表 1 给出的文件“有效执行”的通用模型，实施结构化思维，就会取得强大的执行力。

每一个企业，其合规管理的本质是，让 600 多个文件的起草部门和起草人，先将“建规”做好，具有管理 A、B、C 三类标准特征，然后才能谈得上“合规”。根据试点情况，600 多个文件存在大量“交叉、重复、空白、冲突”，根本就执行不下去。这是合规管理的一块“硬骨头”。企业应该在“建规”与“合规”之间找到一个平衡点，逐步提升“建规”与“合规”的“量、质、效”。

本部分所建表格，突破了 GB/T 1.1－2020《标准化工作导则 第 1 部分：标准化文件的结构和起草规则》提出的表格表头不用“斜线”的规定。本部分中的每一个表格，都是一个数学模型，需要动态反映纵横坐标之间的函数关系，而不是彼此孤立、毫无关系的静态要素，所以采用“斜线”是为了突出表达每个格子里面的数据与纵横坐标的函数关系。不用“斜线”，表格一般反映“一维”数据；采用“斜线”，表格可反映“三维”数据。如果与软件结合，可反映“五维”数据。有利于企业形成一套结构化数据，通过质量管理、创新管理、合规管理为智慧企业奠定数据基础。

本部分从数字化转型的角度，提出“科学范式迭代的规律”，并根据这些规律构建一套新的“数字化转型”的范式。本部分主要是通过“数字化转型”来解决。这个“数字化转型”不是现有的范式、规则、工具，而是根据“科学范式迭代的规律”重构的一种新范式、新规则、新工具。

思考题

1. 标准化是为了“墨守成规”，还是为了突破和创新？
2. 治理和管理的本质区别？
3. 管理标准为什么分为 A、B、C 三类？
4. 科学范式是什么？
5. 将“文字”转化成为“数字”难不难？
6. 表头有“斜线”与没有“斜线”有什么本质区别？
7. 初中、高中的数学能满足企业治理的需要吗？

二、关于“引言”部分的数字化工具和方法

ISO 37301:2021《合规管理体系　要求及使用指南》的“引言”提出：旨在推动组织的治理机构、最高管理者等运用核心价值观、普遍接受的良好治理方法、道德规范和社会准则来塑造组织的合规之道，将合规管理与组织其他管理过程、业务过程和程序相融合，将合规文化融入人员的行为和意识。目前大家都能够看懂这些“文字”要求，但每个人都在按照自己的理解来落实，而每个人的理解之间会存在不同程度的差异，缺乏一套科学范式、科学工具、科学方法加以统一。

（一）管理“融合”的科学范式

为了“将合规管理与组织其他管理过程、业务过程和程序相融合”，我们可以构建一个管理“融合”的科学范式（见表3）。只有在这样一个科学范式下，我们才有条件将合规管理与组织其他管理过程、业务过程和程序相融合。

其中：纵坐标是按照ISO目前发布的质量、创新、合规管理标准构建的，是企业治理的主要路径；横坐标是按照GB/T 20000.7－2006《标准化工作指南　第7部分：管理体系标准的论证和制定》确定管理A、B、C三类标准构建的，是一个执行力逐渐落地的步骤；坐标系客观反映质量、创新、合规管理的“历史贡献（完成图文表达）、现实问题（缺乏数学模型）、努力方向（建立模型和指标）”。通过该架构可以看出，合规管理这个新职业，应解决质量管理、创新管理尚未解决的难题。绝不能重复再走一次质量管理、创新管理的老路，必须再深入一步。

表 3　管理“融合”的科学范式

管理标准 / 管理路径			管理 A 类标准	管理 B 类标准		管理 C 类标准
			文字要求类	架构要素类		指标指数类
			方向	作用点		大小
			知	知行转换		行
			文字	解释模型	数学模型	指标
质量管理体系	ISO 9001－2016《质量管理体系 要求》	围绕企业产品的“型式检验、工厂抽检、市场抽检、型式检验＋工厂抽检＋市场抽检、型式检验＋工厂抽检＋市场抽检＋企业质量体系审核、企业质量体系审核、批量检验、100%检验”8 种检验模式构建	1. 范围 2. 引用文件 3. 术语 4. 组织环境 5. 领导作用 6. 策划 7. 支持 8. 运行 9. 绩效评价 10. 改进			
创新管理体系	ISO 56002－2019《创新管理体系 指南》	围绕法人的“全价值＝制度增加值（权责平衡表＋制度报表＋制度指标体系）＋技术增加值（技术平衡表＋技术报表＋技术指标体系）＋经济增加值（资产平衡表＋财务报表＋财务指标体系）”等 3 套指标构建	1. 范围 2. 引用文件 3. 术语 4. 组织环境 5. 领导作用 6. 策划 7. 支持 8. 运行 9. 绩效评价 10. 改进			

续表

<table>
<tr><td colspan="3" rowspan="5">管理标准 / 管理路径</td><td>管理 A 类标准</td><td colspan="2">管理 B 类标准</td><td>管理 C 类标准</td></tr>
<tr><td>文字要求类</td><td colspan="2">架构要素类</td><td>指标指数类</td></tr>
<tr><td>方向</td><td colspan="2">作用点</td><td>大小</td></tr>
<tr><td>知</td><td colspan="2">知行转换</td><td>行</td></tr>
<tr><td>文字</td><td>解释模型</td><td>数学模型</td><td>指标</td></tr>
<tr><td>合规管理体系</td><td>ISO 37301：2021《合规管理体系 要求及使用指南》</td><td>合规管理与质量管理和创新管理“同边界、同对象”。包括所有管理，都可以融入到质量管理和创新管理两大体系之中。合规管理仅仅是这两大体系的“保底线”指标，尚需要“拉高线”指标</td><td>1. 范围
2. 引用文件
3. 术语
4. 组织环境
5. 领导作用
6. 策划
7. 支持
8. 运行
9. 绩效评价
10. 改进</td><td>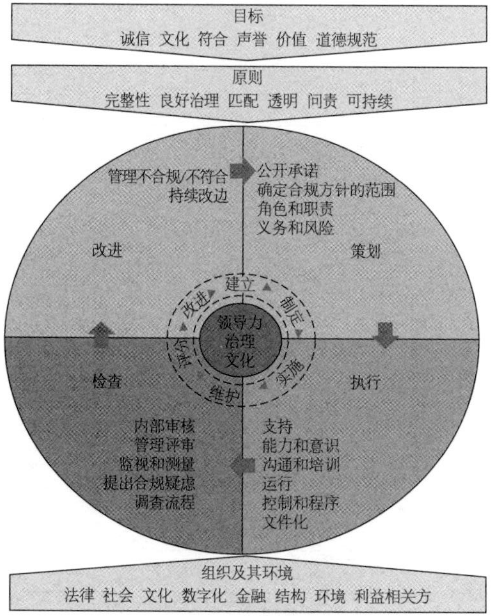
</td><td></td><td></td></tr>
<tr><td colspan="3">本部分定位</td><td colspan="2">已经完成</td><td colspan="2">需要创建并完成</td></tr>
</table>

注：空白区是已经完成的工作；阴影区是本部分要解决的问题。

（二）管理“融合”的科学工具

管理“融合”的科学方法，可以归纳为“1 + N”模式。其中：“1”是指“企业只有一个”。企业这个“大象”只有一个，数字化模型也只有一个；“N”是指“摸象法各有不同”。各种管理都是“摸象”。只要找到数学模型，不管从哪个“管理”角度“摸”进去，都会纵横捭阖。

1. ISO“1 + 10”管理高阶架构代表未来方向

自 ISO 成立以来，已经发布技术标准 2.3 万个。1970 年开始发布管理标准，共发布 70 多个。认证普及 100 万家，中国占 50%。2007 年，ISO 负责人在一次会议上说：ISO 的宗旨就是“用一种认证涵盖多种认证”，但我们目前正在朝我们的反面走去。我们自己制定了多个标准，搞多个认证，这种方式必须改变。2008 年，ISO 成立“X + 1”工作组，2012 年发布“1(1 个管理体系高阶结构) + 10(10 个通用条款)”。新发布的质量管理体系、创新管理体系、合规管理体系等，都是按照“1 + 10”构建的，主要是为了适应 2006 年《美国联邦企业架构结构框架》并满足智慧管理的未来需求。其含义是：企业数字化这个“大象”只有一个，各种管理仅仅是摸法不同。只要找到企业数字化这个“大象”，不管从哪个“管理”角度“摸”进去，就可以纵横捭阖。主要有三点变化：一是强化风险管理。将各种形式变革和创新带来的风险用一套架构来预防。二是关注质量绩效。确保管理体系实现其预期的“管理创新、技术创新、卓越运营”绩效目标。三是企业灵活适用。让企业决定文件多少与详略。企业正在饱受“战略管理、规划管理、计划管理、财务管理、人事管理、科研管理、质量管理、供应链管理、设备管理、安全管理、创新管理、合规管理”等近百种管理的“煎熬”，每一种管理都需要岗位、部门和成本。在数字化转型的今天，企业必须构建“一体化”的管理数学模型，让管理的结构化数据从目前不到 10% 提升到 80%，这样企业才会具有智慧管理的基础。

2. 中国“1 + N”管理范式解决现实问题

《国家认证认可监督管理委员会关于质量管理体系认证升级版的实施意见》提出：引导企业以质量管理体系为基础，融入环境、职业健康安全以及其他管理体系要求，解决“碎片化”管理问题。这与 ISO“1 + 10”管理高阶架构逻辑是一致的。表 2 管理“融合”的科学范式，就是一个判断现实问题的一套工具。

（三）管理“融合”的科学方法

管理“融合”的科学方法，能够将《国务院关于加强质量认证体系建设促进全面质量管理的意见》提出“发挥自愿性认证‘拉高线’作用，创新质量标准管理方式，优化标准体系，促进产业转型升级”的“文字”要求转化为一套“数字”工具落地；能够将《中共中央、国务院关于开展质量提升行动的指导意见》第十四条提出“激发质量创新活力，建立质量分级制度，倡导优质优价，引导、保护企业质量创新和质量提升的积极性”的“文字”要求转化为“数字”工具落地；能够让高速发展与高质量发展在一个数学框架内有效衔接。建立“管理 ABC”体系架构下的结构化、体系化的客观的计量指标，是核心要务。

根据表 2 可以构建一个“1 +2 + N”的管理“融合”的科学方法。其中：“1”是指合规管理，这是所有管理的前提。每个员工的每个环节都需要合规，这是必要条件；“2”是以“产品”检验为中心的质量管理体系和以“法人”创新为中心的创新管理体系。这两个体系是企业两手抓的主线，是贯穿企业全员的，是全部；“N”是以职能为中心的各种管理。例如，战略管理、规划管理、计划管理、科技管理、工艺管理、情报管理、设备管理、仪器管理、人事管理、档案管理、财务管理、保密管理等近百种管理，都可以“融合”到“1 +2 + N”管理体系之中。将所有的管理，都放在表 2 框架下看，凡是能够找到“管理 ABC”三类标准的管理，基本上能够落实，具有强大的执行力；凡是只能找到“管理 A”类标准的管理，基本上无法落实。

1. 再标准化（Restandardization）

标准化。GB/T 20000. 1 – 2002《标准化工作指南　第 1 部分：标准化和相关活动的通用词汇》对“标准化”的定义是“为在一定范围内获得最佳秩序，对现实问题或潜在问题制定共同使用和重复使用的条款的活动”，是将“文字”定义转换成为“文字”工具落地。

再标准化。GB/T 20000. 1 – 2002《标准化工作指南　第 1 部分：标准化和相关活动的通用词汇》对“标准化”的定义是“为在一定范围内获得最佳秩序，对现实问题或潜在问题制定共同使用和重复使用的条款的活动”，是将“文字”定义转换成为“数字”工具落地。本部分使用“再标准化”的概念编制。

2021 年 10 月 10 日，中共中央、国务院印发了《国家标准化发展纲要》提出：到 2025 年，实现标准供给由政府主导向政府与市场并重转变，标准运用由产业与贸易为主向经济社会全域转变，标准化工作由国内驱动向国内国际相互促进转变，标准化发展由数量规模型向质量效益型转变。标准化更加有效推动国家综合竞争力提升，促进经济社会高质量发展，在构建新发展格局中发挥更大作用。

2. 再结构化(Restructuration)

结构化数据,是指虚拟世界的结构化数据。结构化数据也称行数据,是由二维表结构来逻辑表达和实现的数据,严格地遵循数据格式与长度规范,主要通过关系型数据库进行存储和管理。与结构化数据相对的是不适于由数据库二维表来表现的非结构化数据,包括所有格式的办公文档、XML、HTML、各类报表、图片和音频、视频信息等。

再结构化数据,是指实体世界的结构化数据。结构化数据也称由纵横坐标定义的数据,是由二维表结构来逻辑表达和实现的数据,严格地遵循横纵坐标给出的函数关系,主要通过横纵坐标确保函数关系之间的钩稽嵌套关系,便于不同主体在不同时态的理解的“唯一性”。与结构化数据相对的是不适于表格表达的非结构化数据,主要是图文表达的数据。本部分采用的是“再结构化”的概念。

习近平总书记在《把握新发展阶段,贯彻新发展理念,构建新发展格局》中提出:进入新发展阶段、贯彻新发展理念、构建新发展格局,是由我国经济社会发展的理论逻辑、历史逻辑、现实逻辑决定的。准确把握新发展阶段,深入贯彻新发展理念,加快构建新发展格局,推动“十四五”时期高质量发展,确保全面建设社会主义现代化国家开好局、起好步。

3. 再数字化(Redigitization)

数字化,是指虚拟世界的数字化。是将许多复杂多变的信息转变为可以度量的数字、数据,再以这些数字、数据建立起适当的数字化模型,把它们转变为一系列二进制代码,引入计算机内部,进行统一处理,这就是数字化的基本过程。

再数字化,是指实体世界的数字化,是指人类“将经验变成文字、将文字变成公式、将公式变成标准”的三次数字化转型的过程。每一次数字化转型,都是一次科学范式的裂变、教育范式的裂变、产业范式的裂变。本部分采用的是“再数字化”的概念。

思考题

1. 中国制造业在世界占比28%,为什么ISO认证中国占比50%以上?

2. ISO为什么要发布“1+10”管理高阶架构?

3. 中国管理认证应该怎么走?

4.《国家认证认可监督管理委员会关于质量管理体系认证升级版的实施意见》提出:引导企业以质量管理体系为基础,融入环境、职业健康安全以及其他管理体系要求,解决“碎片化”管理问题。具体应该怎么做?

5.《国务院关于加强质量认证体系建设促进全面质量管理的意见》提出:发挥自愿性认证“拉高线”作用,创新质量标准管理方式,优化标准体系,促进产业转型升级。具体应该怎么做?

6.《中共中央、国务院关于开展质量提升行动的指导意见》第 14 条提出:激发质量创新活力,建立质量分级制度,倡导优质优价,引导、保护企业质量创新和质量提升的积极性。目前,营商环境能够做到“优质优价”吗?做不到“优质优价”,企业的利润率如何提升?利润率提升不了如何加大研发投入?

三、关于“术语和定义”部分的数字化工具和方法

ISO 37301:2021《合规管理体系　要求及使用指南》的“范围、规范性引用文件、术语和定义”都是比较清晰的“文字”要求,大家一看就能够理解,每个人都在按照自己的理解来落实,而每个人的理解之间会存在不同程度的差异。但缺乏类似财务管理工具的“资产平衡表”这样的具有对财务报表起决定作用的、具有钩稽关系的数学模型加以统一规范。“资产平衡表”是 1494 年意大利卢卡·帕乔利创建的,“权责平衡表”是 2013 年中国工程师巨建国创建的。2018 年中国电子科技集团公司《现代国有企业法人治理结构中权责平衡体系的构建与应用》获国务院国有资产监督管理委员会中国企业改革发展优秀成果一等奖。

（一）“权责平衡表”科学范式

为了有效解决“合规管理”前“权责平衡”的基础性问题,让我们构建一个“权责平衡表”的科学范式(见表4)。只有在这样一个科学范式下,我们才有条件将合规管理与组织其他管理过程、业务过程和程序相融合。

表4 “权责平衡表”的科学范式

决执监 \ 事财人		公司章程													
		决			执								监		
					母				分		子				
		党委会	董事会	董事长	经营班子	综合管理部门	职能管理部门	技术支撑部门	分公司	事业部	控股	参股	监事会	职代会	审计
国资委	事权														
	财权														
	人权														
集团公司	事权														
	财权														
	人权														
分公司	事权														
	财权														
	人权														
子公司	事权														
	财权														
	人权														

注:该表是一个逻辑框架具体操作时需要明确一级部门并按照一个文件的权责关系判断。

财务报表是1494年意大利卢卡·帕乔利创建的。1929年美国人将意大利人的资产负债表和财务报表,编成世界第一套《公认会计准则》和《财务通则》;技术报表和制度报表,是中国人巨建国创建的,已经写入GB/T 22900－2009《科学技术研究项目评价通则》之中。技术报表和制度报表可以作为财务报表的补缺,反映非财务指标。技术报表是一套能够产生结构化数据的报表体系。包括报表、名词术语、计算模型、计算方法、指标体系、学习曲线、系列图表等。该套报表体系内的所有数据存在严密的逻辑关系,具有钩稽嵌套、互为因果、相互验证、各自独立的特征,具有横向可对比、纵向可合成、分解的特征,可以全面反映一个组织的创新体系在宏观、中观、微观三个层面创新绩效的实时数据,能够有效降低组织内部各部门、各岗位之间的信息不对称,引导组织结构趋于扁平化,提升企业管理效率与精准度。技术报表是本部分在创新管理体系重构中所使用的一套理念、方法和可视化的工具。技术报表是用数字来表述企业技术或产品研发活动取得的绩效，反映企业的创新能力和创新水平；就像财务报表一样，用数字来表述企业经营活动取得的绩效，反映企业的盈利能力和盈利水平，而与企业所处的行业、所经营的产品和服务无关。可以通过技术报表看到财务报表中看不到的具有投资价值、可持续发展的潜力或前景、（企业、团队、人才的）创新能力、技术或新产品研发的进程等。

（二）“权责平衡表”科学工具

表4给出的“权责平衡表”，是指按照“母分子”三级公司，每级都建立一张“权责平衡表”。三级“权责平衡表”制定过程就是一个动态博弈过程，但遵循“子强母放、子弱母统”的授权原则。

1. 国资委授权放权清单

《国务院国资委授权放权清单（2019年版）》提出：集团公司要对所属企业同步开展授权放权，做到层层“松绑”，全面激发各层级企业活力。宣布了4大类35项授权放权事项。

2. 央企普遍面临的困惑

在“婆①、母、分、子”四级权责关系中，长期以来都是“婆”管得多。今天，“婆”宣布了4大类35项授权放权事项，这意味着“所有的问题都将自己扛”。这对“母、分、子”三级公司，都是一个挑战。如何面对暂时的“权责真空”，集团公司应该有一套新的权责规则。但目前面临很多困惑：在国务院国有资产监督管理委员会、集团公司、分公司、子公司四级组织中，原来每一级到底有什么权责、本次“松绑”后到底有什么权责、“松绑”前后这种权责对比到底会带来什么变化、对创建世界一流企业到底有什么好处、权责清晰度是多少、“决、执、监”三个层面的部门和岗位到底应该设置多少、“事、财、人”三种管理制度和文件到底应该制定多少等问题，我们现在说不清楚。

3. 中国电科的案例

中国电科在目前已经“形似”的现代国有企业制度的基础上，采用“权责平衡表”工具体系，逐渐向“形神兼备”的目标迈进。主要做法可以归纳如下：

一是建立“固定”问题的基本架构。按照表4给出的原型模板，建立四级“权责平衡表”，发现“交叉、重复、空白、冲突”的坐标点数高达60%，也就是说，权责清晰度低

---

① 对于国资企业，婆婆就是各级国资委；对于非国资企业，婆婆就是各类出资人。

于40%。二是建立“解决”问题的数学模型。所有的问题都可以归结为“1∶N∶M”模型。即1件事项,有N个主体行使权力,有M个主体承担责任。其中:N远远大于M、大于1。而且行权的条款比较实,担责的条款比较虚,这都是“蚁穴”。三是创建“解决”问题的方法和工具。如果能够将“N>M>1”转变为“N≈M≈1”,即可实现责权匹配。也就是说,任何一件事项,只能由一个主体决策,只能由一个主体负责。四是绘制“解决”问题的路线图。第一步:以责定权。按照各个公司治理主体所承担的责任,进行相应的授权。第二步:责权排序。各个公司治理主体的责权应该是独立的,互不交叉。需要多级决策的事项,应该明确每个层级的责任、决策顺序和权限。同一事项的决策,理论上只能有一个治理主体负责。现实中如果多个治理主体就同一事项作出决策,由最后作出决策的治理主体承担主要责任,其他决策主体承担次要责任。第三步:授权不免责。在有关法律法规和公司章程约定范围内,公司治理主体有权向同级或下级机构授权,被授权的机构得到权力的同时,必须承担相应的责任。权力可以完全转移,但责任不能全部转移到被授权机构,作出授权决定的机构必须承担最终责任。

“权责平衡表”是一个专用术语,实际上要做“4×3×3”权责动态平衡表。其中:“4”是指国务院国有资产监督管理委员会(出资人)、集团公司、分公司、子公司四级,只有将四级“权责平衡表”作出来,才能发现“交叉、重复、空白、冲突”的权责;“3”是指每一级组织都具有“事、财、人”三种权责,所有的制度条款,都可以归为三种权责;“3”是指每一级组织的每一种权责都具有“决、执、监”三个时态。所有的部门和岗位,都可以归为三个时态。例如,母公司层面共有180个决策事项。其中:人事权30个,财权80个,事权70个。每一个权责都标注“决、执、监”的具体部门和岗位。最终形成10页纸的表格(权责钩稽清单),非常清晰。10页纸的权责清单,是从600多个文件中提炼出来的。可以将权责清晰度从原来的30%提升到70%,但目前尚未达到50%,距离目标还有一段距离。

(三)“权责平衡表”科学方法

“权责平衡表”是一个企业建立“赛马场”基本秩序的一套基本工具。在“权责平衡表”中,每投入一份力量,将会得到相应的回报。

1.“权责平衡表”的出处

巨建国在中共中央党校出版社出版的《现代国家治理体系》一书中提出:世界一流

企业的核心竞争力 = 制度创新（“权责平衡表” + 制度指标体系 + 制度增加值）+ 技术创新（技术平衡表 + 技术指标体系 + 技术增加值）+ 卓越运营（资产平衡表 + 经济指标体系 + 经济增加值）。其中：资产平衡表能够将所有经济行为钩稽嵌套在一张表中运算，产生一套经济指标体系。同理，技术平衡表能够将所有技术行为钩稽嵌套在一张表中运算，产生一套技术指标体系。“权责平衡表”能够将所有治理行为钩稽嵌套在一张表中运算，产生一套制度指标体系。

2.“权责平衡表”与资产平衡表

传统财务制度是“收付实现制”，无法确定当期绩效。现代财务制度是“权责发生制”，能够确定当期绩效。就是因为“权责发生制”是建立在资产平衡表的基础之上。我们这么多管理岗位，几乎没有办法确定每个岗位的当期绩效。采用“权责平衡表”后，就可以确定每个岗位的当期绩效，就可以将激励与约束匹配度从目前的30%提升到80%以上。

3.“权责平衡表”的内涵和外延

内涵是指建立一套“管理标准 = 管理 A 类标准（文字要求类）+ 管理 B 类标准（架构要素类）+ 管理 C 类标准（指标指数类）”。目前，我们的管理文件基本上是管理 A 类标准，内容比较笼统、空泛，没有具体的、可量化的标准。

外延是建立一套“1 + 5”工具体系。其中“1”是指标准体系，“5”是指“指标体系、统计体系、评价体系、考核体系、政策体系”。没有标准体系，其他五大体系就很难有效落地。为什么目前绩效考核比较难，因为我们每个岗位的工作都无法“事前标准化表达”。如果每个岗位的工作都可以“事前标准化表达”，事中统计评价和事后考核激励就变得很容易操作并实现。

在《国务院国资委授权放权清单（2019 年版）》下发后，很多央企的做法也是下发一个授权放权清单。国资委作为出资人可以授权放权，企业母公司不是简单放权授权，而是要解决走向世界一流企业建立新秩序的“制度指标体系”问题，这才是母公司应该干的事儿，这才是“皮”。技术指标体系、经济指标体系都是“毛”，都是下属单位可以解决的问题。唯独“制度指标体系”下属单位无法解决。根据“十三五”央企发展战略规划提出“培育具有全球竞争力的世界一流企业”和国资委“三个领军、三个领先、三个典范”的标准，制定创建世界一流示范企业实施方案，2028 年要进入世界一流企业，这是一项基于计量模型的系统工程，需要“十年磨一剑”的砥砺功夫，才有可能实现。在这个千里之堤中，“权责平衡表”及权责匹配评价指标体系的建立是一项基础性、战略性工程。只有下大决心深入研究这个问题，才能逐渐解决这个问题。

4. 有效解决“按知分配”问题

建立子企业“全分配”模型。根据《中共中央办公厅、国务院办公厅关于实行以增加知识价值为导向分配政策的若干意见》的要求，建立世界一流企业全分配模型 = 按劳分配(30%) + 按知分配(40%) + 按资分配(30%)。如何将目前按知分配从 1% 提升到 40%，这对子公司现有管理体系是一个挑战。

建立企业“全薪酬”结构模型。根据《国务院国资委授权放权清单(2019 年版)》第十五条“中央企业审批所属科技型子企业股权和分红激励方案，企业实施分红激励所需支出计入工资总额，但不受当年本单位工资总额限制、不纳入本单位工资总额基数，不作为职工教育经费、工会经费、社会保险费、补充养老及补充医疗保险费、住房公积金等计提依据”的要求，建立“5W”薪酬结构体系 = W1(基本工资 + 年功工资) + W2(岗位工资) + W3(津补贴 + 保险) + W4(知识创新 + 技术创新 + 管理创新 + 指标刷新) + W5(中长期激励)。中国电子科技集团公司已经全面推行“5W”薪酬结构体系。凡是用于 W4 的激励，可以另外增加 5% 的工资总额，专门用于按知分配，引导管理、技术、技能隐性技术显性化。

建立企业“按知分配”占比指标。根据《国务院国资委授权放权清单(2019 年版)》第十八条“支持中央企业在符合条件的所属企业开展多种形式的股权激励，股权激励的实际收入水平不与员工个人薪酬总数挂钩，不纳入本单位工资总额基数”的要求，建立按知分配占比 = 按照知识创新、技术创新、管理创新所创造的价值分配的额度/工资总额，即 W4 占比。所属企业能够建立 W4 评价标准的，所增加的工资总额集团补贴。

探索建立企业“知本金”制度。如企业发展基金科目，主要用于支持企业技术创新等活动。但在该科目下，目前只有“公积金、公益金”。建议在该科目下设立一个“知本金”，专门用于制造业企业“按知分配”。“知本金”是指企事业单位，为了激发内部员工创新活力，提升按知(知识、技术、管理等)分配的比重，在财务报表“企业发展基金”项目下单列的一个子基金。该“知本金”是区别于薪酬性收入和股权收入的一种新型分配模式，具有多种转化功能。凡是设立知本金的企事业单位，可以享受税前加计扣除政策(或集团自己补贴)。

思考题

1. 目前，每个企业都有 300 ~ 600 个文件，可否按照这些文件检查“合规”性？如何解决这些文件的“交叉、重复、空白、冲突”等问题？

2. 建立规则与合规检查哪个更重要？如何在合规检查切入，让建立规则与合规检查良性互动，让企业在3年内文件减少50%？

3. 资产平衡表是谁发明的？是谁将其变成国际准则的？我们从中能够借鉴什么？

4. “权责平衡表”是谁发明的？是谁变成国际准则的？我们从中能够借鉴什么？

5. 可否将企业的现有文件转化成为一套函数关系和指标体系？让所有业务之间不再是孤立的，而是互为因果？

6. 怎么使用“权责平衡表”解决现实问题？如何改装“权责平衡表”？

7. 中国的制造业企业（包含央企），发展70年来，都持续使用了世界上先进的多种管理工具，目前各种管理制度基本上在600个左右，可以说什么制度都有，但管理岗位越来越多、管理制度越来越多，按道理治理效能应越来越高，权责清晰度应越来越高，但实际情况却事与愿违。对此你的观点是什么？

8. 一个央企，“决、执、监”管理岗位300人，“事、财、人”管理文件600个，权责清晰度30%（权责交叉、重复、空白、冲突的坐标点高达70%）。这就是“最初一公里、中间肠梗阻、最后一公里”之间出现“堵点、断点、难点”问题的根源。如果按照这套制度，构建工业互联网制度变革框架，数字化转型的目标就很难实现。航空工业2019年网络安全和信息化工作会上，总经理罗荣怀指出：在组织与管理方面，要以企业战略和业务架构为牵引，建立统一的工作模式和运行机制，形成统一的数据模型，实现全集团的一体化运营管控。对此你有何见解？

四、关于“组织环境”部分的数字工具和方法

ISO 37301：2021《合规管理体系　要求及使用指南》第四章“组织环境”提出“理解组织及其环境、理解利益相关方的需要和期望、确定合规管理体系的范围、合规管理体系、合规义务、合规风险评估”六个方面的“文字”要求，大家都能够理解，并各自操作，按照自己的理解来落实，而每个人的理解之间会存在不同程度的差异。现在缺乏一个“文字”要求转化成为“数字”工具的数学架构予以统一。

（一）理解“组织环境”的科学范式

为了有效解决“理解组织及其环境、理解利益相关方的需要和期望、确定合规管理体系的范围、合规管理体系、合规义务、合规风险评估”六个方面的问题，我们需要构建一个理解“组织环境”的科学范式（见表5）。只有在这样一个科学范式下，我们才有条

件将六个方面的问题“一揽子”解决，从“碎片化”走向“整体化”。

表5　理解“组织环境”的科学范式

核心竞争力的三要素				方向	作用点			大小		
				管理 A 类标准	管理 B 类标准			管理 C 类标准		
				要求要求类	架构要素类			指标指数类		
				宏观	中观			微观		
				问题导向	责任导向			结果导向		
核心竞争力的五类型				文字要求	核心要素	钩稽关系	增量计算	指标体系	指标类型	指标数量
知己	知	合内力	战略规划	建立何种战略管控机制，如何将战略变成10年、5年、3年、1年规划指标，再变成年度计划指标（计划管理），分解到部门和岗位。将外部压力转化为内部动力	战略规划可计量	规划平衡表	规划增加值	规划指标体系PI	量	8
									质	8
									效	8
	行	软实力	制度创新	通过制度报表内外的规则为其持续发展筹集动力，回答建立何种组织体制、运行机制、流程标准、绩效文化、按劳按知按资分配比例等问题	权责利职绩可计量	权责平衡表	制度增加值	制度指标体系GI	量	8
									质	8
									效	8
		创新力	技术创新	通过技术报表内外的项目为其更新换代筹集技术，回答建立何种投入机制、保持多少项目、技术储备、技术创新水平、技术创新速度等问题	知力功率效可计量	项目平衡表	技术增加值	技术指标体系TI	量	8
									质	8
									效	8
		硬实力	卓越运营	通过财务报表内外的资金为其经营筹集资金，回答建立何种资产、保持多少资本、多少库存、流动资本、如何控制汇率利率和商业风险等问题	人机料法环可计量	资产平衡表	经济增加值	经济指标体系MI	量	8
									质	8
									效	8
知彼		合外力	对标一流	建立何种来自行业的压力和跨界的压力监控指标体系，如何将外部压力变成一句话，让全体员工铭记，成为核心价值观	对标世界一流可计量	压力平衡表	压力增加值	压力指标体系PI	量	8
									质	8
									效	8

注：1. 一个企业领导作用与承诺，都需要将“文字”要求转化成为“数字”工具，才能落地。

2. 对一个企业的组织及其环境的理解，都必须在一个数学模型框架下。

表5给出一个理解“组织环境”的数学模型。其中：纵坐标是一个符合函数。是按照中国传统文化“知己知彼”的逻辑与中国现代文化“软实力、创新力、硬实力”综合考虑后构建的，是理解组织环境的一个工作分解结构；纵坐标是一个符合函数。是按照牛顿“力”的三要素与ISO管理标准A、B、C的分类方法综合考虑后构建的，是理解企业核心竞争力的一个逻辑框架；坐标系代表一个企业核心竞争力的全部要素。理解一个企业的组织环境，就必须在“五力”之间精准平衡。

（二）落实“组织环境”的科学工具

表5给出的理解“组织环境”的科学范式，就是一套数字工具。任何一个企业，不管大小，都可以按照表5的架构，将企业的所有要素放进去，就会形成一套结构化数据。这套结构化数据，是企业统一思想的最佳工具。

1. 项目人才组织（PTO/Project，Talent，Organization）

项目、人才、组织可独立表达，但结构化数据是不可分割的。一般情况下，不管独立表达哪个要素，都有下述三层含义：一是项目，一定是看项目是谁承担的和哪个企业承担的；二是人才，一定是看其承担什么项目和在哪个企业；三是企业，一定是看承担什么项目和谁在干这个项目。

2. 质量成本进度（QCD/Quality，Cost，Delivery）

质量、成本、进度可独立表达，但结构化数据是不可分割的。一般情况下，不管独立表达哪个要素，都有下述三层含义：一是质量，一定是在成本和进度指标内；二是成本，一定是在质量和进度的指标内；三是进度，一定是在质量和成本的指标内。

3. 计量评价交易（MEE/Measurement，Evaluation，Exchange）

计量、评价、交易可独立表达，但结构化数据是不可分割的。一般情况下，不管独立表达哪个要素，都有下述三层含义：一是计量，一定是要用于评价和交易的；二是评价，一定是要用于计量单位和交易规则的；三是交易，一定是要用于计量单位和评价办法的。例如，3斤，5斤是计量；3斤少，5斤多是评价；每斤奖励8元是交易。

4. 量质效（QQE/Quantity，Quality，Effect）

量、质、效可独立表达，但结构化数据是不可分割的。一般情况下，不管独立表达哪个要素，都有下述三层含义：一是量，一定是要问质和效的；二是质，一定是要问量和效的；三是效，一定是要问量和质的。任何不以量、质、效指标改善值为最终检验标准的所有讲话、计划、规划、文化、科学化、数字化等，都是“空谈”！

5. 事财人(TBP/Task, Budget, Operator)

事、财、人可独立表达,但结构化数据是不可分割的。其排序是:第一,计划部门必须先将具有挑战性的"做事"目标(QD)制定出来;第二,财务部门根据"做事"的目标配置经费预算(C);第三,人事部门以做事达到的QCD指标作为判断责任人或执行者"做人"的标准,决定其职务的进、出、升、降和按知分配。

6. 前、中、后(APF/In advance, In progress, In follow-up)

前、中、后可独立表达,但结构化数据是不可分割的。任何组织要干的任何一件事情,都必须设置事前(写)、事中(做)、事后(评)三个界面进行管理,但应确保一套指标体系可形成比较价值、可以建立学习曲线、建立教训清单、问题清单、建议清单三清单制度。

(三)落实"组织环境"的科学方法

每个企业的领导人,每天都在自觉不自觉地做表5中的事情。但在掌握了该模型后的主动作为,比没有掌握该模型的被动作为效果好。企业领导人之间的差别,就是表5结构化理解的差别;企业与企业之间的差别,就是表5所形成的财务指标和非财务指标的差别。坐标点上的数据可形成"点上可计量、纵向可合成、横向可对比"的学习曲线。

思考题

1. 如何通过一个架构理解组织及其环境?
2. 如何通过一个架构理解利益相关方的需要和期望,并量化表达?
3. 如何通过一个架构确定合规管理体系的范围?
4. 如何通过一个架构确定合规管理体系的内涵和外延?
5. 如何通过一个架构确定合规义务和责任?
6. 如何通过一个架构实施合规风险评估与管控?
7. 如何通过一个架构做到知己知彼、确定自己的发展战略方向和目标?
8. 如何通过一个架构做到知行合一并确定目标结果?
9. 如何通过一个架构将宏观、中观、微观协同起来?

五、关于“领导作用”部分的数字工具和方法

ISO 37301:2021《合规管理体系　要求及使用指南》第五章“领导作用”提出“领导作用和承诺、合规方针、岗位职责和权限”三个方面的“文字”要求，大家都能够理解，并各自操作，每个人都在按照自己的理解来落实，而每个人的理解之间会存在不同程度的差异。现在需要一个“文字”要求转化成“数字”工具的数学架构来实现协同一致。

（一）理解“领导作用”的科学范式

为了有效解决“领导作用和承诺、合规方针、岗位职责和权限”三个方面的问题，我们需要构建一个理解“领导作用”的科学范式（见表6）。只有在这样一个科学范式下，我们才有条件将三个方面的问题“一揽子”解决，从“碎片化”走向“整体化”。

表6　理解“领导作用”的科学范式

科层制框架＼扁平化载体		合规数字化表达	合规学习曲线		
		将“文字”表达转化为“数字”表达	2020年	2021年	2022年
决策层	股东会	章程	V1.0	V2.0	V3.0
		创新业务员工跟投管理办法	V1.0	V2.0	V3.0
	董事会	中长期发展规划评审标准	V1.0	V2.0	V3.0
		COB激约机制	V1.0	V2.0	V3.0
	董事长	中长期发展规划	V1.0	V2.0	V3.0
		CEO激约机制	V1.0	V2.0	V3.0

续表

科层制框架 \ 扁平化载体						合规数字化表达	合规学习曲线		
						将"文字"表达转化为"数字"表达	2020 年	2021 年	2022 年
执行层	领导层	教练	正副领导	事前	标准体系	年度工作报告模板及三套指标体系	V1.0	V2.0	V3.0
					指标体系	正副总全年工作及三套指标	V1.0	V2.0	V3.0
				事中	统计体系	通过综合管理部门统计	V1.0	V2.0	V3.0
					评价体系	通过各个部门再具体节点上评价	V1.0	V2.0	V3.0
				事后	考核体系	正副总全年工作及三套指标考核	V1.0	V2.0	V3.0
					政策体系	正副总激励与约束机制	V1.0	V2.0	V3.0
	综合管理部门	赛马场 竞赛规则	事	事前	标准体系	发布《项目管理实施指南(2020)》	V1.0	V2.0	V3.0
					指标体系	部门年度工作报告分解指标(三上三下)	V1.0	V2.0	V3.0
				事中	统计体系	月/季/年统计报表	V1.0	V2.0	V3.0
					评价体系	时间戳质量评价(各部门职能确定级别)	V1.0	V2.0	V3.0
				事后	考核体系	发布《年度绩效预算管理办法(2020)》	V1.0	V2.0	V3.0
					政策体系	按照部门和岗位兑现并描绘"事"学习曲线	V1.0	V2.0	V3.0
			财	事前	标准体系	发布《管理会计核算指南(2020)》	V1.0	V2.0	V3.0
					指标体系	采集项目、人才、部门 QCD 中的 C 建立指标	V1.0	V2.0	V3.0
				事中	统计体系	月/季/年统计报表采集 C	V1.0	V2.0	V3.0
					评价体系	时间戳质量评价(通过 C 卡 QD)	V1.0	V2.0	V3.0
				事后	考核体系	项目、人才、部门成本学习曲线	V1.0	V2.0	V3.0
					政策体系	C 指标激励与约束机制(财会 + 管会)	V1.0	V2.0	V3.0
			人	事前	标准体系	发布《5W 薪酬结构及管理办法(2020)》	V1.0	V2.0	V3.0
					指标体系	按知分配绩效档案	V1.0	V2.0	V3.0
				事中	统计体系	月/季/年统计报表按人采集	V1.0	V2.0	V3.0
					评价体系	时间戳质量评价(通过岗位 SOP 卡效能)	V1.0	V2.0	V3.0
				事后	考核体系	一次考核(业务) + 二次评价(人)	V1.0	V2.0	V3.0
					政策体系	职称职务进出升降和股权分配积分	V1.0	V2.0	V3.0
	业务部门	千里马	部门和人	事前	标准体系	培训学习事财人标准并在网上操作	V1.0	V2.0	V3.0
					指标体系	岗位年度绩效计划两上两下沟通	V1.0	V2.0	V3.0
				事中	统计体系	每个人为自己做事,进入统计体系	V1.0	V2.0	V3.0
					评价体系	按照公开标准自评价,领导修正	V1.0	V2.0	V3.0
				事后	考核体系	月季年统计报表与年度考核并进入绩效档案	V1.0	V2.0	V3.0
					政策体系	年度绩效计划兑现与学习区曲线	V1.0	V2.0	V3.0

续表

科层制框架 \ 扁平化载体		合规数字化表达	合规学习曲线		
		将“文字”表达转化为“数字”表达	2020年	2021年	2022年
监督层	监事长	监事、监事长发现问题报告数据	V1.0	V2.0	V3.0
	监事会	企业健康发展评审标准(正面清单+负面清单)	V1.0	V2.0	V3.0
	治理效能监督	文件知行匹配度并排序	V1.0	V2.0	V3.0
信息系统(工业互联网)		技术资源管理系统(TRP)		V1.0	V2.0

注:1. 三个层面目前的“文字”要求都有,但就是没有数字化表达;
2. 合规绩效考核前,必须将40个制度文件,形成一套结构化数据;
3. 全过程都是在推进合规。

（二）落实“领导作用”的科学工具

表6给出的理解“领导作用”的科学范式,就是一套数字工具。任何一个企业,不管大小,都可以按照表6的架构,将企业“决、执、监”所有需要数字表达的要素放进去,就会形成一套结构化数据。这套结构化数据,是企业“领导力”提升的最佳工具。

1. 决策层

决策层是企业数字化转型的关键。一般看起来,什么规定都有,但按照“权责平衡表”梳理,就会发现存在大量“交叉、重复、空白、冲突”。一般情况下,只对“章程、创新业务员工跟投管理办法、中长期发展规划评审标准、COB激约机制、中长期发展规划模板、CEO激约机制”六个文件重新钩稽。再加上构建制度指标体系、技术指标体系、经济指标体系三个层面72个指标。具体内容如下:

(1)制度指标体系(24个指标)

将下述《公司法》第46条董事会的十一项职责,转化成为制度指标体系的“量质效”3个层面24个指标。董事会对股东会负责,行使下列职权:

①召集股东会会议,并向股东会报告工作;

②执行股东会的决议;

③决定公司的经营计划和投资方案;

④制订公司的年度财务预算方案、决算方案;

⑤制订公司的利润分配方案和弥补亏损方案;

⑥制订公司增加或者减少注册资本以及发行公司债券的方案;

⑦制订公司合并、分立、解散或者变更公司形式的方案;

⑧决定公司内部管理机构的设置;

⑨决定聘任或者解聘公司经理及其报酬事项，并根据经理的提名决定聘任或者解聘公司副经理、财务负责人及其报酬事项；

⑩制定公司的基本管理制度；

⑪公司章程规定的其他职权。

(2)技术指标体系(24个指标)

将下述法律责任和行政法规责任，转化成为技术指标体系的“量质效”3个层面24个指标。《公司法》第148条规定：董事、监事、高级管理人员应当遵守法律、行政法规和公司章程，对公司负有忠实义务和勤勉义务。首席技术官(CTO)在《公司法》里没有具体规定，但属于高级管理人员，对公司负有忠实义务和勤勉义务；《国家国防科技工业局型号研制领导人员管理规定》第三章“主要职责”第七条规定：工程总指挥，对工程和工程各系统的研制负总责。对工程性能、技术指标、进度、经费、质量等进行全面管理；参与对工程和工程各系统的型号研制领导人员的考核，并提出奖惩及调整建议。第八条规定：工程总设计师，对工程的研究、设计、技术及接口、试验、生产、质量等技术工作负全责，协调解决重大技术问题，协助对人、财、物实施有效管理。参与考核并提出奖惩及调整建议。首席技术官(CTO)和“两总”，应坚持用下述数字化工具和方法表达：

①事前(项目正式启动之前)

一个科研项目负责人，每一个人必须在项目正式启动之前，完成该项目的下述14个内容。这是“管理和领导”这个科研项目的基本条件。重要的是建立标准体系和指标体系。

A. 编制所管型号的WBS① 分解与合成规则，并正式颁布。

B. 培训各级项目经理和设计师懂得WBS规则的使用。

C. 编制所管型号的WBS，指导编制各级WBS。

D. 编制所管型号的WBE② 的类型和判断标准。

E. 编制所管型号的TIL③ 分级评价规则并颁布、培训。

F. 培训各级项目经理和设计师懂得TIL规则的使用。

G. 编制所管型号的TIL，指导编制各级TIL。

---

① Work Breakdown Structure，工作分解结构。

② Work Breakdown Element，工作分解单元格。

③ Technology Innovation Levels，技术创新水平。

H. 编制 9WBE(制造单元)和 9WBE(研制单元)的分类规则。

I. 确定风险系数 = $\sum$9WBE/$\sum$WBE,一般小于 30%。

J. 确定风险底数,一般大于 5 级。

K. 确定参研人数,一般每个纵向级别横向不超过 18 个。

L. 确定 WBS 的 QCD。

M. 分解每个 WBE 的 QCD。

N. 合成每个 WBE 的 QCD。

②事中(项目正式启动之后,合同交付之时)

一个科研项目负责人,必须在项目正式启动之后,按照下述 3 个步骤所确定的具体内容和指标"管理和领导"这个项目。重要的是建立统计体系和评价体系。

O. 对每个 9WBE 的 QCD 进行动态掌控与评价,与事前确定目标对比,发现问题,采取措施。

P. 对每个 9WBE 的 TIL 和 QCD 进行动态掌控与评价,与事前确定目标对比,发现问题,采取措施。

Q. 建立标准化的技术报表制度,层层定期上报,统计形成型号的"总体形象进度"。关键是能够发现任何一个 WBE 的任何形式的变化对项目形成的支持或威胁。

③事后(合同交付之后)

一个科研项目负责人,必须在项目正式交付之后,按照"事前、事中、事后"三个界面,对研制工作的三个界面的可比指标进行总结,为下一轮型号项目奠定代际学习曲线基础。重要的是建立考核体系和分配体系。

R. WBE 层面的总结。对于每一个 WBE,都要按照标准化的表格进行事后总结。总结必须填写一张表:纵向为"QCD"三个指标,横向为"没有达到预期目标、补救后达到预期目标、达到预期目标、超过预期目标、明显超过预期目标"五个档次。外加一个"问题教训"清单。这是所有参研人员事后必须做的一件事情,而且是标准化的格式,重要的是能够向上合成。

S. WBS 层面的总结。按照 WBS 框架对每个 WBE 纵向层层合成,找到型号科研项目的 QCD。每个型号项目都有一个长长的"问题教训清单"。

T. "事前、事中、事后"层面的总结。将"事前、事中、事后"三种数据进行对比分析,为下一个型号提供"计划"借鉴和代际学习曲线的基础数据。

(3)经济指标体系(24 个指标)

将《公司法》第 49 条规定的总经理的八项职责转化成经济指标体系的"量质效"3 个层面 24 个指标。总经理对董事会负责,行使下列职权:

①主持公司的生产经营管理工作,组织实施董事会决议;

②组织实施公司年度经营计划和投资方案;

③拟订公司内部管理机构设置方案;

④拟订公司的基本管理制度;

⑤制定公司的具体规章;

⑥提请聘任或者解聘公司副经理、财务负责人;

⑦决定聘任或者解聘除应由董事会决定聘任或者解聘以外的负责管理人员;

⑧董事会授予的其他职权。

财务主管的法定职责。公司应当依照法律、行政法规和国务院财政部门的规定建立本公司的财务、会计(财务会计/法律责任 + 管理会计/内部权责利核算)制度。

华为能够实行轮值主席,就是因为决策层数字化设计权责比较清晰。

2. 执行层

执行层的领导层和综合管理层是核心。一般企业,决执监、事财人、前中后等,人力资源配置都很齐全,但可用于问责、绩效考核的结构化数据率很低。这是企业数字化转型的核心作用点。

(1)领导层(相对员工)

领导层是指公司的总经理、副总经理等执行层,也是执行事项的决策层,还是领队或教练,包含董事长兼总经理。GB/T 19580 - 2012《卓越绩效评价准则》对"领导"的规定是:战略管理型领导应具有前瞻性的视野和敏锐的洞察力,能够明确用文字图像表述企业的使命、愿景和价值观,能够带领全体员工实现企业的发展战略和目标。在高层领导、战略管理职能部门、业务部门、团队、员工等责任层级上,高层领导是战略管理的发动机。战略管理是企业法人代表的第一职责,是企业从顶层到基层所有业务活动的控制总线,是企业获得持续发展和持续成功的基本要素。按照该要求,领导层每年 1 ~ 3 月应完成下述三件事:

①《年度工作报告》模板及三套指标体系

总经理《年度工作报告》是法律规定董事会考核总经理全年绩效的一个基本载体,也是领导层领导力的集中体现,还是各部门各岗位分解合成目标的基本遵循。构建一个《年度工作报告》模板，对于描绘企业年度学习曲线，具有重大价值。具体是指按照本企业的组织结构和业务，制定一个数字化的《年度工作报告》模板及三套指标体系，提升《年度工作报告》对全年工作的领导力，降低《年度工作报告》编制、检查不必要的内容。

②与副总经理建立激励与约束机制

总经理为了履行法定职责，必须与每一个副总经理建立激励与约束机制。一是约束。具体包含在“制度指标体系、技术指标体系、经济指标体系”三套指标中，明确每一个副总经理应该承担的指标。二是激励。具体包含完成这些指标的激励和没有完成这些指标的惩罚。

③与部门负责人建立激励与约束机制

总经理为了履行法定职责，必须与每一个部门负责人建立激励与约束机制。一是约束。具体包含在“制度指标体系、技术指标体系、经济指标体系”三套指标中，明确每一个部门应该承担的指标。二是激励。具体包含完成这些指标的激励和没有完成这些指标的惩罚。

（2）综合管理部门

综合管理部门是指公司“事、财、人”三种功能所在的部门。有些企业，没有设立这三个部门，但一定设置这三种职能的岗位或功能。不强求设置三个部门，但强调三种岗位职责的钩稽关系。这是建立数字化转型机制的基本要素。“事、财、人”三个部门的结构化数据率至少达到80%，才具有数字化转型的基本特征。这些部门的主要职能是综合管理，一般与年度综合指标完成情况挂钩。主要是“制定规则和执行规划”。担当“裁判”的角色。主要的绩效模式是：划分边界、分配目标、配置资源、评价激励等提升绩效、降低成本的功能。一般判断准则是：如果市场部门的销售人员和研发人员没有积极性，不是销售人员和研发人员出了问题，肯定是综合管理部门制定的政策或管理制度出了问题。如果一个企业体制机制出了问题，肯定是这三个部门出了问题，因为这三个部门就是体制机制的设计者，规则的制定者。这三个部门对现状重新梳理设计，把现有的“组织、机构、职能、战略、规划、计划、薪酬、考核、奖励、经济运行、财务成果”等业务进行钩稽和嵌套，把“权责利职义”边界划分清楚，逐步形成一种“互为因果”的体制、机制和规章制度。对于每一个组织来讲，都可以把这三个部门作为横坐标，把政策制定、目标确立、目标执行、结果考核、激励兑现作为纵坐标，列表制定钩稽嵌套关系。在现有组织机构、人员、职能、经费约束指标不变的前提下，系统地根据业绩考核体系对过程传递的需求,明确各阶段之间的责任主体和钩稽嵌套关系。主要负责国际一流企业13个对标要素中“管控模式+激约机制+经济运行+信息化+风险管控”五大要素的建立和效果。

(3)业务部门

业务部门是指公司的各种职能部门、技术支持部门、业务部门、市场部门等。这里的每一个部门,都是一批“千里马”,都有自己的专业特长,都是由综合管理部门设计每一个部门的绩效模式。

3. 监督层

如果没有结构化数据,监督层往往“插手具体事务”。如有了结构化数据,监督层往往“插手具体数据”。两者效果大不一样。一般情况下,只对“监事、监事长发现问题报告数据、企业健康发展评审标准(正面清单+负面清单)、职工职业生涯设计”三个文件重新钩稽。再加上日常监督。具体内容如下:

(1)规划、计划目标完成报告

每年编制公司内规划、计划目标的完成报告,查找、发现年度绩效计划中的“空白、重复、交叉、遗漏”,为明年计划编制提供依据。

(2)负面清单

根据公司的规章制度,制定负面清单。每年根据违规与诚信问题,编制违规行为的处罚清单,并在公司内部予以公示。并设立负面清单的违规等级与次数限制,超过规定者,公司予以处罚直至除名。

(3)公布各部门文件知行匹配度并排序

作为监督部门,首先要通过文件知行匹配度排序,提升管理部门的治理效能。倒逼管理部门优化业务流程。首先,评价各部门“写”到“做”之间的匹配度,整体推进效能提升。其次,才是解决个别遗留问题。

(三)落实“领导作用”的科学方法

一个企业的“领导作用”,一定是体现在“决策层”将至少40个文件的“数字化表达”搞清楚。只要这40个文件的“数字化表达”说不清,或者说只有管理A类标准,没有管理B、C类标准。就是“领导作用”没有发挥好。每个企业的领导人,都必须按照表6架构,通过合规推进“数字化表达”。

每个企业的领导人,每天都在自觉不自觉地做表5中的事情。但在掌握了该模型后的主动作为,比没有掌握该模型的被动作为效果好。企业领导人之间的差别,就是表5 结构化理解的差别;企业与企业之间差别,就是表5 所形成的财务指标和非财务指标的差别。坐标点上的数据可形成“点上可计量、纵向可合成、横向可对比”的学习曲线。

一个企业需要挂图出征。其含义是在董事长办公室挂一张类似表5 的东西。让董事长始终能够看到:一是世界一流企业和竞争对手的各项指标,任何指标的变化都能够实时监测到位;二是如何将这些指标转化成为企业的中长期发展规划,每年都能够改善这些指标;三是如何将中长期发展规划的指标转化成为制度指标体系,通过制度保障创新;四是如何将中长期发展规划的指标转化成为技术指标体系,通过技术创新绩效推动卓越运营;五是如何将中长期发展规划的指标转化成为经济指标体系,最终通过经济指标体系验证各项合规管理、质量管理、创新管理等多重管理的效果。

例1:一个上市公司董事长,在办公室挂上企业法人“五力均衡”地图。他说有三大好处:第一,让来找董事长签字的人回答本事项属于哪一类;第二,按照五类之一,问架构中的问题,能够回答出来管理“A、B、C”三类标准的人才给签字;第三,将所有人都引导到数字化转型的道路上来了。谁来签字,谁就必须按照该架构梳理指标。只有将指标写出来,董事长才会有精准的判断。决策效率提升50%,决策事项的效能提升50%。

例2:该企业将国务院国有资产监督管理委员会提出央企与世界一流对标13 个要素,转化为五个层面的要做的事情,然后层层分解。说明该科学方法使用的场景是非常多的。

对标一流。(6)在国际上拥有知名品牌。

战略规划。(4)发展战略性新兴产业有明显优势。

制度创新。(1)产权结构合理,建立起规范健全的公司法人治理结构;(8)内部改革适应国际竞争要求,激励约束机制健全;(9)集中有效的管控模式;(11)管理信息化处于较高水平;(12)重视领导力建设,建立学习型组织;(13)文化和社会责任。

技术创新。(3)自主创新能力强,拥有自主知识产权和核心技术。

卓越运营。(2)主业突出,具有核心竞争力;(5)国际经营与运作能力强,国际化指数高;(7)具有合理的经济规模和较强的盈利能力;(10)具有风险管控力。

思考题

1. 如何通过一个架构梳理并建立"领导作用"和"顶层设计"?

2. 如何将决策层的"文字"表达转变成"数字"表达?

3. 可否将《公司法》规定的董事会的十一项职责的"文字"要求转化成"数字"工具,让各企业像掌握财务报表那样掌握制度报表?

4. 目前讲合规,已经有了相应的国家标准、团体标准,但这些仅仅是"文字"上的合规要求,或者说是给出了目标和方向,也给出了一些作用点或具体应着手的事项,这样可以评价合规的"量""质""效"吗?还缺少什么?

5. 目前企业的"全层级(决执监)、全要素(事财人)、全时态(前中后)"之间缺乏一套贯穿与衔接各层级、各要素、各时态的、共享的"数字"模型、工具和方法,这种说法正确吗?

6. 企业的领导力与执行力之间应该具有怎样的关系?

7. 领导力的评价应该具有怎样的指标体系架构?可否列举出数个具体指标?

六、关于"策划"部分的数字工具和方法

只有将ISO 37301:2021《合规管理体系　要求及使用指南》第六章"策划"提出"风险与机会的应对措施、合规目标和达到目标的策划、针对修改的策划"三个方面的"文字"要求转化成为一套"数字"工具落地,才会取得比较好的效果。

(一)理解"策划"的科学范式

结合该标准第6.2条关于质量目标及其实现策划落地的需求,构建一个理解"策划"的科学范式。通过该科学范式,能够在一个"大系统"中提炼合规目标和达到目标的策划。一个点上的指标变化,将会影响全局指标的变化。

表 7　理解“策划”的科学范式

政府市场化监管 \ 企业高质量发展					优质			优价
					企业举证			市场认可
					实体企业			金融机构 资本市场 产品市场
					管理 A 类标准	管理 B 类标准	管理 C 类标准	
					文字要求类	架构要素类	指标指数类	
创新管理体系	创新指数 IDI	拉高线	高质量发展阶段	7	智慧企业	600≤IDI<1000	隐性技术显性化率 99%	-40%
				6	世界一流企业☆	500≤IDI<600	隐性技术显性化率 95%	-30%
				5	世界较好企业	400≤IDI<500	隐性技术显性化率 90%	-20%
				4	国内一流企业	300≤IDI<400	隐性技术显性化率 80%	-10%
		保底线	高速增长阶段	3	国内较好企业★	200≤IDI<300	隐性技术显性化率 40%	基准利率
				2	一般企业	100≤IDI<200	隐性技术显性化率 20%	+20%
				1	初创企业	0≤IDI<100	隐性技术显性化率 10%	+40%
质量管理体系	品质指数 QI	拉高线	高质量发展阶段	7	智慧企业	7σ=0 次失误/百万	0 补偿	-40%
				6	世界一流企业	6σ=3.4 次失误/百万	销售额 5% 补偿修正浪费	-30%
				5	世界较好企业	5σ=230 次失误/百万	销售额 10% 补偿修正浪费	-20%
				4	国内一流企业☆	4σ=0.62 万次失误/百万	销售额 15% 补偿修正浪费	-10%
		保底线	高速增长阶段	3	国内较好企业★	3σ=6.68 万次失误/百万	销售额 30% 补偿修正浪费	基准利率
				2	一般企业	2σ=30.8 万次失误/百万	每天有 1/3 资源浪费	+20%
				1	初创企业	1σ=69 万次失误/百万	每天有 2/3 事情做错	+40%

注：世界一流企业的高质量发展指数 HQI≥600，品质指数 QI≥6σ；隐形冠军企业“高市场占有率、高利润”无一不是通过“拉高线”范式持续几十年形成的。

（二）落实“策划”的科学工具

表 7 本质上是一套“策划”的科学工具。能够让一个企业，将内部和外部因素全部放在一个数学架构内考虑，实现内外汇通。一般情况下，可以从表 7 提炼出来下述工具，供企业日常使用。

1. 高质量发展指数（High Quality Development Index，HQI）

企业高质量发展指数（HQI）= 创新指数 IDI（50%）+ 品质指数 QI（50%）

权重可以根据不同的评价目的设置，一旦设置，应保持相对稳定。横坐标反映营商环境，纵坐标反映企业高质量发展，坐标系体现一个企业推动高质量发展的路径和指标。

2. 品质指数(Quality Index,QI)

企业产品品质指数(QI)分为7个档次。企业应根据自己的计算,按照表7,判定企业目前所处的位置。可逐年描绘学习曲线。

3. 创新指数(Innovation Index)

企业创新驱动发展指数IDI(Innovation-Driven Development Index)=管理创新(“权责平衡表”+制度指标体系+制度增加值)+技术创新(技术平衡表+技术指标体系+技术增加值)+卓越运营(资产平衡表+经济指标体系+经济增加值)

(三)落实“策划”的科学方法

表7本质上是一套“策划”的科学方法。任何一个企业,质量管理、创新管理、合规管理等上百种管理,最终结构都可以归结为高质量发展指数的改善、品质指数的改善、创新指数的改善。

纵坐标(企业高质量发展)按照GB/T 90001－2017《质量管理体系》、GB/T 19580－2012《卓越绩效评价准则》和《品质指数QI》确定“精细化”的计量标准。共分为两个阶段:一是“保底线”阶段。在高速增长阶段,制造业企业经过质量管理体系认证的有50万家,占世界总认证数的50%。品质指数从1σ到3σ提升,取得了很好的成绩。但3σ成为品质指数提升的“瓶颈”。二是“拉高线”阶段。按照《中共中央、国务院关于开展质量提升行动的指导意见》提出“但也要看到,我国经济发展的传统优势正在减弱,实体经济结构性供需失衡矛盾和问题突出,特别是中高端产品和服务有效供给不足,迫切需要下最大气力抓全面提高质量,推动我国经济发展进入质量时代”的要求,构建“拉高线”的标杆。将保底线与拉高线放在一个坐标系中,以利于每个企业对标。

横坐标(政府市场化监管)按照《中共中央、国务院关于开展质量提升行动的指导意见》提出“建立质量分级制度,倡导优质优价,引导、保护企业质量创新和质量提升的积极性”的要求,构建“优质优价”新范式:只要制造企业能够举证“优质”,市场就会遵循“优价”。

坐标系(岗位精细化计量)。按照“专精特新”企业对品质指数QI的目标追求,通过将管理人才、科研人才、技能人才“隐性技术显性化率”从30%提升到95%的过程,实现品质指数QI从3σ提升到6σ的目标。三类人才之所以不愿意将个人掌握的“隐性技术显性化”为企业掌握的技术,因为企业做不到“按知分配”。只有通过创新管理体系认证,才能解决这个问题。

思考题

1.20 世纪 80 年代，美国工商界对质量活动呈现出与日俱增的兴趣和迫切需求，美国就率先创建一套质量提升范式。1987 年制定《马尔科姆·波多里奇国家质量改进法》，通过 10 多年努力，最终形成《全面质量管理体系》、《卓越绩效评价准则》和品质指数 6σ 三套工具推动“高质量发展”。凡是认真使用的企业，各项指标可提升 25% 以上。中国目前为什么做不到？

2.21 世纪 20 年代，中国工商界对创新活动呈现出与日俱增的兴趣和迫切需求，中国能否率先创建一套创新提升范式。《国家认证认可监督管理委员会关于质量管理体系认证升级版的实施意见》，通过前后 10 多年努力，最终形成《创新管理体系》、《科技通则》和创新指数 IDI600 三套工具推动“高质量发展”。凡是认真使用的企业，各项指标也可提升 25% 以上。你所在的企业会采用吗？

3.《中共中央、国务院关于深化科技体制改革加快国家创新体系建设的意见》第五章第十四条提出“开展科技项目标准化评价和重大成果产出导向的科技评价试点”的要求。表 7 算不算标准化评价？

4.《国务院办公厅关于完善科技成果评价机制的指导意见》第九条“创新科技成果评价工具和模式”提出“推广标准化评价”。怎么推广？

5. 围绕产品的“型式检验、工厂抽检、市场抽检、型式检验 + 工厂抽检 + 市场抽检、型式检验 + 工厂抽检 + 市场抽检 + 企业质量体系审核、企业质量体系审核、批量检验、100% 检验”8 种检验模式构建质量管理体系及认证范式，对于中国高速增长阶段的经济贡献巨大。但目前已经遇到天花板。经过质量保证体系认证的企业，品质指数在 3σ 徘徊，达不到 6σ，这是高质量发展阶段必须解决的难题吗？这个问题该怎样看？

6. 中国多数制造业企业的品质指数在 3σ 徘徊，意味着销售额 30% 用于补偿修正和浪费。世界一流企业能够做到 6σ，意味着销售额 5% 用于补偿修正和浪费。两者之间利润差距为 25%。同一个质量保证体系，一流企业能够做到 6σ，为什么中国企业只能做到 3σ？请问该如何看待这个问题？

7. 研究结论表明：品质指数 6σ 是果，创新指数 600 是因。在创新指数达不到 600 的时候，品质指数无法达到 6σ。主要理由：对于个人来讲，倾向于保持更多的隐性技术。对于组织来讲，倾向于保持更多的显性技术。一个人的隐性技术越多，在一个单位里就越牛，躺在功劳簿上的可能性就越大，创新动力就越差。如果组织没有一套公开、公平、公正的交易规则，任何人都不会主动将隐性技术显性化。只有当一个人的隐性技术(通过交易)被组织显性化后,他要想保持在组织中的待遇和地位,就必须保有持续创新的动力,不断地去努力掌握新的隐性技术。这一过程的不断循环,就构成了持续的技术创新微观生态。组织要尽最大限度扩大显性知识和显性技术的资源共享,增强组织的核心竞争力;个人要尽最大限度扩大隐性知识和隐性技术保持自己的优势,增强个人的核心竞争力。目前企业基本处在"用留人的办法留技术、肥水不流外人田、教会徒弟饿死师傅、肉烂在锅里"的用硬件定义制造业的阶段。员工与企业之间缺乏一种技术交易体系,一套制度体系是按照工业"1.0"到工业"2.0"设计的,一个人在企业的地位取决于离不开这个人;世界一流企业,任何一个员工进入企业5~8年时间,基本上能够将一个人的隐性技术全部显性化,并形成工业软件。这是企业构建核心竞争力的关键环节吗?请谈谈自己的看法?

8.我们制造业企业品质指数达不到6σ的根本原因是我们的管理人才、技术人才、技能人才都不愿意将自己的隐性技术显性化,更深层原因是我们没有"按知分配"。很多企业不愿意拿出工资总额的5%用于"按知分配",却情愿利润率的25%被消耗掉。这是为什么?世界一流企业,基本上实现"隐性技术显性化、显性技术软件化、软件技术交易化,交易技术知本化"的工业"4.0"的思维方式,让品质指数达到6σ。中国企业该如何做?请谈谈自己的看法?

七、关于"支持"部分的数字工具和方法

本节将ISO 37301:2021《合规管理体系 要求及使用指南》第七章"支持"提出"资源、能力(雇佣、培训)、意识、沟通、文化信息"五个方面的"文字"要求转化成为一套"数字"工具落地,最终通过激励与约束机制来提供"支持"。所有的支持都是过程,唯独从薪酬结构上支持,才算真正的支持,才能构成一种制度保证。凡是不能纳入薪酬结构的考核,最终都是流于形式,不会产生好的效果。中国电子科技集团公司、中国航天科工集团二院206所、六院等都实行"6W"薪酬结构。

(一)理解"支持"的科学范式

结合该标准第7.2条关于质量目标及其实现策划落地的需求,构建一个理解"支持"的科学范式(见表8)。通过该科学范式,能够将所有"支持"的内容,最终全部与薪酬结构挂钩,将合规、质量、创新变成薪酬结构中的制度保障。

表 8　理解"支持"的科学范式

激励 约束		薪酬激励					股权激励
		以"人"为本管理 40%		以"绩"为本管理 60%			"资"为本
		对象"人"		对象"绩"			对象"资"
		身份管理	岗位管理	管理创新	技术创新	卓越运营	股权管理
		德、廉	能、勤	制度增加值	技术增加值	经济增加值	前五项积累
		W1	W2	W3	W4	W5	W6
组织	主要内容	基本工资＋年功工资	岗位工资＋津补贴＋保险	制度指标体系＝量＋质＋效	技术指标体系＝量＋质＋效	经济指标体系＝量＋质＋效	从 W3＋W4＋W5 历年积累数据中选优
	操作附件	附件 1：身份管理办法	附件 2：岗位履职评价标准	附件 3：管理创新评价标准	附件 4：技术创新评价标准	附件 5：卓越运营评价标准	附件 6：股权管理办法
	理想比例	10%	30%	20%	20%	20%	按照"初创期、成长期、成熟期、更生期"问题调整
	上年比例	20%	60%	0	0	20%	
	当年调整	18%	52%	5%	5%	20%	
	主责任人	人力资源主管（HR）	人力资源主管（HR）	董事长（COB/CEO）	首席技术官（CTO/CIO）	总裁/总经理（CEO/CFO）	董事长 COB
	追究指标	违规率＝年因党纪国法企规处分人数/年职工总人数	换岗率＝当年调换工作岗位人数/年职工总人数	制度增加值＝制度指标体系（本年分值－上年分值）	技术增加值＝技术指标体系（本年分值－上年分值）	经济增加值＝经济指标体系（本年分值－上年分值）	持股率＝职工持股人员数量/全体职工总数
	优化目标	年学习曲线降低 1%	保持在 10% 左右	逐年提升 10%	逐年提升 8%	逐年提升 6%	保持在 20%
个人	保底目标	不受处分	满足岗位	可比条件下得分排序前 80%	可比条件下得分排序前 80%	可比条件下得分排序前 80%	—
	努力目标	争做先进	挑战岗位	可比条件下得分排序前 20%	可比条件下得分排序前 20%	可比条件下得分排序前 20%	5 年进入职工持股人员序列

注：W1、W2、W6 都有现成方法，也比较成熟，可改善；旨在 W3、W4、W5 三类建立新的标准。

（二）落实"支持"的科学工具

表 8 给出的"6W"薪酬结构，就是 6 套结构化工具。每一个工具都起到不同的作用，6 套工具覆盖企业的所有激励与约束机制。每个人的努力，最终的收获一定是体现

在收入上。全国1800万中小企业都不一样,但薪酬结构差不多。全收入是指一个人的薪酬性收入和股权性收入两个部分之和。

1. 隐性技术与显性技术(Tacit Technology and Dominant Technology)

隐性技术(Tacit Technology)是指为员工个人掌握的、未公开的技术;显性技术(Dominant Technology)是指已经被组织在一定范围内公开掌握的技术。对个人来讲,倾向于保持更多的隐性技术以提高个人的竞争力。对组织来讲,倾向于保持更多的显性技术已提高组织的竞争力。一个人的隐性技术越多,在一个单位里就越牛,躺在功劳簿上的可能性就越大,创新动力就越差。如果组织没有一套公开、公平、公正的交易规则,任何人都不会主动将隐性技术显性化。只有当一个人的隐性技术被组织显性化后,他要想保持在组织中的待遇和地位,就必须持续创新,不断地去努力掌握新的隐性技术。这一过程的不断循环,就构成了持续的技术创新微观生态。

2. 组织素质与个人素质(Organization Quality and Personal Quality)

组织素质(Organization Quality,OQ)是指组织对成员的微创新实时识别、评价与激励的机制和能力;个人素质(Personal Quality,PQ)是指成员在组织的创新生态环境中根据组织素质表现出来的行为风格。如果一个组织不能对它的成员实行差异化的实时评价与激励,就无法对成员施加有效的合外力,成员也就会保持原有状态不变。在这种情况下,就可以基本判断这个组织素质低、是个保守型组织;如果一个组织能够对它的成员实行差异化的实时评价与激励,就能够通过组织目标分解对成员施加有效的外力,成员也就会保持不断创新的状态。在这种情况下,就可以基本判断这个组织素质高、是个创新型组织。

一般情况下,成员在一个高素质的组织里,最终必然表现出来高素质;在一个低素质的组织里最终必然表现出来低素质。组织素质可以改变成员素质,但成员素质很难改变组织素质。只有组织领导人可以改变组织素质。一个组织领导人,如果无法客观、正确地识别、评价下属工作表现的差异,就无法进行有效管理、很难提高组织的运行效率和绩效。对领导者的基本要求之一就是要做到“知人善任”。同时,组织领导人的第一天职就是要想尽一切办法提升组织素质,将有限的激励资源从“漫灌”变为“滴灌”,提高对组织成员的激励与约束的匹配度。组织的文化建设与组织素质是密不可分的,组织文化是组织素质的体现,二者相辅相成。组织文化和组织素质都是取决于组织领导人的价值取向、品格胸怀、理想追求和思想境界。

3. 激励与约束(Incentives and Constraints)

激励金字塔(Pyramid Incentives)。“激励”是指“激发与鼓励”。一般有“精神的和物质的”，但在设计机制时，一般只考虑物质的。表现形式一般有“职位、荣誉、地位、奖励、薪酬、金钱”等方式。其中：职位是最大的激励，也是最稀缺的资源。“激励金字塔”一般是指“职位金字塔”。表示组织各种序列职位，基本上为“金字塔”式的分布形态。

约束金字塔（Pyramid Constraints）。“约束”是指“限制与使之不越出范围”。一般有“精神的和物质的”，表现形式有“德、能、勤、绩、廉”五个层面。“德”是“隐蔽态”，一般很难发现，主要依靠政治与社会系统限制；“能”是“持有态”，不见得能变成业绩，主要依靠学历、资历、经验、责任等限制，以往的工作任务完成绩效能够最充分地反映一个人的能力；“勤”是“过程态”，不见得能变成业绩，主要依靠考勤、监督、民主等限制；“绩”是“物质态”，是前三个层面的综合体现，主要依靠规划、规则、业绩等限制；“廉”与“德”和“勤”类似，主要依靠自觉、纪律、制度、监督、民主等限制。“约束金字塔”一般是指“绩效金字塔”。表示组织各种序列职位上的人的绩效，基本上也要是“金字塔”式的分布形态。一般用“绩效金字塔”代表约束标准。

前三个层面，目前在中国社会各类组织中均已比较完善，而“短板”是业绩层面，缺乏过硬的指标。

激约匹配度是激励与约束匹配的简称，是指“激励金字塔”与“约束金字塔”的匹配程度。一般是指“职位金字塔”与“业绩金字塔”的匹配程度，换句话说，就是职位和薪酬的排序与业绩的排序相一致的程度。

一个创新型组织的基本条件是：激约匹配度≥70%。也就是说，70%的人目前所在的职位，都有大家服气的（业绩排序在前70%之列的）客观业绩做支撑，而且是公认的、可计量的、可标杆化的。一般企业，广义蓝领的激约匹配度≥90%，科研人才的激约匹配度≤60%，管理人才的激约匹配度≤30%。

（三）落实“支持”的科学方法

构建“6W”薪酬结构的科学方法与使用“6W”薪酬结构的科学方法同样重要。每一个企业，都可以按照表8的架构，调整本企业的薪酬结构。实践证明，仅仅采用数字工具将绩效考核变得公开透明，就可以使员工们释放出来巨大的创新能量。

第一层：薪酬激励与股权激励。薪酬激励需要董事会考核一个人当年在德、能、勤、绩、廉五个层面的单项排序；股权激励需要股东会考核一个人多年在德、能、勤、绩、廉五个层面的综合排序。两者的转换关系为：只有年度德、能、勤、绩、廉五个层面的单项排序比较清晰，多年在德、能、勤、绩、廉五个层面的综合排序靠前的人就可能得到相应股权。

第二层:薪酬激励的六类结构化考核。薪酬结构:身份管理 W1(主要反映德与廉)+岗位管理 W2(主要反映能与勤)+管理创新 W3(主要通过制度指标体系反映管理创新绩效)+技术创新 W4(主要通过技术指标体系反映技术创新绩效)+卓越运营 W5(主要通过经济指标体系反映运营创新绩效)+股权管理(绩效转化为资本)。

思考题

1. 激励与约束机制同激励与约束匹配度存在什么关系?
2. 组织和个人可否相互博弈?
3. 身份管理可否量化?
4. 岗位管理可否按照六类标准建立数字化 SOP?
5. 法人和自然人的管理创新可否测量?
6. 法人和自然人的技术创新可否测量?
7. 法人和自然人的卓越运营可否测量?
8. 党管干部与市场化选聘有矛盾吗?
9. 将可量化的部分交给市场机制,将不可量化的部分交给领导可行否?
10. 企业所有的合规都可以在数字化 SOP 上实现吗?

八、关于“运行”部分的数字工具和方法

本部分将 ISO 37301:2021《合规管理体系　要求及使用指南》第八章“运行”提出“运行的策划和控制、建立控制和程序、报告疑虑、调查过程”四个方面的“文字”要求转化成为一套“数字”工具落地,如此才会取得比较好的效果。

(一)理解“运行”的科学范式

结合该标准第 8.1 条关于运行的策划和控制落地的需求,构建一个理解“运行”的科学范式(见表 9)。通过该科学范式,能够将所有“运行”的内容,最终全部与“全时态、全层级、全监测”的数据和学习曲线联系起来。

表 9　理解“运行”的科学范式

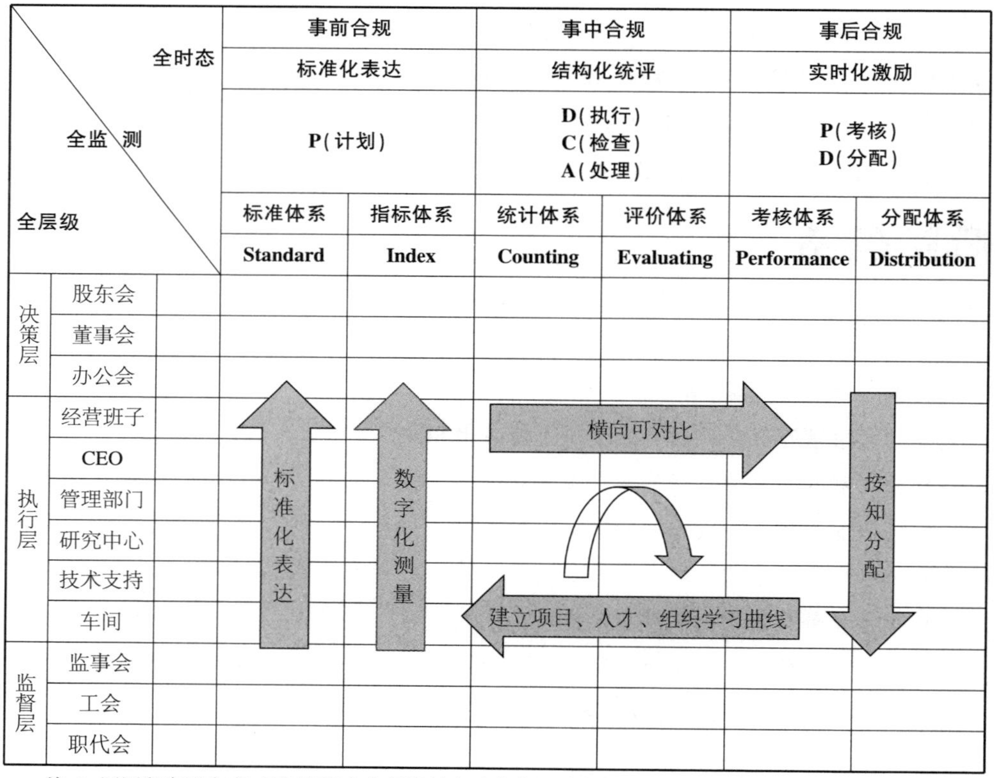

注：1. 层层留痕不失真，任何底层变化都能够实时在高层反映出来；
2. 质量提升阶段接力：戴明环（PDCA）——朱兰三部曲（计划控制改进）——巨建国（全时态全层级全曲线提供一套结构化数据）。

（二）落实“运行”的科学工具

表 1 给出一个理解“组织环境”的数学模型。其中：纵坐标是一个复合函数。是按照中国传统文化“知己知彼”的逻辑与中国现代文化“软实力、创新力、硬实力”结合起来构建的，是理解组织环境的一个工作分解结构；横坐标是一个复合函数。是按照“力”的三要素与 ISO 管理标准 A、B、C 的分类方法结合后构建的，是理解企业核心。

1. 工作分解结构（Work Breakdown Structure，WBS）

工作分解结构，是指一个产品或服务自上而下分维度逐级分解所形成的一个具有维度与层次的结构体系。一般用图和表两种表达方式。一个 WBS 表，应该准确提供每一个工作分解单元（Work Breakdown Element，WBE），即 WBS 的组成单元的时空位置；一个 WBE 需要知道自己在 WBS 中的时空位置，才能准确对接各种输入输出关系。

WBS 的基本原理就是在同时满足这两种需求的前提下,给出一个项管理工作的基本秩序。这个管理工作的基本秩序,为每一个 WBE 提供了一个唯一坐标,相当于一个人的身份证。每一个 WBE 的坐标可以用一组编号来表示,相当于身份证号码。WBS 是与管理相伴生的,并贯穿于管理的全寿命周期。是项目立项论证、合同签订、风险评估、计划管理、成本管理、技术状态管理、预算管理、绩效考核等所有项目管理工作的基础。WBS 是对项目管理的总体情况进行掌控的基础工具。

基于模型的系统工程(Model-Based System Engineering,MBSE),是从传统的系统工程(Traditional System Engineering,TSE)发展而来的。传统的系统工程,是指1969 年美国军用标准 MIL-STD-499《系统工程管理》颁布以来,将人们探索十多年的方法变成了一套标准。国际系统工程学会《系统工程 2020 愿景》指出:系统工程的未来是基于模型的,目前仍处在探索期,将影响后 50 年的发展。它是基于专用语言(计量模型),在"云计算"的范围内定义数据,适用于大数据时代,具有标准化、数字化、智能化等特点。

2. 技术创新水平(Technology Innovation Levels,TIL)

技术创新水平,是指将"技术创新"的全过程,从"创意形成"到实现"商业成功"划分为 13 个里程碑(级别),可以用 1~13 级来计量与管理。每一个里程碑上,可以设置 3~5 个检测要素,用于判断已经达到或预期达到某个级别。TIL 代表技术创新所达到的水平,一般也称为生产力成熟度、战斗力成熟度或产品成熟度。该计量模型能够表达一个"技术创新"项目在不断增加理解、不断模拟仿真以及不断取得小进步从而积累人们信心的这条道路上的进程。虽然创新的过程不是线性的道路,但里程碑却必须一个接着一个地通过,最终才能实现创新、获得投资回报(或社会效益、军事效益)。尽管有些过程会出现跳越,但不影响该技术创新规律的 13 级表述。TIL 1~13 级的计量模型是技术创新或装备采购项目立项论证、合同签订、风险评估、计划、成本、技术状态、预算、绩效考核、商业计划书等所有管理的基础。

技术创新(Technology Innovation,TI),是指从一个"创意形成"到"商业成功"包含了科技、管理与经济活动的全过程。该定义是根据下述四个定义提炼的:一是中央文件对"技术创新"的定义。1999 年《中共中央关于加强技术创新发展高科技实现产业化的决定》中对技术创新的定义:企业应用创新的知识和新技术、新工艺,采用新的生产方式和经营管理模式,提高产品质量,开发生产新的产品,提供新的服务,占据市场并实现市场价值。二是熊皮特的定义。1912 年在《经济发展理论》中提出:创新是建立一种新的生产函数,一般是以新产品、新方法、新市场、新材料、新组织形式出现。三是经济合作与发展组织(OECD)的定义。2005 年 OECD 发布的《奥斯陆手册》中对技术创新的定义:技术创新 = 知识创新 + 工艺或产品创新 + 商业成功。四是国家标准的定义。GB/T 22900 - 2009《科学技术研究项目评价通则》中的定义:技术创新 = 隐性收益(1 ~ 9 级,用技术增加值计量) + 显性收益(10 ~ 13 级,用经济增加值计量)。

3. 落实"运行"的科学方法

每个企业的领导人,每天都在自觉不自觉地做表 9 中的事情。但在掌握了该模型后的主动作为,比没有掌握该模型的被动作为效果好。企业领导人之间的差别,就是对表 9 结构化理解的差别;企业与企业之间的差别,就是表 9 所形成的财务指标和非财务指标的差别。一个企业,不管"大中小微",表 9 中的要素、逻辑、函数关系等,一个都不能少。这些坐标点上的数据,可以形成"点上可计量、纵向可合成、横向可对比"的学习曲线。

思考题

1. 运行的过程可否用数字来表述?

2. 运行系统的结构化、可视化的表达工具是什么?

3. 用什么工具可以把项目运行的内容、范围、边界和进程准确地表示出来?

4. WBS 可否用于描述所有的管理与评价对象?

5. WBS 能否精确地刻画出工作任务的具体内容以及与总任务目标、其他任务的目标之间的关系?

6. TIL 是反映创新进程的计量工具,它可否用于其他运行过程量化表达?

7. 描述已运行的项目或任务,可否只用 WBS,不用 TIL 能够说清楚吗?

8. WBS 与 TIL 对合规管理与评价有帮助吗? 是什么样的帮助?

九、关于"绩效评价"部分的数字工具和方法

本部分将 ISO 37301:2021《合规管理体系　要求及使用指南》第九章"绩效评价"提出"监视测量分析和评价、内部审核、管理评审"三个方面的"文字"要求转化成为一套"数字"工具落地,这样才会取得比较好的效果。

（一）理解“绩效评价”的科学范式

结合该标准第9.1条关于监视测量分析和评价落地的需求，构建一个理解“绩效评价”的科学范式（见表10）。通过该科学范式，能够将所有“绩效”的内容，最终全部与“全时态、全层级、全监测”的数据和学习曲线联系起来。

表10 理解“绩效评价”的科学范式

全时态		事前									事中				事后					
		标准化表达									结构化统评				学习型曲线					
		计量标准									评价方法				交易规则					
		标准体系						指标体系			统计体系		评价体系		考核体系			政策体系		
		技术标准			管理标准															
全对象		基础类	产品类	方法类	管理A类	管理B类	管理C类	制度指标体系	技术指标体系	经济指标体系	平面统计报表	立体统计报表	标准化评价	专业化评价	量层面指标	质层面指标	效层面指标	按劳分配	按知分配	按资分配
作业	计时																			
	计件																			
	劳动定额																			
项目	建设项目																			
	科研项目																			
	软课题																			
人才	管理人才																			
	科技人才																			
	技能人才																			
组织	母公司																			
	分公司																			
	子公司																			

注：1. 空白区是原有工具占比47%，阴影区代表尚需创建的工具占比53%；

2. 政策体系因主体不同而内容有所不同（本表政策体系是针对个人绩效的）；

3. 本课程是培养与评价人才的，但同样适用于人才承担的项目绩效和人才所在的企业绩效。

（二）落实“绩效评价”的科学工具

表10给出的理解“绩效评价”的科学范式，本身就是一个工具谱系（工具库），也叫

工作“4.0”治理元素周期表。其含义是所有企业治理，都有“19×12”个工具的组合。其中：横坐标是按照2018年中央经济工作会上习近平总书记提出“必须加快形成推动高质量发展的指标体系、政策体系、标准体系、统计体系、绩效考评、政绩考核”新六大工具体系构建的，通过“时态化”后细化为19类工具；纵坐标是按照《中共中央办公厅、国务院办公厅关于深化项目评审、人才评价、机构评估改革的意见》提出的“三评意见”构建的，通过细化后为12类工具。任何一个项目，都是人干的，这个人同时属于一个组织，项目、人才、组织三者之间的数据基因共享率90%以上；坐标系＝横坐标19×纵坐标12＝228个区块，反映了任何一个微观主体和宏观主体的治理都需要这套结构化的工具和其产生的数据。

1. 作业与项目（project and task）

一个企业所有岗位上的工作，都可以分解为作业和项目两大类分别计量。作业的计量方法是计时、计件、劳动定额等，都是常规的计量工具和方法；项目的计量方法是工作分解结构表（WBS表）、质量成本进度表（QCD表）、项目风险控制表（TRC表），都是本文件新增的计量工具和方法。两套计量工具和方法，构成一个企业数字化转型的基本工具和方法。两者同等重要，不可偏废。

2. 力与能力（force and capability）

在自然科学中，“力”必须具有“方向、大小、作用点”三个要素。只要缺少任何一个要素，都不能构成“力”；在社会科学中，由于对“力”缺乏精准定义，导致滥用。例如，领导力、战略力、软实力、创新力、硬实力、外部压力、核心竞争力等，只要在一个名词或动词之后加一个“力”，就是“力”，而缺乏计量指标。甚至有专家学者认为，核心竞争力是一种“看不见、摸不着、拿不走”的东西，接近于神话。在本文件中，凡后缀是“力”的，无论是硬实力、软实力、领导力还是执行力、创新力，都必须具有“方向、大小、作用点”三个要素，缺一不可。一般情况下，上述“力”的“方向、作用点”都比较好确定，通常都是用文字就可以描述清楚（定性容易），唯独“大小”比较难确定，必须用数字才能计量清楚（定量难）。本文件重点构建能够计量这些“力”的“大小”的指标。

3. 做功与工作（work and job）

在牛顿力学中关于“做功”有三个数据指标。一是功。“功＝力（大小）×（沿着力的方向移动的）距离”。根据该公式，出力不一定“做功”。只要在力的方向上没有移动一段距离，就没有做功。二是功率。“功率＝功/时间”。根据该公式，要在单位时间内做功。三是效率。“效率＝有用功/总功”。根据该公式，要计算有用功；在绩效考核中关于“工作”也有三个配套指标：一是量（对应力的三要素）。工作必须要完成一定的量。二是质（对应功、功率）。工作必须在单位时间和单位成本内移动一段距离，完成的工作必须达到一定的质的水平。三是效。对应的是完成工作取得的效果、效率、效益。完成的工作成果中必须有用功占比大于等于70%，组织才能保持可持续发展。

（三）落实“绩效评价”的科学方法

表10给出的理解“绩效评价”的科学范式中，空白区代表高速增长阶段沿用下来的六大工具体系，仅占47%，颗粒度还太粗，看宏观“总量增长”可以，但看微观“此消彼长”难，更无法区分“量、质、效、短板、软肋、弱项、不平衡、不充分、不给力”的情况。在高质量发展阶段，需要补充的阴影区工具占53%，才能形成一个完整的工具体系，才不会出现短板。有人说，六大工具体系有点重复，那是因为缺乏结构化思维。那些成功的人，绝不是因为比别人聪明，而是因为他们比常人更善于结构化思维，并迅速采取结构化的行动。要结构化思维，就必须创建框架或表格，才能进行结构化思维。

例如，1公斤=1千克是标准体系的计量标准，今年目标8公斤是指标体系中的量指标，到7月完成了5公斤是统计体系中量指标，每公斤的纯度是0.999是评价体系质指标，全年完成了10公斤是考核体系效的指标，超额每公斤奖励10元是（分配）政策体系的分配指标，六大体系形成一个完整的“学习曲线”。

2019年，中央经济工作会议将“推动制造业高质量发展”作为七大任务之首，说明这是一个宏观难题。作为《民法典》提出的每一个自然人、法人、非法人组织，到底应该用什么工具推动高质量发展，这是一个微观难题。表10给出推动制造业高质量发展的工具体系基本架构，能够有效解决微观、中观、宏观三个层面共享结构化数据的难题。该架构简称工作“4.0”治理元素周期表，是指所有工作上的事情，只要在该架构中思维，基本上很快就能找到解决问题的答案。

思考题

1.1871年前，人们为几十万种物种分类发愁。自从1871年门捷列夫发现《化学元素周期表》，从此几十万种物种都是由108个元素组成的。由此，诞生了分子、原子和流程制造。这就是分类方法为人类创造的巨大贡献。请联想一下：我们可否找到一套《治理元素周期表》，让所有企业都用？

2.目前，企业有近百种管理，可否用228个区块的工具和数据组成呢？组织与组织之间的差距，可否由228个区块工具和数据之间的差距来计量呢？

3. 如何理解习近平总书记2018年中央经济工作会上提出“必须加快形成推动高质量发展的标准体系、指标体系、统计体系、考核体系、评价体系、政策体系”六大工具体系？难道现在没有六大工具体系？难道现在的六大工具体系无法推动高质量发展？

4. 我们都知道企业是创新的主体，为什么绝大多数企业都不知道如何计量每个管理者和科研人员每天创新所带来的价值并按知分配？为什么说从管理人员和研发人员身上持续挖掘出“价值”来将是对企业合规管理的考验？

5. 在“建设全国统一大市场”的背景下，如何改善各部委对企业“保底线”的认证方法？例如，目前高技术企业23万家、科技型中小企业18万家、创新示范中心150家、国家制造业创新中心80家等，基本上都属于“保底线（圈马式）”认定。基本范式是：先建立一个“最低标准”，凡是达到的可以上报，组织一批专家认定，发个证书。企业一进到“保底线”篮子，就是将几十万家企业“堆”在一起，每天能够看到“量”的变化，但无法看到企业“质”和“效”的变化。企业想对标都缺乏可比较的数据。也不知道几十万家企业谁是冠军，更无法实施“优质优价”。于是大家都在低利润率的条件下，无法提升研发投入占比。

6. 财政部、工业和信息化部《关于支持“专精特新”中小企业高质量发展的通知》（财建〔2021〕2号）是在推进“高质量发展”阶段诞生的，我们仅仅使用类似高技术企业这种认定范式可行吗？如何创建“保底线（进篮子）+拉高线（赛冠军）”的新范式？

7. 我们可否用昨天的武器去参加明天的战斗？在“长期跟踪模仿”战略下，不管黑猫白猫，只要抓住老鼠就是好猫，涌现了一大批“专精特新”企业；但在“科技自立自强”战略下，只有掌握科学方法的猫，才有可能抓住老鼠。我们如何才能掌握科学范式、科学方法、科学工具？如何才能让企业的创新有一套制度保证？

8. 目前的营商环境能做到“优质优价”吗？产品优质优价如何实现？人才优质优价如何实现？法人优质优价如何实现？

9. 如何才能让员工的激励与约束匹配度从60%提升到80%以上？例如，某企业技术工人的激励与约束匹配度大于90%，研发人员的激励与约束匹配度低于40%，管理人员的激励与约束匹配度低于20%。在这种情况下，研发投入可否持续增加？

十、关于“改进”部分的数字工具和方法

本部分将ISO 37301:2021《合规管理体系　要求及使用指南》第十章提出“持续改进、不符合与纠正措施、监视测量分析和评价、内部审核、管理评审”三个方面的“文字”

要求转化成为一套“数字”工具落地,这样才会取得比较好的效果。

(一)理解“持续改进”的科学范式

结合该标准持续改进落地的需求,构建一个理解“持续改进”的科学范式(见表11)。通过该科学范式,能够将所有“持续改进”的内容,最终全部用“制度指标体系、技术指标体系、经济指标体系”三套指标体系的变化表达出来。

表 11 理解“持续改进”的科学范式

发展指数	全报表	制度报表	技术报表	财务报表	增长率
	全价值	制度增加值	技术增加值	经济增加值	
	全钩稽	“权责平衡表”	技术平衡表	资产平衡表	
	全指标	制度指标体系	技术指标体系	经济指标体系	
	核心竞争力	反映制度创新	反映技术创新	反映卓越运营	
	创新驱动发展指数 IDI	制度创新指数 IVA	技术创新指数 TVA	卓越运营指数 EVA	
	量:24 个指标 质:24 个指标 效:24 个指标	量:8 个指标 质:8 个指标 效:8 个指标	量:8 个指标 质:8 个指标 效:8 个指标	量:8 个指标 质:8 个指标 效:8 个指标	
	满分 1000	满分 1000	满分 1000	满分 1000	
	世界一流 600	世界一流 600	世界一流 600	世界一流 600	
2018 年	272.44	161.8	257.8	397.71	基年
对标	45%	26%	42%	66%	
差距		最大	中	最小	
2019 年	349.57	243.84	293.73	511.14	28.31%
2020 年	377.08	267.5	340.17	523.58	7.87%
2021 年	387.4	285.27	342.72	534.2	2.73%
2022 年	406.77	299.53	359.86	560.91	5.00%
2023 年	427.1	314.51	377.85	588.96	5.00%
2024 年	457	364.52	404.3	602.18	7.00%
2025 年	488.99	400.08	432.6	634.3	7.00%
2026 年	537.89	450.6	521.35	641.72	10.00%
2027 年	618.57	555.5	627.24	672.98	15.00%
2028 年	670.61	666.6	627.24	672.98	8.40%

注:该架构是企业对标和规划的一个重要工具。

某企业通过制度指标体系、技术指标体系、经济指标体系三套指标体系制定10年争创世界一流企业战略规划。所有战略规划最终都可以量化表达。所有部门的所有岗位每年的绩效都可以量化表达，实现“横向可对比，纵向可合成”。特别是在利润率、研发经费投入占比、研发人员激励与约束匹配度三套指标之间的函数关系。

（二）落实“持续改进”的科学工具

全报表是财务报表、技术报表、制度报表三大报表体系，将会成为企业合规管理的一项基础性、战略性工具。其中，财务报表是1494年意大利卢卡·帕乔利创建的。1929年美国人将意大利人的资产负债表和财务报表，编成世界第一套《公认会计准则》和《财务通则》；技术报表和制度报表，是中国人巨建国创建的，已经写入GB/T 22900－2009《科学技术研究项目评价通则》之中。技术报表和制度报表可以作为财务报表的补缺，反映非财务指标。技术报表是一套能够产生结构化数据的报表体系，包括报表、名词术语、计算模型、计算方法、指标体系、学习曲线、系列图表等。该套报表体系内的所有数据存在严密的逻辑关系，具有钩稽嵌套、互为因果、相互验证、各自独立的特征，具有横向可对比、纵向可合成、分解的特征，可以全面反映一个组织的创新体系在宏观、中观、微观三个层面创新绩效的实时数据，能够有效降低组织内部各部门、各岗位之间的信息不对称，引导组织结构趋于扁平化，提高管理的效率与精准度。它是本文件在创新体系重构中所使用的一套理念、方法和可视化的工具。技术报表是用数字来表述企业技术或产品研发活动取得的绩效，反映企业的创新能力和创新水平；就像财务报表一样，用数字来表述企业经营活动取得的绩效，反映企业的盈利能力和盈利水平，而与企业所处的行业、所经营的产品和服务无关。可以通过技术报表看到财务报表中看不到的具有投资价值、可持续发展的潜力或前景、（企业、团队、人才的）创新能力、技术或新产品研发的进程等。

GB/T 19580－2012《卓越绩效评价准则》对“以人为本”的定义是：员工是企业之本，一切管理活动应当以激发和调动员工的主动性、积极性为中心，促进员工的发展，保障员工的权益，提高员工的满意程度。根据该定义，在本标准中，以人为本是指“以人的投入产出效能为本”，具体是指计量每个人每天的微创新的价值，并实时按知分配。

（三）落实“持续改进”的科学方法

通过参与技术报表和制度报表应用的试点，企业可以掌握一套有效的方法，逐年将隐性技术显性化率从30%提升到95%，可逐年将创新指数IDI从300提升到600，可逐年将品质指数QI从3σ提升到6σ，可逐年将销售利润率从5%提升到30%。只要这些指标达到，资本市场上的投资人就会“自然找上门来”。

1. 在“安内”层面的好处

应该清醒地认识到：1494年意大人利发明的财务报表和1929年美国人发布的财务通则为企业带来的价值。企业参与技术报表和制度报表应用的试点，为企业带来价值，为中国“科技自立自强”战略落地带来价值。

2. 可以用制度报表让人才的“激励与约束匹配度”倍增

在企业财务报表中，假如管理人才、科研人才、技能人才的人工成本率占比在20%以上，就需要有一套制度报表将三种人才的“激励与约束匹配度”提升。只要三种人才的“激励与约束匹配度”低于50%，企业挣的钱“跑不赢”这些人耗费的钱！

3. 可以用技术报表让研发投入产出的“量质效”倍增

在企业财务报表中，假如研发经费投入占比在10%以上，企业就需要有一套技术报表计量所有研发项目投入产出的“量、质、效”。只要研发项目投入产出的“量、质、效”低于50%，企业挣的钱“跑不赢”这些项目耗费的钱。

4. 可以用财务报表让“销售利润率”倍增

在企业财务报表中，假如研发经费投入和研发人员成本占比在30%以上，企业就需要将技术报表和制度报表作为财务报表的主要补缺，同时需要“管理会计”核算每天每个“人、项目、班组”的价值。

5. 在“攘外”层面的好处

应该清醒地认识到：企业是千里马，交易所是赛马场，政府部门是监管者与裁判。企业只要没有表现出来千里马的潜质，资本市场不会可怜这家企业。参与试点的目的只有一个，提升企业自身的健康与能力水平，这样可以通过“拉高线”向社会举证。

6. 可以成为资本市场的样本

上海证券交易所的科创板、深圳证券交易所的创业板、北京证券交易所“专精特新”板，都需要披露“管理创新”和“技术创新”等非财务指标体系，但目前尚未找到好样本。如果企业能够通过制度报表和技术报表举证自己的“优质”，就会成为资本市场“优价”的对象。

7. 可以成为金融机构的样本

金融机构目前在投贷决策前，主要依靠企业征信报告、企业尽调报告披露企业非财务指标。如果企业每年发布高质量发展报告举证自己的“优质”，就会成为金融机构“优价”的对象。

8. 可以成为政府监管的样本

按照国家认证认可监督管理委员会《关于质量管理体系认证升级版的实施意见》第四章提出的“引导企业以质量管理体系为基础，融入环境、职业健康安全以及其他管理体系要求，提供‘一体化’的审核与认证服务”要求，企业可以同时得到“拉高线”认证试点。

思考题

1. 计量“持续改进”的“量质效”能起到什么作用？

2. 企业可否建立全报表体系？以财务报表为基础，将制度报表和技术报表作为补缺？

3. 财务报表记录所有的经济行为、制度报表记录所有的治理行为、技术报表记录所有的创新行为，三者之间有何联系？

4. 对标世界一流企业，可否通过表11对标？可否找到标杆值和范围值？

5. 自然人每年体检，可以反映一个人的健康水平，企业法人每年体检可否反映企业的健康水平？

6. 自然人不通过体检很难知道自己的健康状况，企业领导人仅凭财务报表能够清楚地知道企业的健康状况、存在的问题、短板、弱项及其成因吗？

7. 企业不愿意披露自己的短板，还怕什么？这样能够进步吗？

8. 企业有哪些行之有效的改进方法或工具？

十一、国资委优秀案例

（一）某科技集团公司案例

某科技集团公司（CETC）总经理提出：要编制一本自己能用的《中长期发展规划》，要变成数字规划，要能够达到纸上推演的程度，要能够指导每年如何做，做到什么程度，如何考核。只有这样，我们才能一年一个台阶地逼近世界一流这个目标。但在实际对标的过程中，很难找到一个与之相适应的“实体企业”。在这种情况下，熊群力总经理提出“虚拟对标”的概念，缓解了我国在与世界一流企业对标的过程中找不到“实体对标”企业的困惑。我们的主要做法是：在对大量世界一流企业“量质效”三个层面的指标研究梳理后，把其中最优秀企业的最佳指标集合在一起，提出一套“虚拟指标”作为我们的“可持续发展指标体系”，也就是作为我们走向世界一流企业的“灯塔”。然后根据我们企业的实际情况，每年提出“补充哪些指标、完善哪些指标、优化哪些指标、提升那些指标”的具体目标，逐年逼近世界一流企业。

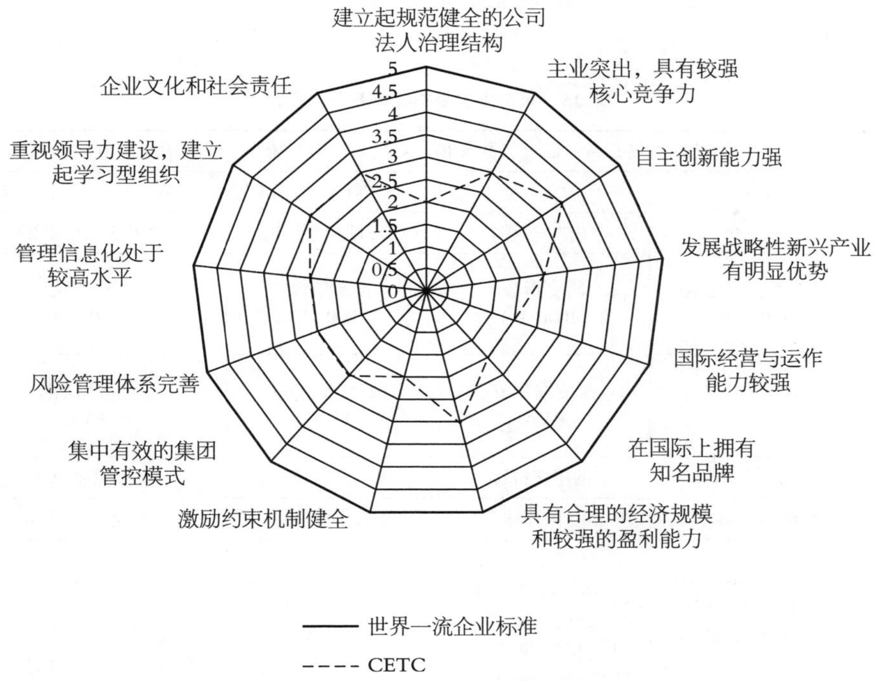

图2　与世界一流企业对标雷达

图2雷达图表示了与世界一流企业的差距，我们必须将每个要素再分解成为更细的指标，能够计量我们每年的“增加值”。

1. 构建企业可持续发展指标体系

某科技集团公司创建的“战略规划领跑的经营业绩考核体系”企业可持续发展指标体系，是在集团公司运行、完善多年的“战略规划领跑的经营业绩考核体系”的基础上按照“国际一流企业”的要求“重新构建”的。既保持中国特色，又可与世界接轨，更可以每年按照实际情况提出具体补充完善、优化提升的指标，便于操作考核。

(1)可持续发展指标体系

表15给出企业可持续发展指标体系顶层设计。研究结论指出：世界一流企业，应是每年具有“制度增加值、技术增加值、经济增加值”的企业。因为一个世界一流，至少

需要考虑三步：今天生存必须依靠经济增加值，明天发展必须依靠技术增加值，后天发展必须依靠制度增加值。企业可持续发展指数 = 制度指数 ×40%（权重）+ 技术指数 ×30%（权重）+ 经济指数 ×30%（权重）。该公式表明：现代企业制度建设指数排序第一，技术创新指数排序第二，经济发展指数排序第三。并不是说经济指标不重要，而是说明三者之间的逻辑关系：现代企业制度建设是“皮”，技术创新是“毛 1”，经济发展是“毛 2”。

表 15 可持续发展指标体系顶层设计

<table>
<tr><td>公式</td><td colspan="4">可持续发展指数 = 制度指数 ×40% + 技术指数 ×30% + 经济指数 ×30%</td></tr>
<tr><td rowspan="2">从属关系</td><td rowspan="2">文本蓝图（知层面）</td><td colspan="3">实际运行（行层面）</td></tr>
<tr><td>“皮”（过程）</td><td>“毛 1”（结果 1）</td><td>“毛 2”（结果 2）</td></tr>
<tr><td>类型</td><td>可持续发展指数（1000 分）</td><td>制度指数（1000 分）</td><td>技术指数（1000 分）</td><td>经济指数（1000 分）</td></tr>
<tr><td>终极指标</td><td>战略管控指数 RTE</td><td>制度增加值 RVA</td><td>技术增加值 TVA</td><td>经济增加值 EVA</td></tr>
<tr><td>载体</td><td>《中长期规划》</td><td>《制度报表》</td><td>《技术报表》</td><td>《财务报表》</td></tr>
<tr><td>体系</td><td>战略管控体系</td><td>制度指标体系</td><td>技术指标体系</td><td>经济指标体系</td></tr>
<tr><td>钩稽关系</td><td>决定建立何种战略管控机制（战略管理），如何将这些战略变成 10 年、5 年、3 年、1 年规划（规划管理），如何将这些规划变成年度计划（计划管理），并分解到每个部门（职责）和岗位（岗位管理），根据完成情况进行激励。根据年度计划完成情况修改规划并优化</td><td>决定建立何种组织体制（体制改革）、运行机制（机制改革）、流程标准（流程再造）、企业文化（文化建设）和企业社会责任，通过国内国际对标（对标管理），在法律法规政策的允许下，确保全员具有追求完成指标的动力，激励应不断翻新才能起作用</td><td>决定获得何种技术投入（科技投入管理），通过《技术报表》表内、表外的成果为其持续发展筹知（科技成果管理），保持多少研究项目（科研项目管理），保持多少技术储备和技术就绪水平（专业管理），而且必须确保技术交易、专利、标准的比重（知识产权）</td><td>决定获得何种资产（资产管理），通过《财务报表》表内、表外的借款为其经营筹资（负债管理），保持多少股本资本（资本管理），保持多少库存和其他流动资本（流动性和现金管理），而且必须确认和应付汇率、利率和商业风险（全面风险管理和成本管理）</td></tr>
<tr><td>侧重</td><td>企业核心竞争力</td><td>制度/责任水平</td><td>技术创新水平</td><td>经营管理水平</td></tr>
<tr><td>价值</td><td>企业全价值</td><td>企业长期价值</td><td>企业中期价值</td><td>企业当前价值</td></tr>
</table>

续表

细类	企业全要素	权/责/利/职/义	知/力/功/率/效	人/机/料/法/环
参照标准	GB/T 22900－2012《卓越绩效评价准则》等18种	《公司法》及各种法规政策60多种制度建设文件	GB/T 22900－2009《科技研究项目评价通则》等	财政部颁布的财务通则等40多种规则和文件
目前状况	一般比较完善，只需深化提高			一般比较完善，只需深化提高
工具	战略管控指引	RRP管理子系统	TRP管理子系统	ERP管理子系统
数量	639个支撑指标	213个支撑指标	213个支撑指标	213个支撑指标

注：(1)进入一个1000分满分循环后，再修订指标定义和赋值，进入下一轮提升。
(2)逐步使合理的分析框架"收敛"成为指标。每个指标要能够通过分解合成形成，使组织便于提取数据和操作。
(3)围绕该表，可以将所有的"碎片"连接起来，形成"知"和"行"两个层面。
(4)每年动态实施"知"和"行"两个层面匹配。
(5)重要的是各种界面确立和界面之间的"输入输出"关系(指标)。

(2)制度指标体系

到2020年，现代企业制度建设达到《公司法》的要求和国资委董事会试点的运行效果；战略管控效果达到GB/T 19580－2010《卓越绩效评价准则》优秀企业标准的标准800分；企业社会责任(含质量、安全、保密)等综合指标，全部达到国家标准的认证要求。制度指标体系建设是最重要的，因为它是所有技术发展与经济发展的"皮"。

①体制建设

在产权结构、治理结构、组织架构、科研生产组织体制、产业结构、薪酬结构、支付结构等体制层面，按照"国际一流"企业的惯例，有组织、有计划地完成动态结构调整。

一是在产权结构层面，公司法人资产占比超过90%，二级子公司股份制改造占比达到50%，上市公司资产占比达到50%，上市户数达到13家；二是在治理结构层面，企业总部和二级控股公司均建立股东会、董事会、监事会和经理层"层级清晰、职责分明、钩稽嵌套"的公司法人治理结构；三是在科研生产体制层面，建立二级单位"研发、生产、销售"相对独立核算的体制，通过"内外精算比优取舍"后，完成专业结构调整、产业结构调整和市场结构调整；四是在薪酬结构层面，建立既具有继承性又具有开放空间的"5W"薪酬结构标准体系，在企业总部和二级单位达标率达到70%以上；五是在支付结构层面，除工资外，分红股权激励占比达到10%以上。

②机制建设

在"管事、管人、管资产"等机制层面，按照"国际一流"企业的惯例，建立"根据战略规划设置做事的目标（事权），根据做事的目标配比经费预算（财权），根据目标 QCD 优化效果决定职位进出升降（人权）”的公开规则，完成“三个机制既独立运行又相互支撑”的绩效优化“金三角”。一是在战略规划计划管控机制层面，建立集团战略管控模型、指标体系和二级单位规划报批制度，建立“战略、规划、年度工作报告、年度绩效计划、月季年度报表、考核激励兑现”等全过程闭环运行机制；二是在财务预算决算管控机制层面，建立财务会计与管理会计相结合的核算方式，既满足法律对企业的外部要求，又满足企业对项目、部门、岗位绩效管理的内部要求；三是在人事进出升降管控机制层面，全方位采集每个部门、岗位、人员的各种绩效数据，分门别类地进行实时记录，并根据排序决定岗位的进出升降。

③标准建设

在“管理标准、技术标准、商业模式标准”等标准层面，按照“国际一流”企业的惯例，建立企业标准体系和“立、废、改”机制。一是在管理层面，形成企业管理标准体系，标准总数达到 200 个，其中 30% 以上成为行业或国家标准；二是在科研生产层面，形成企业产品标准体系，标准总数达到 600 个，其中 50% 以上成为行业或国家标准；三是在市场层面，引领社会效仿的商业模式达到 5 个。

④文化建设

在“核心价值观、企业文化、思想工作、制度条款”等文化层面，按照“国际一流”企业的惯例，建立企业的企业文化体系，并使之与企业的阶段目标良性互动。一是企业核心价值观在企业制度条款中反映率和重复反映率达到 100% 以上；二是企业的理念识别系统（MI）、行为识别系统（BI）、视觉识别系统（VI）颁布并实施，一般职工认可度达到 60% 以上，关键职工认可度达到 80% 以上；三是所属单位在对企业的企业文化体系认同的基础上，形成企业统一的企业文化。

（3）技术指标体系

到 2020 年，技术创新体系重构任务基本完成，技术创新体系投入产出效率大幅提升，基本满足市场竞争的需要和持续发展的需要，能够取得令国内竞争对手疲于奔命而始终望尘莫及的效果。

①投入产出效率

技术投入指数达到 8%，确保研发经费投入保持在一个稳定水平；技术货架指数≥30%，确保市场竞争中需要有新技术推出时能够及时推出引领市场的新技术；技术创新速度≤18 个月，确保技术推动并不断引领市场；技术投入产出效率达到 15%，确保持续投入的资金保障;技术创新指数≥600 分,确保技术创新的所有要素达到一个基本水平。

②技术发展指标

在“预研、型研、生产”代际之间,技术储备指数达到 200%,专有技术指数达到 80%,技术对外依存度降到 20% 以下,专利循环指数达到 30%,标准覆盖指数达到 20%,科技进步贡献率达到 70%,关键元器件自主保障指数达到 60%。每年由于技术推动带来的合同收入,占主营业务收入的比重达到 30%。

③人才队伍指标

建立现代科技工作者制度,完善院士、首席科学家、首席专家、学科带头人、总师等科技人才金字塔体系,建立职业经理人才队伍、复合型思想政治人才队伍和高技能人才队伍。人力资本投资占主营业务收入比重大于 1%,人力资本对经济增长贡献率高于 40%,人才贡献率高于 50%。二级单位领导人员通过竞争性方式选聘比例高于 50%。职工在职培训年达到 20%。形成完善的员工晋升通道和机制。人工成本率低于 18%。全体员工价值观与企业价值观匹配。员工收入年平均增长率不低于 13%。

(4)经济指标体系

到 2020 年,经济规模和效益进入央企前 50 名,按照国资委公布的《工业企业综合经济效益指数》标准值计算,工业企业综合经济效益指数处于优秀。

①规模效益

主营业务收入达到 3100 亿元,年递增达到 19%;利润总额达到 300 亿元,年递增达到 19%;经济增加值达到 200 亿元,年递增达 17%;投资总额超过 2000 亿元。

②运行质量

国有资产保值增值率年平均达 106% 以上,净资产收益率达 8% 以上,成本费用总额占主营业务收入比重在 90% 以下,存货周转率达到 10 次以上,资产负债率低于 55%。

2. 重构技术创新体系

(1)原技术创新体系存在的问题

①技术储备严重不足

在“预研、型研、生产”的代际之间,技术储备指数达不到 30%(应该在 200%)。在预研一代的技术项目中,确保 5 ~7 年能用的技术、比肩前沿水平的技术和确保原始创新类的技术总数比较少,技术成熟度比较低,技术增加值比较低。特别是关键元器件自主保障指数低于30%。每年由于技术推动带来的合同收入，占主营业务收入的比重不足10%（最低应该达到30%）。

②高层人才严重匮乏

截至2013年，员工总数达到13万人，但缺乏高层次人才，特别是缺乏资本经营人才、跨国经营人才和总体架构人才。人力资本对经济增长贡献率低于20%，人才贡献率低于20%。能够引领企业跻身世界500强的战略企业家后备人才低于20人，国有及国有控股企业国际化人才总量低于30人，二级单位领导人员通过竞争性方式选聘比例低于5%。造成高层人才匮乏的主要原因：一是人才激励与约束匹配机制尚未真正建立。全集团尚未采用统一的“5W”薪酬结构，创新奖励的比重低于1%，中长期激励的比重低于1%。二是投入严重不足，人力资本投资占主营业务收入比重远远低于1%。三是人才发展与流动路径不畅。尚未建立双向挂职、短期工作、项目合作等灵活多样的柔性流动政策，尚未统筹推进专业技术职称和职业资格制度改革，尚未制定高技能人才与工程技术人才职业发展贯通办法。

（2）技术创新体系重构目标

《某科技集团公司中长期发展规划纲要（2011—2020）》提出：到2020年，技术创新体系重构任务基本完成，技术创新体系投入产出效率大幅提升，基本满足市场竞争和持续发展的需要，在重点技术领域形成绝对优势。这些定性的目标，用什么定量的指标支撑呢？根据我们的研究，提出表16所示的支撑目标。

3. 强化绩效考核体系

集团公司也和其他企业一样，成立了业绩考核领导小组。总经理任组长，一名副总经理任副组长。但在业绩考核办公室的组成和排序上建立了“3+1”责任体制。“3”是指企划部、财务部、人事部三个部门构成“金三角”责任有序传递体制。既有明确分工，又有相互制约，更有责任界面。“1”是指纪检监察审计部全程介入，使整个考核过程“阳光操作”。完全实现计算机管理，对下属单位负责人计算的奖金每个人都不一样，而且是可以横向透明查看的。

能够做到这一点，与“3+1”责任体制顶层设计是分不开的。因为这种设计体现一个重要的理论依据：宏观层面常说的“管人、管事、管资产”的排序不适用微观层面。对一个企业来讲，其排序应该是“管事、管资产、管人”。因为所有的财务资产和人力资源都应该是“因事配置”。如果对于“事”没有明确的指标，资源配置就是“无的放矢”。研究结果表明：只要是基业长青的跨国公司，无论所有制性质是什么，其集团公司内部

“管事、管财、管人”的“勾股定理”非常严密而有效，这是企业运营的一个基本功。而且在这个“金三角”中的排序一定是，第一是“管事”，即战略规划计划控制机制（“勾”）；第二是“管财”，即财务预算决算控制机制（“股”）；第三才是“管人”，即人事进出升降控制机制（“玄”）。在这三角之中，必须有明确的逻辑排序。

表 16　技术创新体系重构目标

实现一个重构	打造国内一流的技术创新管理体系。评价该体系投入产出效率的三个指标： 一是技术创新指数≥600 分，确保技术创新的所有要素达到一个基本水平； 二是技术货架指数≥30%，确保市场竞争中需要有新技术推出时能够及时推出引领市场的新技术； 三是技术创新速度≤3 个月。					
构架两个平台	技术创新载体平台 （项目/成果/产品等）			技术创新保障平台 （工具/动力/效率等）		
建设六个内容	预研一代 TIL1～7	研制一代 TIL5～9	生产一代 TIL7～13	硬实力 没有短板	软实力 没有软肋	创新力 闭环校射
主要建设内容	5～7 年能用的技术确保比肩前沿水平	3～5 年能用的技术确保领先对手一步	1～3 年能用的技术确保产品 QCD 最优	在人/机/料/法/环五个层面精准建设	在权/责/利/职/义五个层面精准建设	在知/力/功/率/效五个层面精准建设
主要功能	持续发展 （后天）	发展 （明天）	生存 （今天）	提供创新基础条件	提供创新动力	提供创新效率
2015 年目标	保持原始创新类在研项目 800 个	保持集成创新类在研项目 400 个	保持工艺创新类在研项目 200 个	25 个实验室/19 个中心/47 个院所	建成现代实验室/院所/企业制度	技术创新指数总体上达到 600 分
2020 年目标	保持原始创新类在研项目 1600 个	保持集成创新类在研项目 800 个	保持工艺创新类在研项目 400 个	25 个实验室/19 个中心/47 个院所	建成现代实验室/院所/企业制度	技术创新指数总体上达到 800 分
“十二五”总投资						

注：该表是框架性地提出企业技术创新体系建设的基本目标。

（1）构建“金三角”

①战略规划计划管控机制主要负责“管事”

所谓“管事”，就是将总经理的哲学思想变成战略思路，再变成战略目标和规划，进一步变成目标计划和指标，再分解到现有组织结构中的每一个部门。在这个过程中，考验的是一个企业对“事”的“分解与合成”能力，这才是业绩考核责任体系成功与失败的关键。许多事情无法考核，并不是真的无法考核，而是企业对“事”的“分解与合成”能力太低，或者说缺乏手段，导致责任界面不清。为了做好“管事”这项考核的基础工作,我们建立了“分子剪刀和分子针线”两种工具。所谓“分子剪刀”就是能够将所有的“事”用一种叫“工作分解结构”的工具,按照考核原则“切割开来”。所谓“分子针线”就是能够将所有的“事”用一种叫“工作就绪水平”的工具,按照考核原则“链接起来”。一个组织对“事”的“分解与合成”能力,从根本上决定着这个组织的绩效管理水平。这是一个组织是否能有效管理的前提。我们集团公司的企划部,就是专门干这套工作的,同时也是业绩考核的牵头部门。

②财务预算决算管控机制主要负责“管财”

只有将“管事”的工作做到位,也就是说所有的事都有比较确定的目标和指标后,财务预算决算控制机制才会有比较明确的控制对象和控制目标,这个时候的财务预算才会是针对“具体目标”的预算,这个时候的财务决算才会是针对“具体目标完成情况下”的决算。跨国公司对“目标审计”的要求远远大于对“违规审计”的要求,也就是说,首先,这笔钱花下去审计原来“预设的目标”达到了没有,其次才是审计“是否违规”。现在无法进行“目标审计”的重要原因是对“事”的“分解与合成”能力太低,往往确定不出来“具体目标”就进行预算。我们集团公司的财务部,就是根据规划做预算的。企划部的考核也是根据预算和决算的报表来考核的。两个部门形成了良性互动关系。

③人事激励约束管控机制主要负责“管人”

只有前面两种控制机制做到位,也就是说一件事的“质量、成本、进度”三维指标,在“事前”确定后“写在纸上”,在“事中”完成后“写出结论”,在“事后”比较“写的和做的之间的差距”。那么,就会得出考核的结论。我们将这个(这些)结论送交人事部,也就是说,只有这样“人事进出升降控制机制”才能“很自然地采集”到各种“事”的业绩指标,才能根据这些指标完成情况确定每个人员的进出和升降。

(2)配套措施

①只有三个机制“钩稽嵌套”才能“互为因果”

这个业绩考核“金三角”控制机制是一套逻辑,也是一套排序。往往绩效不好的企业,实际上是这三个机制的顺序颠倒了。往往绩效好的企业,实际上是这三个机制的顺序排对了。在三个机制顶层设计时,只有在体制上“钩稽嵌套”,才能在机制上“互为因果”。如果这个顶层机制没有设计好,业绩考核就会杂乱无章。如果这个顶层机制设计好,业绩考核就会顺理成章。

②成立了一个统管业绩考核的规划计划部

业绩考核是一个系统工程,牵涉方方面面。不能因为牵涉方方面面,我们就可以说由方方面面去考核。如果这样,就失去业绩考核的系统性原则。所以,必须设计一个能够为这个系统负责任的责任部门。如果是几个部门负责,就会出现没有人负责的局面。因为业绩考核体系是需要不断维护和修复的,否则,考核的结果就会适得其反。在业绩考核体系的顶层做不到这一点,就会为业绩考核埋下隐患。为了有人对这个系统效率和效果负责,集团公司专门成立了一个企划部。从战略、规划、计划、指标、签订责任书、过程监控、考核、兑现、奖惩到新一轮战略规划修订,所有过程全都由企划部牵头负责。另外,集团公司、二级单位等纵向层次的规划也由企划部负责。这样的顶层设计不是为了集权,而是为了追究责任。

③总经理是如何制约企划部的

总经理对企划部的考核非常简单,因为顶层设计就是为了“好考核”而设计的。下面举几个例子:

集团公司《中长期发展规划》没有达到总经理提出的目标和指标,没有达到国资委的要求,企划部负责。

《总经理年度工作报告》提出的目标和指标没有分解到部门和岗位,企划部负责。

总经理与国资委签订的《年度经营目标责任书》没有分解到下属单位,指标没有分解下去,最终导致没有完成,肯定是企划部的责任。因为企划部的职责就是负责“分解与合成”。国资委的经营业绩考核和国防科工委的管理绩效评价,只要有扣分出现,企划部必须找到总部的责任部门和下属的责任单位,否则,企划部自己承担责任。

(3)体现“精准”要求

在体现“精准”要求方面,我们的体会是在“系统精准”的前提下追求“局部精准”。“系统精准”需要体制和机制保障,“局部精准”需要指标牵引。总结为24个字:战略规划领跑,三级无缝对接,权责钩稽嵌套,进出全程考核。

①战略规划领跑

战略规划领跑,是指“业绩考核目标设置始于战略规划,终于战略规划”。没有战略规划领跑,业绩考核很容易在各种“抵抗”中失去方向。战略规划领跑实质上是战略规划指标体系领跑。为了使战略规划达到“系统精准”,我们为下属单位的《中长期发展规划》编制模板。该规划模板中提出三大指标体系,涵盖所有企业发展指标,也就是说,企业所有发展战略和规划,都能够在规划指标中落地。

②三级无缝对接

三级无缝对接，是指在“长期发展规划、中期规划、年度计划”三级目标“分解与合成”的过程中“没有缝隙”，也指在“集团公司、集团公司部门、二级法人”三个层面“分解与合成”的过程中“没有缝隙”，确保建立“纵向到底，横向到边，统一度量衡，统一规范格式”的业绩考核体系。例如，为了控制工资总额，我们设计了一个人工成本率指标，在所有的层面上同时使用。人工成本率 = 当年人工成本总额/当年主营业务收入。每年将集团公司人工成本率平均值公布，能够起到 3 个作用：一是下属单位人工成本率高于集团公司平均值的单位，一般不敢轻易申请增加工资总额；二是下属单位人工成本率低于集团公司平均值的单位，工资总额增加也在受控范围；三是要想增加工资总额，必须先增加主营业务收入。通过 4 年的控制，集团公司人工成率从 2003 年的 28% 降到 2006 年的 12%。

③权责钩稽嵌套

权责钩稽嵌套，是指“按照三项权能定位权责模式，围绕四个机制建立指标跑道。依靠五个文本分段嵌套运行，配套六项政策钩稽责任界面。开展七类培训全面提升素质，推动八项指标优化循环提升”。为此，我们颁布了 65 号文件，有 80 多页，将所有的算法都交给被考核人。被考核人基本上能够根据财务报表自己计算奖金，引导作用增强。奖金由集团公司支付，被考核人员不能在本单位拿奖金。我们在算好基本奖金 M 后，还要引导管理水平的提升。下文介绍业绩考核指标是如何“闭环校射”达到“精准”要求的。

$M_1 = M \times [1 + (\text{单位总收入增长率} - \text{集团平均增长率})]$。

$M_2 = M_1 \times [1 = (\text{单位利润增长率} - \text{集团平均增长率})]$。

$M_3 = M_2 \times [1 - (\text{集团平均人工成本率} - \text{单位人工成本率})]$。

$M_4 = M_3 \times [1 - (\text{集团平均成本费用率} - \text{单位成本费用率})]$。

$M_5 = M_4 \times [1 + (\text{集团平均应收账款率} - \text{单位应收账款率})]$。

$M_6 = M_5 \times [1 + (\text{集团平均存货率} - \text{单位存货率})]$。

上述 6 个修正指标的设计，主要是为了解决与外部比较有难度的问题，改为在集团内部分类比较。

④进出全程考核

进出全程考核，是指“进任期、就任期、出任期”三阶段全程考核。“进任期”考核是指进入任期前，就设置一定的“门槛”。这个门槛就是《中长期发展规划》。例如，有 3

个候选人都符合党管干部的条件,到底谁可以做法人代表呢?就是把现有的《中长期发展规划》交给3个候选人,让每一个人"改写"一份规划,就可以在3份规划中"选优"。选中谁改写的规划,就等于选定这个人,就按照这个"竞标规划"的指标进行考核。将"相马机制"变为"赛马机制"。"就任期"是指根据规划编制3年任期资产经营责任书和年度经营业绩考核责任书进行考核。"出任期"是指卸任后有重大决策失误,可以启用追究机制来完善考核。

(二)企业法人治理与合规培训案例(培训通知)

一个人学习点知识并不难,难的是一辈子学习的知识都有用。有用的效率越高,你就越成功。为了确保这个目标,你必须终身学习,而且必须在一个架构下终身学习,这样才能确保学习的"定势积累效应"和"深度学习曲线"。

1. 培训对象

总部部门领导、二级单位领导、人事、财务部门领导等综合管理部门。没有无能的下属,只有无能的上司。执行力差绝不是下属的无能,而是上司表述的要求无法操作。每个班50人,5天时间。

2. 报名条件

每个学员报名前,必须提交一张《附表1:学员需求量化征集表》,该表是由两部分组成:上半部分是学员掌握习主席提出的"关联性、系统性、协同性"方法论的结构化思维训练框架;下半部分是学员填写10个通过培训需要利用课程内容解决的问题。

3. 培训目标

通过5天的学习,每个学员实现3个目标:一是通过培训,学员需要解决的问题,80%以上都能得到解决;二是通过培训前后两张结构化思维训练框架对比,学员基本掌握习主席提出的"关联性、系统性、协同性"方法论的结构化思维训练框架,并能够解决实际问题;三是通过培训,学员掌握365个解决现实问题的数学模型。

4. 培训路线

图3给出一个企业数字化转型的24套工具。每天每人都要使用新工具,成为世界一流企业。

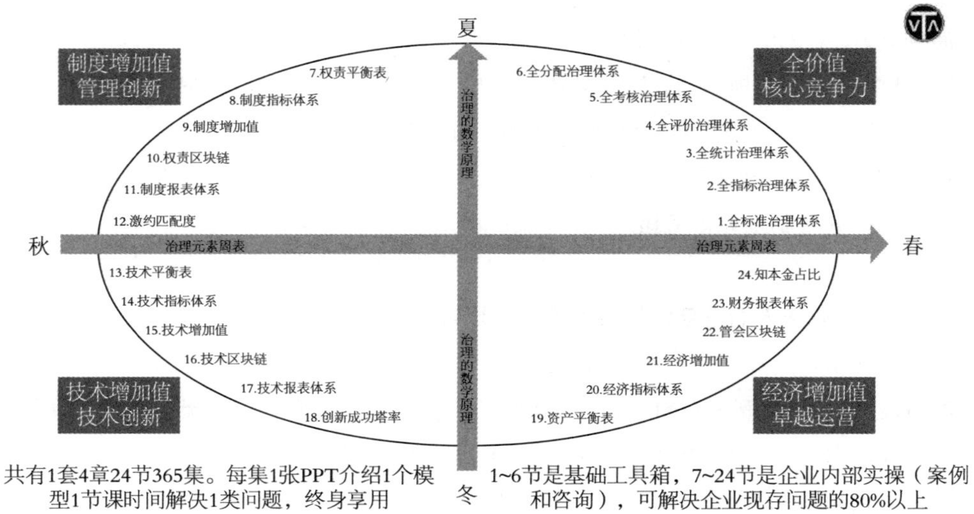

图 3　企业数字化转型“长征路”上的 24 个战役

5. 培训内容

表 17　培训内容(1)

计划		落地的工具和方法	
		课程名称	痛点问题及解决工具与方法
第1个半天 前言	第 1 课时	结构化思维训练工具	必须加强顶层设计、整体谋划，增强各项改革的关联性、系统性、协同性变成工具落地
	第 2 课时	学员需求量化征集工具	附表 1：下半部分是学员将培训需求转化为“文字化”表达，罗列需要解决的 10 个问题，可解决 80%；上半部分是学员将培训需求转化为“结构化”表达，填满 12 格，前后可对比
	第 3 课时	数字化转型的 24 套工具	见图 3

续表

计划		落地的工具和方法	
		课程名称	痛点问题及解决工具与方法
第2、3个半天 春耕要工具	第4课时	全标准体系	全标准＝技术标准（基础类＋产品类＋方法类）＋管理标准（A类＋B类＋C类）。你的品质指数在3σ徘徊，是因为你只掌握50%的标准，你没有“立起来”一个架构，就不知道短板
	第5课时	全指标体系	全指标＝制度指标体系＋技术指标体系＋经济指标体系。你的管理人员和技术人员都不愿意隐性技术显性化，因为你只有经济管道“滴水”，缺乏制度和技术两个管道“滴水”
	第6课时	全统计体系	全统计＝一维＋二维＋三维＋四维＋五维＋六维。要用“产品链＋产业链＋供应链＋价值链＋技术链＋创新链”六维技术报表统计，“唤醒”微观创新生态，“挤出”每个人每天的贡献
	第7课时	全评价体系	全评价＝标准化评价（80%）＋个性化决策（20%）。你认为评价难是因为你没有将可标准化部分和暂时难以标准化部分“分开”界面，一旦“分开”，问题就变简单
	第8课时	全考核体系	全考核＝量（30%）＋质（30%）＋效（40%）。你目前考核结果无法与进出升降公开挂钩，因为你只掌握30%的量，无法做到“清明”，你能背对背发钱，员工就会背对背干活
	第9课时	全分配体系	全分配＝按劳分配（30%）＋按知分配（40%）＋按资分配（30%）。你在“6W”薪酬结构中做不到“按知分配”，就无法“滋润”知识分子的心田，他就不会将隐性技术全显性化
第4、5个半天 夏管要效能	第10课时	“权责平衡表”	“权责平衡表”＝横坐标（决执监部门岗位）＋纵坐标（事财人制度条款）。岗位越来越多，效能越来越低，你已经到了必须“立”“权责平衡表”这个规矩，才能达成“共识”的时候了
	第11课时	制度指标	制度指标体系＝量层面指标（8个）＋质层面指标（8个）＋效层面指标（8个）。经过“权责平衡表”钩稽嵌套后的指标，基本上能够反映“满员＋满职责”情况
	第12课时	制度增加值	制度增加值＝本年制度指标体系/上年制度指标体系－1。一个企业能够看见24个制度指标逐年改善的深度学习曲线时，基本上相当管理创新踏上一条“管理输出”之路
	第13课时	权责区块链	权责区块链＝上级（事前、事中、事后）＋下级（事前、事中、事后）。当能够将每一个岗位的“权责”进入“区块链”记账时，向每个岗位要“效能”的生态环境就建成了
	第14课时	制度报表	制度报表体系＝制度创新项目WBS表＋制度创新项目QCD表＋制度创新项目TRC表。当为每个岗位建立制度报表时，刚开始并不难，指标不准确比没有指标更准确（小暑）
	第15课时	激约匹配度	激约匹配度＝曾经创建和刷新过绩效标杆人数或可比条件总人数。当按照制度报表计量每个岗位的“激励与约束匹配度”时，指标逐年改善值学习曲线（大暑）

续表

计划		落地的工具和方法	
		课程名称	痛点问题及解决工具与方法
第6、7个半天 秋实要成果	第16课时	技术平衡表	技术平衡表＝横坐标（权责发生制QCD）＋纵坐标（统一度量衡TIL 1～13）。工资越来越高，人员都不够用，你已经到了必须“立”技术平衡表这个规矩，才能达成“共识”的时候了
	第17课时	技术指标	技术指标体系＝量层面指标（8个）＋质层面指标（8个）＋效层面指标（8个）。经过“技术平衡表”钩稽嵌套后的指标，基本上能够反映“满员＋满职责”情况
	第18课时	技术增加值	技术增加值＝本年技术指标体系/上年技术指标体系－1。一个企业能够看见24个技术指标逐年改善的深度学习曲线时，基本上相当技术创新踏上一条“技术输出”之路
	第19课时	技术区块链	技术区块链＝甲方（事前、事中、事后）＋乙方（事前、事中、事后）。当能够将每一个人才的“技术”进入“区块链”记账时，向每个人才要“效能”的生态环境就建成了
	第20课时	技术报表	技术报表体系＝技术创新项目WBS表＋技术创新项目QCD表＋技术创新项目TRC表。当为每个人才建立技术报表时，刚开始并不难，指标不准确比没有指标更准确（寒露）
	第21课时	创新塔率	创新成功塔率＝达到TIL13级的交付物/TIL1级的交付物总数。当按照技术报表计量每个人才的“创新塔率”时，指标逐年改善值学习曲线（霜降）
第8、9个半天 冬链要数据	第22课时	资产平衡表	资产平衡表＝横坐标（资产与负债）＋纵坐标（细分科目）。原来没有“按知分配”和“无形资产”，你已经到了必须“立”资产平衡表这个规矩，才能达成“共识”的时候了
	第23课时	经济指标	财务指标体系＝量层面指标（8个）＋质层面指标（8个）＋效层面指标（8个）。刚开始制度和技术两套指标好看，成本加大，经济指标一般不好看，相当于“小雪”
	第24课时	经济增加值	经济增加值＝本年经济指标体系/上年经济指标体系－1。经济指标不好看，只影响经济增加值，当于“大雪”，可以通过制度增加值和技术增加值补充说明
	第25课时	管会区块链	管理会计区块链＝甲方（事前、事中、事后）＋乙方（事前、事中、事后）。管理会计能够核算到“甲乙、上下、左右”时，一个企业距离世界一流企业就不远了（冬至）
	第26课时	财务报表	财务报表体系＝财务报表（三张表）＋技术报表（三张表）＋制度报表（三张表）。在该架构中你目前只掌握60%，你应该将财务、技术、制度三套表钩稽嵌套（小寒）
	第27课时	知本金占比	312105企业发展基金＝公益金＋公积金＋知本金。在该架构中你目前只掌握70%，你整天喊的“知本”，你建立知本金账户了吗，你计划享受知本金加计扣除政策吗（大寒）

续表

<table>
<tr><th colspan="2" rowspan="2">计划</th><th colspan="2">落地的工具和方法</th></tr>
<tr><th>课程名称</th><th>痛点问题及解决工具与方法</th></tr>
<tr><td rowspan="3">第10个半天 结语</td><td>第28课时</td><td>企业法人体检报告</td><td>一是企业创新指数IDI600。满分1000分,华为600分,您企业在200分;二是企业品质指数6σ。3σ意味着销售额的30%用于补偿修正和浪费,6σ只有5%,有25%利润可赚</td></tr>
<tr><td>第29课时</td><td>企业数字化转型规划</td><td>知道你与世界一流企业的差距后,需要制订一个10年达到世界一流企业的数字化转型规划。每年三套指标总体提升10%,10年后一定是一个数字化企业</td></tr>
<tr><td>第30课时</td><td>学员需求量化评价结论</td><td>一是凡是罗列问题没有达到80%解决的同学,集中讨论;二是对每个学员的两张问题结构化表格,进行对比并描绘学习曲线,形成报告,报集团人事部门备案</td></tr>
</table>

附录2　企业合规师职业技能评价标准

前　言

本文件参照 GB/T 1.1—2020《标准化工作导则　第1部分：标准化标准的结构和起草规则》的规定起草。

请注意本文件的某些内容可能涉及专利等知识产权。本文件的发布机构不承担识别这些专利的责任。

本文件由中国企业评价协会提出并归口。

本文件起草单位：中国企业评价协会、中国企业评价协会合规专业委员会、中国投资协会品牌投资促进中心。

本文件主要起草人：侯云春、王其增、姜兴宏、李春伟、刘李佳、边海光、刘红霞、李近宇、郭楠、刘剑、张利宾、吴锦源、王龙、龙成伟、周小钰。

本文件为首次发布。

本文件由中国企业评价协会负责管理和解释。在应用过程中如有需要修改与补充的建议，请将相关资料寄送至中国企业评价协会评价工作部（北京市朝阳区光华路15号铜牛国际大厦601室，邮编：100026，电话010－52932049转623）。

引　言

合规是组织可持续发展的基石，企业合规师是企业合规管理体系的重要构成，企业合规师职业技能更是企业合规管理体系有效性的决定性要素。近年来，各组织积极加强合规管理、促进培育合规文化，合规人才成为新职业缺口，企业合规师职业技能的基础标准亟须建立。

企业合规师应首先了解企业合规管理的来源与发展、现状与趋势、合规管理体系的基本构成、各模块之间以及各自与体系之间的关系、如何搭建合规管理体系等方法论。了解社会经济法治环境变化、企业发展形态变化、国际监管环境变化、合规管理标准变化对公司合规管理实践的影响,以及科技带来的数字化及合规管理工具对企业合规管理发展趋势的影响。了解不同阶段的管理主体、管理对象、管理内容、管理模式与管理机制之异同。

在具备基础知识的同时,企业合规师还应该具备良好的道德操守、职业操守,珍视和维护合规师职业声誉,在工作中清正廉洁,担当尽责,时时刻刻以合规义务为标准,做好表率。并应具备良好的沟通、协调、应变、创新能力、适当的决策能力,了解本行业本企业相关的商业模式、业务流程、发展趋势及公司治理、企业管理相关实践,以将适用的法律法规、行业规章、内部规章制度、政策等要求上通下达,与外部监管机构、商业合作伙伴、社区、社会团体、媒体等做好沟通,有效处理相关事务。

本文件从企业合规师应具备的职业素养、知识、技能三个维度进行构建,可为企业合规师职业技能评价提供参考。

1 范围

本文件规定了企业合规师职业技能评价标准的职业技能基本要求、初级合规师要求、中级合规师要求以及高级合规师要求。

本文件适用于企业合规师职业技能培训、考核与评价,相关用人单位的人员聘用、培训与考核可参照使用。

2 规范性引用文件

下列文件中的内容通过文中的规范性引用而构成本文件必不可少的条款。其中,注日期的引用文件,仅该日期对应的版本适用于本文件;不注日期的引用文件,其最新版本(包括所有的修改单)适用于本文件。

GB/T 27914—2011 企业法律风险管理指南

GB/T 35770—2017 合规管理体系指南

3　术语和定义

GB/T 27914—2011、GB/T 35770—2017 界定的以及下列术语和定义适用于本文件。

3.1　合规师

从事企业合规建设、管理和监督工作，使企业及企业内部成员行为符合法律法规、监管要求、行业规定、企业内部规章制度和道德规范的人员。

3.2　合规管理体系

通常由组织架构、制度构成、运行机制、保障机制四个模块构成，同时强调要对体系进行有效性评估、建立企业合规文化。

3.3　专项合规

合规管理体系方法论在具体场景下的应用。根据企业情况，一般可分为专项合规的风险领域和重点业务环节两个维度。

—企业内外部环境随时都可能发生变化，合规风险也是实时、动态、随时发生变化的，因此，风险领域的专项合规无法穷尽，企业宜根据自身所处环境、合规义务判断其专项合规。

—风险领域的专项合规通常包含但不限于反腐败合规、反垄断合规、安全环保合规、出口管制合规、数据合规等。

—重点业务环节的专项合规通常包括但不限于人力资源合规、采购合规、销售合规等。

3.4　合规风险

不确定性对合规目标的影响。企业或企业员工因不合规行为，引发法律责任、受到相关处罚、造成经济或声誉损失以及其他负面影响的可能性。

3.5　运行

建立合规管理体系后，为保障合规管理体系实施，而采取的培训、举报、调查等活动,也指整个合规管理体系的日常运作落地。

4 职业技能和知识基本要求

包括但不限于:

(a)具备良好的道德操守、职业操守;

(b)具备良好的沟通、协调、应变、创新能力;

(c)具备适当的决策能力;

(d)了解适用的法律法规、行业规章、内部规章制度;

(e)了解与行业有关的标准;

(f)了解本行业本企业相关的商业模式、业务流程、发展趋势。

5 初级合规师要求

5.1 合规价值观、定位、架构

5.1.1 合规价值观

包含但不限于:

(a)熟悉企业合规管理体系的基本框架,以及各模块之间的逻辑关系;

(b)熟悉价值观在合规管理体系中的基石作用。

5.1.2 合规职能的定位与架构

包含但不限于:

(a)熟悉合规岗位的职责范围;

(b)初步了解其他相关职能部门的职责范围,包括审计、内控、风险管理和法务。

5.2 风险识别、评估

5.2.1 风险识别

包含但不限于:

(a)了解风险管理相关知识;

(b)能够根据风险调查清单收集整理业务流程中的风险信息。

5.2.2 风险评估

包含但不限于:

(a)了解风险评估一般知识；

(b)了解企业及本行业风险评估的一般标准；

(c)能够根据风险量表，初步评估业务流程相关的主要风险点及风险级别。

5.3 风险应对

5.3.1 风险控制

包含但不限于：

(a)初步了解风险控制理论；

(b)执行本岗位所负责的风险控制措施；

(c)能够协助业务部门实施风险控制措施。

5.3.2 控制流程优化

包含但不限于：发现并反馈现有控制流程的设计和执行中的缺陷。

5.4 培训

包含但不限于：

(a)了解本企业合规管理体系、规章制度、业务模式、产品、战略、价值观和公司文化；

(b)了解与本企业有关的行业规定、法律法规、文件等；

(c)了解与本企业行业合规管理有关的案例及良好实践；

(d)根据已有的培训计划，有序组织培训；

(e)能够准确传递公司基本的合规政策，流程和工具，并提供具体实例；

(f)能将合规内容与业务案例衔接；

(g)生动的讲解合规内容，很好的回答问题并收集反馈；

(h)积极回应关键的问题，解释合规系统中不受欢迎但必要的部分；

(i)做好培训记录；

(j)第三方培训；

(k)收集、反馈并跟进。

5.5 沟通/咨询

包含但不限于：

(a)了解本企业合规管理体系、规章制度、业务模式、产品、战略、价值观和公司文化；

(b)了解与本企业有关的行业规定、法律法规、标准等；

(c)了解与本企业行业合规管理有关的案例及良好实践；

(d)应用对应的合规政策；

(e)识别和沟通可能存在的高风险领域；

(f)通过聆听、提问和确认，了解事件的全貌；

(g)提供/建议适当的方案(必要时坚持)；

(h)与相关部门建立融洽的关系。

5.6 举报

包含但不限于：

(a)了解举报在合规管理体系中的作用和重要性；

(b)了解公司举报制度及机制流程；

(c)了解保护举报人的原则和做法；

(d)了解如何辨别、处理举报信息；

(e)在指定的范围内执行保密和专业的指控接收；

(f)在指定的范围内对举报内容进行分析、评估；

(g)在指定的范围内协助对指控内容的澄清；

(h)在指定的范围内执行举报措施的登记、分析和处理。

5.7 调查

初级合规师调查要求包含但不限于：

(a)了解调查在合规管理体系中的地位作用和重要性；

(b)了解公司调查制度及机制流程；

(c)协助调查；

(d)协助相关补救措施的落实。

5.8 文化建设

5.8.1 制定方案

包含但不限于：

(a)了解公司内外合规文化建设通常做法；

(b)了解如何增强合规文化建设有效性的方法；

(c)了解合规文化与公司价值观的关系和在合规管理中的重要性；

(d)收集公司内外合规文化的现状信息；

(e)根据公司内外合规文化现状为公司合规宣传/文化建设活动提供建议。

5.8.2 执行

推动在公司内部全方位,可持续地进行合规、诚信文化的宣传和建设;推动在公司对外的活动中进行合规、诚信文化的宣传和建设。

5.8.3 反馈及改进

包含但不限于：

(a)协助执行问卷调查等信息收集活动；

(b)对收集的信息进行分析、分类；

(c)将分析内容进行反馈、报告。

5.9 合规管理的监督改进

5.9.1 合规管理审查/联席会议

包含但不限于：

(a)了解合规管理审查/联席会议在合规管理中的作用；

(b)了解行业内外建立、运营合规管理审查/联席会议的通常做法；

(c)了解常规的提高、落实会议结论的方法；

(d)准备合规管理审查会议的相关素材；

(e)协调、协助组织会议。

5.9.2 内外部审计

初级合规师内外部审计要求包含但不限于：

(a)了解合规审计作为第三道防线在合规管理中的地位和作用；

(b)了解合规审计的范围、要求和流程；

(c)在指定范围内配合提供内外部审计的相关素材；

(d)协调、协助组织内外部审计。

5.9.3 有效性评估

初级合规师有效性评估要求包含但不限于：

(a)了解有效性在合规管理中的重要性;
(b)了解有效性在合规文化建设中的重要性;
(c)了解有效性评估一般流程、方法、工具、范围;
(d)收集各种信息,包括操作层面信息,用于合规有效性评估。

5.9.4 改进

执行改进方案。

5.10 风险领域的专项合规

5.10.1 反腐败合规

包括但不限于:
(a)了解相关法律法规,理解法律要求之外的声誉风险;
(b)能够识别并初步评估潜在腐败风险领域及场景;
(c)能够执行相关合规管理制度及流程;
(d)能够运用相关风险管理工具;
(e)能够解答相关的基本问题或咨询;
(f)能够对员工及第三方进行相关培训。

5.10.2 反垄断合规

包括但不限于:
(a)了解相关法律法规;
(b)能够识别并初步评估潜在垄断风险领域及场景;
(c)能够执行相关合规管理制度及流程;
(d)能够运用相关风险管理工具;
(e)能够解答相关的基本问题或咨询;
(f)能够对员工及第三方进行相关培训。

5.10.3 安全、环保合规

包括但不限于:
(a)了解环保合规相关的法律法规;
(b)能够识别并初步评估潜在环境保护合规风险领域及场景;
(c)能够执行相关环保合规管理制度及流程;
(d)能够运用环保合规相关风险管理工具;

(e)能够解答环保合规相关的基本问题或咨询；

(f)能够对员工及第三方进行环保合规培训。

5.10.4 数据合规

包含但不限于：

(a)了解相关法律法规以及不同数据类型的风险程度；

(b)能够对不同数据类型有一定识别力并初步评估潜在数据合规风险领域及场景；

(c)与相关部门合作,有效执行相关数据合规管理制度及流程；

(d)能够运用相关数据合规管理工具；

(e)能够解答相关的基本问题或咨询；

(f)能够对员工及第三方进行相关培训；

(g)能够对数据安全事件进行初步风险评估,并协助事件处理。

5.11 业务环节的专项合规

5.11.1 人力资源合规

包含但不限于：

(a)了解人力资源合规风险；

(b)识别合规风险环节和岗位；

(c)对合规风险岗位人员的招聘/选拔、轮岗、晋升、业绩考评提供合规记录信息；

(d)协助制定人力资源合规相关管理制度及流程；

(e)协助举报管理、内部调查及违规行为的处理；

(f)对员工进行合规培训；

(g)对人力资源合规提供合规咨询和意见；

(h)了解并能解答海外劳动用工人事合规的基本问题。

5.11.2 采购合规

包含但不限于：

(a)了解采购活动相关的合规风险及常见违规行为；

(b)能够识别并初步评估有潜在合规风险的采购环节；

(c)协助采购部门制定供应商筛选标准,对供应商尽职调查中识别的风险信息进行分析并提供意见；

(d)参与采购合同的审批,确认合规条款和审计条款符合要求;

(e)协助或参与重大项目的采购/招投标流程,及时提示风险信息;

(f)协助对供应商违规行为的处理;

(g)对员工和供应商进行采购合规培训和宣传。

6 中级合规师要求

6.1 合规价值观、定位、架构

6.1.1 合规价值观

在初级基础上包含但不限于:

(a)能够引导业务部门中结合业务实践进行价值观讨论;

(b)能够引导相关部门落实企业价值观。

6.1.2 合规职能的定位与架构

在初级基础上包含但不限于:

(a)了解其他相关职能部门的工作方法;

(b)熟悉其他相关职能部门的职责范围,能够说明合规职能部门的工作特点。

6.2 风险识别、评估

6.2.1 风险识别

在初级基础上包含但不限于:

(a)深入了解风险管理相关知识;

(b)能够识别业务流程中的主要风险;

(c)能够归类主要合规风险,例如反贪污贿赂,反欺诈,反垄断等;

(d)能够针对主要合规风险、设计调查清单等。

6.2.2 风险评估

在初级基础上包含但不限于:

(a)深入了解风险评估知识;

(b)深入了解企业及本行业风险评估的标准;

(c)能够从风险可能性和风险影响度两个维度,对不同的合规风险进行分级,生成风险地图。

6.3 风险应对

6.3.1 风险控制

在初级基础上包含但不限于:

(a)了解风险控制理论;

(b)能够针对不同级别的合规风险,确定适当的风险控制点以及制定管控措施;

(c)能够同业务部门一起,对于各类风险管控措施的实施进行综合性的监控与评估;

(d)能处理与外部监管机构和合作方相关的合规事务。

6.3.2 控制流程优化

在初级基础上包含但不限于:

(a)了解企业内控基本理论和方法;

(b)能够分析各种合规绩效指标以及违规事件调查结果;

(c)能够综合监控和分析合规绩效指标,以及通过员工沟通违规事件调查等得出的各种结论,针对现有流程中的设计和执行问题制定相应的改善措施。

6.4 培训

在初级基础上包含但不限于:

(a)深入了解本企业合规管理体系、规章制度、业务模式、产品、战略、价值观和公司文化;

(b)深入了解与本企业有关的行业规定、法律法规、标准等;

(c)深入了解与本企业行业合规管理有关的案例及良好实践;

(d)根据需求制定有效的培训计划(如培训对象,内容,形式);

(e)陈述和传递深度的合规知识(包括经验教训,补救措施等);

(f)根据培训对象、实际的需求和情况适时调整讲解的内容;

(g)收集、反馈并跟进。

6.5 沟通/咨询

在初级基础上包含但不限于:

(a)深入了解本企业合规管理体系、规章制度、业务模式、产品、战略、价值观和公司文化；

(b)深入了解与本企业有关的行业规定、法律法规、标准等；

(c)深入了解与本企业行业合规管理有关的案例及良好实践；

(d)对相关情况进行更深入的分析，提出解决方案；

(e)征求主要利益相关者的意见，完善解决方案；

(f)如需要，建议补救措施。

6.6　举报

在初级基础上包含但不限于：

(a)深入了解举报在合规管理体系中的作用和重要性；

(b)深入了解公司举报制度及机制流程；

(c)深入了解保护举报人的原则和做法；

(d)深入了解如何辨别、处理举报信息；

(e)深入了解如何使用举报信息；

(f)评估指控的风险及重要性；

(g)执行、维护举报机制，包括：举报线、邮箱等各类举报方式、制度、流程；

(h)通过宣贯、调查、培训、沟通、惩罚等各种方式确保举报人不被打击报复；

(i)指定专人负责举报信息的接收、登记、分析、跟进并对处理过程进行工作留痕、归档；

(j)与举报人及时沟通，及时反馈举报结果。

6.7　调查

在初级基础上包含但不限于：

(a)深入了解调查在合规管理体系中的地位作用和重要性；

(b)深入了解公司调查制度及机制流程；

(c)深入了解如何与管理层和相关职能部门协作推进调查处理结果及改进意见；

(d)了解企业外部调查常规做法和发展趋势；

(e)按照规定主持或支持调查；

(f)如主持调查，制订调查计划、范围、手段，组建团队并予以实施；

(g)决定以何种方式收集哪些信息；

(h)对所收集的信息进行分析、判断；

(i)找出相关事实，形成证据链、得出调查结论、形成调查报告；

(j)找出控制漏洞，提出系统改进建议或人员惩处建议；

(k)向管理层上报报告并进行必要跟进。

6.8 文化建设

6.8.1 制定方案

在初级基础上包含但不限于：

(a)深入了解公司内外合规文化建设通常做法；

(b)深入了解如何增强合规文化建设有效性的方法；

(c)深入了解合规文化与公司价值观的关系和在合规管理中的重要性；

(d)根据公司的现状策划适合公司的合规宣传/诚信文化建设方案；

(e)与中层领导探讨方案的可行性。

6.8.2 执行

在初级基础上包含但不限于：

(a)深入了解公司内外合规文化建设通常做法；

(b)深入了解如何增强合规文化建设有效性的方法；

(c)深入了解合规文化与公司价值观的关系和在合规管理中的重要性；

(d)起草具体的宣传文案和活动方案；

(e)协调，沟通各利益相关者，保障宣贯可以全方位，可持续地进行；

(f)确保中层领导在其职责范围内发挥合规榜样作用；

(g)与管理层合力推动合规文化落地的具体措施。

6.8.3 反馈及改进

在初级基础上包含但不限于：

(a)深入了解公司内外合规文化建设通常做法；

(b)深入了解如何增强合规文化建设有效性的方法；

(c)深入了解合规文化与公司价值观的关系和在合规管理中的重要性；

(d)起草问卷调查；

(e)收集反馈意见并进行分析；

(f)根据反馈提出改进建议；

(g)对反馈活动进行评估以确保反馈活动的有效性。

6.9 合规管理的监督改进

6.9.1 合规管理审查/联席会议

在初级基础上包含但不限于:

(a)深入了解合规管理审查/联席会议在合规管理中的作用;

(b)深入了解行业内外建立、运营合规管理审查/联席会议的通常做法;

(c)深入了解常规的提高、落实会议结论的方法;

(d)起草合规管理审查会议的内容;

(e)独立开展集团公司业务条线或子公司层面的合规管理审查会议;

(f)与管理层探讨本公司相关的合规事件及改进措施;

(g)对合规风险发展趋势进行分析、判断及提出应对建议。

6.9.2 内外部审计

在初级基础上包含但不限于:

(a)深入了解合规审计作为第三道防线在合规管理中的地位和作用;

(b)深入了解合规审计的范围、要求和流程;

(c)与审计部门合作,为审计计划准备提供合规风险重点信息;

(d)配合内外部审计,回答相关问题并提供支持;

(e)落实具体的改进措施;

(f)与审计合作,对审计发现的有关问题或疑虑进行跟进。

6.9.3 有效性评估

在初级基础上,中级合规师有效性评估要求包含但不限于基于获得的相关信息,对所负责业务部门的合规管理有效性进行评估,并形成结论,提出改进意见。

6.10 风险领域的专项合规

6.10.1 反腐败合规

在初级基础上包括但不限于:

(a)深入了解相关法律法规和准则;

(b)了解反腐败合规管理发展趋势及行业良好实践;

(c)能够及时、准确地识别潜在腐败风险领域及场景,并进行全面风险评估;

(d)制定相关合规管理制度及流程;

(e)设计并开发相关风险管理工具;

(f)能够对相关的复杂问题或腐败事件提供有效建议和应对方案;

(g)制定反腐败培训和宣传计划,对管理层提供更有针对性的培训;

(h)对合规管理措施定期进行自评估和检测,制定改进计划。

6.10.2 反垄断合规

在初级基础上包括但不限于:

(a)深入了解相关法律法规和准则,以及行业动态;

(b)了解反垄断合规管理发展趋势及行业良好实践;

(c)能够及时、准确地识别潜在垄断风险领域及场景,并进行全面风险评估;

(d)独立制定相关合规管理制度及流程;

(e)设计并开发相关风险管理工具;

(f)能够对相关的复杂问题或垄断风险事件提供有效建议和应对方案;

(g)制定反垄断培训计划,对管理层提供更有针对性的培训;

(h)对合规管理措施定期进行自评估和检测,制定改进计划。

6.10.3 安全、环保合规

在初级基础上,还应:

(a)深入了环境保护合规相关法律法规;

(b)了解环境保护合规管理发展趋势及行业良好实践;

(c)能够及时、准确地识别潜在环境保护风险领域及场景,并进行全面风险评估;

(d)制定环境保护合规相关管理制度及流程;

(e)设计并开发相关环保合规风险管理工具;

(f)能够对相关的环保合规问题或违规事件提供有效建议和应对方案;

(g)制定环境保护合规培训和宣传计划,对管理层提供更有针对性的培训;

(h)对环境保护合规管理措施定期进行自评估和检测,制定改进计划。

6.10.4 数据合规

在初级基础上包含但不限于:

(a)深入了解相关法律法规以及不同数据类型的风险程度;

(b)了解数据合规管理发展趋势及行业良好实践;

(c)能够及时、准确地识别潜在数据合规风险领域及场景,并进行全面风险评估;

(d)参与制定数据合规管理制度及流程；

(e)参与设计相关数据合规管理工具；

(f)能够对相关的复杂问题或数据安全事件提供有效建议和应对方案；

(g)制定数据合规培训和宣传计划；

(h)协调审计和相关部门，对数据合规管理措施定期进行自评估和审计，制定改进计划。

6.11 业务环节的专项合规

6.11.1 人力资源合规

在初级基础上包含但不限于：

(a)深入了解人力资源合规相关风险；

(b)参与制定人力资源合规风险环节和岗位识别的要求；

(c)参与制定人力资源合规相关管理制度及流程；

(d)参与制定招聘/选拔，轮岗、晋升、业绩考评流程中的合规管理措施；

(e)管理举报和内部调查，对违规行为处理提供合规意见；

(f)对关键风险岗位人员进行合规培训；

(g)对人力资源合规提供合规咨询、意见和监督；

(h)对海外劳动用工提供人事合规意见；

(i)持续监督和改进。

6.11.2 采购合规

在初级基础上包含但不限于：

(a)深入了解采购活动相关的合规风险及常见违规行为；

(b)能够及时、准确地识别有潜在合规风险的采购环节，并进行全面合规风险评估；

(c)提供供应商筛选标准的合规指标，审阅供应商尽职调查中识别的风险信息并提供意见；

(d)参与制定采购合同中的合规条款和审计条款，审批采购合同；

(e)参与重大项目的采购/招投标决策，及时提示风险信息并提供合规决策意见；

(f)必要时协助调查；

(g)参与制定供应商违规行为的处罚原则和机制；对供应商违规事件进行评估并

提供处理意见；

(h)制定采购/供应商合规培训及宣传计划。

7 高级合规师要求

7.1 合规价值观、定位、架构

7.1.1 合规价值观

在中级基础上包含但不限于：

(a)能够组织企业在制定价值观过程中的员工讨论并提出建议；

(b)能够参与企业价值观的制定。

7.1.2 合规职能的定位与架构

在中级基础上包含但不限于：

(a)了解企业合规管理体系的治理结构；

(b)熟悉其他相关职能部门的工作方法；

(c)能够有效协调同其他职能部门的工作关系；

(d)能够制定跨部门的工作协调原则；

(e)能够区分第一道防线和第二道防线之间的关系。

7.2 风险识别、评估

7.2.1 风险识别

在中级基础上包含但不限于：

(a)全面了解风险管理相关知识；

(b)全面了解各类合规风险，包括反贪污贿赂、反欺诈、反垄断、贸易合规、数据及信息安全合规、安全环保合规；

(c)能够结合业务流程分析和违规事件分析，识别和预估业务流程中的各类风险点，并向管理层提交报告。

7.2.2 风险评估

在中级基础上包含但不限于：

(a)全面了解风险评估知识，熟悉各种风险评估方法；

(b)能够选取合理可行的风险量化指标，制定风险分级方法；

(c)能够组织各相关业务部门和职能部门讨论,生成综合性的风险地图,并且向管理层提交报告。

7.3 风险应对

7.3.1 风险控制

在中级基础上包含但不限于:

(a)全面了解风险控制理论;

(b)全面监控业务部门中的风险管控措施实施情况;

(c)及时向管理层汇报风险控制情况并提出建议;

(d)协调各相关部门制定完整的风险控制流程;

(e)领导处理与外部监管机构和合作方相关的合规事务。

7.3.2 控制流程优化

在中级基础上包含但不限于:

(a)深入了解企业内控基本理论和方法;

(b)能够全面归纳总结企业合规风险管理流程中的问题,组织各相关业务及职能部门形成改善措施并向管理层提出报告。

7.4 培训

在中级基础上包含但不限于:

(a)全面了解本企业合规管理体系、规章制度、业务模式、产品、战略、价值观和公司文化;

(b)全面了解与本企业有关的行业规定、法律法规、标准等;

(c)全面了解与本企业行业合规管理有关的案例及良好实践;

(d)设计/发展适合公司的合规培训方案(包括业务和合规团队);

(e)开发并负责公司新的合规流程和工具的培训;

(f)代表公司与外部进行合规交流(如合规论坛,峰会等);

(g)对管理层、部门领导、专门委员会培训;

(h)收集、反馈并跟进。

7.5 沟通/咨询

在中级基础上包含但不限于:

(a)全面了解本企业合规管理体系、规章制度、业务模式、产品、战略、价值观和公司文化；

(b)全面了解与本企业有关的行业规定、法律法规、标准等；

(c)全面了解与本企业行业合规管理有关的案例及良好实践；

(d)根据公司的合规政策，对风险和后果进行全面的评估；

(e)提出多种可行性方案；

(f)与资深的利益相关者探讨，并形成新的解决方案；

(g)凭借自身的经验，同理心和敏感度提供相应的建议。

7.6 举报

在中级基础上包含但不限于：

(a)全面了解举报在合规管理体系中的作用和重要性；

(b)全面了解公司举报制度及机制流程；

(c)全面了解保护举报人的原则和做法；

(d)全面了解如何辨别、处理举报信息；

(e)全面了解如何使用举报信息；

(f)制定并改进公司举报制度和流程；

(g)设立有效的举报机制，包括：确立举报线、举报方式、举报流程；

(h)推动鼓励举报的氛围；

(i)制定并改进确保举报人不被打击报复的制度和流程。

7.7 调查

在中级基础上，高级合规师调查要求包含但不限于：

(a)全面了解调查在合规管理体系中的地位作用和重要性；

(b)全面了解公司调查制度及机制流程；

(c)全面了解如何与管理层和相关职能部门协作推进调查处理结果及改进意见；

(d)了解企业外部调查常规做法和发展趋势；

(e)制定调查流程；

(f)参与制定查处流程；

(g)批准调查启动和调查报告；

(h)组织参与高风险合规案件的处理和补救措施;

(i)与内部和/或外部利益相关者沟通关键问题。

7.8 文化建设

7.8.1 制定方案

在中级基础上,高级合规师制定方案要求包含但不限于:

(a)全面了解公司内外合规文化建设通常做法;

(b)全面了解如何增强合规文化建设有效性的方法;

(c)全面了解合规文化与公司价值观的关系和在合规管理中的重要性;

(d)制定适合集团层面的合规宣传/诚信文化建设方案;

(e)与高层领导探讨方案的可行性;

(f)确保高层领导对合规的倡导和支持。

7.8.2 执行

在中级基础上,高级合规师执行要求包含但不限于:

(a)全面了解公司内外合规文化建设通常做法;

(b)全面了解如何增强合规文化建设有效性的方法;

(c)全面了解合规文化与公司价值观的关系和在合规管理中的重要性;

(d)整体把控各项宣贯活动的形式,内容,节奏,确保发挥最佳的效果;

(e)与最高管理层沟通并获得支持;

(f)促使最高管理层积极参与到各种宣贯活动中;

(g)通过员工大会,视频,访谈,海报等多种形式,将高层领导对合规的态度和重视传递给员工和其他相关方;

(h)在资源上保障活动能够顺利进行;

(i)与管理层合力推动合规文化落地的具体措施。

7.8.3 反馈及改进

在中级基础上,高级合规师反馈及改进要求包含但不限于:

(a)全面了解公司内外合规文化建设通常做法;

(b)全面了解如何增强合规文化建设有效性的方法;

(c)全面了解合规文化与公司价值观的关系和在合规管理中的重要性;

(d)获取高层领导的反馈;

(e)借鉴其他公司的做法和外部的趋势,与时俱进的调整集团的宣贯方案;
(f)根据反馈内容提出改进建议;
(g)促使管理层和相关方共同推进改进。

7.9 合规管理的监督改进

7.9.1 合规管理审查/联席会议

在中级基础上包含但不限于:
(a)全面了解合规管理审查/联席会议在合规管理中的作用;
(b)全面了解行业内外建立、运营合规管理审查/联席会议的通常做法;
(c)全面了解常规的提高、落实会议结论的方法;
(d)组织最高层的合规管理审查会议;
(e)对集团层面的重大合规事件(如合规案件)进行汇报和讨论;
(f)对新的合规政策,流程进行审议;
(g)对合规风险发展趋势进行分析、判断及提出应对建议。

7.9.2 合规控制

在中级基础上,高级合规师合规控制要求包含但不限于:
(a)全面了解合规控制的基本要素;
(b)全面了解合规管理和内控、风控和其他合规职能部门的关系及运行;
(c)全面了解合规控制常用方法和工具;
(d)全面了解公司合规管控制度及流程;
(e)识别组织的合规义务,并在集团公司层面设计适用的合规控制程序;
(f)分析发现造成不合规事件的原因;
(g)对识别出来的复杂缺陷进行补救(如适用,重新评估);
(h)为年度合规控制计划提出建议;
(i)评估和报告不合规的实例,并与高级管理层沟通潜在的合规风险趋势及建议;
(j)与管理层和相关部门负责人沟通并合力推进重大合规管理措施;
(k)评估并确保合规控制和流程正常运行;
(l)主动分析风险,及时增加或改进现有的控制措施。

7.9.3 内外部审计

在中级基础上,高级合规师内外部审计要求包含但不限于:

(a)全面了解合规审计作为第三道防线在合规管理中的地位和作用;

(b)全面了解合规审计的范围、要求和流程;

(c)制定集团层面与合规相关的内审计划;

(d)对接外部审计,探讨重大的合规事件(如对财报有影响的合规案件);

(e)就审计发现的问题进一步落实,持续改进和完善合规管理体系。

7.9.4 有效性评估

在中级基础上,高级合规师有效性评估要求包含但不限于:

(a)全面了解有效性在合规管理中的重要性;

(b)全面了解有效性在合规文化建设中的重要性;

(c)全面了解有效性评估一般流程、方法、工具、范围。

7.10 风险领域的专项合规

7.10.1 反腐败合规

在中级基础上包括但不限于:

(a)全面了解国际国内相关法律法规和准则并了解监管趋势;

(b)了解反腐败合规管理发展趋势及行业良好实践;

(c)全面了解企业潜在腐败风险领域及场景,制定反腐败合规管理的整体目标和框架,并推动相关管理制度和流程的有效落实;

(d)指导并推动腐败风险事件的应对措施,为决策层提供有效建议;

(e)能够将反腐败及其他专项合规管理措施有效地协调并融入企业整体合规管理体系;

(f)定期评估反腐败风险情况及反腐败合规措施的有效性;

(g)能够与相关部门及管理层有效协作,共同推动合规管理措施的落实;

(h)定期分析并向管理层/决策层报告反腐败合规管理情况及改进方案;

(i)推动反腐败合规培训和宣传计划的落实。

7.10.2 反垄断合规

在中级基础上包括但不限于:

(a)全面了解国际国内相关法律法规和监管趋势,以及行业动态;

(b)了解反垄断合规管理发展趋势及行业良好实践;

(c)全面了解企业潜在垄断风险领域及场景,制定反垄断合规管理的整体目标和方案，审批并推动相关管理制度和流程的有效落实；

（d）指导反垄断调查或风险事件的应对和处理，为决策层提供有效建议，与调查和监管机构进行沟通协商；

（e）定期评估反垄断风险情况及反垄断合规措施的有效性；

（f）定期向管理层/决策层报告反垄断合规管理情况及改进方案；

（g）能够将反垄断及其他专项合规管理措施有效地协调并融入企业整体合规管理体系；

（h）能够与相关部门及管理层有效协作，共同推动合规管理措施的落实；

（i）推动反垄断合规培训和宣传计划的落实。

7.10.3 安全环保合规

在中级基础上，还应：

（a）全面了解国际国内相关法律法规以及公司业务领域的环境保护风险类型及级别；

（b）了解环境保护管理发展趋势及行业良好实践；

（c）全面了解企业潜在环境保护合规风险领域及场景，协同相关部门制定环境保护合规管理的整体目标和框架，明确各相关职能部门分工及协作机制，推动相关管理制度和流程的有效落实；

（d）指导并推动环境保护合规事件的应对措施，为决策层提供有效建议；

（e）定期评估环保合规风险情况及环保合规措施的有效性；

（f）能够将环境保护合规及其他专项合规管理措施有效地协调并融入企业整体合规管理体系；

（g）能够与相关部门有效协作，共同推动环保合规管理措施的落实；

（h）定期向管理层/决策层报告环境保护合规管理情况及改进方案；

（i）推动环境保护合规培训和宣传计划的落实。

7.10.4 数据合规

在中级基础上包含但不限于：

（a）全面了解国际国内相关法律法规以及不同数据类型的风险程度；

（b）了解数据合规管理发展趋势及行业良好实践；

（c）全面了解企业潜在数据合规风险领域及场景，协同相关部门制定数据合规管理的整体目标和框架，明确各相关职能部门分工及协作机制，推动相关管理制度和流程的有效落实；

(d)指导并推动数据安全事件的应对措施，为决策层提供有效建议；

(e)定期评估数据合规风险情况及数据合规措施的有效性；

(f)推动定期审计计划和落实(个人信息保护法定义务)；

(g)能够将数据合规及其他专项合规管理措施有效地协调并融入企业整体合规管理体系；

(h)能够与相关部门及管理层有效协作，共同推动合规管理措施的落实；

(i)定期向管理层/决策层报告数据合规管理情况及改进方案；

(j)推动数据合规培训和宣传计划的落实。

7.11 业务环节的专项合规

7.11.1 人力资源合规

在中级基础上包含但不限于：

(a)全面了解人力资源合规相关风险；

(b)推动人力资源合规风险识别机制的建立；

(c)协同人力资源部门制定相关合规管理制度及流程，并推动落实；

(d)协同人力资源部门制定招聘/选拔，轮岗、晋升、业绩考评流程中的合规管理措施，并推动落实；

(e)协同相关部门建立举报管理系统，支持内部调查，审定违规行为处理标准和制度；

(f)指导员工严重违规事件的应对和处理，为决策层提供有效建议；

(g)能够将人力资源合规及其他专项合规管理措施有效地协调并融入企业整体合规管理体系；

(h)能够与相关部门及管理层有效协作，共同推动合规管理措施的落实；

(i)推动合规培训和宣传计划的落实；

(j)指导海外劳动用工人事合规；

(k)指导持续监督和改进。

7.11.2 采购合规

在中级基础上包含但不限于：

(a)全面了解采购活动涉及的相关合规风险及常见违规行为；

（b）全面了解企业采购活动中潜在的合规风险领域及场景，协同采购及其他相关部门制定采购合规管理的整体目标和方案，审定并推动相关管理制度和流程的有效落实（供应商筛选以及尽职调查的标准和流程，采购/招投标流程和决策机制，违规行为的处罚原则和机制等）；

（c）对采购活动中识别的重大合规风险信息进行评估，为决策层提供有效建议；

（d）必要时协助调查；

（e）能够将采购及其他专项合规管理措施有效地协调并融入企业整体合规管理体系；

（f）能够与相关部门及管理层有效协作，共同推动合规管理措施的落实；

（g）推动采购合规培训和宣传计划的落实。